格致
人文

陈恒 主编

11

［英］

约翰·托什
John Tosh

著

吴 英

译

史学导论

The Pursuit of History

历史研究的目标、方法与新方向 （第七版）

Aims, Methods and New Directions in the Study of History, 7th Edition

格致出版社　上海人民出版社

总　序

　　人类精神经验越是丰富,越是熟练地掌握精神表达模式,人类的创造力就越强大,思想就越深邃,受惠的群体也会越来越大,因此,学习人文既是个体发展所必需,也是人类整体发展的重要组成部分。人文教导我们如何理解传统,如何在当下有效地言说。

　　古老且智慧的中国曾经创造了辉煌绚烂的文化,先秦诸子百家异彩纷呈的思想学说,基本奠定了此后中国文化发展的脉络,并且衍生为内在的精神价值,在漫长的历史时期规约着这片土地上亿万斯民的心灵世界。

　　自明清之际以来,中国就注意到域外文化的丰富与多彩。徐光启、利玛窦翻译欧几里得《几何原本》,对那个时代的中国而言,是开启对世界认知的里程碑式事件,徐光启可谓真正意义上睁眼看世界的第一人。晚清的落后,更使得先进知识分子苦苦思索、探求"如何救中国"的问题。从魏源、林则徐、徐继畬以降,开明士大夫以各种方式了解天下万国的历史,做出中国正经历"数千年未有之大变局"的判断,这种大变局使传统的中国天下观念发生了变化,从此理解中国离不开世界,看待世界更要有中国的视角。

时至今日,中国致力于经济现代化的努力和全球趋于一体化并肩而行。尽管历史的情境迥异于往昔,但中国寻求精神补益和国家富强的基调鸣响依旧。在此种情形下,一方面是世界各国思想文化彼此交织,相互影响;另一方面是中国仍然渴盼汲取外来文化之精华,以图将之融入我们深邃的传统,为我们的文化智慧添加新的因子,进而萌发生长为深蕴人文气息、批判却宽容、自由与创造的思维方式。唯如此,中国的学术文化才会不断提升,中国的精神品格才会历久弥新,中国的现代化才有最为坚实长久的支撑。

此等情形,实际上是中国知识界百余年来一以贯之的超越梦想的潜在表达——"不忘本来、吸收外来、面向未来",即吸纳外来文化之精粹,实现自我之超越,进而达至民强而国富的梦想。在构建自身文化时,我们需要保持清醒的态度,了解西方文化和文明的逻辑,以积极心态汲取域外优秀文化,以期"激活"中国自身文化发展,既不要妄自菲薄,也不要目空一切。每个民族、每个国家、每种文明都有自己理解历史、解释世界的方法,都有其内在的目标追求,都有其内在的合理性,我们需要的是学会鉴赏、识别,剔除其不合理的部分,吸收其精华。一如《礼记·大学》所言:"欲诚其意者,先致其知;致知在格物。物格而后知至,知至而后意诚。"格致出版社倾力推出"格致人文",其宗旨亦在于此。

我们期待能以"格致人文"作为一个小小的平台,加入到当下中国方兴未艾的学术体系、学科体系、话语体系建设潮流中,为我们时代的知识积累和文化精神建设添砖加瓦。热切地期盼能够得到学术界同仁的关注和支持,让我们联手组构为共同体,以一种从容的心态,不图急切的事功,不事抽象的宏论,更不奢望一夜之间即能塑造出什么全新的美好物事。我们只需埋首做自己应做的事,尽自己应尽的责,相信必有和风化雨之日。

陈　恒

推荐语

这本特别富有洞察力的著作使历史研究读起来令人愉悦。托什异常清晰地勾勒出历史学取得了哪些发展和存在哪些主要问题,并以简洁但信息丰富的方式指导读者了解历史研究中的争论和各种方法。他一直专注于不断更新该书,这无疑使它成为一部对本科生而言最重要的教科书,对研究生和学者而言最基本的参考资料。

——凯瑟琳·德惠斯特(Catherine Dewhirst),澳大利亚南昆士兰大学

约翰·托什的著作对最近历史学的发展做了迄今为止最有益于读者的介绍。相比主要同类作品,它以更清晰和更简洁的方式介绍了历史学取得的成就和主要发展趋势。它将其他历史著述置于它们所创作的背景之下,因此是一部优秀、易读的资料集。它为帮助学生理解这些历史著述贡献颇多。

——尼古拉斯·卡恩(Nicholas Karn),英国南安普敦大学

《史学导论：历史研究的目标、方法与新方向》有很多优点。它文笔优美、晓畅易懂，在追溯历史学的起源、说明历史方法论和讨论过去几十年间历史学取得的重要成就之间达成了一种很好的平衡。它全面、富于洞察力，而且谙熟历史学最新的发展趋势，在任何本科生或研究生的理论与方法课程中，它都是必读之书。

——托马斯·W.加伦特（Thomas W. Gallant），
美国加利福尼亚大学圣迭戈分校

约翰·托什的《史学导论：历史研究的目标、方法与新方向》首次出版就在同类著作中处于绝对领先地位，在对研究过去的多样化和多元化方法的精彩介绍方面，约翰·托什的大部分同行现在才追上他。本书保证会为下一代历史学家提供专业帮助，并激励他们做得更好。

——理查德·谢尔登（Richard Sheldon），英国布里斯托大学

本书的最新版继续对历史批评和史学史进行最权威的介绍。本书结构设计巧妙，内容做了更新，非常易读，并从作者自己的研究中选取了大量有趣的和能够说明问题的实例，使它脱颖而出，成为将基本方法同重要理论方法和研究趋势相结合的最佳读本。

——威廉·L.丘三世（William L. Chew Ⅲ），
比利时布鲁塞尔维萨里大学

约翰·托什的《史学导论：历史研究的目标、方法与新方向》对历史研究做了清晰易懂、信息丰富和引人入胜的介绍。在保留该书早期版本中最有益特点的同时，最新版介绍了新的有关公共史学、数字史料、历史争论、跨国史学和档案类型等有价值的内容。旧版中大量的实例和个案研究在新版中得到了进一步扩充，比如增加了有关美国史研究的内容，新版还更新了参考书目，使它成为对教师和学生同样有价值的文本。

——罗伯特·詹姆斯（Robert James），英国朴茨茅斯大学

第七版序

一般而言,"历史"一词包含两种意义。它既可以指过去实际发生的现象,也可 以指历史学家的著述对那种过去发生的现象的描述。本书是为第二种意义的历史所写的导论。它是为所有对该学科有着充分兴趣的人撰写的,他们想了解历史研究是如何进行的,它要实现的目标是什么。更具体地说,本书是写给那些修读历史学学位课程的学生的,这些问题是他们特别关注的。

学习历史的大学生通常在了解他们所学科目的基本特征方面并未接受任何正式的训练。历史学在我们文化素养的培养上长久以来公认的地位和它非专业性的表现形式都表明,仅凭常识以及扎实的通识教育无法给学生提供他们所需的训练。这种做法给偶然性留下了很大空间。让学生们对他们将要花三年或更多时间学习的学科所能发挥的各种功能有大致的了解,确实是必要的。学生们现在选课就像是在撞大运,除非让他们对当前历史研究的内容和范围有清晰的把握。首先,学生们需要了解史料的特性和历史学家的研究方法对历史知识所施加的诸种限制,这样他们就能在早期阶段养成一种进行批判的习惯,以慎重对待那些他们被要求掌握的、大量运用二手资料写作的权威性著述。但是,几代学生很可能都是在没有对这些问题做出系统思考的前提下完成历史学学位课程的。不过,现在大多数大学已经认识到,历史研究的价值由此会减少,为此需要提供有关历史学研究方法和范围的导论性课程。我希望本书将能满足那些选修了这样一门课程的学生的需要。

我自己的研究领域是非洲史和近代英国的性别问题,撰写一部有关"新史学"

xiii 的宣言并非我的初衷。我只是努力揭示目前历史研究实践的丰富多样性,将最近的创新置于主流学术研究传统的背景下予以考察,许多一流的历史著述都属于这一传统,而且这一传统也是构成各校教学大纲的主要内容。历史研究的范围在今天是如此广泛,以至于很难确定本书的准确范围,但如果没有一些或多或少硬性划定的界限,那么一部这种篇幅的导论性著作就会失去它的逻辑连贯性。因此,我不会涉及科学史或环境史,仅会简略地提及身体史和消费史。一般而言,我将选择范围局限于被今天的学者广泛研究的课题。

不过,即使有了这些限制,我所涉及的领域仍然是充满争议的。任何设想一本历史研究的导论将能够列举出一些获得专家认同的历史观点的人,肯定会立即遭到驳斥。历史学专业的一个突出特点就是在历史研究的目标及其局限性上存在着激烈的争论。本书肯定会反映我自己的一些观点,一开始就对此做出说明是恰当的。我的主要观点包括:历史学是一门具有实际社会价值的学科;其功能的合理发挥取决于它对其他学科持一种吸收和借鉴的态度;最有价值的史学研究方法不是承诺会提供绝对意义上的"真理",而是承诺我们有关过去的知识会不断增长。同时,我会努力将这些观点——当然它们都不是原创性的——置于历史学家最近争论的背景下考察,使那些我不同意的观点也能得到公正申辩的机会。

本书意在探讨一系列有关历史学和历史学家的一般性命题,而不是提供进入某一个领域或专业的指导性建议。我所使用的大多数历史实例来自有关英国和美国的历史著作,其他一些例子来自非洲和欧洲大陆。读者最好将本书作为一个整体来阅读,但书中也包括了一定的交叉引用,以方便那些仅希望关注某些特定论题的读者使用。

本书意在带领读者对历史学做一浏览,从基本原则一直到最近有关历史研究发展趋势的一些争论。第一章考察历史意识到底意指什么。第二章考察有关在满足人们想了解过去的好奇之外,历史学还有什么用途的争论。第三章尝试对以"历史学"之名进行的各种研究进行归类。接下来的两章(第四章和第五章)将详细列举各种文字原始资料并进行简短的分析。第六章考察不同类型的著述,通过这些
xiv 著述,历史学家能够交流他们的研究发现。第七章考察由历史学能否提供真理性认识所引发的激烈争论,将特别关注后现代主义。本书的剩余部分将介绍一些历史研究的具体方法,它们都或多或少受到理论的指导。第八章考察马克思主义和其他一些社会理论。第九章对有关文化的原始资料的作用和被称为"文化转向"的更广泛的研究重新定向做出评估。第十章考察性别史和后殖民史。第十一章考察

历史学和记忆之间的关系,包括口述史。第十二章考察历史学家和公众之间的关系。

《史学导论:历史研究的目标、方法与新方向》的第七版做了许多改动。我增加了有关数字史料在历史研究中作用的讨论。我重写了结论部分,以使读者相信(我希望如此),历史学的专业技能对更好地认识现实中一些最复杂难解的问题而言是一种必备的技能。在本书的主体部分,我更多地引用了来自美国史的一些历史实例,主要是考虑到本书的美国读者群数量巨大。此外,对正文和参考资料我也做了多处更新。

由于内容远远超出任何个人所能做的研究和写作的范围,所以相比其他大多数著作,本书更多地依赖其他学者的帮助。本书较早期的版本记录了在学术上帮助过我的人。我特别感谢希安·朗(Seán Lang),他在第四版编写了帮助学生学习的补充材料,我用同样的格式将它们中的大部分纳入新的版本中,并补充了一些内容。

约翰·托什

2020 年 9 月

目　录

插图目录

第一章　历史意识

本章将考察普通人的记忆(不管是个体的,还是集体的)与对过去的专业研究
(具有某种"历史"意识)之间的不同。所有群体都有对过去的认识,但他们都倾向
于用它来强化他们自身的信念和认同感。像人的记忆一样,集体或社会的记忆也
可能是错误的,被诸如对传统的认识或怀旧感,以及对进步会随时间发生的信念等
因素所扭曲。现代专业历史学家从19世纪的历史主义思潮中获取教益,强调历史
应该按照它自身的状况加以研究,即"如实地研究"。不过,这种对过去更超然的研
究可能将历史学家置于与某些人的冲突之中,后者感到他们对过去带有感情色彩
的看法受到了挑战。

〰〰〰〰〰〰〰

"历史意识"(historical awareness)是一个意义模糊的词汇。它能够被视为一种
普遍的心理特征,这源于我们在某种意义上都是"历史学家"的事实。因为,人类依
靠经验处事甚于依靠本能,所以一个人如果没有对过去的认识,生命就无法存续;
一些由于疾病或衰老而丧失对过去的认识的人,通常被视为无法再过正常生活。
作为个体的人,我们在各个不同方面利用着我们的经验——作为一种确认我们身
份的手段、作为了解我们潜能的线索、作为我们对他人印象的基础,以及作为确定
未来可能性的一些启示。我们的记忆既可以作为一个资料库,又可以作为理解正
在发生的生活经历的根据。我们知道,缺少对一种情势在一个连续过程中的位置
的认识或它以前是否发生过的认识,我们就不可能认知这种情势。同样的情况也
适用于我们作为社会人的生活。所有社会都有一种集体记忆,它是人类经验的宝

库,人们利用它来获得认同感,获得对未来发展方向的判断。专业历史学家通常会哀叹大众历史知识的肤浅,但一些有关过去的知识几乎是人们普遍具有的;没有这种知识,个体实际上就会被排除在社会和政治交往之外,正如失去记忆会使他丧失进行大多数日常人类交往的资格一样。不管我们是要在不同政党的对立主张之间做出判断,还是要评估特定政策的可行性,我们的政治判断都深受对过去的认识的影响。为了理解我们的社会制度,我们需要有一些有关它从何而来的认识。在这种意义上,所有社会都拥有"记忆"。

但"历史意识"不同于社会记忆。如何了解过去和如何将有关过去的知识应用于现在,有着非常多样的方法。我们从个人经验中知道,记忆既不是固定不变的,也不是绝对可靠的:我们会忘却,我们会将早期的记忆和后来的经验叠加在一起,我们会变换侧重点,我们会有错误的记忆,等等。在重要问题上,我们可能会寻求外部证据来确认我们的记忆。集体记忆也会产生同样的扭曲,正如我们目前的偏好导致我们强调过去的一些方面,而排斥其他一些方面一样。尤其是在我们的政治生活中,记忆是高度选择性的,有时甚至是完全错误的。正是由于这一点,"历史意识"一词需要更严格地予以阐明。在**德意志第三帝国**(Third Reich)统治下,那些相信德国历史上所有灾难都是犹太人的错误所致的德国人一定会承认过去的影响力,但我们肯定会质疑他们的历史意识的水平。换句话说,仅仅援引历史是不够的,除此以外,我们必须具有一种信念——完整准确地把握历史是重要的。作为一种专业研究的历史学的目标,在于维系有关记忆的尽可能广泛的界定,并使回忆尽可能准确。这样,我们有关过去的知识就不仅仅局限于那些对我们直接有用的记忆。它的目标是提供具有多样用途的历史知识,而不仅是一些反映现实需要的历史知识。这至少是过去两个世纪中历史学家的期望所在。本书的大部分篇幅将用于评估历史学家如何才能充分实现这些目标。在这一开篇章节中,我的目标是探究社会记忆的不同方面,这样做是为了获得对历史学家的所作所为,以及它们如何区别于其他种类的有关过去思考的认识。

德意志第三帝国: 指称民族社会主义德国工人党(纳粹党)在德国统治(1933—1945年)的专业术语。前两个帝国指最早的中世纪的德意志帝国和统一的德意志帝国(第二帝国,1871—1919年)。

一

社会记忆：创造一个群体的认同

对任何一个拥有集体认同的社会群体而言，必然有一种对事件和经验的共同诠释，而这个群体就是在这些事件和经验中逐渐形成的。有时，这包括对该群体起源的共同信念，就像许多民族国家的情况一样，或者强调一些明显的转折点和一些具有象征意义的时刻，它们强化了该群体的自我认同和抱负。常见的例子包括**爱德华时期争取普选权的运动**（Edwardian suffrage movement）对妇女运动兴起的重要意义，和 18 世纪伦敦**"莫莉会所"**（molly house）的亚文化对今天英国同性恋群体的吸引力。[1]没有一种对共同的过去的意识——这种过去由诸如此类的人类细节活动所构成，就不可能轻易地要求人们忠诚于一些宏大的抽象理念。

> **爱德华时期争取普选权的运动：**指第一次世界大战之前英国民众为妇女争取议会选举权而发起的运动。它因为那些由激进的妇女参政论者发起的运动而闻名，但更温和的妇女参政论者最终在 1918 年为妇女赢得了选举权。
>
> **莫莉会所：**指 18 世纪英国专为男同性恋者设立的秘密聚会场所。莫莉会所此前一直鲜为人知，直到马克·拉文希尔（Mark Ravenhill，2001）的戏剧《克拉普妈妈的莫莉会所》（*Mother Clapp's Molly House*）在伦敦皇家国立剧院上演并获得普遍赞誉后才广为人知。

"社会记忆"一词准确地反映了大众有关过去知识的逻辑。社会群体需要有关先前经验的记录，但他们也需要一种有关过去的想象以对现实做出解释或进行辩护，而这经常会损害历史记录的准确性。社会记忆的作用在一些社会中表现得最为明显，在这些社会中无法援引档案文献作为正确或更高的权威。前殖民时期的非洲提供了一些经典例证。[2]在有文字的社会中，上述情况同样适用于那些不识字的非精英群体，比如前现代欧洲的农民。这种情况下，相关的历史知识是通过上一代人向下一代人的讲述传承下来的，经常与一些特定的场所和特定的仪式或典礼相联系。这种记叙提供了一种行为指导和一套信条，通过它们能够动员群众对不受欢迎的入侵进行抵抗。直到最近，在大部分人不识字的西西里社会，大众记忆既包括 1282 年发生在巴勒莫的反对法国安茹省人入侵的起义（即"西西里晚祷"），也包括 19 世纪黑手党的建立，它们是复仇兄弟会民族传统形成中的两个事件。[3]

但由此假设社会记忆仅存在于那些小规模的、文字产生前的社会是错误的。事实上，该词本身强调的就是一种普遍需求：如果个体没有记忆就不能生存，那么社会也是如此，因此它也适用于大规模的、技术先进的社会。所有社会都求助于集体记忆来发挥抚慰和激励的作用，即使是识字率高的社会，基本上也没有多大差别。近乎全民识字和很高的社会流动性，意味着社会记忆口口相传的保存方式的重要性在大大减弱，但书面记叙（诸如学校历史课本或通俗版的世界大战史）、电影和电视发挥着同样的功能。社会记忆仍然是维系一种积极政治认同的基本手段。它的成功与否，将由它在多大程度上有助于集体凝聚力的形成，以及它在多广范围内由社会群体成员共享来判定。有时，社会记忆基于认同和包容，这经常是由易于理解的民族叙事所发挥的功能。它可以采取一种**创始神话**（foundation myth）的形式，就像美利坚合众国颇有远见的建国之父们的例子，有关他们的记忆在今天仍被援引以支撑人们对美国的信念。或者，认同记忆有可能集中关注英勇时刻，像有关 1940 年发生在敦刻尔克的事迹，英国人将它记忆为一次富有创造力的撤退，它为最终的胜利奠定了基础（第十一章将做更详细的讨论）。

创始神话： 有关一个群体或民族形成的故事，通常为人们所珍视。最著名的是《圣经》中有关创世的故事。各民族一般都有关于它们起源的半"官方"说法，通常包括民族英雄人物，但创始神话也能在学校、军队，甚至公司中存在。"神话"不一定暗示故事完全是虚构的，仅是指它已经发展为一种有关事件的简单化的、通常是美好的说法。

有关过去受压迫的记忆

但社会记忆也可能被用于维系一种受压迫、被排斥或身处逆境的感觉，这些因素说明了社会记忆的一些最强烈的表达方式产生的原因。首次登上政治舞台的社会运动尤其会感受到对一种有关过去的记忆的绝对需要。美国黑人史研究起源于由马尔科姆·艾克斯（Malcolm X）在 20 世纪 60 年代所表述的那种战略上的考虑。他写道，黑人受压迫的一个原因就在于美国白人割断了黑人与过去的联系：

THE DECLARATION OF INDEPENDENCE.
JULY 4TH 1776.

注：创始神话。美国国父在 1776 年宣读《独立宣言》(Declaration of Independence)仍然是美国历史中具有重大象征意义的经典时刻。美国学校历史课本仍然用坚定的英雄主义的词汇来描述它。
资料来源：Library of Congress，Washington D.C.，USA/Bridgeman Images。

图 1.1 美国国父在 1776 年宣读《独立宣言》

> 如果我们不回到过去，查明我们是如何一路走过来的，那么，我们将认为我们一直是如此的。如果你认为你过去的处境和现在是一样的，那么，你就不可能对你自身有太多的自信，你会变得没有价值，几乎一无是处。[4]

大多数英国劳工史研究的目标在于加强工人的社会意识，强化他们参与政治活动的责任感，使他们重新确立这样的信念，即只要他们忠于先辈们的英雄主义，那么历史就将"站在他们一方"。戴维·蒙哥马利(David Montgomery)有关美国劳工运动的研究将对工厂内部关系的研究同更广泛的阶级分化背景相联系，而工人正是在这种背景下形成他们的政治意识的。蒙哥马利评论道："当你真正研究它时，你会发现历史是工人唯一的老师。"[5]在英国，《**历史工作坊**》(*History Workshop Journal*)杂志的创刊词宣称，对工人经验的历史重构是"提高他们的认识水平和激励他们进行斗争的源泉"[6]。在官方认可的民族记忆将它们从大众意识中消除之前，工人阶级有关工作、所在地、家庭和政治的记忆——以及它们常常会反映出的自豪感和愤怒感——已经被保留下来。

5

> **《历史工作坊》**:它是一项合作研究事业,由以拉斐尔·萨缪尔(1934—1996年)为首的一群左翼历史学家在牛津大学拉斯金学院(Ruskin College)创建,鼓励有关工人阶级和妇女史的研究和争论。

如果说过去30年间的妇女运动相比以前有什么变化的话,那就是它已经更多地意识到需要利用有关过去的记忆。对女权主义者而言,这种需要并不能通过对一些非凡女性的研究来加以满足,例如在一个男人占主导地位的世界中成功进行统治的伊丽莎白一世(Elizabeth Ⅰ),而应将重点放在大多数妇女所遭受的经济剥削和性剥削的命运上,放在激进分子纠正这种状况的努力上。根据这种观点,妇女史的关键性决定因素不是民族或阶级,而是**父权制**(patriarchy),即家长拥有对他妻子和孩子的权力,推而广之,它更普遍地指向男性对女性的权力。因为主流历史学隐瞒了这一事实,所以他们写出的历史并不是全面的历史,而只是对人类一半人口的片面的记叙。引用一本颇为流行的女权主义者的作品的书名来表述,这些正是那些被"从历史中隐去"的主题。[7]正如一位美国女权主义者所说:

> 大多数女性感到她们的性别并没有一种能够引发人们兴趣或应该特别关注的过去,这并不令人感到奇怪。不过,像少数民族群体一样,女性不可能承受缺乏集体认同意识的代价,而这种认同意识必然包括有关过去的共同意识。没有这种共同意识,一个社会群体就会患上一种集体健忘症,使他们易于被强加上可疑的刻板印象,并在应该做什么或不该做什么的标准上受偏见的制约。[8]

> **父权制**:一种父亲居于统治地位的社会制度,推而广之,指男性整体上居于统治地位的制度。

对那些被剥夺了社会权力和"不受社会重视"的群体而言——不管是诸如工人和妇女等多数群体,还是诸如美国和英国的黑人等少数群体——有效的政治动员都依赖于对过去共同经验的认识。

二

历史主义——将过去从现在中解放出来

但在这些由现实社会所促成的有关过去的观点之外,还有另一种形式的社会意识,它基于非常不同的前提。尽管社会记忆继续提出各种解释以满足新的政治和社会需要,但在学术历史研究中居于主导地位的方法是根据历史自身的理由来评价过去,并尽可能不受政治私利的影响。到 19 世纪,这种较为严格的意义上的历史意识才成为专业历史学家界定自身身份的特征。这一方法肯定有一些重要的前辈——在古代西方世界、在伊斯兰地区、在古代中国,以及在文艺复兴以降的西方的前辈,但直到 19 世纪上半叶,历史意识的各个组成部分才被聚合于历史学的实践中,被公认为研究过去的正确方法。这就是被称为"历史主义"(historicism)的思想运动的成就,它始于德国,很快传遍整个西方世界(该词源于德语 *Historismus*)。

历史主义者思想的基本前提在于,过去的自主地位必须被尊重。他们坚持认为,每个时代都是人类精神的一种独特表现,拥有它自身的文化和价值观。如果一个时代的人要理解另一个时代的话,那就必须承认,时间的流逝已经深刻地改变了生活状况与人们的心态,甚至也许改变了人性本身。历史学家不是普适价值的卫道士,他们也不可能"对历史下定论",他们必须努力根据其自身的状况来理解每个时代,呈现每个时代自身的价值观和偏好,而不是将我们的价值观和偏好强加于它。所有学术资源和所有历史学家的想象力都必须被用于恢复过去——或使它再现,用于把握那个时期流行的奇思妙想。历史主义并非仅仅是吹响了复古研究的集结号。它的倡导者坚持认为,他们自己时代的文化和制度只能历史地加以理解。除非把握住它们成长和发展所连续经历的阶段,否则,它们的真正特性仍然难以把握。简言之,把握历史是理解世界的关键。

透过过去的视角进行观察

历史主义是浪漫主义的一个组成部分,后者是 1800 年前后在欧洲思想和艺术领域中居主导地位的运动。最具影响力的浪漫主义文学家沃尔特·司各特爵士(Sir Walter Scott)的写作目的,就是要使他写作的历史演义的读者相信他们读到的是有关过去的信史。大众对残存的历史遗迹的兴趣被提升到新的高度,它不仅扩展到古代世界,而且包括了迄今一直为人们所鄙视的中世纪。历史主义代表了浪漫主义对过去的迷恋在学术上的反映。该运动的领袖人物是利奥波德·冯·兰克(Leopold Von Ranke),他从 1824 年到 1872 年担任柏林大学教授,是 60 多卷书的作者。在第一本书的序言中,他写道:

> 历史学已经赋予它裁定过去的任务,赋予它为了未来各代人的利益而教诲当代人的任务。这部书并不奢望实现如此崇高的目标。它的目标仅仅是展

示事物实际的样子。[9]

就这段话而言,兰克并不仅仅是表明了重构部分事件的意图,尽管这肯定是他研究计划的组成部分。[10]就历史主义者的研究方法而言,其创新之处在于他们认识到,如果要使有关事件的记录具有任何意义的话,那么过去时代的氛围和心态也必须加以重构。历史学家的主要任务已变成发现人们这样做的原因,即历史学家要身临其境、通过当事人的视角来观察那个世界,并尽可能用当事人的标准来对它做出评判。**托马斯·卡莱尔**(Thomas Carlyle)比 19 世纪任何其他作家都更热诚地相信历史的再创造,他宣称,不管历史研究的目的是什么,"第一个不可或缺的条件就在于:我们是在互动中观察事物,将它们全景地描绘出来,好像它们就在我们的眼前"[11]。这种研究义务扩展到过去的所有时期,不管它们对现代观察者而言是多么的陌生。兰克自己努力在他有关 16 世纪和 17 世纪宗教战争的研究中实现历史主义的理想。其他历史学家则以同样的理念研究中世纪的历史。

托马斯·卡莱尔(1795—1881 年):一位颇受欢迎,尽管也是颇有争议的维多利亚时期的作家和历史学家,他写了一部有关法国大革命的内容丰富的长篇著作。

人们多次引用兰克在上述序言中的那段话来否定历史学的现实意义。兰克并不认为历史研究不能服务于历史学之外的目标。确实,在相信自身研究的结果是要揭示人类的历史是操纵于上帝之手方面,兰克也许是最后一位重要的历史学家。但他并不期待从过去汲取实践经验。诚然,他相信,超然于对现实的关注是理解过去的一个条件。他对此前的历史学家的反对并不在于他们都缺少求知欲或**移情**(empathy)能力,而在于他们偏离了真正的任务,这是由说教的愿望、在治国方法上提供教训的愿望,或是维系统治集团声誉的愿望所造成的。在追求直接目标的过程中,这些历史学家忽略了源于历史研究的真正智慧。在下一章中,我将更充分地考察现实价值是否必然与历史意识不相容的问题。但在 19 世纪上半叶,当欧洲在**法国大革命**(French Revolution)后经历剧烈的动荡时,历史学卷入了政治争议,除非拥有保持超然态度这种特殊的美德,否则很难进行真正的学术历史研究。尽管今天几乎没人读兰克的作品了,但他的名字仍然代表**奥林匹斯山诸神**(Olympian)所拥有的公正性和准确记叙历史的责任。

移情: 进入其他人感情中的能力(不能与"同情"混淆,后者指实际分享它们)。这个词经常被用于描述历史学家如何研究过去的社会的"陌生性"。在 20 世纪 80 年代有一种最终失败的尝试,即为了检测的目的,评估儿童移情于过去的人们的能力。

> **法国大革命：** 在 18 世纪晚期的法国引起巨大动荡的政治事件，它推翻了君主制，建立了基于《人权宣言》的共和国。它引发了大量暴力行为和长期的政治不稳定，直到拿破仑 1799 年发动军事政变才结束。
>
> **奥林匹斯山诸神：** 超然的和不受情感左右的，像在奥林匹斯山上的希腊诸神。

过去的"他者性"

在历史主义者所理解的意义上，历史意识取决于三个原则。第一个和最重要的原则是差别，即承认将我们所处的时代同所有以前的时代分隔开来的鸿沟的存在。因为历史现象都并非静止不动，所以时间的流逝已经深刻地改变了我们的生活方式。历史学家首要的任务就是评估过去与现在的不同，反过来看，历史学家最不可饶恕的罪过之一就是将**时代错置**（anachronism）——不加思考地假设过去的人像我们一样行为和思想。过去与现在的差别，部分是在物质生活条件方面的，这有时可以用过去残存的遗迹（诸如建筑、工具和服饰等）给予强有力的证明。不太明显，但甚至更为重要的差别是心态上的：较早时期的各代人有着源自他们自身时代的、不同于我们的价值观、偏好、恐惧和希望。我们也许将自然之美视为理所当然，但中世纪的人却对森林和高山感到恐惧，并尽可能地不偏离他们经常走的老路。在 18 世纪晚期英格兰的农村，离婚和再婚有时是借助于公开出卖妻子的形式实现的。尽管对当时的穷人而言，这部分是对事实上不可能合法离婚所做出的反应，但对现代读者而言，很难不去考察极端家长制的价值观念，它表现为丈夫用缰绳将妻子牵到市场上出售，以此使妻子蒙羞。[12]同一时期，在伦敦公开执行的绞刑经常会吸引到 3 万或更多的人观看，观看者既有富人，也有穷人，但通常女性多于男性。他们观看的动机是各种各样的：也许是想看到正义得到伸张，也许是想从被处决的人的罪行中汲取教训，或者是想为罪犯的死鸣不平，但所有人都愿意全神贯注地看完残酷的行刑过程，而今天的大多数人却会由于恐惧而予以回避。[13]更晚近一些的时期的情况也许不是如此陌生，但我们仍然必须对许多确实存在差别的证据保持警醒。在维多利亚中期的英格兰，有思想、受过教育的人有可能将伦敦东部最贫穷的居民描述为"在一堆**腐肉**（carrion）中蠕动的大量蛆虫"[14]。

> **时代错置：** 一种历史研究中的错误，将来自一个历史时期（通常是现代）的因素应用于较早的时期，比如将现代语言和观念应用于历史题材的电影和戏剧。
>
> **腐肉：** 动物的尸体，是食腐动物的食物来源。

9　　对历史做移情研究在近些年的课堂教学中被过分宣扬,而能够移情经常被视为承认我们与先辈们拥有共同的人性。但一种对移情的更偏向现实主义的(也更严格的)解释聚焦于洞察过去的心态所需的想象力,而这些心态已经无可挽回地从我们的经验中消失了。正如小说家 **L.P.哈特利**(L. P. Hartley)所评论的:"过去是一个陌生的国度。"[15]当然,像所有陌生国度一样,过去绝非完全不同于现在。除了因为反感而感到震惊,历史学家还会因为识别出某些心态而感到震惊,例如当他们在看到殖民时期的新英格兰父母对子女流露出的真挚情感时,或者在揭露18世纪伦敦的消费主义文化时所感到的震惊。有人概括说:"所有历史都是熟悉和陌生之间的某种结合。"[16]但在任何学术研究中,过去的他者性一般会更引人注目,因为时间的流逝使得一度看似平常的事物变得异乎寻常了。

> **L.P.哈特利**(1895—1972 年):英国小说家。他的小说《中间人》(*The Go-Between*)讲述了一个男孩在一对恋人之间传递消息,它是通过这个已长大成人的男孩的记忆来叙述情节的。小说的第一行是"过去是一个陌生的国度,人们以不同于这里的方式做事",这种观点已经被历史学家所接受,他们努力说明将现代人的想法强加于以前各时代人的危险。

衡量我们同过去差别的一种方式是通过历史分期来实现的。加上世纪的标签会产生这种效应,正如对百年纪念的普遍认可所表明的。更重要的是由历史学家自己设计的标签,因为这些标签表达了他们对所研究的那个时期的特征的一种认识。正如柳德米拉·约尔丹诺娃(Ludmilla Jordanova)所评论的:"标记时代是历史学家的事。"[17]这些标签中最具争议的是"现代"。直到19世纪,人们通常将自罗马帝国衰落以来的全部历史都称作"现代"。在大学中,"现代史"有时仍是在那种通用的意义上被使用的。不过,在当前的大多数情况下,"现代"所指涉的范围较以往更狭小。它被等同于工业化和(在消费、政治和文化方面的)大众社会在19世纪的来临。介于古代和现代世界之间的时期又被划分为中世纪和近代早期,15世纪通常被视为两者的分界线。这些术语对历史学家而言是不可或缺的,但它们却是自相矛盾的。在某种意义上,它们代表历史差别(我们不处于"近代早期"),但它们同样会将过去的标签强加于人们,而这样的标签对那时的人们而言是没有意义的。换句话说,它们代表一种解释行为,是根据后见之明设想的,当历史学家就不同视角的价值展开争论时,这就会更明显地表现出来。同样应该指出的是,这些标签是欧洲中心论的,它们不可能被顺利地应用于世界其他地区的历史中。[18]

将"他者"置于其背景之下

仅仅记录这些不同时代之间存在差别的例子就能够动摇我们当前时代的一些假设。但历史学家的目标是做更进一步的探究。他们的目标不仅是揭示过去的奇　10
特之处,而且要解释它们,这意味着要将它们置于它们产生的历史背景之中,使得那些令我们感到奇异或不可思议的东西变得能够加以解释,即将它们解释为一个特定社会的表现形式,尽管这并不必然会减轻我们震惊的程度。在近代早期的欧洲或殖民时期的美国,有着令人毛骨悚然的巫术罪行。今天,我们因恐惧而回避对它的细节进行了解。这无疑是在承认两个时代之间存在着鸿沟,但这仅是研究的起点。我们现在比 30 年前更好地理解了这一现象的原因,乃是历史学家对它做了背景研究,即对当时人们有关身体的观念、基督教之外大众宗教信仰的观点,以及妇女地位所引发的争执等方面进行了研究。[19]因此,背景是历史意识的第二个要素。所有历史研究的基本原则是,我们研究任何对象都决不能脱离它的环境。正如不首先仔细记录发掘地点的准确位置就无法宣布一项考古发现的意义一样,我们必须将所知晓的有关过去的每件事都置于它的时代背景之下。这是一种严格的标准,要求研究者具有一种难以实现的知识广度。它通常是将专业历史学家和业余爱好者区别开来的关键所在。只要有一点技术指导,在当地的档案馆研究家庭史的业余爱好者就能确定有关出生、婚姻和死亡的序列,这一系列数据经常能够延续许多代。业余爱好者遇到的麻烦不是史料不足,而是无法充分地掌握相关的经济或社会背景。对社会史学家而言,家庭史研究最重要的不是弄清世系线索,甚至也不是描绘各代家庭的平均规模,而是将家庭置于家庭生产、健康、宗教、教育和国家政策的不断变化的背景之下。对历史学家而言,切忌将过去描述为一种固定的、单线的事件演进序列。每时每刻都必须考虑背景问题。

历史的连续性

不管背景有多生动、多丰富,历史学也不仅仅是有关过去的事实的集合。历史意识的第三个基本方面是承认历史过程的存在,历史过程即随时间而变化的事件之间的联系,它比仅做孤立考察能够赋予事件以更多的意义。例如,历史学家一直都对蒸汽机在 18 世纪晚期应用于棉纺织业感兴趣,这与其说是因为它是技术和企业家创新的一个典型案例,不如说是因为它对后来被称为"工业革命"的事件的发生有非常大的贡献。在**瓜分非洲**(scramble for Africa)期间,具体的吞并事件之所　11

以受到关注，是因为它们构成了欧洲列强实施的大规模帝国主义侵略。凡此种种，不一而足。除了它们本身能引起人们的兴趣之外，我们对这些历史过程中的案例的关注背后还存在着更大的问题，即我们如何从"那时"演变到"现在"。这就是"大历史"，如此多的具体研究对它的构建做出了贡献。在"我们"和"他们"之间也许存在鸿沟，但这个鸿沟实际上是由增长、衰落和变迁的过程所组成，它正是历史学家的研究所要揭示的。因此，我们目前对 16 世纪和 17 世纪的巫术做更充分的了解就会引出有关这种形式的信仰是如何走向衰落、变得声名狼藉的问题，以致在今天的西方社会，仅有极少数自觉的信仰复兴运动者赞成巫术的存在。当历史加速发展时——就像在大革命的情况下所发生的，历史过程是以急速发展为标志的，在另一个极端，历史几乎处于停滞状态，它的变动仅仅是在许多世纪后利用后见之明才能察觉到，正如许多前工业社会存在的土地使用模式或**亲属制度**（kinship system）模式那样。[20]

瓜分非洲： 该术语是指一个过程，通过瓜分，在 19 世纪 80 年代和 90 年代，几乎整个非洲大陆都被欧洲列强所占领。在当时使用的这个词反映了对赤裸裸的贪婪掠夺的厌恶，当时欧洲各国互相争夺以攫取大片土地，根本不考虑生活在那里的非洲人的幸福和安宁。

亲属制度： 以大家庭为基础的社会制度。

如果历史意识取决于连续性的观念，那么这对过去和现在都是适用的：正如在过去没有什么现象是完全相同的一样，我们的世界也是历史的产物。我们的文化、行为和信念的每个方面，都是伴随时间变化的过程的结果。这不仅适用于**值得遵奉的**（venerable）一些制度，诸如基督教会或英国君主制，它们明显是数个世纪演化的结果，而且适用于日常生活中人们最为熟悉的方面，诸如婚姻或个人卫生习惯，它们通常较少被置于历史的框架下予以考察。人类的实践不可能是静止的，这就要求有一种历史的视角来揭示随时间而变化的动态过程。这就是历史学重要到学生应该学习大量历史知识的原因之一。目前，在英国的学院和大学中更多地强调档案研究和狭隘的专业研究的优点，导致对重大历史发展趋势的把握经常被人们所忽略。

值得遵奉的： 值得尊重和崇敬的，特别是因为年龄和智慧。

三

专业历史意识和大众社会记忆是对立的吗?

因此,在历史主义者所理解的意义上,历史意识意指尊重过去的自主性,并在将它的真知灼见应用于现实之前努力重构过去所有不同于现在的方面。应用这种研究程序的后果,就是拉大了精英与大众之间在对过去看法上的差别,这种情况一直延续到今天。专业历史学家坚持长期专注于原始资料的研究,刻意摆脱现代人的假设,并将移情和想象减少到最小程度;而另一方面,大众对过去的兴趣具有高度的选择性,并充满了现代人的假设,只是偶尔关注根据它自身的背景去理解过去。三种反复出现的社会记忆特征产生了特别明显的扭曲效应。

传统的扭曲效应

第一种社会记忆特征是对传统的尊重。在生活的许多领域——从法庭到政治团体、从教会到体育俱乐部——信念和行为都是由惯例的影响所支配的:人们想当然地认为,过去所为乃是指导现今所应为的权威。对传统的尊重之所以有时被混同于一种历史意识,是因为它包括一种对过去(或一部分过去)的偏爱和忠诚于它的愿望。但求助于传统的做法是明显缺乏历史意识的。在既未经历变革,也不希望变革的群体中,可以提出很多理由来为遵从前人制定的路线辩护,对他们而言,现实和过去很少能被区分开来。这就是尊重传统特别有助于在小规模的、未发明文字的人群中形成社会凝聚力的原因,这也确实是这类人群有时被人类学家称为"传统社会"的原因。但这种状况已经不复存在。在任何拥有社会或文化变革动力的社会,像由对外贸易、社会等级制度或政治制度所表明的,对传统不加批判的尊重是不利于实现预期目标的。它会压制过渡时期可能发生的历史变革,毫无疑问,它会极力阻止任何对社会变革的关注,并导致那些确实已变得多余的制度形式继续存在下去——我们也许会说这是"被历史的重负所压倒"。在英国,议会制政府具有出名的稳定性的一个原因就在于,英国议会本身作为"各国议会之母"享有700年历史的盛誉。这赋予它以巨大的合法性,人们经常会听到这种说法:英国议会经受了时间的考验,它是宪法自由的支柱,等等。但这也导致人们不愿去公正地考察英国议会实际是如何运作的。自第二次世界大战以来,下议院限制行政权力的能力急剧下降。但迄今为止,英国议会所背负的巨大的、以传统为基础的盛誉压制了进行重大改革的要求。

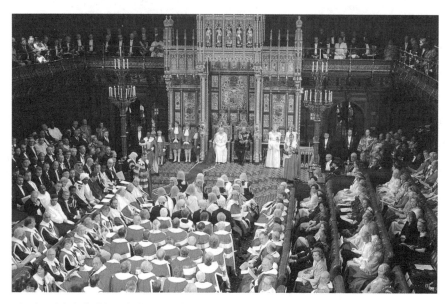

注:在这个每年都举行的典礼上,大多数仪式都会产生强烈的历史共鸣,但这不应被混淆为一种专业的历史意识。这些传统事实上是在想象中再现过去,以掩盖当今的政治现实。

资料来源:Getty Images/AFP。

图 1.2　英国议会开幕大典

这就是传统的权威,统治集团在各种场合虚构它们以利于维系他们的声誉。几乎所有与王室相联系的"传统"仪式都是在维多利亚时期被临时创造的,然而它们所植根的特定历史背景却恰恰是整个"传统"观念所拒绝承认的。[21]在日本,传统在一个更大的范围内被塑造,以将民众对自 19 世纪晚期以来在经济和政治领域的全面现代化的对抗减少到最小程度。许多这些变革由于被披上"传统"的外衣而变得能够为日本人民所接受。劳资之间激烈冲突的现状被和谐的劳动关系是日本的传统这一幻象所压制。以这种方式,对资本主义的遵从度得到提高,随之而来的是一个更配合的劳动力大军。在现代社会中,被视作传统的东西通常与传统毫不相关。[22]

民族主义传统的发明

尊重传统的后果在民族主义的例子中尤其令人担忧。民族当然是历史的产物,同样的民族称谓通常在不同时期有不同的内涵。不幸的是,历史学家却无法始终牢记这一真理。尽管19世纪的历史主义者受到各种学术原则的约束,但他们仍然很难抵制撰写一部片面的、民族国家形成史的要求,许多学者甚至没有尝试进行抵制。那时的欧洲是激烈争夺民族国家认同的舞台,因为当时的民族国家边界受到许多民族质疑,而这些民族基于民族意识建立民族国家的要求被否定,这些民族包括德意志人和意大利人、波兰人和匈牙利人。他们对民族国家地位的要求部分基于共同的语言和文化,但他们的要求同时也是基于一种历史的合法性,例如恢复过去的荣耀,或对历史上所受到的侵害进行复仇——简言之,一种能够在现实中维系民族国家凝聚力并给欧洲列强留下深刻印象的传统。历史学家也像普通人一样为流行的民族主义所吸引,他们中的许多人并未看到专业信条与书写狭隘的民族国家历史之间的矛盾。弗朗蒂泽克·帕拉茨基(František Palacký)既是一位历史学家,又是一位捷克民族主义者。他将这两种伟大的情感结合在他的系列著述中,将捷克人描述成一个自历史开端就爱好自由和民主的民族。当他于1876年去世时,他被作为捷克民族之父予以悼念。[23]这种歌功颂德的历史赋予定期举行的纪念仪式以合法性,在这些场合,民族的自我形象能够在大众意识中得到强化。每年塞尔维亚人都要举行活动,纪念他们在1389年科索沃平原战场英勇壮烈地被土耳其人打败的事迹,这样做是为了重申他们作为一个勇敢但受到围攻的民族的身份。在南斯拉夫危机期间,他们一直在这样做。[24]在这些例子中,历史中的一些不干净的事实被舍弃。民族、种族和文化被聚合在一起,构成一个统一的永恒存在的实体。这种强调民族基本特征并使其神圣化的**本质主义**(essentialism)宣传,产生了一种强有力的、排外的认同感,却书写出糟糕的历史。不仅过去那些与所要求的自我形象相矛盾的事物受到压制,而且,"那时"与"现在"之间的距离也被一种有关民族特性不变的断言大大压缩,这一断言认为民族特性不受变化着的历史背景作用的影响。

> **本质主义:**与民族或国家的基本特征(本质)相联系的理论。

　　传统的构建过程在新近变得**自主的**(autonomous)民族国家表现得尤其明显。在那里,将过去合法化的要求特别强烈,却缺少记述民族过去的资料。在经历独立战争的两代人中间,美国人认同一种炫耀式的自我形象:在这块荒野变良田、远离堕落的欧洲旧社会的土地上,他们的殖民前辈发展出了自立、诚实和自由的价值观,这些价值观目前已成为所有美国人的遗产,因此,丹尼尔·布恩(Daniel Boone)等民间英雄具有长久的吸引力。最近,许多非洲国家面临一个问题,它们的边界是由欧洲列强在19世纪晚期对非洲大陆进行瓜分时人为造成的。在一些情况下,诸如马里和津巴布韦,一些在更早期使用同样名称的国家,要求继承原来的名称。加纳选定了一个中世纪贸易帝国的名称,但该帝国根本不包括加纳目前的领土。在非洲大陆的其他地方,政治领导人也借用前殖民时期一些该民族出众的品质[像朱利叶斯·尼雷尔(Julius Nyrere)的"乌贾马"(Ujamma),即四海之内皆兄弟的信念]作为塑造认同的民族特性。没有这样一些被合法化的过去的支撑,塑造一种民族认同也许是不可能的。

> **自主的:** 实现自治的独立状态。

　　但求助于一种不变的过去,并不局限于新的或受到压迫的民族。19世纪的英国有一种相对稳定的民族国家意识,然而在那时历史学家的著述中,既能发现一种不变的民族本质特性,也能发现随时间变化的思想。威廉·斯塔布斯(William Stubbs)通常被视为这个国家的第一位专业历史学家。他相信,英格兰宪法条例在整个中世纪不断增加的原因深刻地植根于该民族的天性,在这种诠释中,议会制政府变成一种自由的民族精神的表现。[25]强调民族基本特征的本质主义范畴很容易为政治家们所援引,尤其是在危机时刻。在第二次世界大战期间,温斯顿·丘吉尔(Winston Churchill)将顽强抵抗外敌入侵的传统追溯到小威廉·皮特(Pitt the younger)和伊丽莎白一世(Elizabeth Ⅰ)。在马尔维纳斯群岛战争期间,自由派评论家不安地想起了这种**修辞**(rhetoric)手法。在思考这场冲突的教训时,玛格丽特·撒切尔(Margaret Thatcher)宣称:

> 这一代人能够在能力、勇气和果断上与他们的父辈和祖辈相媲美。我们没有改变。当战争需要和对我们民族的威胁呼唤我们拿起武器时,我们英国人像过去一贯所做的那样,拥有能力、勇气和果断。[26]

> **修辞:** 最初是指古希腊公共演说的艺术,但今天它被更经常用来指代那些更多地依赖于言辞或声音的说服力,而不是依赖实际论据的观点。

　　这种民族主义依赖于对传统的明确主张,而不是对历史的解释。为了维系认同,它会压制差别和变化。

四

怀旧之情：已逝的历史

传统主义是对历史意识最粗暴的扭曲，因为它否定了随时间而发展这一中心观念。其他形式的扭曲则更为微妙。一种具有巨大影响力的扭曲是怀旧之情。像传统一样，怀旧是对过去的迷恋，但它并不否认历史变化的事实，而是仅仅在一个方向上解释历史的变化，即解释为向更糟的方向上变化。最为人们所熟悉的怀旧之情也许是代际之间的抱怨：年长者经常抱怨现在的年轻人不守规矩，或国家正在走向堕落，并且人们在一个很长的时期内反复做出同样的抱怨。[27]但怀旧之情也 16 在更大的领域发挥作用。它表现最强烈的是作为对刚刚逝去的过去的一种反应，因而成为正在经历迅速变革的社会的一种特征。期望和乐观主义绝非社会对进步的唯一——或甚至是主要的——反应。对于旧行为方式和人们所熟悉的事物的消逝，几乎一直存在遗憾与警觉。怀念过去能够提供一种安慰，一种在思想中对严酷现实的回避。正是当过去似乎正在从我们眼前流逝时，我们努力在想象中再现它。这就是浪漫主义运动产生的一个主要原因。历史主义本身有时存在着一种过度的怀旧冲动，诸如当学者反对在他们周围发生的工业化和城市化时。正当经济变革迅速加快的步伐不断扩展社会生活的范围时，怀念联系密切的共同体和社会节奏缓慢变化的中世纪生活绝非偶然。自工业革命以来，怀旧之情一直是经历重大变 17 革的社会的一种主要的情感反应。它在今天的英国的一个最常见的表现就是"遗产"。当过去被保存下来或再次展现以娱悦我们时，它通常会（尽管并非一定如此）以它最吸引人的面貌出现。过去的辉煌——诸如中世纪的马上比武或伊丽莎白一世时期的盛宴——自然而然地会带来观赏的乐趣，但日常生活的场景——诸如工业化早期人们在其中辛苦劳作的手工作坊或维多利亚时期的灶房——也被装饰一新，以具有视觉吸引力。一种失落感成为参观这些遗址的感受的组成部分。

怀旧之情所产生的问题在于，它是一种带有很强倾向性的历史观。如果过去被重建为一种舒适的避难所，那它所有的负面特征都必须被消除。过去变成比现在更美好和更纯真的年代。因此，19 世纪有关中世纪的学说很少会提及中世纪时期生命的短暂和生活的悲惨，或精神世界领域存在的邪恶力量。今天的怀旧主义者同样表现出类似的**近视**（myopia）。就连对伦敦大空袭的场景模拟，展示的也是对"战时精神"丧失的遗憾感，以及对空袭后果的恐怖感。"家庭价值观"的支持者将黄金时代置于过去的某个时段（根据偏好的不同定在 1939 年或 1914 年之前），他们忽略了在离婚变得容易之前大量无爱婚姻的存在，以及源于自然原因的丧偶或父母双亡造成的家庭的大量解体。在这些例子中，正如拉斐尔·萨缪尔（Raphael Samuel）所提出的，过去与其说是在发挥历史学的作用，不如说是在发挥讽喻的作用：

> 它是行为和道德水准下降的明证，是我们缺陷的反映，是我们漫不经心程度的表现……通过一种有选择的记忆缺失过程，过去变成一种在历史上实现了最大幸福梦想的时段，或变成记忆赋予童年的梦幻空间。[28]

> **近视：**目光短浅。

注：圣保罗大教堂的圆形屋顶经历 1940 年毁灭性的伦敦大空袭而完好无损地保存下来，它成为英国蔑视纳粹德国和肯定英国历史特殊性的一种强有力的象征。最近，学术研究质疑英国人民在大空袭中团结一致的程度，但民众对"空袭精神"的社会记忆却并未表现出衰减的迹象。

资料来源：Getty Images/JA/Hampton/Hulton Archive。

图 1.3　1940 年伦敦大空袭时圣保罗大教堂的圆形屋顶

这种观念不仅是对研究过去的一种不可靠的指导,而且是在现实中造成悲观和僵化的基础。怀旧之情将过去描述为一种对现代的替代,而不是它的序曲。它鼓励我们追求一种无法企及的黄金时代,而不是创造性地同现实世界打交道。历史意识应该能够提升我们对现实的洞察,但怀旧之情却只会纵容一种逃避现实的愿望。

五

轻视过去:历史的进步观

在扭曲历史认识的天平的另一端是对进步的信念。如果怀旧反映了一种悲观 18 主义的世界观,那么进步就是一种乐观主义的信条,因为它不仅肯定了过去的变化是为了实现更好的未来,而且肯定了进步将在未来一直持续下去。像过程一样,进步是随时间变化而实现的,但关键的差别在于,它对这种变化给予了一种积极正面的评价。进步观是现代性的根本所在。因为 200 年间它一直是西方神话的定义性特征,是西方人在同世界其他地方的人打交道时所拥有的文化自信感和优越感的源泉。在这种意义上,进步基本上是 18 世纪启蒙运动的发明。在那之前,有关人类发展极限的假设一直被人们所接受,或是由于人们相信神圣天意在发挥神秘作用,或是由于人们认为古典时代所取得的成就是无法超越的。18 世纪的启蒙运动对人类理性改造世界的能力充满信心。诸如伏尔泰(Voltaire)、休谟(Hume)和亚当·斯密(Adam Smith)等学者将历史学视为有关物质和道德进步的未完成的记录。他们努力通过追溯人类社会从原始的未开化状态发展到有教养的文明状态,来揭示历史的形态。今天看来,这些历史学家的自信是幼稚和浮夸的,但 200 年来,某种类似的结构一直在支撑着各种有关进步的思想,包括自由民主和马克思主义。直到20 世纪 60 年代,这两种传统的代表——**J. H. 普勒姆**(J. H. Plumb)和 E. H. 卡尔(E. H. Carr)——仍在写作一些被广为阅读的历史著述,它们是在一种对进步的热忱信仰的指导下写就的。[29]那种信念在今天已经很少见了,这是由目前对气候变化的悲观态度造成的。但我们也很少愿意生活在一个一直进行怀旧式抱怨的世界。对某个已逝的黄金时代的怀念经常会与对另一个"黑暗时代"自信的蔑视共存于人们的思绪之中。

> **J. H. 普勒姆**爵士(1911—2001 年):一位专门研究 18 世纪英国史的权威的剑桥历史学家。普勒姆是一位颇有影响的人物,他的许多学生都成了著名历史学家。

那种对过去的轻视揭示了进步作为一种历史观的局限性。尽管"过程"是一个中性词，没有暗含的价值判断，但"进步"根据定义是评价性的和带有倾向性的。由于它以现在优于过去为前提，所以不可避免地会接受那些恰好在今天流行的价值观，后果就是我们在时间上回溯得越远，过去似乎就越具有"原始性"、越不值得赞美。结果是带着优越感审视过去，也就无法理解过去。如果过去的存在仅是为了证明现代所取得的成就，那么就不大可能有机会对过去所取得的文化成就做出恰当的评估。进步的倡导者从来不善于理解远离他们自身时代的各个历史时期。例如，伏尔泰就出了名地不承认中世纪有任何好的地方，他的历史著述追溯了理性和宽容的产生和发展过程，对其余一切均予以谴责。因此，如果要迫切证明历史存在进步的话，那么，它
19 很快就会与历史学家如实重建过去的职责相冲突。事实上，历史主义更多的是反对当前思想中贬低过去重要性的产物，那种轻视过去的思潮是许多启蒙时期学者的特征。兰克将每个时代都视为"同样地接近上帝"，他所意指的就是不应该根据现代标准臆断过去。而将历史解释为以进步为中心的叙事却正是这样做的。

传统、怀旧和进步是社会记忆可能具有的基本特征。每一种特征都是对渴求安全的强烈心理需求的满足——通过不进行变革的承诺，为了更好的未来而变革或沉浸在更合意的过去以逃避现实。反对它们的真正理由在于，作为一种主导性立场，它们都被要求与某种需求相一致，而这种需求经常被感受到，却又不被承认。它们是信念的，而不是研究的产物。它们在寻求一种看待过去的一贯的方法，但结果却是不能公正地对待历史的各个方面。

六

对传统看法的挑战

如果社会需要会如此轻易地导致对过去认识的扭曲，那么，历史学家总体上保持同它的距离就不会令人感到奇怪。但在实际历史研究层面，专业历史学家对待社会记忆的立场却并非总是一致的，就连最严肃的学者有时也会屈从于当前政治方面的迫切要求。**赫伯特·巴特菲尔德**(Herbert Butterfield)在 20 世纪 30 年代因批评着眼现实需求写作的历史而闻名，他却在 1944 年写作了一部慷慨激昂的、唤醒英国历史传统的著作，明显意在鼓舞战时的士气。[30] 如今，报纸经常会刊登一些由权威历史学家撰写的文章，他们被这个影响公众对过去的态度的机会所吸引。但

总体而言,这个专业更倾向于强调学术历史研究的目标和方法是如何不同于大众对历史的看法的。尽管有关过去最通俗形式的知识的起点是现实需要,但历史主义的起点却是重新进入或重新建构过去的渴望。

> **赫伯特·巴特菲尔德**(1900—1979 年):专门研究 18 世纪的剑桥历史学家。他在《辉格派的历史解释》(1931 年出版)中的分析批评了辉格派历史学家根据进步观念来考察历史的倾向,由此不公正地(和错置时代地)将较早期的时代批评为"落后的"。

由此可以断定,历史学家的一个重要任务就是质疑由现实需要促成的对历史的错误认识。这种行为就像"专门摘除白内障的眼科医生"。[31]尽管病人会非常高兴他们的视力得到恢复,但社会也许会深深地执着于有关过去的错误观点,而指出这种真相的历史学家并不会受到欢迎。他们的许多发现由于有损已经神圣化的虔诚信念而招致憎恶,就像历史学家质疑丘吉尔战时的英明领导时那样。许多美国人将关于建国之父的记忆视为近乎神圣的,但历史记录清晰表明托马斯·杰斐逊(Thomas Jefferson)和乔治·华盛顿(George Washington)都蓄奴:这是美国社会持久的种族分裂的一种强有力的表现。[32]也许当今世界不存在官方版民族主义历史的原因,就是要防止因学术研究而影响士气。 20

同样的情况也适用于那种斗争史学,它支持左翼和右翼之间的冲突。在英国,由政治因素促成的劳工史学倾向于支持政治激进主义和反对资本的斗争,然而,如果是要提供一种切合实际的历史观点,并据此设计出一些政治策略的话,那么劳工史研究就不能忽略工人阶级同样长期存在且持续至今的保守主义传统。彼得·伯克(Peter Burke)在信奉社会主义的历史学家大会上讲话时指出:"尽管我将自己视为一个社会主义者和一个历史学家,但我并不是一个社会主义的历史学家。"他的意思是他想要研究具有真正复杂性的历史,而不是将它简化为过分戏剧化的"我们"与"他们"的冲突。[33]同类的论述也会因为来自右翼势力的曲解而做出。在 20世纪 80 年代中期,玛格丽特·撒切尔努力从有关 19 世纪的英格兰只顾谋求私利的描述中获取政治资本。当她赞许维多利亚时期的价值观时,她所指的正是一种**无拘无束的**(untrammelled)个人主义以及**国家作用的削弱**(rolling back of the state),而正是这两者可以使英国重新变得伟大。但她却未曾提及,维多利亚时期的经济奇迹的基本前提是英国对全球的战略统治地位,也没有提及以贫困和环境破坏形式付出的巨大社会代价。历史学家很快就指出,她的观点既非切合实际的,也是不得人心的。[34]

> **无拘无束的:** 不受任何约束的。
>
> **国家作用的削弱:** 国家的作用在 20 世纪的英国有了巨大提高,尤其是在克莱门特·艾德礼(Clement Attlee)的战后工党政府(1945—1951 年)将重工业和卫生服务国有化之后更是如此。玛格丽特·撒切尔的保守党政府(1979—1990 年)通过将国有企业重新私有化改变了这种政策。

在历史学和社会记忆之间的部分一致

如果这种揭穿真相的行为看上去将历史学家置于同社会记忆守护者相对立的阵营的话,那么需要强调的是,这种差别绝非像我到目前为止所描述的那样壁垒分明。一种观点(尤其是同后现代主义相联系)坚持认为,事实上,在历史学和社会记忆之间不存在差别。根据这种观点,重建历史的渴望是一种幻想,所有历史著述都不可避免地受到现实的影响——它告诉我们更多有关现在,而不是有关过去的东西。我将在第七章中评估这种极具颠覆性的观点的价值所在。这里仅仅指出以下事实就足够了:将历史学贬低为社会记忆,这对某些持怀疑论的理论家具有吸引力,却很少会得到历史学家的支持。不过,两者确实在一些重要的领域有一致之处。假设精准的研究仅仅是专业历史学家的专利是错误的。正如拉斐尔·萨缪尔所指出的,英国有一批热心的业余爱好者在研究从家庭谱系到蒸汽机车的每件事,他们对历史准确性的痴迷是无以复加的。[35] 从事学术研究的历史学家也许能使自身免受社会记忆所产生的扭曲的影响,但今天许多已经获得很好声誉的专业历史研究却起源于明确的政治需求:人们会想到劳工史、妇女史和非洲史。在历史学和社会记忆之间做出完全的区分并不总是可能的,因为历史学家在执行一部分建构社会记忆的工作。也许最重要的是,社会记忆本身就是历史研究的一个重要论题。社会记忆是各种形式的大众意识的中心所在,从民主政治到社会习俗和文化品位,全面的社会历史研究不可能忽略它们,口述史部分代表着考察这方面内容的一种尝试(见第十一章)。在所有这些方面,历史学和社会记忆是彼此相互依赖的。正如杰弗里·丘比特(Geoffrey Cubitt)所指出的:"历史和记忆是相近的概念:它们存在于相似的思想领域。"[36]

然而,尽管存在所有这些相似的方面,但历史学家在他们的研究与社会记忆之间做出的区分仍然是重要的。不管社会记忆是服务于一种极权统治,还是服务于民主社会中利益集团的要求,它存在的价值和发展前景都完全取决于它的功效:记忆的内容将根据背景和偏好的变化而变化。当然,历史学家不可能回避对其研究所产生的现实影响的考虑。这部分是因为我们比兰克更清楚地认识到,历史学家不可能使自身完全脱离他所处的时代。部分是正如我在下一章中将要论述的，历史学的丰富性将会由于论题的转换而得到积极的提升。通常大多数历史学家与社会记忆的守护者产生分歧的地方在于，历史学家坚持认为他们的研究应该由在本章中所描述的历史主义原则来指导——历史意识应该优先于现实社会需要。这是一种能够根据它的自身价值加以辩护的原则。如果我们还有从历史中获取教益的期望的话，那么它也是必须予以坚持的原则，这有别于从历史中发现那些同我们现实关注直接相关的内容。现在我就转去考察那种可能性。

【推荐书目】

1. Michale Bently, *Modern Historiography*，Routledge，1999.

2. Goerge G. Iggers and James Powell（eds.），*Leopold Ranke and the Shaping of the Historical Discipline*，Syracuse University Press，1990.

3. Geoffrey Cubitt, *History and Memory*，Manchester University Press，2007.

4. Stefan Berger（ed.），*Writing National Histories*，Routledge，1999.

5. David Lowenthal, *The Past is a Foreign Country*，2nd edn.，Cambridge University Press，2015.

6. Raphael Samuel, *Theatres of Memory*，vol.Ⅰ：*Past and Present in Contemporary Culture*，Verso，1994.

7. Sam Wineberg, *Historical Thinking and Other Unnatural Acts*：*Charting the Future of Teaching the Past*，Temple University Press，2001.

【注释】

[1] Rictor Norton, *Mother Clapp's Molly House*：*The Gay Subculture in England*，1700—1830，Gay Men's Press，1992.

[2] Jan Vansina, *Oral Tradition as History*，James Currey，1985.

[3] James Fentress and Chris Wickham, *Social Memory*，Blackwell，1992，ch.5.

[4] Malcom X, *On Afro-American History*，3rd edn.，Pathfinder，1990，p.12.

[5] Interview with David Montgomery in MAHRO（the Radical Historians Organization）（ed.），*Visions of History*，Pantheon，1984，p.180.

〔6〕 *History Workshop Journal*，I，1976，p.2(editorial).

〔7〕 Sheila Rowbotham，*Hidden from History*，Pluto Press，1973.

〔8〕 Sheila Johansson，"'Herstory' as History：A New Field or Another Fad?"，in Berenice A. Carroll (ed.)，*Liberating Women's History*，*Illinois University Press*，1976，p.427.

〔9〕 L. Von Ranke，*Histories of the Latin and German Nations from 1494—1514*，摘译见 G.P. Gooch，*History and Historians in the Nineteenth Century*，2nd edn.，Longman，1952，p.74。

〔10〕 不幸的是,这却是这一表述最常见的英文译法 "究竟发生了什么"(what actually happened)所传达的意思,见 Fritz Stern(ed.)，*The Varieties of History*，2nd edn.，Macmillan，1970，p.57。

〔11〕 转引自 J.R. Hale(ed.)，*The Evolution of British Historiography*，Macmillan，1967，p.42。

〔12〕 E.P. Thompson，*Customs in Common*，Penguin，1993，ch.7.

〔13〕 V.A.C. Gatrell，*The Hanging Tree：Execution and the English People*，*1770—1868*，Oxford University Press，1994.

〔14〕 引自 Gareth Stedman Jones，*Outcast London*，Penguin，1976，p.258。

〔15〕 L.P. Hartley，*The Go-Between*，Penguin，1958，p.7.

〔16〕 Simon Schama，"Clio at the Multiplex"，*The New Yorker*，19 January 1998，p.40.

〔17〕 Ludmilla Jordanova，"Marking Time"，in Holger Hoock(ed.)，*History*，*Commemoration and National Preoccupation*，Oxford University Press，2007，p.7.

〔18〕 Penelop J. Corfield，*Time and the Shape of History*，Yale University Press，2007，pp.131—149.

〔19〕 例如参见 James Sharpe，*Instruments of Darkness：Witchcraft in England*，*1550—1750*，Hamish Hamilton，1996；Jonathan Barry，Marianne Helster and Gareth Roberts(eds.)，*Witchcraft in Early Modern Europe*，Cambridge University Press，1996。

〔20〕 Fernand Braudel，"History and the Social Sciences：La Longer Durée"，in Fernand Braudel，*On History*，Weidenfeld & Nicolson，1980，pp.25—52.

〔21〕 E.J. Hobsbawm and T.O. Ranger(eds.)，*The Invention of Tradition*，Cambridge University Press，1982.

〔22〕 Andrew Gordon，"The Invention of Japanese-style Management"，in Stephen Vlastos(ed.)，*Mirror of Modernity：Invented Traditions of Modern Japan*，California University Press，1998，pp.19—36.

〔23〕 Richard G. Plaschka，"The Political Significance of František Palacký"，*Journal of Contemporary History*，VIII，1973，pp.35—55.

〔24〕 Noel Malcolm，*Kosovo：A Short History*，Macmillan，1998.

〔25〕 转引自 Christopher Parker，*The English Historical Tradition since 1850*，Donald，1990，pp.42—43。

〔26〕 Margaret Thatcher，speech in Cheltenham，3 July 1982，reprinted in Anthony Barnett，*Iron Britannia*，Allison & Busby，1982.

〔27〕 Geoffrey Pearson，*Hooligan：A History of Respectable Fears*，Macmillan，1983.

〔28〕 Raphael Samuel，*Theatres of Memory*，vol.II：*Island Stories：Unravelling Britain*，Verso，1998，pp.337—338.

〔29〕 J.H. Plumb，*The Death of the Past*，Macmillan，1969；E.H. Carr，*What is History?*，Macmillan，1961.

〔30〕 H. Butterfield，*The Englishman and His History*，Cambridge University Press，1944.

〔31〕 Theodore Zeldin，"After Braudel"，*The Listener*，5 November 1981，p.542.

〔32〕 例如参见 Mary Thompson，*"The Only Unavoidable Subject of Regret"：George Washington*，*Slavery and the Estate Community at Mout Vernon*，Virginia University Press，2019。

〔33〕 Peter Burke，"People's History or Total History"，in Raphael Samuel(ed.)，*People's History and Socialist Theory*，Routledge & Kegan Paul，1981，p.8.

〔34〕 Eric M. Sigsworth(ed.)，*In Search of Victorian Values*，Manchester University Press，1988；T.C. Smout(ed.)，*Victorian Values*，British Academy，1992.

〔35〕 Raphal Samuel，"Unofficial Knowledge"，in Raphal Samuel，*Theatres of Memory*，vol.I：*Past and Present in Contemporary Culture*，Verso，1994，pp.3—39.

〔36〕 Geoffrey Cubitt，*History and Memory*，Manchester University Press，2007，p.4.

第二章　历史学的功用

　　本章将考察历史学家就他们的研究目标所做的不同诠释。一些历史学家视历
史学为一种研究，无需援引更多的理由来证明其合理性；另一些历史学家是根据伟
大力量（人力或神力）的无情作用来看待历史的，这种力量既能解释我们如何发展
到目前的状态，又能解释我们将会走向何方；还有一些历史学家根本否定历史学会
有教益。作为对当前关注和现实问题的反应，历史学家对过去做出解释。历史学
肯定能够让我们体验不同的情势并面对不同的选择，这是我们在其他地方所无法
遇到的，从这种意义上讲，它发挥着一种有益的功效；它还能够揭示现代生活的方
方面面并不像我们想象的那样古老或新颖。但当历史研究如此多地依赖于有关历
史背景的详细资料时，我们如何才能从历史学中获得一些有益——尤其是有益于
将来——的经验呢？如果说历史是无法重复的，那它又能提供给现实什么样的指
导呢？

〰〰〰〰〰

　　相比"我们能从历史学中获取什么样的教益？"的问题，本书所讨论的任何其他
问题都不会得到如此多样的答案。其答案既有亨利・福特（Henry Ford）的著名格
言"历史学是胡言乱语的废话"，也有那种认为历史学掌握着人类命运的线索的信
念。历史学家自身给出了不同答案的事实表明，这是一个开放性的问题，它不可能
给出一种令所有人都满意的答案。但任何打算花几年时间——在某些情况下是花
一生的时间——来研究这一论题的人，都必须思考历史学的目标。不首先考察进
行历史研究的根本原因，人们就不可能在理解历史学家如何启动他们的研究或在

评估其研究成果上产生深刻认识。

一

元史学:作为研究长时段发展过程的历史学

25　　处在一个极端的是这样一种认识,即历史学会告诉我们知晓未来所需要了解的大多数东西。我们的命运在有关人类历史的宏大发展**轨迹**(trajectory)中被揭示,它能够揭示今天世界的真实面目和事物未来的发展趋势。这种认识要求一种对人类社会发展进程的高度框架性的解释,即通常为人们所知的"元史学"(metahistory)。教会版的"元史学"一直到 17 世纪都在西方文化中居于主导地位。中世纪的思想家相信,历史是**神圣天意**(Divine Providence)的无情体现,从创世纪开始,经救世主拯救众生,到**末日审判**(Last Judgement)结束——对过去的沉思能够使人感悟上帝的某种意旨,并将注意力集中于将要到来的末日审判上。这种观念随着 18 世纪以来欧洲文化的逐渐世俗化而变得无法立足。各种新形式的元史学被不断地建构,它们都将历史向前发展的动力归因于人的,而不是神的力量。**启蒙运动对道德进步的信仰**(Enlightment belief in moral progress)就是这样一种元史学。但当今时代最具影响力的元史学是马克思主义。历史发展的动力变为人类社会为满足他们的物质需求而进行的斗争(这就是马克思主义理论被称为"历史唯物主义"的原因)。马克思将人类历史解释为从较低级生产方式向较高级生产方式的进步。目前最高级的生产方式是工业资本主义,但它注定要让位于社会主义。在社会主义社会,人类需求将被充分和平等地加以满足(见第八章)。虽然相信历史唯物主义的人数在急剧减少,但元史学的思想仍然具有吸引力:某些信奉自由市场的理论家对马克思主义发起攻击,对这些理论家而言,20 世纪 90 年代标志着自由民主在全球的胜利,或被称为"历史的终结"。[1]

轨迹: 飞行中物体的运动路线。就像在这里一样,它能够被用于指一种主题的演化"路径",这种"路径"能够被人们所认识,而且可以追溯很长一段时间。

神圣天意: 一种有关仁慈的上帝的思想,上帝守卫和保护着俗世中的人们。

末日审判: 在基督教,尤其是天主教神学中,末日审判是时间终止的时刻,到那时,所有人都站在上帝面前接受对他们世俗生活的裁判,一些人被允许进天堂,其他人被裁定永远入地狱。它是中世纪艺术中常见的一个主题,被生动地表现在米开朗琪罗的壁画中,这些壁画呈现在梵蒂冈的西斯廷教堂中。

> **启蒙运动对道德进步的信仰：** 18 世纪的启蒙运动相信，人类理性将把人从有组织的宗教和迷信所实施的心理和政治压迫中解放出来。理性以人类更大的自由和幸福为目标，由此被等同于道德进步。

拒斥历史学

处在另一个极端的是认为不可能从历史学中获得任何教益的观点：不是说历史学超出了我们的能力所及，而是说它提供不了什么指导。对历史学的拒斥表现为两种形式。第一种形式本质上是一种对**极权主义**（totalitarianism）的抵制。对冷战时期的许多知识分子而言，援引过去来证明其意识形态的合理性，给人类造成的后果是如此骇人听闻，以致任何认为历史学掌握着理解现实的线索的认识都变得完全不再可信。一些历史学家对任何有关解释模式或者历史意义的思想是如此避讳，以致他们拒绝在历史中探求意外、失策和偶然之外的任何东西。[2]

> **极权主义：** 专制统治，尤其与 20 世纪 20 年代和 30 年代欧洲的政治体制相联系，它强调国家全方位的作用。

拒斥历史学的第二种形式是对现代性的信奉：如果一个人专注于新事物，为什么还要为过去费心呢？这种观点有着更为长久的历史渊源。将现代性等同于对过去的拒斥，最早出现于 1789—1793 年法国大革命期间。革命者处死了国王、废除了贵族统治、抨击了宗教信仰，并宣布 1792 年 9 月 22 日为共和元年的开始。所有这些都是以理性的名义实行的，不受先例或传统的任何阻碍。20 世纪初期是又一个**现代主义者**（modernist）拒斥历史学的高峰期。在**先锋派**（avant-garde）的思想中，人类的创造力被视为与过去取得的成就相对立，而不是源于它们。忽略历史是能够解放想象力的。在两次世界大战期间，这些思想在"现代主义"的名义下成为艺术领域的主导性思潮。法西斯主义和纳粹主义对这种话语进行改造并将其应用于政治领域。通过宣扬与过去完全决裂的益处，他们对第一次世界大战所造成的灾难和**世界经济令人恐慌的不稳定性**（alarming instability of the world economy）做出反应。他们痛斥旧社会的堕落，要求有意识地创造一种"新人类"和一种"新秩序"。[3]今天，**彻头彻尾的**（root-and-branch）极权主义已变得臭名昭著。但"现代主义"并不仅仅在口头上支持极权主义意识形态，它仍然保留着一些吸引力，使某种政治和社会领域的专家治国论具有了合法性，同时也有助于在艺术领域造成对新鲜事物的迷恋。

26

> **现代主义者:** 在这种背景下,指那些关注点集中于当今时代,而排斥任何对过去的思考的人。
>
> **先锋派:** 处在前线的部队,它充当先锋率先进入战场。该术语被用于指20世纪早期的一些激进的和开拓性的艺术运动,此后就被用来指任何新的或激进的思想。
>
> **世界经济令人恐慌的不稳定性:** 继1929年10月纽约股票交易市场崩盘后出现的20世纪30年代国际经济大萧条。
>
> **彻头彻尾的:** 完全的。该词源于17世纪的一个宗教团体,它试图全面改革英国国教。

元史学和对历史学的完全拒斥,都未在历史学的实践者中赢得更多的支持。元史学也许可以将历史学家塑造成令人感到陶醉的预言家,但要以否认或大大削弱人类能动性在历史中的作用为代价。马克思主义在过去50年间对历史研究产生了巨大影响,但它是作为一种有关社会经济变迁的理论,而不是作为洞察人类命运的锁钥产生如此影响的。归根结底,在自由意志和决定论之间的选择是一种哲学上的选择。在两者之间存在着许多中间立场。如果说大多数历史学家都将天平向自由意志一方倾斜,那是因为决定论无法令人满意地解释一些偶然性和反常性,而后两种现象在历史记载中是非常常见的。元史学以舍弃许多平实的洞见为代价来坚持一种宏大的判断。它是一种同历史研究的经验存在深刻分歧的观念。

历史学家并不愿意看到他们的研究成果被作为完全不适用的东西而抛弃。对历史学的拒斥,明显是将其研究仅限于一种自我放纵的**恋古嗜好**(antiquarian)。事实上,支持历史意识的主张,200年来一直在同现代主义者对历史的拒斥的**辩证对立**(dialectic)中被肯定。历史主义本身在很大程度上是反抗法国大革命的产物。对兰克等保守派而言,法国在政治上无节制的镇压行为是一个令人感到恐惧的例子,它表明了激进派抛弃过去时会发生的情况。在不尊重继承下来的制度的前提下,应用激进主义的基本原则是对社会基本结构的威胁。随着法国大革命偏离正轨,许多激进分子重新学会了尊重历史。那些仍然相信自由和民主的人逐渐认识到,人类不可能像革命者所假定的那样免于过去之手的束缚,进步性变革必须建立在以前各代所取得成就的积累之上。

> **恋古嗜好:** 对一些历史细节和古代文物感兴趣,而不是考虑它们更广泛的背景或意义。
>
> **辩证对立:** 一种思想(或正题)同另一种思想(或反题)处于直接对立的冲突状态。这种状态带来的两者的融合,就是人们所熟知的合题。

只有空想家才会接受元史学的所有主张,只有恋古嗜好狂才会满足于放弃所有有关历史学应该发挥现实作用的主张。在历史学提供的相关认识中,最具说服力的主张就在这两个极端之间的某处,而且它们取决于认真对待历史意识的原则,后者是由该学科的创建者在19世纪确立的。"历史主义者"目前已经成为讽刺那些不考虑现实价值而进行客观历史研究的人的绰号,但这并非对他们立场的准确描述。他们并不否认所有有关历史学发挥现实作用的主张,而仅仅是坚持如实地描述过去必须放在第一位。事实上,(在前一章中讨论过的)差别、背景和过程三原则指明了一些特定的研究方法,应用这些方法进行学术历史研究就能产生有用的知识。最终的结果不是一把万能钥匙或一个总的框架,而是一些具体的实际研究成果的累积,这些成果是同对历史意识的坚持相一致的。

二

历史学的用途:一张包括各种可能性的清单

有关各个历史时段存在差异的思想,居于该学科宣称具有现实用途的主张的中心。作为对那些我们不太熟悉或全然陌生的事物的记忆储存库,历史学构成了我们最重要的文化资源。它提供了分享经验的一种手段(尽管有缺陷,但不可或缺),而这种经验是我们不可能在现实生活中拥有的。我们对人类发展所能达到高度的认识、对人类发展所能达到深度的认识、对人类在危机中表现出的足智多谋的认识、对人类在满足彼此需求中表现出的敏感性的认识——所有这些认识都是对在过去那些非常不同的时代背景下的人的思想和行为进行研究而累积得到的。艺术史学家很久以前就熟悉这种思想,即过去的创造性成就是资产清单,它们的价值会被后来的各代人所认知——观察西方艺术反复借鉴和拒斥希腊和罗马**古典传统**(classical tradition)的过程即可证明。但在许多其他领域,也能够从过去汲取创造性能量。历史学提醒我们,解释一种困境或应对一种情势通常不只有一种方式,而且我们所拥有的选择也经常比我们所假设的要更多样化。西奥多·泽尔丁(Theodore Zeldin, 1994)写作了一部颇受那些对逸闻琐事感兴趣的人欢迎的书,书名为《人性的隐私史》(*An Intimate History of Humanity*),涉及诸如孤独、烹饪、交谈和旅行等主题。他的目标不是揭示一种模式,更不是进行预言或命令,而是让我们了解过去的经验提供给我们的各种选择。大多数历史学家也许会对泽尔丁书中 28

碎片式的阐述充满疑虑，因为它们缺乏空间或时间上的内在联系，但他所应用的基本理论却很常见。纳塔莉·泽蒙·戴维斯（Natalie Zemon Davis）是一位研究近代早期欧洲的权威文化史学家，她说："我让（过去）说话，我证明事物并不必然是我们目前的样子……我想要揭示它可能是不同的，它确实是不同的，而且存在进行不同选择的可能性。"[4]随着历史变迁过程的逐步展开，旧的观点或做法或许会再次变得具有适用性。这始终是研究英国资产阶级革命的最重要的历史学家克里斯托弗·希尔（Christopher Hill）论述的主题：

> 自从资本主义建立以来，一直被我们的文明视为理所应当的**新教伦理**（Protestant ethic）、**牛顿物理学**（Newtonian physics）正在受到普遍的质疑。因此，值得回去认真地考察一下那些曾在它们赢得普遍认可之前反对过它们的人的论点。[5]

古典传统： "古典"是指古希腊和古罗马。那个时期的思想和哲学经常在后来的时代被复兴，尤其是 15 世纪和 16 世纪的文艺复兴，并在 18 世纪再次复兴。

新教伦理： 也被称为"新教工作伦理"，首先由马克斯·韦伯（Max Weber, 1905）在《新教伦理与资本主义精神》（*The Protestant Ethic and the Spirit of Capitalism*）中做了详细分析。韦伯坚持认为新教神学——它强调个体与上帝的关系（与天主教强调教会团体的作用相对立）——是能让独立和自主的工作态度形成的唯一合适的神学。

牛顿物理学： 由艾萨克·牛顿爵士（Sir Isaac Newton, 1642—1727 年）提出的对自然界运动的认识。牛顿的理论直到阿尔伯特·爱因斯坦（Albert Einstein, 1879—1955 年）的著作出版后才受到质疑。

重点并不在于找到一个先例，而在于关注各种可能性。历史学是有关各种可能性的一张清单。如果研究能够充分地关注我们目前所处的情势的话，那么，我们就会洞察更丰富的历史可能性。

从熟悉的历史中获得教益

当然，过去并非都是陌生的。实际上，我们对过去某个特定时刻的反应有可能是陌生感与熟悉感的某种结合。在那些已经变得完全无法理解的特征之外，我们也会遇到一些思想或行为模式，它们能够直接为我们所理解。这两者的并存是历史地看问题的一个重要方面，它经常是思想性更强的专业学者在直接论及具有社会现实性的论题时的要点所在。彼得·拉斯莱特(Peter Laslett)有关英国家庭史的开创性研究提供了一个鲜明的例子。自从 20 世纪 60 年代以来——开始于《我们已经忘却的世界》(*The World We Have Lost*, 1965)—— 他写作了 系列有关英国近代早期社会特征的著作。他强调两个一般性结论。第一,我们天真地相信,在前现代世界存在着在一起居住的大家庭,它实际是我们怀旧想象的虚构,我们的先辈生活在核心家庭中,这种核心家庭的组成很少超过两代人。第二,对老年人的照顾并不比今天更明显地以家庭为基础,但这个问题在当时的严重程度同现在相比确实存在着巨大差异——那时老年人根本不被看作问题,因为很少有人能在从事生产的生命阶段之后活很久。一方面,当我们认识到核心家庭并非工业化造成的后果,而是植根于更早期英国人的生活时,我们有关核心家庭的观点就会发生改变。另一方面,如果对老年人的政策仍由过去的模式所指导的话,那么它就不会产生什么功效。拉斯莱特写道:"我们所面临的情势是全新的,所以它要求创新,而不是模仿。"[6]他并未追溯家庭形式随时间发生的变化——18 世纪和 19 世纪被完全忽略了。他所要强调的是,理解的第一步是进行跨时间的比较,对我们目前的状况而言,它能够鲜明地揭示出哪些是暂时性现象,哪些是持久性现象。

在持久性现象与暂时性现象之间做出区分的能力,对于在当前采取任何具有现实可行性的社会行动而言都至关重要。例如,我们可以考察老年人历史的另一个方面——国家以养老金形式出台的政策。在英国,对历史的回溯通常仅限于考察第二次世界大战之后确立的福利国家制度,也许还可能更远地追溯到 1908 年劳合·乔治(Lloyd George)实行的养老金制度。但这些先例并未解释为什么养老金的数量一直被固定在低于生计所需的水平上。正如帕特·塞恩(Pat Thane)所解释的,与此相关的历史是 19 世纪实行的《济贫法》,它主要服务于当地的纳税人,用于将最低限度的救济分配给各类申领者。[7]这里,历史学对"意义"的苦心探求不是要证实特定价值观的合理性,而是要把它视为有利于最大限度地控制我们目前情势的工具。自由不在于享有完全的行动自由——那是乌托邦式的梦想——而在于知晓人们的行为和思想在多大程度上要受过去遗产的制约。这也许听起来像保守主义的说教。但它所提供的是实现根本创新的现实基础。我们需要了解什么时候我们是在抓住良机和什么时候我们是在白费力气。记住一位历史学家所说的,"在什么是必然的与什么仅仅是我们偶然决策的结果之间做出区分",会为我们带来重要的实际收益。[8]

直面痛苦:作为疗伤手段的历史学

不同历史时段存在差别的观念还有另外一个非常令人惊讶的用途——作为一

种手段,用来把握那些我们在最近的过去中也许更想要忘却的方面。目前需要人类的想象力做出真正的努力,去理解在德意志第三帝国[最近的例子包括**伊迪·阿明**(Idi Amin)统治下的乌干达和**波尔布特**(Pol Pot)统治下的柬埔寨]所发生的一
30 切,以便对人类在过去的世纪中做出的几乎令人难以置信的极端行为做出评估。
在诸如此类的事例中,过去与现在之间的鸿沟可以说被压缩在一代人的生命之中。
那些有着大批死亡、监禁和强制迁移经历的人,遭受了一种集体性的创伤。最省力
的方法也许是不去管过去。个人是不会忘记一些东西的,但并没有什么办法能够
使他们遭受的痛苦被分担或引起公众的关注。一个不能够勇敢直面过去的国家,
将在未来的发展中受到严重的阻碍。詹姆斯·乔尔(James Joll)用治疗学的术语来
描述这种与最近的过去的痛苦纠葛:

> 正如精神分析学家通过揭示如何直面有关我们动机和我们个人经历的事
> 实,以帮助我们去直面这个世界一样,当代历史学家也是通过使我们能够理解
> 那些将我们的世界与我们的社会塑造成现在这个样子的力量(不管是多么骇
> 人听闻),来帮助我们直面现实和未来。[9]

伊迪·阿明(1925—2003 年):阿明在 1971 年的一次军事政变中在乌干达掌权。他
被证明是一个残暴的独裁者,屠杀了大量同胞。他将乌干达的所有亚洲人都驱
逐出境,他的统治最终在与邻国坦桑尼亚的战争中于 1979 年被推翻。

波尔布特(1925—1998 年):1975—1979 年柬埔寨的共产党领导人。他实行了恐怖统
治,其中全部城市人口都被赶到乡下,大约有 200 万人被屠杀。他的统治被邻国
越南的入侵推翻。

不同时代存在着历史差别的观点提供了一种认知现实的不可或缺的视角,不
管是作为一种经验记忆库、作为证明我们自身所处时代短暂易逝的证据,还是作为
使我们认识到最近的过去存在着一些完全陌生因素的提示,都是如此。

三

在行为发生的背景下去理解它们

是否在历史研究中实际运用历史背景做出考察很少可能成为关注的焦点,但
它并非不重要。正如第一章所解释的,追溯背景的学术原则源于历史学家的一种

信念,即一种对整体的认识肯定会影响我们对局部的认识。即使是当历史学家就有关经济史或思想史中非常专业化的论题进行写作时,他们也应该尊重这一原则。如果他们未能这样做,那么就会受到严厉的批评。同样的原则也在指导**社会人类学**(social anthropology)的实践,在该学科中,田野研究既关注整个社会结构和文化体系,也关注特定的仪式或信仰。历史学和人类学两个学科所面对的共同问题是 如何对行为做出解释,这些行为以非常不同于我们所处时代的前提为基础。例如, 假定13世纪英格兰或新英格兰清教移民发展的商业贸易仅仅是由被我们定义为经济理性的原则所支配的,这肯定是非常错误的,但把这些社会作为整体来考察,将使我们认识到贸易和交换是如何受宗教、社会道德和社会等级制度影响的(这里仅列出最有可能发挥作用的方面)。这种思维方式之所以具有当代适用性,当然不是因为我们所处的社会是陌生的或"不同的"。相反,当今社会问题的复杂性令人望而生畏,导致我们过分相信专业技能的效用,而不去对更广泛的背景做出适当考察。E.J.霍布斯鲍姆(E. J. Hobsbawm)哀叹现代的政策制定和计划深深受制于一种科学主义与技术处理模式。[10]这不仅是由于人文学科和科学之间划界争论而产生的偏见(霍布斯鲍姆本人一直是尊重科学和技术的)。这里的问题在于,研究社会和政治问题的技术性方法将人类经验分隔成许多被标示为"经济学""社会政策研究"等的学科领域,每个学科领域都有它自身的专业知识,尽管真正需要关注的是人类经验持续摆脱这些学科划分束缚的路径。

> **社会人类学:** 一种通过参与性观察的方法分析小规模社会的学科。

　　社会的不同方面之间的横向联系,借助后见之明更容易加以辨识。在我们所处的时代,由于缺乏客观公正的态度和后见之明,我们明显很难辨识这些联系,但一种历史学的方法训练至少应该使我们在研究现实问题时较少受到蒙蔽。1991年的**海湾战争**(Gulf War)说明了这一点——虽然是用一种令人遗憾的消极方式来说明的。在过去的40年间,西方帝国主义史一直是一些非常复杂的研究的主题。历史学家并不将欧洲扩张的过程仅仅视为航海本领和技术优势的表现。他们将它同经济结构、消费模式和国际关系联系在一起,也越来越多地同种族在男性气质和体质构造方面的遗传差别联系在一起。所有这些有关背景的认识很少被媒体用来阻止海湾冲突的不断升级。对大多数评论家而言,很难跳出国际法和石油政治学的框架去思考问题。历史学家能够合理地宣称自己是横向思维方面的专家,这是他们一直要求获得培训管理及行政部门人才的权利的基础,而在这些职位上,拥有超出特定技术视角的思维能力的人将被优先录用。类似的情况也适用于对大众参与

32 国家政治进程的教育,大众不可避免地会用非专业方法来审视大多数的公共问题。[11]

> **海湾战争:** 1990 年伊拉克总统萨达姆·侯赛因(Saddam Hussein)入侵并吞并富产石油的小国科威特。这次入侵受到联合国的谴责,在美国领导的多国部队发动的反侵略战争的第二年,伊拉克被迫撤出科威特。

历史会重复吗?

历史学家也会援引强调历史背景的原则来反对一种常见但错误的信念,这种信念认为,历史是重复的。人类在集体生活中努力从成功与失败中汲取经验和教训,就像他们从个人的日常生活中汲取经验一样。据说,历史传记是英国政治家的主要休闲读物。确实,一些传记是此类著作中非常优秀的作品——例如**温斯顿·丘吉尔**(Winston Churchill)就是非常著名的例子。[12]政治家之所以对历史背景有着浓厚的兴趣,是因为后世将在这种背景下对他们的地位做出评判,但这仅仅是部分原因所在。政治家研究历史的真正原因在于,他们希望找到行动的指南——不是寻找道德榜样,而是在处理公共事务上汲取经验教训。这种借鉴历史的方法历史悠久。它在文艺复兴时期表现得尤为突出,那时的人们认为,有关古典时代的记载在治国理政方面提供了丰富的经验教训。**马基雅维里**(Machiavelli)为他的出生地佛罗伦萨订立的法规和他在《君主论》(*The Prince*,1513)中提出的著名政治准则,都是基于古罗马的先例。他受到了较他年轻的同代人、历史学家弗朗切斯科·圭恰迪尼(Francesco Guicciardini)公正的批评:

> 总是援引罗马人的先例是多么错误。任何比较要有成效,它将必然是同一个和他们的城邦条件相似的城邦进行比较,然后仿效这一先例进行统治。同一个拥有不同特征的城邦进行比较,这种比较是非常成问题的,因为这就好比希望一头驴子能像马一样疾走。[13]

> **温斯顿·丘吉尔**(1874—1965 年):除了他多卷本的第二次世界大战史外,丘吉尔还写作了有关他著名的先辈约翰·丘吉尔,即马尔伯勒公爵(Duke of Marlborough)的详细传记。

马基雅维里：尼科洛·马基雅维里(1469—1527年)是佛罗伦萨的政治家和哲学家。当佛罗伦萨于1493年推翻居于统治地位的美第奇王朝并宣布自身为共和国时，马基雅维里供职于新政权，但当美第奇王朝复辟后，他被逮捕和刑讯。马基雅维里最著名的是他那部向统治者进言的著作《君主论》，该书认为，最成功的统治者应该知道如何进行伪装和欺骗。这为他赢得了一个非常不公正的名声，即无原则暴政的提倡者。

圭恰迪尼明确指出了他反对援引先例的主要原因所在，即它通常会不顾及历史背景问题。要使先例有效，必须要有相同的条件，但时间流逝造成的结果就是，看起来像一个老问题或一个熟悉的情势却要求不同的分析，因为相关的背景已经发生变化。将我们与所有以前各代人区隔开来的鸿沟，使得援引遥远过去的先例成为一种无益的做法。

只是在最近，历史学家才认真地尝试做一些历史类比，理由是大多数背景在短期内也许在本质上仍然是相同的，或所发生的变化已经被相对完好地记录了下来。在冷战的后期阶段，存在着这种"应用"史学的风气。[14]但即使如此，这类研究也往往是难以让人接受的。考虑一下军备竞赛的例子。第二次世界大战爆发前的十年，通常被视为军事上软弱无力、对侵略性强国实行绥靖政策并带来危害的反面教材。但人们同样能够援引有关第一次世界大战相反的先例，它爆发的一个原因是从19世纪90年代以来，军备竞赛的不断升级。哪一个先例是有效的呢？答案肯定是：哪一个都不符合现在的情况。即使是在100年的时间段中，历史也不会重复发生。没有哪种历史情势在每个细节上都重复发生，甚至连这种可能性都没有。如果一个事件或趋势反复出现，就像军备竞赛那样，那么它也是一系列独特背景条件结合的产物，而我们所采取的应对策略也必须是主要针对这些背景条件的。[15]并不会仅仅因为我们同研究对象只相隔两三代人，有关过去的"他者性"的重要历史主义概念就不再发挥作用。正像E.J.霍布斯鲍姆提醒我们的，20世纪30年代的氛围(他经历过的)已完全不同于今天，这使任何在真正的纳粹党人和今天的模仿者之间的比较都变得毫无意义。[16]但与此同时，进行历史类比——经常是半自觉状态的——是人类推理的习惯性的和不可避免的组成部分，公众人物尤其倾向于这样做。假如我们并不期望过去会和现在完全一致，或不将先例视为结束对目前所能获得的各种选择进行争论的根据，那么进行历史类比并不必然是无效的。

历史绝不会重复的事实也限制了历史学家能够做出预测的自信。不管这种或那种因素重复出现多么可能导致一种相似的结果，历史永远处于变化中的事实都

33

意味着未来一直会部分受到新出现因素的影响,而这些新出现的因素是我们不可能预知的,它对我们所研究对象的影响也是不容置疑的。而且,当人们确实认为历史会重复发生时,他们的行为肯定会受到对首次发生情况认识的影响。正如 E.H.卡尔所指出的,就什么样的条件会有利于革命发生,历史先例能赋予我们一些洞察力,但在一种特定场合下革命是否会发生、会在什么时候发生,则取决于"一系列独特的事件,而这些事件本身是不可能预知的"。[17]不过,对从事后看似乎很明显的事态,连博学多识的聪明人都会做出错误的预测,或未能做出预测,这种令人沮丧的事实的确提供了一种历史教训:掌控未来只是一种幻想,具有不确定性的生活是人类生存状况的组成部分。

注:南非的真相与和解委员会(Truth and Reconciliation Commission)提供了一个论坛。在这里,那些以种族隔离名义犯下罪行的人能够公开承认他们的所作所为,并获得受害者的宽恕。这种直面痛苦过去的过程被证明有助于南非人民团结起来,共同面向未来。照片中是 2003 年 3 月大主教德斯蒙德·图图(Desmond Tutu)将南非真相与和解委员会的最终报告交给南非总统塔博·姆贝基(Thabo Mbeki)时的情景。

资料来源:Reuters/Alamy Stock Photo。

图 2.1 大主教德斯蒙德·图图将南非真相与和解委员会的最终报告交给南非总统塔博·姆贝基

四

未来的发展路径:历史学和对未来发展趋势的预测

关注历史变化的过程思维——历史主义的第三个原则——同样会对现实做出 34
更富成效的洞察。确定一个过程并不意味着我们就会认同它,或相信它会带来一
个更美好的世界,但它也许有助于解释我们的世界。将我们自身定位于一种仍在
演变的发展轨迹中,会使我们为争取美好的未来而付出努力,并允许我们在一定程
度上提前做出规划。事实上,这种历史思维方式深刻地植根于我们的政治文化中。
作为选民和公民,我们几乎是在本能地根据历史过程来解释我们周围的世界。大
多数时间,我们的假设都不是植根于历史事实,它们也许只不过是我们有关过去的
一厢情愿的想法。但如果有关历史过程的结论是建立在细致研究的基础上的,那
么,它们可能会产生适度但有用的预测。我们可以称这些预测为"有关未来发展趋 35
势的"预测,以将它们同那些名誉扫地的重复类或循环类预测区别开来。这些有关
历史过程流行的信念需要加以说明,并对照历史资料予以检验,如果有必要,可以
用更准确的预测取而代之。

一种基于历史过程的并经受住时间检验的预测,是有关南非政治命运的。在
20 世纪 60 年代,当热带非洲的大多数殖民地正在争取政治独立时,人们广泛假定
多数人的统治很快也会在南非实现。尽管有白人压迫的影响,但大众民族主义明
显是一个过程的结果,该过程可以追溯至 1912 年**非洲人国民大会**(African National
Congress)的建立,它标志着民族主义在进行政治宣传和群众动员方面的技能在不
断提高。而且,南非的例子能够被视为世界性的反殖民民族主义现象的组成部分,
这种反抗是自 19 世纪末以来逐渐增强的。在这种意义上,也许可以说历史是"站
在"南非的非洲民族主义运动一方的。不可能加以预测的是随后出现的政治制度
的形式,以及实现这种制度形式将要采取的方式是自下而上的革命,还是自上而下
的权力移交。这些都是细节问题,只有未来才能予以揭示。但历史过程在南非演
进的方向似乎是明确的。历史进程的时间表被证明要比预想的更长些——由此证
明历史过程演进的漫长道路——但大体的方向却是非常准确的。[18]

> **非洲人国民大会:**南非黑人政党,创建于 1912 年,领导了对种族隔离的反抗。

有时确定一种有效的和正当的历史过程，会由于存在不止一种可能的发展轨迹而复杂化。就拿目前英国有关家庭"解体"的争论的例子来看，将其视为一个过程的思维方式，明显地表现在媒体对该问题的处理方式上。相关的过程一般被视为个人道德水准的下降，这又由错误的立法所支持和助长，它开始于 1857 年的《婚姻诉讼法》(Matrimonial Causes Act)，该法启动了离婚自由的进程。[19]另一方面，历史学家还会考虑到一种更为基本和长期的过程的作用，即家庭在生产中不断变化的作用。大约 250 年前，大多数劳作都是在家庭内部或家庭附近完成的。人们在选择对象时，所期望的配偶既受他们的生育和生产能力的影响，也受他们个人吸引力的影响。一段婚姻因解除婚约或未经法律允许的遗弃而导致的终结，意味着一个生产单位存在的终止，由于这种原因，大多数婚姻会一直持续下去，直到其中一人死亡。工业革命完全改变了这种状况：工厂（和其他大的生产单位）的增加，意味着大多数生产不再于家庭的背景下进行，对家庭依附人员的控制不再是经济活动
36 的中心。由于个人是否满意到目前为止一直是婚姻最具说服力的理由，所以，当家庭关系不再能给人们带来快乐时，他们也就很少有理由继续受它的束缚。生产性家庭的衰落，而不是个体道德水准的下降，似乎是这里所包含的关键性历史过程。由于工作与家庭的分离并未表现出任何将被逆转的迹象，所以，预测我们的社会将会继续保持相对高的离婚率是合理的。[20]

《婚姻诉讼法》： 这个 1857 年通过的法令使夫妻能够通过新设立的离婚法庭离婚，而此前，离婚只有通过一项议会特别批准的法令才能实现。

对一些假设提出质疑

不过，过程思维最重要的作用是为一些有关某物是永久和永恒存在的假设提供一种替代性方案，这种假设支撑着如此多的社会认同的建构。正如我们在上一章所看到的，民族更倾向于将它们自身想象为不会被时间的变化所改变。这种强调民族基本特征永远存在的本质主义谬论，经不起历史研究的检验。例如，考虑到 18 世纪**苏格兰同英格兰的合并**(Union of Scotland and England)，"英国"是直到那时才被新近创制出来的范畴，它建立在排斥罗马天主教和法国人影响的基础之上。在 21 世纪开始时，"英国"的文化内涵相比过去或许确定性更少了，随着苏格兰更接近独立，英国似乎正在向解体发展。[21]与此相同，对成为德国人意味着什么的任何认识，都必须既考虑到直到 19 世纪中期大多数德国人还生活在许多邦国之中的事实，又

要考虑导致将许多德语地区(尤其是奥地利)在 1871 年排除出德意志帝国的政治因素。一种历史视角要求我们抛弃那种认为民族是与生俱来的有机体的思想,将它们视为"想象的共同体"更接近事实,这是用一本最近颇具影响的著作的用语来表述的。[22]

> **苏格兰同英格兰的合并:** 将苏格兰和英格兰合并的法令由两国议会在 1707 年通过。
> 尽管合并给双方都带来了经济利益,但英格兰想要合并的主要意图是阻止信奉天主教的王位觊觎者詹姆斯·爱德华·斯图亚特亲王(Prince James Edward Stuart)成为苏格兰国王。该法令仅仅是通过大规模行贿才在苏格兰议会中获得通过的。

　　"种族"一词提出了类似的问题。在它的现代形式上,"种族"最初是作为这样一种范畴提出来的,它证明西方人相对于其他民族具有不断增长的优越地位的合理性。它将由社会建构的一些东西视为固定不变的和由生理因素决定的,它作为强化对从属群体的政治和经济控制手段(正像在非洲殖民地和纳粹德国所发生的那样)而得到最大的发展。较早期的一代历史学家记述西方全球扩张的方式强烈暗示,那些受到侵略的"土著"民族,它们的本土文化与吸收西方先进技术的能力都是低劣的,这些负面成见又被用于维系一种有关英国人——或法国人或德国人——在"种族"上具有优越性的自我形象。最近,拥有强烈民族认同感的少数民族已经建构了也许可以被称为"反向话语"的体系。他们同样接受"种族"概念,因为该词将生物学上的血缘关系和文化聚合为一个强有力的集合体,能将集体的凝聚力最大化并强调该群体与其他群体的差别。在今天的美国黑人和英国黑人中,对非洲中心主义的支持在不断增强,这种非洲中心主义信奉种族之间存在绝对差别的认识,并认为一种真正的文化传统已经从非洲传播到**散居海外**(diaspora)的黑人身上。强调共同的祖先和贬低外来的影响,带来了一种"文化上的内部优势论"。对此,正确的反应是指出,没有哪个国家在种族上是**同质的**(homogeneous),并强调奴隶制的形成过程,以及黑人与白人在欧洲和新世界的其他形式的文化联系。历史研究的目标不是破坏黑人的认同,而是使其奠基于一种真实的过去,而不是奠基于一种神话的虚构。结果可能就是同黑人和白人今天生活于其中的背景有着非常紧密的联系。种族和民族认同的形成绝非一次形成的现象,而是一个连续的和依条件而定的过程。[23]

> **散居海外:** 一个民族广泛地散居在全球各地。
>
> **同质的:** 都是一样的。

对一些"合乎自然规律"的观念提出质疑

适用于民族的论述也可以应用于一些所谓"合乎自然规律"的现象。当我们的社会制度中一些不受欢迎的变化正在发生时,我们常常会表达对正在被替代的制度的依恋,这是通过断言它一直如此来表达的,也即断言,正在改变的并不是一个存在时间有限的特定阶段,而是某种传统上就存在的、本质性的或"合乎自然规律"的东西。这尤其适用于有关性别的论题。当我们知晓,在争取妇女选举权运动开始很久之前,就有 17 世纪英格兰**具有创业精神的寡妇**(entrepreneurial widow)的事迹,或 19 世纪为了**废除奴隶制**(abolition of slavery)而发挥作用的妇女组织蓬勃发展的事迹以后,有关妇女"传统"角色的观点就越来越站不住脚。[24] 有关男性和男性特征的新的历史研究,也使一些得到公认的真理被动摇。传统的父亲角色,经常被认为是将在孩子情感培养上的不干预态度与维持家庭长幼有序的干预态度结合在一起的,这通常就是"维多利亚式"的父亲角色所意指的。但就维多利亚时期的父亲们保持着同孩子们的距离并给予他们严厉惩戒而言,这本身就是对过去做法的反抗,而不是一个长期传统的延续。著名的政治新闻记者威廉·科贝特(William Cobbett)回忆道,他作为一个年轻父亲的时间是花在"写作和照顾婴儿"上的。科贝特记得,他是如何"成百上千次"地给婴儿喂奶和哄婴儿入睡,"尽管家里雇了仆人,可以把这项工作交给仆人"。[25] 科贝特是在 1830 年写作上述内容的,那时正值反对父亲更多地参与对年幼子女的照顾的潮流开始兴起,而后者在 30 年前还是非常普遍的现象,那时科贝特还是一个年轻人。今天,了解父亲充分参与对孩子的照顾并非某种乌托邦式的幻想,而是一种在最近的英格兰文化中存在过的现象,是至关重要的。事实上,有关父亲角色的规范,在过去 200 年间(也许从更早的时候开始),就一直处于变动之中。[26] 近些年来,对历史研究实践产生最有益影响的学者之一是法国历史学家和哲学家米歇尔·福柯(Michel Foucault)。他所主张的最基本的观点是,人类文化并非神授的,也不存在于历史之外。在福柯的历史研究中,他勾勒出人类在性、疾病和精神病经验方面发生的主要变化。在选择这类主要论题时,福柯追求一种被他称为"现在的考古学"的学问,他取得的影响远远超出了学术界的范围。[27]

38

> **具有创业精神的寡妇:** 我们现在了解到,在 17 世纪和 18 世纪的英格兰,许多寡妇管理着她们自己的产业,妇女居于有影响的地位绝非罕见,但历史学家长期以来一直假定这些地位是保留给男性的。

废除奴隶制: 废奴运动首先是废除跨大西洋奴隶贸易,其次是废除奴隶制本身,最后是废除非洲内部的奴隶贸易。该运动构成了 19 世纪的一种最具重要性和影响力的院外游说活动。教会团体和妇女在大西洋两岸的这一进程中起到了主要作用。

五

历史学具有其自身的合理性吗?

即使公认历史学具有多样的和重要的现实意义,但这是否应该影响历史学家从事研究的方法,仍然存在疑问。在兰克发起史学革命之前,这个问题很少有可能被提出。历史学家相信他们的读者所假定的,即历史教育将提供对公民和政治家的训练。他们想当然地认为,历史学提供了理性分析政治问题的基础。的确,从 16 世纪的圭恰迪尼到 19 世纪的**麦考莱**(Macaulay),许多最优秀的历史学家都积极参与公共生活。这种状况被历史学的专业化完全改变。到 19 世纪末,该学科在全欧洲和美国大学的课程体系中都占据显著位置,该课程的教学由新类型的历史学家所掌控,他们的事业大多局限于学术生活。他们所从事研究的学科提供现实指导的传统似乎已变得不合时宜,甚至令人感到难堪。他们严格坚持历史主义的中心原则,认为历史应该出于它自身的缘故而加以研究,而不应该更多地关注是否对现实有益,当然后者也许会从这种研究中自然产生。这种看法在英国的历史专业领域非常有影响。一批保守主义历史学家受到哲学家迈克尔·奥克肖特(Michael Oakshott)的影响,奥克肖特强烈反对他口中的"对待过去的实用态度",他将之视为"'历史学'尚未击败的主要敌人"。[28] G.R.埃尔顿(G. R. Elton)是居于主流地位的正统方法的毫不隐讳的支持者:

> 历史教师必须抵制"社会"的愚蠢要求……即要求历史学直接服务于现 39
> 实。他们需要记住,历史研究的"效用"并不在他们所提供的知识当中,也不在
> 于从以前的历史来理解特定的现实问题,它更多地存在于如下的事实当中,即
> 历史学提供判断标准和推理能力,这两者都是由历史学发展出来的独门技能,
> 它们源于对事物本质的把握,能够使人们具有非同寻常的敏锐性、平衡性和同
> 情心。[29]

> **麦考莱:** 托马斯·巴宾顿·麦考莱(Thomas Babington Macaulay, 1800—1859 年),英国历史学家、诗人和行政官员。他写了一部最畅销的《英国史》,同时还担任印度总督顾问委员会委员、爱丁堡的下院议员和墨尔本勋爵(Lord Melbourne)领导的政府中的陆军大臣。

除了提供学术训练外,历史研究还代表了一种个人追求,它最适合使个体通过置身于他或她的直接经验以外来获得一些自我意识。但所有这些对合理性的说明都并非历史学所特有的:培养思维能力是所有配得上"学术"称号的学科的组成部分,文学教师能够以同样的自信——如果不是更大的话——论证他们在扩展个人经验方面的作用。

应该指出,这种对"现实价值"的愚蠢回避有其政治背景。埃尔顿(他本人就是来自纳粹德国的避难者)注意到,在希特勒的统治下,为现实服务的历史学发挥了过度的宣传作用:纳粹的历史学家是国家雇员,他们被期望去重复有关过去的粗俗的党的教条认识。在欧洲,极权主义的这种过度宣传已经是明日黄花,但在许多国家,历史研究仍然容易受到政治压力,尤其是民族主义压力的影响。为了同这种压力相对抗,学术研究上的客观公正似乎正在成为一项必须具备的美德。正如彼得·曼德勒(Peter Mandler)所指出的:"因为害怕煽动沙文主义情绪,历史学家回避考虑他们学科的现实价值。"[30]

具有自身合理性的历史学的一个积极成果,就是全神贯注地在所有物质的和精神的方面重构或再现过去。一些历史学家对过去真实生活和经历的迷恋压倒了所有其他方面的兴趣。一个著名的例子就是理查德·科布(Richard Cobb),他是一位研究法国大革命的权威历史学家。他说:

> 历史学家首先应该是富有好奇心的和不断追问的,不断努力探察别人的隐私,不断努力跨越阶级、民族、代际、时期和性别的界限。他的主要目标就是使死者复活。像美国的殡仪业者一样,历史学家允许自己运用这一行当中的一些技巧:这里涂点胭脂,那里画一笔,在脸颊内垫一小块棉絮,以使这项业务看似更有说服力。[31]

科布对大革命时期法国生活肮脏一面的非凡的、令人震撼的研究,尤其是《巴黎之死》(*Death in Paris*, 1978),肯定证明了他的研究方法的正当性。也许,所有历史学家都能够将他们的才华追溯到有关过去的好奇心上,这种好奇心是出于自身的缘故而产生的,经常是在孩提时代由周围留存下来的明显的历史遗迹所唤起的。人们希望,经常会有像科布这样的在重构过去上具有特殊天赋的历史学家出现。但假定历史学家一般会满足于此,是非常错误的。对大多数历史学家而言,重建过去只是为解释过去所做的必不可少的准备工作。他们的目标是确定趋势、分析原因和结果,简言之,就是将历史解释为一个过程,而不仅仅是一系列色彩鲜亮的幻灯片。因此,研究英国资产阶级革命的历史学家从事研究的目标,不仅是要揭示内战中发生了什么或**新模范军**(New Model Army)的士兵感觉如何,而且要揭示战争爆发的原因和它给英国的政治与社会性质带来的变化。或者可以举一个人们更不熟悉的例子:1879年的**盎格鲁-祖鲁战争**(Arglo-Zulu War)。它见证了祖鲁王国的灭亡和一个整编英军团的毁灭,充满了悲剧色彩,但当我们考虑到背叛、相互误解和文化冲突使双方发生冲突时,另外一个层面的使人感到讽刺和悲怆的内容又会显现出来。[32]这代表了历史主义的另一面。没有它,历史学指导现实的解释功能根本不可能实现。(重构和解释之间的区别将在第六章做进一步的探讨。)

《巴黎之死》: 理查德·科布是一位引人注目的研究法国史的英国权威学者。《巴黎之死》是对19世纪巴黎社会史的管窥式的考察,它是通过收集警察机构有关从塞纳河中打捞出的死尸的档案而完成的著作。

新模范军: 在英国内战期间(1642—1649年)由议会创建的一支受过良好训练的专业军队。它通常是由于扭转战局、使之不利于国王查理一世(Charles Ⅰ)而闻名。

盎格鲁-祖鲁战争: 又称"祖鲁战争"(1879年)。它开始于英国军队在南部非洲无端地入侵祖鲁王国的土地,战争爆发后,祖鲁人在伊散德尔瓦纳全歼了英军的一个团。但最终,先进的技术和武器使英国人打败了祖鲁人。

拒斥历史学的现实功能

不过,历史解释完全有可能在不考虑社会现实意义的要求下给出,这种观点,而不是严格的复原论立场,代表了主流学术观点,因为解释也能够"根据它自身的合理性"而做出。诸如第一次世界大战的起源或维多利亚时期的社会福利制度等论题,能够以一种完全独立的方式加以解释,而不用考虑它们也许会对我们今天所做的选择产生什么影响。学术研究计划有时是在这一假设的基础上拟定的,即历史学是由许多具有持久重要性的主题和事件构成的,由于它们会引发广泛的研究和争论,所以历史学提供了智力训练的最好素材。诸如非洲史或家庭史等最新的

41 研究领域被贬斥为一时的奇想，相对于"真正的历史学"而言居于边缘地位。对在大学教学中逐渐回避宏大的、有争议的话题的现象做出评论时，戴维·康纳汀（David Cannadine）写道：

> 这一信念几乎已经消失，即历史学能够提供某种教益，它有助于我们及时地理解我们自身，或甚至它能在某种程度上解释现代世界是如何形成的。[33]

在这些看法中，不难察觉一种本质上的保守主义倾向：如果历史学被界定为排斥任何带有"发挥现实作用"意味的研究，那么，它不大可能对当今流行的错误观点提出质疑，或对现行制度提出激进的替代方案。这就解释了为什么关注"发挥现实作用"的历史研究被指责为玩世不恭地揭露丑闻。毋庸置疑，保守派在历史专业人员中占有过大的比例。正如之前所提到的，历史主义在 19 世纪的胜利被更多地归因于保守派对法国大革命做出的强烈反应。对过去的研究经常会引起那些对自身所处时代的社会和政治变革方向持敌视态度的人的兴趣，目前仍然是这样，他们能够在较早期的、更合意的制度中找到一些慰藉。

不过，否认历史研究发挥现实作用的人并非常常用明显的保守主义话语来表述他们的观点。他们更常见地基于如下理由来为自己的观点进行辩护，即以"发挥现实作用"为目标的历史研究与历史学家最初忠实于过去的承诺不相符、与学术研究的客观性要求不相符。这种观点在从事学术研究的历史学家中非常流行，它还得到了许多在其他方面并不保守，但认为他们的专业诚信受到威胁的历史学家的支持。但不管是否植根于保守态度，否认历史学能够发挥现实价值都是过于谨慎的。新的历史意识的最初支持者都回避讨论时事问题，这是完全可以理解的，因为他们非常清楚其学科过去在预言家和宣传家的手中遭受了多么严重的伤害。但在历史专业中，为历史研究的学术标准而进行的斗争，很久以前就已赢得了胜利。现实目标能够在不牺牲学术标准的前提下予以满足——部分是因为专业历史学家是如此热衷于细查别人研究中存在的偏见。

历史研究中关涉现实一些领域

当然，历史学家应该努力忠实于过去，但问题是忠实于哪一种过去？面对有关人类活动的几乎无限的证据材料，以及选择某些比其他更值得关注的问题或时段的需要，历史学家允许现实的一些社会关注影响其选择是完全合理的。国际史研42 究起源于 20 世纪 20 年代，它是历史学家对新的——即使是短命的——国际主义思潮做出的一种非常积极的贡献。在过去50年间,历史研究范围的显著拓宽,大体是少数历史学家回应关注时事问题要求的结果。在20世纪60年代发生的**美国城市危机**(Crisis in America's cities)导致"新城市史学"的出现,它着重于考察社会流动史、少数民族政治学和城市贫困问题。非洲史研究大约同时在非洲和西方国家出现,一些相信非洲史研究对新独立国家的发展前景,以及外部世界对这个**"黑暗大陆"**(dark continent)的认知不可或缺的历史学家,开创了这项研究。最近,随着传统的性别角色在家庭、工作场所和公共生活中的变化,妇女史研究迅速发展起来。在每个这样的领域,研究也许会选择其他可能性,采用之前未被采用的路径,继续考察那些仍对现实产生影响的制约因素。在这些领域中,没有哪种历史研究只是简单地证实显而易见的东西。正如哈罗德·詹姆斯(Harold James)所指出的:"当历史学告诉我们一些有关现实问题的出乎意料的内容时,它就具有了一种特殊的合法性。"[34]

> **美国城市危机**:20世纪60年代中期,在美国的许多大城市发生了严重的骚乱。骚乱于1965年首先在洛杉矶的黑人区爆发。在这里,年轻的黑人工人阶级抗议他们生活的贫困和命运的悲惨,骚乱很快就蔓延到全美国。在1968年马丁·路德·金博士被刺杀后,美国爆发了更大规模的暴力反抗。
>
> **黑暗大陆**:是标准的维多利亚时期称呼非洲的别名。它既指非洲人皮肤的颜色,也指西方人对非洲大陆内部的情况了解得如此之少的事实。

很明显,这些宣称能够发挥现实作用的新的历史研究领域,有着被政治操纵的危险。但在这些例子中,历史学家的责任是明晰的:它将提供一种历史的视角来对现实的争论产生影响,而不是服务于任何特定的意识形态。响应"发挥现实作用"的呼吁并不是要伪造或歪曲过去,而是将过去被遗忘的方面予以恢复,使它们可以更直接地为我们所了解。例如,非洲的历史学家应该去关注解释非洲社会的历史演进,而不是去创造一种民族主义的神话,半个世纪的研究和著述的结果就是相对于过去而言,现在能够更容易地在这两者之间做出区分。我们目前优先关注的事项应该决定我们对过去所提出的问题,而不是答案。正如在本书稍后将揭示的,从事历史研究所接受的训练使这成为一种有意义的区分。与此同时,假定有根据其自身状况来重建过去的渴望就有保证客观性的希望是错误的:重构历史的尝试并不排斥研究者价值观的渗透(见第七章)。

但在追求客观知识的事业中拒斥发挥现实作用的历史学家,不仅在追求一种幻想(chimera),而且在回避一种社会责任。拥有对具有其自身合理性的过去进行学术研究的好奇心,肯定是人们研究历史的一种原因,但并不是唯一的原因。社会还期望历史学家对与现实相关的过去做出解释,以此作为制定有关未来决策的基础。历史学家也许会论证说,既然他们的专长是研究过去,而不是现实,那么从他们的研究中获得现实教益并非他们的职责所在。但他们事实上是唯一有资格向社会提供一种真正的历史视角的人,也是将社会从轻信历史神话的破坏性影响中拯救出来的人。如果受过专业训练的历史学家不去承担这些职责的话,那么,其他见识肤浅与较多偏见的人将给出一些毫无事实根据的解释。一位对历史学具有当代价值的资深拥护者杰弗里·巴勒克拉夫(Geoffrey Barraclough)在50多年前所说的话,同样适用于今天:

> 人是一种历史动物,对他自己的过去有一种深刻的感知。如果他不能根据一种明晰和正确的历史学来对过去做出整体性解释的话,那么,他将根据一种含混和错误的历史学来解释过去。这一挑战,是那种对其研究价值深信不疑的历史学家所不能忽视的,应对它的方式不是回避"发挥现实作用"问题,而是接受这一事实,并导出它所隐含的结论。[35]

幻想: 直译是"一种想象中的动物",这里指幻想。

对当代史研究的需要

一个明显的结论在于,最近的过去要求历史学家给予更多的关注。这正是当代史的研究领域,通常被界定为在人们记忆当中的时期(一个受到更多认可的起点是1989—1992年冷战的结束)。人们能够论证,今天的学者太接近这一时期的各种事件,以致很难保持充分公正的客观态度,而且学者还进一步受到他们接触秘密档案资料受限的不利影响(见第四章)。尽管这项研究不可能像历史学家所希望的那样去完成,但重要的是他们应该尽最大的努力去做。因为最近的过去,是人们最多用来做历史类比和预测的时段。

举两个例子来说明这一点。第一个涉及美国在海外部署军事力量。自19世纪以来,美国进行的许多干预被广泛视为要么是防御性的,要么是意在传播自由。正如里根总统所宣称的:"我们国家从未发动过一场战争。我们的总体目标是威慑,即阻止战争的爆发所需的实力和能力。"[36]这是对历史的有选择性的解读,尽管它能提振国民士气,但无法解释世界许多地方,尤其是拉美和加勒比海地区表现出的对美国的极大怨恨。第二个例子是巴以冲突。在英国和美国,大多数人对历史背景的理解仅限于阿拉伯国家在 1967 年对以色列宣战(六日战争)和自那以后巴勒斯坦人的持续抵抗。这部分是由媒体的短视造成的,很少有人能够理解巴勒斯坦人的失落感,这种感觉源于他们被 1948 年成立的国家以色列用武力强行驱逐出以色列的土地。理解这场冲突的起点是必须了解各方在历史形成过程中的感受。[37]对当代史的学术研究将对现实政治中的一些最具争议的问题的解决做出重要贡献。

但发挥历史学的现实作用并不意味要抛弃对更久远时期的研究。当代场景有如此多的方面植根于遥远的过去,因此绝不能放弃我们研究古典时代、中世纪和近代早期的传统。没有对它们的研究,我们考察当前问题的历史视角将存在严重的缺陷。人们有时会忘记,这同样适用于从殖民地发展而来的社会。美国殖民地并不是由一种创造行为缔造的,它的第一批殖民者是移民,他们把在旧社会中形成的生活方式带到美国,复制到新社会中。从这种视角看,美国在 20 世纪出现的研究中世纪的风尚就不仅仅是恋古嗜好的释放。进一步促进研究的因素在于,较早期的历史提供了说明人类在过去取得广泛成就和智力进步的独特证据,因此对社会预期的回应并不会对研究的时段或国别施加任何限制。但它确实建议,对研究论题的选择应该受到现实关注的那些领域的影响,因为对它们的研究最需要一种历史视角。

六

是一门文化学科,还是一门社会科学?

本章的论点能够简要地总结为将历史学置于同它相邻的各门学术性学科的背景之下。传统上,历史学与文学和艺术研究一道被视为人文学科。这些学科设立的基本前提在于,人类的所思和所为都有其内在的利害关系且受长期持有的价值观的影响,而不管它对现实的影响如何。对过去的事件和它们发生背景的重构需要我们关注,就像在艺术或文学作品中所表现出的对思想的重构需要我们关注一样。像文学批评家和艺术史学家一样,历史学家是我们文化遗产的守护人,并且,对那种遗产的熟悉提供了对人类生存状况的洞察——一种提高自我意识和移情他人的手段。在这种意义上,用科布的话说,历史学是"一门文化学科,就其本身而言就有着丰富的内涵"[38],任何重构历史的尝试都是值得的。

45   作为对照,社会科学将它们的地位归因于对现实的有效指导。经济学家和社会学家努力理解经济和社会的运行,目标是为解决现实问题提供方案,正如科学家提供掌控自然界的手段一样。相信他们的学科能够发挥现实作用的历史学家,习惯于将历史学区别于人文学科,并将它归类为社会科学。E. H. 卡尔在《历史是什么?》(*What is History?*,1961)中就是这样做的:

> 科学家、社会科学家和历史学家都在从事同样的研究,只不过是在不同的分支上:研究人和他所处的环境,研究人对他所处环境的影响和他所处环境对人的影响。研究的目标是相同的,都是增加人对他所处环境的认识和控制。[39]

在本书中,历史重构的价值主要是作为历史解释的预备阶段,而至关重要的解释是那些同社会、经济和政治现实关注相关的解释。

在这一讨论中,我赋予历史学的现实功能以首要地位,因为,这些现实功能持续受到许多专业历史学家如此强烈的抵制。但事实在于,无论将历史学界定为人文学科,还是社会科学,都将是对它很大一部分特性的否定。人们经常犯的错误就是坚持认为历史学应该被归为一种类型,而排斥另一种类型。历史学是一门混合型学科,它之所以具有无穷魅力和复杂性,恰恰在于它超越了两者对立的事实。如果历史学仍要保持它的全部活力的话,那么这种居于中心地位的双重性质就必须继续被承认,不管在逻辑一致性上将会付出怎样的代价。"出于它自身的合理性"而进行的历史研究,并不仅仅是恋古嗜好。我们人类的意识水平会由于对已经消逝的时代的思考而提升,对历史的重构将一直发挥对想象力的控制作用,它向作者和读者提供能引起共鸣的历史经验。与此同时,历史学家还要承担更多同现实相关的角色,他们所教授的历史学——不管是在中学和大学向学生讲授,还是通过媒体向更广泛的公众传播——都需要以对这种角色的认识为指导。以这种方式,历史教育才能同时实现许多目标:它能培养思维能力、增加同情心,还能提供一种迫切需要的历史视角来解决我们时代的一些最紧迫的问题。

【推荐书目】

1. John Tosh, *Why History Matters*, 2nd edn., Palgrave Macmillan, 2019.

2. Beverley Southgate，*Why Bother with History? Ancient，Modern and Postmodern Motivations*，Routledge，2000.

3. Jorma Kalela，*Making History：The Historian and Uses of the Past*，Palgrave Macmillan，2012.

4. Eric Hobsbawm，*On History*，Weidenfeld & Nicolson，1997.

5. Peter Mandler，*History and National Life*，Profile，2002.

6. Raphael Samuel，*Island Stories：Unravelling Britain*，Verso，1998.

7. Timothy Snyder，*On Tyranny：Twenty Lessons from the Twentieth Century*，Bodley Head，2017.

8. Margaret Macmillan，*The Uses and Abuses of History*，Profile，2009.

9. Richard E. Neustadt and Ernest R. May，*Thinking in Time：The Uses of History for Decision-Maker*，Free Press，1986.

【注释】

［1］Francis Fukyama，*The End of History and the Last Man*，Hamish Hamilton，1992.

［2］A.J.P. Taylor，*War by Timetable：How the First World War Began*，Macdonald，1969，p.45；Richard Cobb，*A Second Identity*，Oxford University Press，1969，p.47.

［3］George L. Mosse，*The Image of Man：The Creation of Modern Masculinity*，Oxford University Press，1996，ch.8.

［4］Interview with N.Z. Davis in Henry Abelove et al.(eds.)，*Visions of History*，Manchester University Press，1984，pp.114—115.

［5］Christopher Hill，*Change and Continuity in Seventeenth-Century England*，Weidenfeld & Nicolson，1974，p.284.

［6］Peter Laslett，*Family Life and Illicit Love in Earlier Generations*，Cambridge University Press，1977，p.181.

［7］Pat Thane，*Old Age in English History：Past Experience，Present Issues*，Oxford University Press，2000.

［8］Quentin Skinner，"Meaning and Understanding in the History of Ideas"，*History & Theory*，VIII，1969，p.53.

［9］James Joll，*Europe Since 1870*，Penguin，1976，p.xii.

［10］Eric Hobsbawm，*On History*，Weidenfeld & Nicolson，1997，p.27.

［11］John Tosh，*Why History Matters*，2nd edn.，Palgrave Macmillan，2019.

［12］W.S. Churchill，*Marlborough：His Life and Times*，4 vols，Harrap，1933—1938.

［13］Francesco Guicciardini，*Maxims and Reflections of a Renaissance Statesman(Ricordi)*，Harper & Row，1965，p.69.

［14］例如参见 Richard E. Neustadt and Ernest R. May，*Thinking in Time：The Uses of History for De-*

cision-Makers，Free Press，1986；Paul Kennedy，*The Rise and Fall of the Great Powers*，Unwin Hyman，1988。

[15] David H. Fishcer，*Historians' Fallacies*，Routledge & Kegan Paul，1971，ch.9.

[16] Hobsbawm，*On History*，pp.29，233.

[17] E.H. Carr，*What is History?*，2nd edn.，Penguin，1987，p.69.

[18] 当时有许多研究提出了这些假设，比如 Donald Denoon，*Southern Africa Since 1800*，Longman，1972。

[19] Mary Lyndon Shanley，*Feminism，Marriage and the Law in Victorian England，1850—1895*，Princeton University Press，1989.

[20] Michel Anderson，"The Relevance of Family History"，in Chris Harris(ed.)，*The Sociology of the Family*，Keele，1980.

[21] Linda Colley，*Briton：Forging the Nation，1707—1837*，Yale University Press，1992；Raphael Samuel，*Treatres of Memory*，vol.Ⅱ：*Island Stories：Unravelling Britain*，Verso，1998，pp.41—73.

[22] Benedict Anderson，*Imagined Communities*，Verso，1983.

[23] Paul Gilroy，*The Black Atlantic：Modernity and Double Consciousness*，Verso，1993.

[24] Amy Louise Erickson，*Women and Property in Early Modern England*，Cambridge University Press，1993；Clare Midgley，*Women Against Slavery*，Routledge，1992.

[25] William Cobbett，*Advice to Young Men*，Peter Davies，1926，p.176.

[26] John Tosh，*A Man's Place：Masculinity and the Middle-Class Home in Victorian England*，Yale University Press，1999.

[27] 相关介绍性选集参见 P. Rabinow(ed.)，*The Foucault Reader*，Pantheon，1984。

[28] Michael Oakshott，*Rationalism in Politics and Other Essays*，Methuen，1962，p.165.

[29] G.R. Elton，"Second Thoughts on History at the Universities"，*History*，ⅬⅣ，1969，p.66；G.R. Elton，*The Practice of History*，Fontana，1969，pp.66—68.

[30] Peter Mandler，*History and National Life*，Profile，2002，p.10.

[31] Richard Cobb，*A Second Identiry*，Oxford University Press，1969，p.47.

[32] Jeff Guy，*The Destruction of the Zulu Kingdom*，Longman，1979.

[33] David Cannadine，"British History：Past，Present-and Future?"，*Past & Present*，cxvi，1987，p.180.

[34] Harold James，in Pat Hundson(ed.)，*Living Economic and Social History*，Economic History Society，2001，p.166.

[35] Geoffrey Barraclough，*History in a Changing World*，Blackwell，1955，pp.24—25.

[36] 转引自 Magaret Macmillan，*The Uses and Abuses of History*，Profile，2009，pp.146—147。

[37] Ilan Pappe，*Ethnic Cleaning of Palestine*，Oneworld，2011；Greg Philo and Mike Berry，*Bad News from Israel*，Pluto，2004.

[38] Richard Cobb，*A Sense of Place*，Duckworth，1975，p.4.

[39] Carr，*What is History?*，p.86.

第三章　历史学的研究范围

历史系学生所接触到的历史研究大多涉及政治事件,但这远非历史学家的兴
趣或关注范围的全部。自维多利亚时期宪政史研究热潮以来,历史学家已经大大
拓宽了他们的研究范围。今天,人类思想和行为的任何一个方面都不会被排除在
历史研究的范围之外。经济、社会、心态在历史学的课程体系中都有它们的位置。
本章将描述历史研究内容的丰富性,并对它们做出分类。

〰〰〰〰〰

不管历史学是出于服务现实的目的进行研究,还是基于作为一种文化资源所
具有的内在价值进行研究,都几乎不可能就其研究范围做出限定。如果历史学被
界定为对整个人类过去的研究,那么它所包含内容的广度确实是令人望而生畏的,
但如果我们将其研究范围限定在有文字记载的时期和地点,那就会在某种程度上
减轻这种畏惧。各类历史都有值得我们关注的地方,但要理解历史就要求我们对
范围非常广泛的各种研究方法做出分类,这些方法是我们在研究过去时能够加以
运用的。几乎所有历史学家都会接受一种限定性的称谓,甚至那些称他们自己为
"世界史学家"或"全球史学家"的历史学家也不会宣称他们无所不知,而是会着重
研究某一个领域,这是以忽视其他许多领域为代价的。目前有几种分类方法。长
期以来,历史学家根据他们所研究的时期来说明自己的身份,比如"研究中世纪的
历史学家""研究近代早期的历史学家"或"研究当代史的历史学家",事实上,他们
拥有公认学术专长的研究时期有可能做出进一步的限定——研究中世纪的历史学
家也许只研究一个世纪,研究 19 世纪或 20 世纪的专家通常研究时段不会超过 10

年。此外,还存在按地区划分的专业研究。历史学家对特定时期的研究一般仅涉及一个国家或一个地区。例如,研究 17 世纪英国资产阶级革命的专家自然会对西欧其他一些国家——比如法国和荷兰——感兴趣,这些国家在同一时期也经历着它们自身的政治危机,但他或她有关这些国家的知识或许仅仅基于对二手文献的阅读——在许多情况下,仅仅包括英语和其他某一种欧洲语言写成的文献。只有少数历史学家能够对一个以上的国家或时期进行利用原始资料的研究。

除了针对特定时间和地点的专业研究外,还有针对特定论题的专业研究。尽管现代历史学已经在有很好历史记载的所有时期和国家的研究上取得了相对均衡的研究成果,但对论题的选择却更加服从于思潮的变化。社会现实的需要、新研究方法的形成,以及其他学科的理论进展,都会影响历史学家的决定,即决定过去的哪些方面应该优先予以研究。由于这些原因,同按时期或国家的选题相比,论题的选择会更清晰地揭示历史研究的实际内容。由于历史研究论题的范围在过去 50 年中已经得到大大的拓宽,所以它同样是表现当代史学研究内容丰富性的最佳方式。我将首先考察被视为得到优先关注的历史研究分支领域,尽管对它的研究已经不再占据历史研究的主导地位。

一

政治史

政治史通常被界定为对过去所有那些与社会中权力的正式组织相联系的现象的研究,而对有历史记载的大多数人类社会而言,这种组织就是指国家。它包括国家的组织机构、利益集团和政党对国家控制权的争夺、国家实施的政策,以及国家间的关系。对许多人而言,历史研究的范围似乎就包括这些论题,主要是因为这些论题就是他们在学校中学习的内容。近些年来,媒体的节目内容和学校的课程设置都反映了历史学家研究兴趣大大拓宽的趋势,但政治史并未失去它的吸引力,它自古以来就在历史研究中占据中心位置。

政治史之所以一直占据主导地位,原因是非常明显的。历史地看,相比任何其他类型的著述,国家本身更直接地同历史著述联系在一起。一方面,那些行使政治权力的人都寻求从过去获得指导,以了解如何才能最好地实现他们的目标。与此同时,政治精英有兴趣鼓励公众去阅读某种类型的历史著述,这类历史著述能够使他们在国家中的地位合法化,这或是通过强调他们过去取得的功绩,或是通过证明他们执政所依据的法律是自古就有的来实现的。而且,政治史通常还会有**非专业读者群**(lay readership)。政治家或国家与帝国的兴衰沉浮,适丁以一种宏大叙事进行戏剧性的加工。政治权力是令人陶醉的,而对那些没有机会行使它的人而言,他们所能做的就是在天才作家的字里行间享受共鸣之乐。长期以来,不断有学者对迎合这种大众偏好所造成的后果表示哀叹。英国农学家**阿瑟·杨**(Arthur Young)以对大革命前夕法国乡村的描述而闻名,他直率地指出:

> 对一个很少进行哲学思维的头脑而言,读现代史是一个人所能体验到的最令人揪心的事情:人们纠缠于一些被称为"征服者""英雄"和"大将军"的人的一系列可恶的行为,人们费力地读完那些充斥着战争细节的文字。但当你希望了解农业、商业或工业的发展状况,以及它们在不同时代和国家的相互影响时……却没有这样的内容。[1]

非专业读者群:专业历史学者之外的读者。

阿瑟·杨(1741—1820年):英国作家和农学家,写了一部详细记述他游历英格兰、爱尔兰和法国农业地区的游记。在1787—1790年间,他每年都会游历法国,他的记述由此为历史学家提供了了解大革命前夕法国农村社会状况的有价值的材料,他是从一位睿智、学识渊博的外部观察者的视角来记述的。

动荡时期的政治史研究

事实上,在18世纪启蒙运动时期,一种思维的"哲学"转向比杨所承认的更为明显。**伏尔泰**(Voltaire)的历史著作涉及文化和社会的全部领域,甚至吉本也未将自身局限于罗马帝国的王朝更替和军队命运,但19世纪历史研究的革命,却大大强化了对治国之道、**派系**(fraction)斗争和战争的传统关注。德国的历史主义学派紧密地与一种政治思想流派相联系,黑格尔是后者的最好代表,该流派赋予国家以一种道德和精神的力量,认为它超越了其臣民的物质利益,从该流派的思想中可以推断出,国家是历史变革的主要动力。同样地,激发出那个时代如此多的历史著述的民族主义,引起对大国之间竞争与被吞并民族争取政治自决权斗争的关注。当兰克写下"现代的精神……只能通过政治手段发挥作用"[2]时,很少有历史学家会提出异议。维多利亚时期的历史学家E.A.弗里曼(E. A. Freeman)更明确地提出:"历史学就是过去的政治学。"[3]以兰克为代表的新的大学教授基本上都是政治史家。

伏尔泰(1694—1778 年):弗朗索瓦·马里·阿鲁埃(François Marie Arouet)的笔名。
他是法国 18 世纪启蒙运动最著名的作家之一。伏尔泰最著名的是有关他那个
时代的行为方式和思想的妙趣横生的讽刺作品。他也写了一些历史著作,包括
对法国国王路易十四和瑞典国王查里十二世的研究,以及一篇论牛顿物理学的
论文。

派系: 一种政治集团,通常是由庇护关系或个人裙带关系,而不是由政党、忠诚凝聚
在一起的。

政治史应该研究什么?

51 　　然而,正如之前给出的定义所暗示的,政治史可以意指许多不同的事物,其内
容也像历史学的其他分支学科一样是多样的、随潮流而变化的。兰克本人主要的
研究兴趣在于考察欧洲主要大国是如何在文艺复兴到法国大革命期间形成它们很
强的个性特征的。与其说他是从这些国家的内部演化中去寻求解释,不如说他是
从它们之间对权力的无休止的争夺中求得解释的。因此,兰克的一个遗产就是研
究外交政策的高度专业化的方法。自此以后,外交史成为历史专业一个主要研究
对象,伴随着历史学家对公众了解最新战争起源的要求做出反应,它的吸引力不断
得到强化。尤其是作为第一次世界大战的后果,这种研究的大部分都很像民族主
义宣传,它过多地依赖一国的档案资料。不时地,外交史甚至被简化为某种有关一
位外交官或外交部长对另一位外交官或外交部长谈话的记录,很少去考虑那些经
常会影响外交政策的更广泛因素,比如财政和军事因素、民意的影响等。今天最好
的外交史是从最广泛的意义上去研究国际关系,而不是仅仅研究一个特定国家的
外交。玛格丽特·麦克米伦(Margaret Macmillan)在她的著作《缔造和平》(*Peace-
makers*, 2001)中,出色地记述了 1919 年签署《凡尔赛和约》前的为期六个月的谈
判。她的记述围绕三个关键人物——美国的伍德罗·威尔逊(Woodrow Wilson)、
法国的克里孟梭(Clemenceau)和英国的劳合·乔治——之间的激烈的讨价还价展
开。但麦克米伦还揭示出,他们的决策是如何既受到战争结束时各国的考虑,也受
到他们各自国家民心所向的制约的。

　　兰克的许多同时代人和追随者反而特别关注欧洲民族国家的内部演化,宪政
史研究大体上就是由他们开创的。这种研究倾向在英国最为突出,在那里,历史学

注：从左至右坐着的四人分别是：意大利的维托里奥·埃马努埃莱·奥兰多（Vittorio Emanuele Or-
lando）、英国的劳和·乔治、法国的克里孟梭和美国的伍德罗·威尔逊。巴黎和会的大多数事务都是在
他们之间的小会上解决的，他们又受到参会的许多其他强国代表的不断游说。

资料来源：© US Army Signal Corps/The LIFE Picture Collection via Getty Images。

图 3.1　1919 年巴黎和会上的"四巨头"（奥兰多、劳和·乔治、克里孟梭和伍德罗·威尔逊）

在 19 世纪 60 年代和 70 年代变为一门在学术上受到尊重的学科，这几乎完全是借
助宪政史研究的影响力实现的。它的中心论题当然是议会的演化，议会被维多利
亚时期的人视为英格兰对文明最宝贵的贡献，由此也就成为民族史研究的合理关
注重点。英格兰宪政史被视为一系列重大的原则冲突，随着各个时期的渐进变革
而变化，可以追溯至中世纪早期。宪法在一系列重要的政府文件（《大宪章》等）中
被神圣化，对这些文件需要进行严谨的文本研究。在斯塔布斯三卷本的《英格兰宪
政史》（*Constitutional History of England*，1873—1878 年）出版 50 年后，宪政史研
究在英国获得了最大的学术声誉，对该书所做的一些重大修正研究一直持续到今
天。在斯塔布斯的追随者手中——他们中的大多数像他一样是研究中世纪的专　52
家——该论题被扩展至包括两个具有紧密联系的专业领域：法律史和行政管理史。
法律史在今天受人关注的程度相对较低，但行政管理史研究显现出焕发新生的迹
象，这是伴随历史学家寻求对政府职能与工作人员大规模增加的解释而发生的，而

这种增加发生在 20 世纪的所有西方社会中。

政治史研究的深化

不过，认为政治史研究的实践仍然拘泥于 19 世纪划定的范围是非常错误的。尤其是在英国，反对传统形式政治史研究的学者已经提出，他们中的任何人都不会去直接研究那些已经在政治学研究中成为关注中心的问题，即政治权力的取得和行使，以及政治体系的日常管理。从这种观点看，强调对宪法原则和政府正式机构进行研究的斯塔布斯的研究传统似乎是无用的。

对传统政治史研究持反对意见的最具影响的代言人是 L.B.内米尔（L. B. Namier），他有关 18 世纪英格兰的著述，在某种程度上标志着一个转折点。令内米尔感兴趣的主要不是那个时代的重大政治问题或最重要的政治家的生涯，而是政治精英的构成和新成员的吸纳，后者可以由普通下院议员个人历史的详细记录加以揭示。在《乔治三世登基时的政治结构》（*The Structure of Politics at the Accession of George Ⅲ*，1929）和稍晚的著作中，内米尔问道：人们为什么会谋求在下院的席位？他们是如何获得席位的？又是什么因素指导了他们在下院的政治行为？他揭穿了一些政治家用来掩盖他们行为的意识形态面具（得到后世历史学家的支持和延续），他们的动机和方法都没有获得更多的认可。结果，对 18 世纪英国政治的大多数得到公认的描述都被推翻，包括两党制、下院为政府官员所充斥，以及年轻的乔治三世对宪法的攻击等。内米尔的研究方法在官方资助的"议会史"编撰项目中被奉为经典，它最终将包括从 1485 年到 1901 年间所有下院议员的传记；到目前为止，已经出版了 21 420 人的传记，它们能够在网上免费浏览。[4]

这样一种研究方法会带来对政治冲突心理学的研究兴趣，这种研究方法允许对动机和策略的分析充分发挥作用，但它揭示的仅仅是表面现象。一旦人们认识到，政治不仅关涉名人，而且关涉处于竞争中的经济利益和对立的意识形态的冲突时，那么，在法庭或议会的神秘氛围之外的更广泛的社会就具有关键的重要性。这在革命性变革时期是显而易见的，那时，旧的政治体制作为经济或社会结构变革的结果走向解体。在更稳定的政治情势下，阶级和意识形态方面的变化也许无法如此清晰地予以揭示，但变化确实存在，任何对中长时期政治发展趋势的分析都要求对这些变化做出阐释。至少，历史学家必须意识到政治精英发挥作用的社会和经济背景，以及舆论的作用。相比历史学的其他分支学科，政治史研究的生命力更需要依赖同相邻分支学科的密切交流，尤其是与经济史和社会史研究的交流。

54

STREET FIGHTING IN THE RUE DE RIVOLI

注:法国大革命所产生的最重要的思想之一就是将民族概念作为产生群体认同的中心,来替代对某个王朝统治者的忠诚。民族主义经常同自由主义相联系,尽管它也被一些反自由主义的保守主义者所接受。19世纪的欧洲见证了许多次革命性的民族主义起义,但意大利和德国这两个在19世纪沿着民族主义路线建国的主要例子,却更多地是通过政治家的动员,而不是由革命者实现的。民族国家是美国总统伍德罗·威尔逊在1919年巴黎和会上提出的民族自决政策的核心所在。

资料来源:ⓒ Illustrated London News Ltd/Mary Evans。

图3.2 法国大革命期间在巴黎进行的街垒战

二

关注非精英的历史研究

认为经济史和社会史研究对兰克那一代人而言是不存在的,并非夸大之词。不过,到19世纪晚期,西欧和美国正在经历一场重大的经济和社会变迁,而那时进行的历史研究显然无力对此做出解释。尽管只是在过去50年间,马克思的思想才在西方被广泛地应用于历史研究(见第八章),但他对生产资料与阶级之间关系的 55

历史重要性的强调,在 20 世纪早期就在懂政治的人中间得到广泛传播。而且,相比以前,有组织的劳工运动和群众性的社会主义政党兴起的影响也将经济和社会改革问题持续不断地置于政治舞台的中心。20 世纪早期的各种发展都指向了相同的大方向。许多人认为,第一次世界大战给了民族国家理想以致命一击,民族国家的兴起曾是 19 世纪**历史编撰学**(historiography)的重大论题,而世界经济中反复出现的萧条和衰退也强化了对更系统地把握经济史的需要。在世纪之交,学术历史研究的狭隘政治视角遭到历史学家自身不断增强的攻击。提倡一种新的和更广泛的历史研究的宣言,在几个国家已经发出——美国最为自觉,在那里,历史学家已经在"新史学"的旗帜下扬帆远航。不过,正是在法国,拓宽历史研究领域的呼吁得到最充分的执行。

> **历史编撰学:** 对历史写作的研究,尽管该词有时也被用于指代历史学家在一个特定论题上著述的范围。

从其他学科获得借鉴:年鉴学派

这是中世纪史专家马克·布洛赫和研究 16 世纪的专家吕西安·费弗尔(Lucien Febvre)两人共同的成就。在今天,他们的追随者在学术界的国际声誉也许大过任何其他学派。1929 年,布洛赫和费弗尔创办了一份被称为《社会经济史年鉴》(*Annales d'histoire sociale et économique*)的历史杂志,它通常被简称为《年鉴》。[5]在创刊号中,他们要求他们的同事们不仅要扩大研究范围,而且要认识到他们能够借鉴其他学科,尤其是社会科学的成果,包括经济学、社会学、社会心理学和地理学(年鉴学派的历史学家对地理学抱有尤其高的热情)。尽管承认这些学科的研究者主要是关注当代问题,但布洛赫和费弗尔仍然坚持认为,只有在他们的帮助下,历史学家才能够发现各种重要问题,并运用他们所掌握的历史资料做研究。尽管较早期的改革者就在呼吁一种跨学科的研究方法,但它是由年鉴学派的历史学家在他们卷帙浩繁的出版物中被系统地付诸实践的,其中马克·布洛赫的《封建社会》(*Feudal Society*, 1940)也许是在法国之外最著名的作品。从这种基本前提出发,年鉴学派的历史学家继续拓宽和改进历史学的研究内容和方法,结果就是这个学科在过去 50 年间发展出许多新的研究方向,这很大程度上要归功于他们的贡献。与此同时,年鉴学派对偏爱政治叙事的传统史学持蔑视态度——这种态度受到英国的许多经济和社会史学家的支持,用 R.H.托尼(R. H. Tawney)的话来表述,

56

关注政治就是"卑劣地压制对更重要的问题做出研究"。[6]

　　主要是由于年鉴学派历史学家和他们同时代人的积极倡导,历史书写的范围在今天已经如此广泛。经济史、社会史和文化史研究所表现出的活力就是对这些努力成效的证明。与此同时,新的专门史研究领域被不断地开拓,诸如全球史、环境史、身体史、情感史和书籍史等,而那些已经得到确认的研究方法也并没有被完全抛弃。将历史学家所做的研究列出一张清单可能读起来会有眩晕感,因为它缺乏任何逻辑连贯性。为了理解这种多样性,接下来我将通过选取三个不同的截面来对"领域"加以讨论,其中每个截面都包括相互对立的两个方面。将两个方面结合起来,就能在某种程度上把握历史研究的范围,而且它们提供了分类目录,任何个体历史学家的研究都能被置于这个目录的某个项目之中。第一个截面是将个体同社会或群体相对照。第二个截面是将物质世界同经验的心态或文化方面相对照。第三个截面是将地方同全球相对照,反映了历史学家所使用的非常不同的空间框架。

三

传记

　　重点关注过去的杰出人物似乎是历史学家显而易见的偏好,但这种现象并非一直如此。推动各类新史学发展的一个共同因素在20世纪逐渐为人们所关注,那就是它们都是有关"社会"的研究。传统史学研究由于关注少数精英和个人,比如外交政策的制定者、推动或抵制宪政改革的政治家,以及革命运动的领导人,而受到指责。然而,这些精英人物仍然能够吸引学术研究和大众读者的关注。人类的这种好奇心被历史学家以传记的形式予以满足,传记写作和历史写作有着同样长的历史。不过,它的写作意图与严格尊重历史事实的目标不相一致。在中世纪和文艺复兴时期,许多传记是赤裸裸的**说教**(didactic),其构思就是将主人公描述为基督徒行为或公共道德的典范。在维多利亚时期,传记的典型特征是纪念性的:对社会名人的子嗣和崇拜者而言,最恰当的纪念就是写作一本大部头的传记,它的写作几乎完全依靠主人公自己提供的文字资料(其中有很多就是出于这一目的而被精心保存下来的),因此往往会使传记作者接受主人公的自我评价。那些来自更遥远的过去的人物会得到同样恭敬的对待。只有一些勇敢的作者才会去写诚实的、不

57

加掩饰的(warts-and-all)传记。因此，19世纪的传记读者读到的是对一些杰出人物事迹的记叙，它的作用就是维系人们对国家的政治精英和思想精英的尊重。

> **说教：**带有明显的教育目的。
>
> **不加掩饰的：**诚实的，既表现好的方面，也表现坏的方面。该术语来自画家彼得·莱利爵士(Sir Peter Lely)为奥利弗·克伦威尔(Oliver Cromwell)画的肖像画。克伦威尔脸上有一两处肉瘤，但他告诉莱利他不想要一幅虚假的、比真人好看的肖像，而是想要被不加掩饰地描绘。

对历史学家而言，传记写作的基本要求就是它要在主人公所处的历史背景下来理解他或她。它必须由这样的人来撰写，他不仅要非常了解所涉及的那个时期，而且要仔细研读所有那些对主人公生活产生影响的重要的文字资料——包括对手和下级的、朋友和亲属的。简言之，写作一部历史传记就是一项重要的事业。然而，即使是满足了现代学术要求的传记，也会有批评者。许多历史学家相信，它在历史研究中并没有什么重要的地位。偏见问题不可能轻易地被消除。尽管自从**利顿·斯特雷奇**(Lytton Strachey)在其书名中就带有讽刺意味的《维多利亚时期名人传》(*Eminent Victorians*，1918)中揭露了人性的一些弱点后，写作揭露真相的传记成为一种时尚，但花费多年工夫来研究一个人的任何作者——斯特雷奇从未这样做过——不大可能回避对主人公的某种认同，并且不可避免地会在一定程度上通过那个人的视角来观察那个时期。进一步看，传记体叙事鼓励一种对事件的简单化的和线性的解释。研究现代英国政治史的权威专家莫里斯·考林(Maurice Cowling)论证道，政治事件只有通过揭示政治高层人物如何互动才能理解。"出于这种目的"，他写道：

> 传记几乎一直是误导性的。就(政治)组织而言，它所反映的东西是偏颇的。它对一个人做出有选择的记述，但他的公共行为是不应该进行选择性叙述的。它暗示了在一种事态和下一种事态之间的线性关系。但事实上，联系却不是线性的。组织是一种互动关系：一种因素的变化会改变所有其他因素彼此之间的相对位置。[7]

> **利顿·斯特雷奇**(1880—1932年)：英国作家和一个著名团体的成员，该团体由来自伦敦地区的知名文化人士组成，他们中的许多人是布鲁姆伯利团体的成员。斯特雷奇的《维多利亚时期名人传》通过对19世纪四个受尊敬人物辛辣的讽刺研究而令许多读者震惊，其中包括弗洛伦斯·南丁格尔和戈登将军。

很难否定,出于良好愿望撰写的传记却几乎一直带有某种歪曲的成分,但也有很好的理由不去完全排斥它。第一,考林的反对意见在权力集中于一人之手的政治体制的情况下就不那么有说服力。伊恩·克肖(Ian Kershaw)是有关希特勒最重要的传记的作者,克肖描述了自己最初是多么不愿意承担这项工作,因为他以前的研究集中关注纳粹在德国社会中的权力结构。但克肖逐渐认识到,结构性方法需要"增进对希特勒本人的认识,他是那时所发生一切的不可或缺的支柱和灵感来源"[8]。第二,在另一个极端,如果资料足够充分的话,那些绝非知名人物的传记有时却能够揭示出过去被忽略的一些方面。琳达·科利(Linda Colley)写作了一部一位叫作伊丽莎白·马什(Elizabeth Marsh)的鲜为人知的 18 世纪妇女的传记。因为她的经历包括在摩洛哥被俘和在印度的婚姻,以及游历了许多分布广泛的港口,所以该叙事清楚地为我们呈现了一个全球海洋世界,它由贸易、迁徙和奴隶制等组成,该书是"一本跨越国界的传记"。[9]

最后,也许是最重要的一点,传记对理解动机和意图而言是不可或缺的。就动机——有别于经济和社会力量——应该在历史解释中起多大作用的问题,历史学家存在过多的争论。相比 19 世纪,它们目前得到的关注肯定较少,但很明显,个人的动机在解释历史事件中是起某种作用的。一旦这一点被广泛承认,那么传记的用途就是明显的。只有以一个人的情感特质、性格和偏见为依据,其行为才能被充分理解。当然,甚至在被最全面记叙的生活中,也存在着很大的不实成分,尤其是社会名人的著述,通常会带有自欺欺人或蓄意歪曲的内容。但研究传记主人公从童年到发展成熟的传记作者,更可能会做出正确的推论。正是出于这种原因,在当前的世纪中,传记作者越来越强调关注他们主人公私人的或内心的生活,同时也强调关注他们的公职生涯。

四

什么是社会史?

在历史学中,还没有哪个分支学科能够比社会史更明确地宣称它对个体并不感兴趣。"社会史"这个名称表明它对作为整体的社会的关注,即使实际的研究只涉及社会的很小一部分。事实上,社会史的远大抱负并不是一下子就能看出来的。第一,社会史包括对诸如贫困、愚昧、精神异常和疾病等社会问题史的研究。相比

61

这些不良状况对整个社会造成的"问题"而言，历史学家较少关注受这些不良状况折磨的个人的经历。他们研究私人**慈善事业**（philanthropy）所产生的改良成果，这些成果可以在诸如学校、孤儿院和医院等慈善机构中看到，他们也研究自 19 世纪中期以来，政府对社会领域实施的日益有效的干预。这类社会史研究的局限性可以由艾维·平奇贝克（Ivy Pinchbeck）和玛格丽特·休伊特（Margaret Hewitt）的两卷本著作《英格兰社会的儿童》（*Children in English Society*，1969，1973）加以说明。他们详细记录了在一个超过 400 年的时期内有组织的慈善事业和政府慈善关怀所取得的成就，但所有这些照顾和关怀的受益者的情况却只被偶尔提及，而那些并不需要帮助的儿童则完全不在他们记述的范围之内。

> **慈善事业：**慈善工作。

第二，社会史意指在家庭、工作场所和社区中的日常生活史。正如 **G.M.屈维廉**（G. M. Trevelyan）所提出的："社会史也许可以用否定方式被界定为人们在政治之外的历史。"[10]他的《英格兰社会史》（*English Social History*，1944）在很长时间内一直被作为社会史的权威著作，几乎未涉及经济方面的内容，它的大部分内容读起来像是各种论题聚合在一起的拼盘，同他较早期的（主要涉及政治方面内容的）《英格兰史》（*History of England*，1926）并不一致。尽管《英格兰社会史》有许多细节性的描述，但缺乏连贯一致的主题。这种著述大部分都有一种**挽歌式的**（elegiac）味道：对前工业社会的消逝感到遗憾，认为那时的日常生活是人性化的和适合自然规律的，厌恶现代城市生活的失范和道德败坏。

> **G.M.屈维廉**（1876—1962 年）：全名乔治·麦考莱·屈维廉（George Macaulay Trevel-yan），英国历史学家，著名历史学家托马斯·巴宾顿·麦考莱（Thomas Babington Macaulay）的侄孙。屈维廉是一位高产的作家，他最著名的作品是通俗著作《英格兰社会史》，该书反映了战时对一个更稳定社会的逝去的遗憾之情。
>
> **挽歌式的：**用抒情诗唤起对过去时代的回忆。

劳工史和自下向上看的历史学

最后是有关普通人或工人阶级的历史。他们在政治史著述中几乎完全被忽略。在英国和美国，这种社会史研究从 19 世纪末起就由那些同情劳工运动的历史学家所主导。他们的著述尽管通常热情地支持工人的事业，但在这一阶段几乎没有受到马克思主义思想的影响。这些历史学家主要关注为劳工运动提供一种集体的历史认同，但并不是通过一种新的理论框架（对此而言，马克思主义当然是适合的），而是通过揭示工人阶级自身在前一个世纪的历史经验来实现其目标。物质生产资料和社会地位被剥夺，自助的传统与争取提高工资和改善就业条件的斗争，是上个世纪工人阶级所经历的。对 G.D.H.科尔（G. D. H. Cole）这位 20 世纪 30 年代和 40 年代英国权威的劳工史专家而言，似乎没有什么比这样做更重要，即"随着工人阶级向着充分行使权力的方向发展，他们应该回溯过去、展望未来，根据自身的历史经验制定政策"。[11]

在英国，在"自下向上看的历史学"的旗帜下，这种社会史的研究传统在 20 世纪 60 年代有所恢复和发展。但劳工史研究的特征具有很强的制度偏好，而自下向上看的历史学集中关注那些没有组织和处于边缘地位的群体，在历史记录中很少能够见到他们。自下向上看的历史学并不仅仅意指要重构日常生活的变化，它还意图从普通人的视角来考察过去，认同他们的政治观点。最重要的是，自下向上看的历史学要对许多历史学家认为的普通人处于消极状态的观点提出质疑。民众成立的组织和发起的抵抗就是他们发挥积极作用的标志。这种研究的一个早期倡导者是乔治·鲁德（George Rudé），他研究了 18 世纪伦敦和法国大革命时期巴黎的群众。鲁德拒绝使用"暴民"一词，而是重构了那些走上街头表达他们不满的群众的动机和反抗方式。他对 1780 年"戈登暴乱"（Gordon Riots）——当时政府失去对伦敦街道的控制整整一周时间——的研究是这类著作中的经典之作。[12]鲁德的研究议程在 20 世纪 70 年代被"历史工作坊运动"进一步拓宽。尽管以牛津大学的拉斯金学院——它是由工会资助的学院——为基地，但"历史工作坊运动"很快就将它的研究范围从有组织的工人转向包括精英以外——或以下——的所有社会群体，而精英是传统史学关注的重点。很快就出现了妇女史和移民社区史的研究。[13]"历史工作坊运动"在吸引历史爱好者和社区史学家的参与上尤其成功，他们同左翼学者一道构成该运动的核心所在。

历史学和社会结构

但到目前为止所提到的各种研究，并未能完全解释社会史目前享有如此突出地位的原因，而它在很长一段时间内一直处于不受重视的状态。20 世纪 60 年代和 70 年代发生的变化在于，社会史的研究论题被以一种更高抱负的方式重新界定。社会史目前立志于提供一种社会结构史。"社会结构"的概念是一种使用方便但内涵模糊的社会学抽象,它被许多理论表象所掩盖,但它的本质是指社会中许多不同集团之间社会关系的总和。在马克思主义思想的影响下,阶级受到了最多的关注,但它绝非唯一要考察的集团,还存在着年龄、性别、种族和职业的交叉联系。

社会结构似乎是一种静态的、永恒的概念,这部分是因为它在许多社会学家的著述中被以这种方式加以研究。但它并非必然如此,历史学家很自然地倾向于接受一种更具动态性的研究方法。正如研究近代早期英格兰的权威社会史学家基思·赖特森(Keith Wrightson)所指出的:

61
社会是一个过程,它绝非静态的,甚至它明显最稳定的结构也是在各种动态力量之间实现某种平衡的表现。对社会史学家而言,最具挑战性的任务就是重构那种过程,同时辨识出在社会组织中、在社会关系中与在文化意义和评价体系中发生的长期变化,而人们的社会关系受到它们的全面影响。[14]

在长期存在的社会结构的背景下,那些地位上升或下降的个体或集团通常特别重要,社会流动性是历史学家更多关注的问题。超出了某个临界点,社会流动性就会同现存结构的维系产生矛盾,一种新社会形式也许会出现,正如在工业革命期间所发生的最本质的变化一样。尤其是城市化,不仅需要研究它的经济方面,而且要把它作为一个社会变迁过程加以研究,后者包括移民的吸纳、新社会分层形式的出现、在工作和休闲之间更为严格的区分。沿着这些线索的重要研究已经在美国展开,对芝加哥、纽约和波士顿的深度研究是其特色所在。[15]对社会结构和社会变迁的分析能够对经济史和政治史的研究产生重要影响,近些年来,社会史学家已经在这些领域申明了自己的权利。持续了很长时间的**有关乡绅阶层的争论**(gentry controversy),主要是就英国内战前数百年间不断变化的社会结构和政治冲突之间关系的争论。[16]工业革命的起源目前不仅在经济和地理因素中被寻找,而且在18世纪英格兰的社会结构中被探寻——尤其是贵族等级的开放性,即人和财富进出该等级的双向流动。在这一点上,社会史开始接近其最广义的"研究社会的历史学"的定义,有学者论证,这是它正当的研究领域。[17]

> **有关乡绅阶层的争论:** 学术界展开的一场有关17世纪早期英格兰社会变革的发展和它对英国内战起源影响的长期争论。该争论围绕以旧的土地贵族的利益损失为代价,拥有较少土地的阶层(乡绅)的社会和经济地位是否在上升,或是否相反的情况才是真实的而展开。该论争持续了许多年,是大学生论文写作的主要选题。不过,由于很难提出一种有关"乡绅"和"贵族"的明确定义,或就一个阶层"兴起"的准确内涵做出界定,所以往往无法得出十分确定的结论。

假如社会史的研究范围被修正的话,那么,大多数较早期的、抱负较小的社会史研究是容易适应这种新的关注对象的。新社会史学家包括许多开始在较狭小范围内研究一些成熟论题的学者。20 世纪 60 年代和 70 年代最著名的社会史学家 **E. P.汤普森**(E. P. Thompson),最初就深深地扎根于劳工史研究的传统,但在《英国工人阶级的形成》(*The Making of the English Working Class*,1963)中,他跳出了传统的研究范围;工人阶级意识在工业革命时期的增强被置于可能最广泛的背景下予以考察,这一背景包括宗教、休闲和大众文化,以及工厂制度和工会的起源等。汤普森的研究并非不考虑政治,他认为,作为一种阶级控制工具的国家的存在,是持久的和危险的。

> **E.P.汤普森**(1924—1993 年):英国马克思主义历史学家。汤普森同时积极参与社会主义政治活动。他的《英国工人阶级的形成》是首次尝试讲述有关 18 世纪晚期和 19 世纪早期独特的工人阶级文化与阶级认同的形成过程的历史。

在英国社会史的发展过程中,汤普森所处的时期在研究杰出人物的成果上也是丰富的。汤普森最后出版的著作是有关一位颇具远见的画家和诗人威廉·布莱克(William Blake)的研究。[18]历史学家并不能被整齐地区分为研究群体的历史学家和研究个人的历史学家。传记和社会史也许代表了非常不同的视角,但两种视角都是需要的,而且都在当代史学实践中占据重要地位。 62

五

经济史

我上面提及的第二个成对的研究对象是物质世界对精神世界。一个是研究生活的外部条件;另一个是探究思想和情感的内心世界。两者都必然会在对过去的全面复原中发挥重要作用。经济史研究集中关注"世俗的必然需求"——这是一部研究近代早期英格兰经济史的重要著作的书名。[19]该书试图重构那一时期英格兰的生产、交换和消费。这些活动大部分是可以从外部观察的对象,而且在许多情况下还能对它们进行计量。这种研究同那种试图重构精神过程的研究形成鲜明对照,后者包括正式形成的思想、宗教信仰和情感状态,它们不可能进行计量或从外部观察,对它们的研究在很大程度上需要移情和某种挖掘文本和图像隐藏意义的能力。

经济史是在政治史之外第一个获得公认地位的专业领域。到 1914 年,在包括英国和美国的几个国家中,它已经成为一个被严格界定的研究领域。经济史对理解当代问题的价值,大体上能够解释它相对于其他竞争对象的领先地位。事实上,在许多大学,尤其是美国的大学,经济史不是作为历史学的组成部分,而是在与经济学的联系中被加以研究的,而经济学仅仅是在 19 世纪末才赢得学术界的普遍认可。在英国和欧洲其他国家,大多数开拓性研究都涉及政府的经济政策——这类研究对于在大学接受政治史研究训练的历史学家而言,仅需要很小的变化就可以适应。但要把握工业化这一历史现象,这种训练很明显并未提供充分的技能,而有关工业化的研究从一开始就在各国经济史学家的研究议程中居于突出地位。对工业化的研究导致对英国的特别关注,它是第一个经历工业革命的国家,因此,吸引了欧陆国家和英国的历史学家对它做细致的研究。他们的研究尤其集中在特定的产业上,诸如兰开夏郡的棉纺织业或南威尔士的采煤业。这种研究得出的苍白认识,仍然能够在那些旧式的教科书中看到,它们将英国工业革命按年代记述为一系列在 18 世纪晚期做出的发明。

经济史和政治史互动的困难

在许多方面,经济史同政治史形成了我们所能想象的最明显的差别。经济史的年代学非常不同于政治史,它通常轻视在政治文化和民族传统上的差异,对现代全球经济的研究尤其如此。它极少关注个性和动机这些传统政治史学家偏爱的问题,相反,那些诸如通货膨胀或投资等“非个人性”的力量,却往往在经济史的研究中占据中心地位。进一步而言,经济史学家因为对那些非经济史专业同行的基本假设提出挑战而兴奋不已——在引起最大争议的几部著作中,经济史学家根本否定英国经历了一场工业革命。[20]出于上述这些原因,许多政治史学家都倾向于同经济史保持距离。但实际上,政治史学家自身的研究议程在许多方面已经受到经济史研究成果的积极影响。例如,如果不理解 16 世纪发生的严重通货膨胀,就不可能理解都铎王朝面临的财政困境,以及随之发生的同议会的政治斗争。[21]类似地,关于 1899 年在英国与南非富藏金矿的德兰士瓦省之间展开的英布战争,对其起源的解释已经根据有关那时国际金本位制度变化的准确把握予以了修正。[22]

企业与经济增长

在目前有关现代经济史的著述中有两种倾向非常突出,尽管它们并未涵盖经

63

66

济史研究的全部范围。第一种是有关商业史的研究——在商业往来记录的基础上对个体企业做出系统研究。原始资料通常是易于处理的，而且允许史学家接触这些资料的企业有时还会承担研究费用。不管历史学家是否认同资本主义企业家的价值观，这些研究所能产出的最好成果就是对经济扩张机制的敏锐把握，这种扩张通常是在一个产业发展进程的重要关口发生的。商业史研究的影响可能会更为广泛。企业家创新精神的消退，在多大程度上引发了英国经济在 1870—1914 年的衰退？这是一个重大问题，有待研究商业史的学者做出更大的贡献。

商业史可以被视为一种居于基础地位的经济史研究。与之相比，第二种研究　64
寻求对整个经济增长或衰退的机制做出解释。在今天的经济学中，这很明显是最宏观的问题，对专业经济学家和非专业公众而言都是如此。由于自 200 年前工业化启动以来，它一直以公认的现代形式出现，因此，历史学家会同样地感兴趣就不足为奇了。但要对更广泛争论的解决做出贡献的话，经济史学家还必须使他们的分析工具更为有效。较传统的经济史著述，诸如 J.H.克拉彭(J. H. Clapham)的《现代英国经济史（1926—1938 年）》[*Economic History of Modern Britain（1926—1938）*]，基本是描述性的。这些经济史学家重构了一个特定时期的经济生活，有时带有生动的细节，但在解释一个阶段如何为另一个阶段所取代时，他们对经济变迁的实际机制却并未表现出兴趣。目前的争论大体上正是关于那些机制的，并且是在有关增长的高度复杂的理论研究的背景下进行的，而增长是经济学家自 20 世纪50 年代以来一直在研究的。如果历史学家要对这一领域的资料做出公正研究，那么他们就必须比过去更熟练地掌握处于竞争中的各种理论解释。因为对这些理论的检验依赖于对增长指标的准确计量，为此，历史学家必须精通计量方法。在这一领域，年鉴学派在半个多世纪前呼吁的对跨学科研究障碍的突破，相比其他分支领域得到了更彻底的实现。

六

对过去思想的研究

重点关注可以从外部观察的行为的经济史研究，同研究思想、情感和心理状态的分支学科形成了鲜明对比。根据人们在某种特定结构中的地位——这可以根据他们的职业、地位和财富来确定——来对他们做出分类是一回事，了解他们的思想和态度,将它们视为"对存在的有意识反映"[23]是另一回事。后者包括诸如政治思想、宗教和大众心理等多样的论题,它们从未被统合在单一的名称之下,但它们在关注精神活动上是相同的。个体行为和集体行为仍然重要,但只是作为推测思想或信仰的基础。

由于在 19 世纪孕育形成的历史学研究的政治导向,政治思想史研究具有最悠久的发展史并不令人感到奇怪。柏拉图、马基雅维里和霍布斯等作家的作品已经被视为一种单一西方传统形成的基石。不过,今天的学者更多关注在他们所处的历史背景下来理解这些思想家——他们思想的形成是作为对他们周围发生事件的反应,而且受到他们所能获得的文化资源的限制。学者能从如下事实中获得一种更深刻的认识,即一个时期的思想潮流主要并不是由那些少数激励后世的伟大著作构成的。几乎通过定义就能知道,这些著作只有少数人才能读到。对这些伟大人物做出评价(在许多情况下是进行指责)所依据的是当时人们的普遍看法,这些看法是同时代的人从较早期的思想传统中继承下来的,这种继承通常是有选择的和缺乏前后连贯性的。尤其对政治史学家而言,重要的是没有思想原创性的人们生活其中的一套思想,从这种视角看,新思想通过短暂流行的模仿之作的传播与新思想在伟大思想家头脑中的创造一样重要。革命变革时期的思想氛围——思想在这些时期的影响尤其深刻——是无法用其他方法予以正确理解的。例如,在《美国革命的思想起源》(*The Intellectual Origins of the American Revolution*,1967)中,伯纳德·贝林(Bernard Bailyn)从约 400 份宣传手册入手,重构了普通美国人的政治文化,这些手册是在 1750 年到 1776 年之间在 13 个殖民地出版的,对英美冲突产生了影响。贝林的研究不仅揭示了新英格兰清教传统和启蒙思想的影响(这些是长期为学界所承认的),而且揭示了英国内战时期反专制政治思想的影响,这些思想由 18 世纪早期英格兰激进手册的作者继承并传播到大西洋彼岸。有关思想史的作品在这一时刻进入"市场",成为那时大众文化的组成部分。

宗教史

宗教史研究提出了类似的问题。在一个层面上,宗教史是有关**马丁·路德**(Martin Luther)或**依纳爵·罗耀拉**(Ignatius Loyola)等伟大宗教领袖的生平和著述的研究。此外还有研究宗教制度史的深厚传统,这是由基督教会在西方历史上的大部分时期所产生的巨大影响所致。但越来越多的历史学家已经转向对民间信仰的研究:人们相信什么? 他们的信仰如何影响他们的生活? 这种转向正在开拓出一种有很大发展空间的研究领域。在《推翻魔鬼王国》(*Pulling the Devil's*

Kingdom Down，2001)中,帕梅拉·沃克(Pamela Walker)考察了英国维多利亚晚期的救世军(Salvation Army)。在她的叙事中居于中心地位的是早期救世军成员的皈依经历,救世军从伦敦最贫穷街区吸收成员。沃克是基于救世军成员已经出版的传记和救世军办的杂志《救恩报》(*War Cry*)上发表的文章写出该书的。同时,有组织的宗教通常不得不同非官方的信仰体系并存。在《宗教与巫术的衰落》(*Religion and the Decline of Magic*，1971)中,基思·托马斯(Keith Thomas)考察了巫术、预言和占星术在宗教改革与英国资产阶级革命时期的盛衰。托马斯指出:"我希望对我们有关近代早期英格兰精神氛围的知识有所贡献。"[24]

66

马丁·路德(1483—1546年):基督教发展史上最有影响力的一位人物。他在1517年对教皇权威的抗议开启了新教改革和西方教会的分裂。他的思想在德国和其他地区的统治者的庇护下得到迅速传播。

依纳爵·罗耀拉(1491—1556年):耶稣会的创始人,他是基于灵性修炼和传教工作创立耶稣会的。他的生平和成就象征着天主教重振自身以应对新教挑战(即著名的反宗教改革运动)的决心。

一些历史著作能够明确地被归类为研究"物质现象"的类型,或是研究"精神现象"的类型。基于统计数据的经济研究在研究类型上明显不同于对民间巫术的研究,后者是基于对法庭证词的细致解读而进行的研究。但重要的是要强调物质现象和精神现象绝非互不相容的对立面。它们最好被视为罗盘上的不同点,当将一本历史著作放置其上时,我们能够确定其方位。事实上,一些最具启示性的著作往往将物质现象和精神现象置于一个连续统一体之中,将它们纳入一种综合分析之中。一个明显的例子就是有关消费史的研究。购物满足物质需求,但选择购买什么也许会受到由文化支配的偏好和地位要求的影响。而且,到19世纪晚期,在主要西方经济体中,中产阶级妇女将购物作为一种浪漫和情调来体验,这又是由新兴的百货商店促发的:正如一项研究的题目"愉快购物"所恰当描述的。[25]

七

跨国史

最后,历史学家运用多样的空间视角开展研究,一个极端是地方性视角,而另一个极端是全球性视角。这个光谱两端的视角之间似乎同样毫无共同之处,但两者都是对传统观点的反对,而传统观点认为历史学是研究民族国家的,而不是研究其他对象的。地方史和世界史都对将民族国家作为历史研究的预设框架提出质疑:前者质疑它未能关涉普通人生活的社区;后者质疑它忽略了全球层面的联系,这种联系能够解释——和制约——民族国家发展的许多方面。

研究民族国家的历史学家长期关注对外关系:有关外交政策的大量章节一直以来都在教科书中占据重要地位。但这种研究却很少关注来自国外的各种联系和影响,它们会以不太明显的方式影响民族国家的发展。"跨国史"是致力于纠正这方面缺陷的历史学家所接受的名称。在一些国家,认为民族国家是独一无二的、独立的和以自我为中心的,几乎成为一种信条。最具代表性的例子是美国。自美国革命以来,美国人基于如下主张强调他们与欧洲的不同,即完全自由仅存在于美国。美国社会从大西洋向太平洋的持续很长时间的扩张被认为证明了个人主义、自力更生和企业家精神是这个民族的美德。在这种对美国过去的"例外论"解释中,不允许考虑外部因素的作用,即使这个国家在过去 100 年间的活动范围遍及全球。然而,否认这些外部因素的重要性就产生了一种有关美国过去的片面认识。政治思想、宗教、贸易和投资是一些关键领域,美国在这些领域的发展受到大陆以外发生事件的影响。伊恩·泰瑞尔(Ian Tyrrell)将他对美国历史的修正主义研究定名为"跨国民族"(*Transnational Nation*,2007)。

世界史

然而,这种跨国史研究相对而言只是向宏大历史研究迈出的一小步。因为历史学家不满于传统史学对民族国家的偏爱,所以最终的目标是进行世界史研究。乍看起来,这似乎是不可能实现的。人们怎么可能了解这个星球上发生的每一件事? 但世界史并不是对各种历史细节的堆砌。相比历史学的任何其他分支,世界史研究更依赖于选择,而选择的原则受世界部分地区,有时甚至是全世界的研究主题和现实发展的支配。这样的例子包括:基督教和伊斯兰教等世界性宗教的传播,新大陆粮食作物的传播,全球商业体系的兴衰。这里能够提出两种重要的、具有普遍性的观点。第一,世界史研究打破了学术历史研究对西方历史的认同,因为运用一种全球视角意味着要认真对待第三世界社会的历史——真正承认在 18 世纪晚期之前,印度和中国等地区至少像西方世界一样强大和先进(见第十章)。第二,因为世界史研究要将过去通常作为独立对象研究的社会和文化放在一起研究,所以它会大量使用比较方法(更充分的讨论见第六章)。例如,要问基督教为什么在 19 世纪后半期比伊斯兰教传播得更快(或为什么在 20 世纪后半期这种领先地位被逆转),就需要进行一种高质量的比较研究,不仅要研究两种信仰的独特特征,而且要研究信仰者生活的社会。

全球化

当研究主题被设定为今天愈来愈全球化的世界的起源时,世界史研究就需要进一步的精确化。全球化是指一系列过程,通过这些过程,我们的世界变得更加一体化和一致化,它缩短了全球交往所需要的时间和距离,将生产和贸易纳入一种单一的国际资本主义体系中。民族国家史的研究仅能对这一主题的研究提供部分理解。全球史研究代表理解我们正在变得全球化的世界的一种努力(尽管它也能指代在一种更广泛意义上的世界史研究)。对历史学家而言,这是一个更为重要的主题,因为一些当代论述通常会过分强调全球化的独特性,过分强调它拥有单一的世界

68

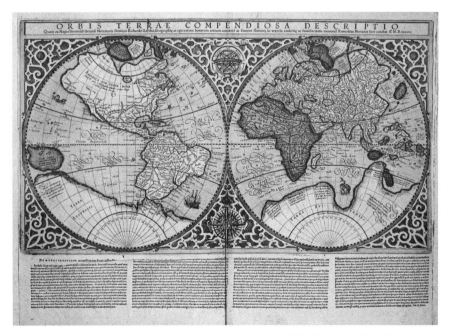

注:格拉尔杜斯·墨卡托(Gerardus Mercator)1587 年绘制的世界地图。环球航行使欧洲的地图制作师能够将世界描绘为一个整体。但他们的知识还存在一些不足,正如这里对南极洲的描绘所表现的。在准确绘制地图方面,18 世纪是一个分水岭。

资料来源:ⓒ Private Collection/Bridgeman Images。

图 3.3　墨卡托于 1587 年绘制的世界地图

市场、迅捷的通信和同质化的文化。像现代世界中的几乎所有其他事物一样，全球化经历了一个相当长的演化过程。一些重要特征能够追溯到英国在19世纪取得统治地位的时期，追溯到荷兰、葡萄牙和西班牙这些更早的海上帝国，甚至追溯到13世纪将中国与西欧之间的所有地区联系在一起的"世界经济"。[26]很少有人认为，目前的全球化程度在某些方面不如过去彻底。历史学家将19世纪晚期视为"全球化的高峰
69 期"，那时，电报和汽船改变了通信和交通的方式，所有主要货币都能够按照固定汇率兑换，劳动力跨越海洋的自由流动几乎没有什么障碍——这与今天非常不同。[27]

迄今为止，有关全球史研究的最令人印象深刻的一部著作是C.A.贝利(C. A. Bayly)的《现代世界的诞生》(*The Birth of the Modern World*，2004)。他公开宣称的目标是要将历史学从单一民族国家视角的束缚中拯救出来，揭示现代性的多中心特征。这意味着不再将西方之外的世界看作欧洲扩张的被动接受者，而是将它们视为一些充满活力的社会，能够对不断变化的全球情势做出自己的判断。在19世纪之前，欧洲仅仅是一个地区，同日本、中国、莫卧儿帝国、波斯和奥斯曼帝国等一样，它们之间的世界性联系被贝利称为"早期全球化"。[28]欧洲相对于其他地区的领先地位在19世纪才变得明显，尤其是在技术和生产领域。但今天的世界状况也要由第三世界的创造性反应来加以解释，比如在宗教上的反应，(也许更令人吃惊的是)在民族认同和社会组织上的反应。简言之，现代性确实是一种全球性的现象，需要涵盖全球范围的学术研究，正像贝利在最大限度上所进行的研究一样。

八

地方史

像世界史一样，地方史研究直到最近都还在被专业学者轻视，但这是出于不同的理由。对一个特定地方最感兴趣的是那些生活在那里的人。因此，尤其是在英格兰，地方史研究通常由当地的业余爱好者所主导，他们乐于钻研相关的原始资料，却并不然能够认识到当地历史所产生的更广泛的影响。他们往往主要关注乡绅和牧师的作为，而不考虑其他人。他们的作品的出版会由于被视为恋古嗜好狂的习作，而不是学术研究的成果而遭到拒绝。

过去50年间，这种研究状况被完全逆转。地方史在英格兰已经成为一种深入的微观社会史研究。在20世纪50年代，以W.G.霍斯金斯(W. G. Hoskins)为代表

的"莱斯特学派"(Leicester school)的历史学家将英格兰地方史重新解释为对历史上重要社区的重构。霍斯金斯特别强调图像证据,诸如农田分布、被遗弃的定居点和乡土建筑等。其他历史学家则竭力搜寻每一个零碎的证据,以追溯单个家庭在一个世纪或更长时间中的命运。这种十分细致的研究是要呈现一个人口最多2 000 人的小单位的生活场景,即一个小村庄的场景。在文献记载最完整的情况下,结果就是一种将社区生活的各个方面都集合在一起的研究,这些方面包括土地利用、经济、社会结构和宗教。霍斯金斯被前工业时代的农村生活所吸引,认为它们更接近他所怀念的田园生活,但这种方法作为一种研究社会变迁背景下人类真实生活状况的方法同样有价值。由戴维·莱文(David Levine)和基思·赖特森写作的《工业社会的形成》(*The Making of an Industrial Society*)揭示了惠克姆村(Whickham)的泰恩赛德(Tyneside)在 17 世纪和 18 世纪是如何适应煤矿开采业发展的要求的。[29]

微观史和整体史

在有关社区的研究中,知道某人的名字并不必然意味着了解其人,而家庭人数、职业、是不是教会成员等信息,通常也只能使我们对一个村庄的居民做出分类。但在一些特殊情况下,保存下来的资料能够使一些个体重新被我们认识,使我们能够想象一次直接的邂逅,就像一部小说描述的那样。这类研究通常被称为"微观史"(microhistory),该词是由意大利学者创造的,他们在 20 世纪 70 年代提倡做这类研究。[30]微观史研究最著名的成果是埃马纽埃尔·勒华拉杜里(Emmanuel Le Roy Ladurie)有关 14 世纪蒙塔尤村(Montaillou)农民生活的描述。主要通过利用宗教裁判所的案卷,拉杜里得以重建蒙塔尤村农民的日常生活:他们的社会关系、他们的宗教和巫术活动、他们对待性的态度,乃至他们中大部分人实际的性生活。我们能够通过该书,尤其是教区牧师皮埃尔·克莱格(Pierre Clergue)来追溯许多个人的生活状况。克莱格由于身份关系可以随时走入村民的家中,这使他能够同许多妇女产生婚外情。这就是"微观史",因为它利用小单位中人们生活的细节来呈现一些社会和文化的特征,否则我们就只能对这些特征做一般性的了解。[31]

地方史研究不仅能够为抽象概念提供历史细节,而且还能够把多样的主题聚合在一项研究中,这些主题通常是由许多专家分别加以研究的。本章所介绍的各种研究提出了一个如何将它们整合在一起的问题:如果历史学家只能向我们提供部分认识,例如有关经济的或宗教的认识,那么如何才能更全面地考察一个社会?集中关注由几百人组成的一个社区使研究者不仅能够研究生活的各个方面,而且

能够考察它们是如何被联结为一种整体经验的。沿着这条路径进行了一些探索的
地方史学家,发挥着强有力的破除僵化现状的作用,而那些研究一个较大论题的传
统历史学家极易产生这种僵化。尤其对政治史学家而言,地方史研究可以作为一
71 种提示,提示他们的研究对象不仅是关于国家的重要制度的,而且是关于国家相对
于普通百姓的权力是如何得到维系的。这对实现历史学家的目标具有重要价值,
他们的目标是将他们的专业研究整合为某种有关过去的整体性认识。就大范围的
研究对象而言,这是不可能完成的任务,但在镇或村层面,这种研究是可行的。自
相矛盾的是,"整体史"最终意指的却是地方史。这就解释了地方史在今天为什么
会取得较高的学术地位。

九

在许多方面,相比本章所讨论的任何其他专业历史学家而言,研究地方史的历
史学家和研究全球史的历史学家之间的距离在进一步拉大,但即使这样,也能找出
他们之间富有启发性的联系。认为乡村社区在过去是完全封闭的是非常错误的,
它们经常会受到来自外部的经济和文化影响。在地方和全球之间存在联系的一个
最显著的证明是唐纳德·赖特(Donald Wright)的著作《世界和非洲一个非常小的
地方》(*The World and a Very Small Place in Africa*, 2004)。该书研究的是位于冈
比亚河口的一个叫做"牛米"(Niumi)的西非微型王国。赖特分析了从中世纪晚期
跨撒哈拉沙漠的贸易一直到独立后的冈比亚追求发展之间这一较长时段全球联系
的影响。他的研究证明,对研究较小社区的历史学家或人类学家而言,如果他们将
这些社区同外部世界割裂开进行考察的话,那他们的研究确实意义不大。

每项历史研究都是在个人与社会之间,物质与精神之间,以及地方与全球之间
达成某种平衡。至于具体在哪里达成平衡则是研究者选择的结果。学术潮流通常
会影响研究结果,因为历史学家热衷于追逐历史学发展的潮流,当然如果能够引领
潮流的话就更好。对今天的研究者而言,更常见的是被吸收进有着共同研究目标
和研究经费的团队中。即使如此,学者做出选择的范围仍然非常广泛,这反映了历
史学并无学科边界的事实。"历史学家"这个通用的职业标签并未就个体学者实际
从事什么研究提供任何线索,从前如此,现在更甚。这些特点同样使得历史研究成
为一项如此激励学者追求的事业。

【推荐书目】

1. David Cannadine(ed.)，*What is History Today?*，Palgrave，2003.

2. Peter Burke (ed.)， *New Perspectives on Historical Writing*，Polity Press，1991.

3. Peter Burke，*The French Historical Revolution：The Annales School 1929—1990*，Polity Press，1990.

4. Robert Whaples and Randall E. Parker(eds.)，*The Routledge Handbook of Modern Economic History*，Routledge，2013.

5. Miles Fairburn，*Social History：Problems，Strategies and Methods*，Routledge，1999.

6. Kate Tiller，*English Local History：An Introduction*，2nd edn.，Sutton，2002.

7. Maxine Berg(ed.)，*Writing the History of the Global：Challenges for the Twenty-first Century*，Oxford University Press，2013.

【注释】

［1］Arthur Young writing from Florence in 1789，引自 J.R. Hale(ed.)，*The Evolution of British Historiography*，Macmillan，1967，p.35。

［2］Leopold von Ranke，*History of Serbia*，1828，引自 Theodore H. von Laue，Leopold Ranke：*The Formative Years*，Princeton University Press，1950，p.56。

［3］Edward A. Freeman，*The Methods of Historical Study*，Macmillan，1886，p.44.

［4］这一庞大工程的第一阶段成果是 Sir Lewis Namier and John Brooke，*The House of Commons 1754—1790*，3 vols，HMSO，1964。在线版本见 www.historyofparliamentonline.org。

［5］1946 年，这份期刊被改名为“经济、社会、文明年鉴”(*Annales：économies，sociétés，civilisations*)。

［6］R.H. Tawney，obituary of George Unwin(1925)，引自 N.B. Harte(ed.)，*The Study of Economic History*，Frank Cass，1971，p.xxvi。

［7］Maurice Cowling，*The Impact of Labour*，*1920—1924*，Cambridge University Press，1971，p.6.

［8］Ian Kershaw，*Hitler*，vol.Ⅰ：*Hubris*，*Allen Lane*，1998，p.xii.

［9］Linda Colley，*The Ordeal of Elizabeth：A Woman in World History*，Harper，2007，p.xix.

［10］G.M. Trevelyan，*English Social History*，Longman，1944，p.vii. 一个几乎相同的定义见 G. J. Renier，*History：Its Purpose and Method*，Allen & Unwin，1950，p.72。

［11］G.D.H. Cole，*A Short History of the British Working-Class Movement*，*1789—1947*，Allen & Unwin，1948，pp.v—vi.

［12］Ian Haywood and John Seed(ed.)，*The Gordon Riots：Politics，Culture and Insurrection in Eighteenth-Century Britain*，Cambridge University Press，2015.

［13］“历史工作坊运动”早期主持完成的代表性作品集，见 Raphael Samuel(ed.)，*People's History and*

Socialist Theory，Routledge，1981。

[14] Keith Wrightson, *English Society 1580—1680*，Hutchinson，1982，p.12.

[15] 例如，参见 John B. Jentz and Richard Schneirov, *Chicago in the Age of Capital：Class，Politics and Democracy During the Civil War and Reconstruction*，University of Illinois Press，2012。

[16] 文献回顾见 Lawrence Stone, *The Cause of the English Revolution，1529—1642*，Routledge & Kegan Paul，1972。

[17] E.J. Hobsbawm, *On History*，Abacus，1998，pp.94—123.

[18] E.P. Thompson, *Witness against the Beast：William Blake and the Moral Law*，Cambridge University Press，1994.

[19] Keith Wrightson, *Earthly Necessities：Economic Lives in Early Modern Britain*，Yale University Press，2000.

[20] R.C. Floud and D. McCloskey(ed.)，*The Economic History of Britain since 1700*，2 vols，Cambridge University Press，1981.

[21] R.B. Outhwaite, *Inflation in Tudor and Early Stuart England*，2nd edn，Macmillan，1982.

[22] J.J. Van-Helten, "Empire and High Finance：South Africa and the International Gold Standard, 1890—1914", *Journal of Africa History*，XXIII，1982，pp.529—548.

[23] 该表述出自 Spufford, *Contrasting Communities：English Villagers in the Sixteenth and Seventeenth Centuries*，Cambridge University Press，1974，p.xxiii。

[24] Keith Thomas, *Religion and the Decline of Magic*，Weidenfeld & Nicolson，1971，p.ix.

[25] Erika Rappaport, *Shopping for Pleasure：Women in the Making of London's West End*，Princeton University Press，2001.

[26] Janet L. Abu-Lughod, *Before European Hegemony：The World System，A.D.1250—1350*，Oxford University Press，1989.

[27] Martin Daunton, "Britain and Globalization since 1850，I：Creating a Global Order. 1850—1914", *Transactions of the Royal Historical Society*，6th series，XVI，2006.

[28] C.A. Bayly, *The Birth of the Modern World，1780—1914*，Blackwell，2004，pp.41—47.

[29] David Levine and Keith Wrightson, *The Making of an Industrial Society：Whickham，1560—1765*，Oxford University Press，1991.

[30] 尤其参见 Carlo Ginzburg, *The Cheese and the Worms：The Cosmos of a Sixteenth-Century Miller*，Routledge & Kegan Paul，1980。

[31] Emmannuel Le Roy Ladurie, *Montaillou：Cathers and Catholics in a French Village，1294—1324*，Penguin，1976.

第四章 原始资料

学生很少使用原始状态下的历史资料。试卷和课本会包含一些简短的、标明出处的资料节选,但它们同原始资料没什么相似之处。历史学家能够获得什么类型的资料? 它们是如何获得的,而这种获取方式又会如何影响它们的用途? 本章将对历史学家习惯使用的各类历史资料的来源和存在的问题做出较为充分的说明。

～～～～～～

吸引人们关注过去的动机和兴趣多种多样,以至于我们能够说,历史学包括了人类经验的方方面面。有关过去的任何方面都不能被贬斥为落在了历史知识应有的范围之外,但它在多大程度上能够成为以事实为根据的研究主题,则取决于能否获得历史证据。无论历史学家主要关注重构,还是解释,关注有其自身合理性的过去,还是着眼于有助于说明现实的过去,他或她实际能取得的成果首先取决于存世资料的范围和特性。相应地,对历史学家研究方法的任何说明也必须从那些资料开始。本章将描述文献资料的主要类型,说明它们是如何形成的,又是如何保存到今天的,以及它们以什么形式被学者获得。

一

专业资料和鉴别技术

历史资料包括人类在过去活动中遗留下来的各种证据——文字资料和口述资

料、经过改造的地貌和**人工制品**(artefact)、美术作品,以及照片和电影。在人文学科和社会科学中,历史学的原始资料类型是最多样的,每种资料都要求专门技能予以鉴别。许多研究英国内战的军事史家,能够识别 17 世纪遗留下来的武器和盔甲、

75 战斗发生地的地形地貌,以及各方的军事信件。全面记述 1926 年的**大罢工**(General Strike),就需要研究政府和工会的档案、新闻和广播,以及从幸存者那里收集的证词。重构一个殖民前的撒哈拉沙漠以南非洲的王国,有可能不仅要依赖对它的都城的发掘,而且要依赖同时代欧洲或阿拉伯游客的观察,以及经许多代流传下来的口头传说。单个历史学家不可能掌握对所有这些资料进行鉴别的技术。它们中要求更高技术才能鉴别的内容,已成为特定专业的研究领域。对古代遗址的发掘和对那里发现的重要遗迹的解释是考古学家的工作,现在还辅之以航拍摄影师和化学分析师的工作。就视觉艺术而言,相应的专家是艺术史家,尽管艺术史同历史学科的重叠度越来越高(将在第九章中予以考察)。

人工制品: 从过去遗留下来的所有实物。

大罢工: 一起发生在 1926 年 5 月的重大劳资纠纷,它导致英国工业几乎全部停产。这次纠纷开始于煤矿业,但当其他工会罢工支持矿工时,罢工迅速蔓延开来。

在过去 40 年间,历史学家宣称具有鉴定技能的资料范围肯定扩大了。它目前包括地名、景观格局和——对最近的历史而言——电影。口述证据目前作为历史学家合法资料的地位已经完全确立(见第十一章)。不过,事实仍然是历史研究几乎一直完全依赖历史学家能在档案或印刷材料中读到的内容。自从历史研究在兰克时代被赋予一种专业地位以来,这种侧重文字资料的做法已经被强化。对绝大多数历史学家而言,学术研究是一种在图书馆和档案馆中进行的活动。

文字资料

出现上述情况的原因并非仅仅在于学术上的保守性。从中世纪鼎盛时期(约1000—1300 年)以来,对西方历史而言,遗留下来的文字资料要比所有其他资料都更为丰富。15 世纪和 16 世纪,不仅由国家和其他法人团体保存的档案资料显著增加,而且印刷术得到迅速传播,后者推动了各类文字作品的出炉,并大大提高了它们被保存下来的可能性。对时间、地点和作者而言,文字资料通常能够准确地予以

显示,它们揭示出个体男女的思想和行为,而这些是其他资料所无法提供的。对那些几乎没有文字资料保存下来的社会而言,人们只能读到有关它们的外部描述,这样的例子有英国的铁器时代或**中世纪时期的津巴布韦**(medieval Zimbabwe)。可见,当无法获得有关研究对象的主要原始资料时,对人类生命发展史的记述会出现多么大的缺失。而且,文字资料经常是出于许多不同目的写作的——信息发布、宣传资料、私人通信、个人感想以及创意发布——所有这些资料也许都可以为历史学家所用。服务于不同目标的文本解释要求有非常高水平的判断能力,因为文本来源时代的思维习惯明显不同于我们所处的时代。文字资料同时也是最有价值和(在大多数情况下)最丰富的。因此,历史学家很少求助于别的资料,也就不会令人感到奇怪了。

中世纪时期的津巴布韦: 中世纪时期的津巴布韦王国是 13—15 世纪南部非洲的一个主要国家。在大津巴布韦地区令人印象深刻的皇宫建筑遗址向那些白人殖民者的偏见提出严肃挑战。白人殖民者将非洲本土文化贬斥为在本质上劣于西方文化。

注:档案馆藏资料对历史研究而言是至关重要的。历史学家不仅必须仔细地研究他们收集的资料,而且还必须记住为什么某些资料能够进入档案馆,而其他资料未能进入。

资料来源:© Peter Stackpole/The LIFE Collection via Getty Images。

图 4.1　研究档案馆藏资料的学者

76　　将文字资料用作主要的历史资料由于下述事实而变得复杂，即历史学家也是用文字来表述他们的研究成果的。在历史学家选择的研究论题和他们的最终著述中，他们都或多或少地会受到前辈所写作内容的影响，接受前辈所发现的大多数证据，以及非常有选择性地接受前辈对证据做出的解释。但当我们阅读某位历史学家的著述时，我们就处在一种偏离相关时期原始资料的位置上——如果那位历史学家满足于依赖其他历史学家的著述，那就会偏离得更远。评估任何历史研究的第一项检验，就是看它对过去的解释在多大程度上同所有现存的证据一致。当新的资料被发现或旧的资料被以一种新的视角予以解读时，甚至曾经最具声望的著作也会被丢进垃圾堆。现实地看，现代历史学所依赖的并不是由较早期的历史学家传承下来的内容，而是对原始资料不断地做出重新评估。正是出于这种原因，历史学家将原始资料视为最重要的。他们和他们的前辈写作的有关过去的所有内容都被视为二手资料。本书的大部分内容都是关注二手资料的——关注历史学家如何提出问题和达成结论，作为读者，我们应该如何评价他们的研究。但有必要首先稍微仔细地考察一下原始资料。

原始资料和二手资料

77　　尽管对历史研究而言具有根本重要性，但在原始的和二手的资料之间做出区分并不像乍看起来的那样容易，具体的区分在不同的权威历史学家那里是不同的。就"原始资料"而言，它一般是指与历史学家所研究事件或思想同时代（contemporary）的证据。但有关"同时代"的界定应该延伸到什么程度呢？没有人会对一次会谈在一个星期，甚至一个月以后才被报道斤斤计较，但人们对一本 20 年后写作的自传中发表的对同一事件的看法又会怎样看呢？我们又该如何归类在骚乱发生后不久，由不在场且完全依靠传闻的人所写的报道呢？尽管一些只看重原始资料的人将非目击者提供的证词都视为二手资料[1]，但应用一种更广泛的界定似乎更有意义，当然也应该承认，一些资料比另一些资料更"原始"。历史学家通常更倾向于使用那些在时间和地点上最接近所研究事件的资料，但离所研究事件较远的资料也有它的重要性。历史学家通常对同时代人对正在发生事件的思考与对实际发生的事件同样感兴趣：例如，**英国人对法国大革命的反应**（British reactions to the French Revolution）对英国的政治氛围产生了深刻影响，从这种观点看，那时在英国传播的有关巴黎发生的事件的通常断章取义的报道，成为一种不可或缺的资料。正如上述例子所说明的，将一种资料说成"原始"的，并未暗示对这种资料是否可靠的判断。许多原始资料是不准确的、混乱的、基于道听途说的或是有意误导的(正如下一章将要揭示的),仔细考证带有这类扭曲的资料是历史研究的一个重要方面。

> **同时代:** 字面意思就是"与……同时"。作为历史术语,它通常是指历史学家所研究时期的人和事。
>
> **英国人对法国大革命的反应:** 当法国大革命在 1789 年爆发时,英国的民意最初是支持革命的。不过,随着在法国发生的事件演变为暴力和恐怖统治,民意迅速变为难以平息的敌视,但还是有一个小的政治激进分子群体一直保持对革命的支持。这两种反应一直影响着那一时期英国历史学家的看法。

在原始资料和二手资料之间做出区分还由于下述事实而变得复杂,即有时,原始资料和二手资料会出现在同一部著作中。**中世纪编年史**(medieval chronicles)通常会首先依据众所周知的权威著述去记述从创世纪到基督降生的世界历史,但现代历史学家最重视的是逐年记载最近发生的事件的资料。一本著作在一种背景下是原始资料,在另一种背景下却是二手资料:**麦考莱的《英格兰史》**(*History of England*,1848—1855)是一种二手资料,它的声誉已被现代研究者大加贬损;但对所有研究维多利亚早期精英的政治认识和历史认识的学者而言,麦考莱的书——在那个时代是畅销书——是一种重要的原始资料。这些例子也许可以说明,人们通常假设"历史档案"是有关过去的正式的和严肃的记录。确实,这种档案资料更可能得到长期保存,但"档案"这个术语应该包容可能最广泛的内涵。我们每天都在制造一些有可能成为历史档案的东西——财务账单、私人通信,甚至购物清单。它们能否变成历史档案,取决于它们是否能够被保存下来和它们是否能被未来的学者用作原始证据。

78

> **中世纪编年史:** 中世纪的编年史是用记叙体写作的,而且通常以方便阅读的方式来制作。我们不了解这些著述中有多少主观因素,尽管它们经常被后来的编年史家和历史学者参考。
>
> **麦考莱的《英格兰史》:** 尽管名为"英格兰史",但麦考莱的书事实上关注的几乎只有重要的宪法改革,这些改革是继 1688 年国王詹姆士二世(James Ⅱ)被推翻和 1714 年第一位汉诺威国王乔治一世(George Ⅰ)即位之后发生的。

为了能够理解大量的遗留下来的原始资料,第一项工作就是某种分类体系。常用的分类有两种类型:第一种类型是在出版资料——现代通常指印刷品——和未出版的资料或手稿之间做出区分。第二种类型强调资料创作者的身份,在那些由政府产生的资料与由公司、协会或个人产生的资料之间做出区分。这两种分类方法都力争使自身做到编目所要求的准确性,历史学家在他们著述末尾公布的参考书目通常也是沿用这些线索编排的。尽管都与这两种类型的分类相关,但历史学家在研究过程中实际应用的规范并非一成不变。在历史学家对资料的分级中,那些最重要的资料是直接源于日常事务和社会交往的资料,它们需要历史学家予以解释。在所有较近的时代中,人们都在尝试理解他们所处的时代,通过图书、**揭帖**(broadsheet)和报纸来对事件发生的模式做出解释。这类文本的内容通常会对理解那个时代的心态提供一些有价值的洞察,但对历史学家而言,它们并不能替代由信件、日记和**备忘录**(memorandum)所提供的有关思想和行为的直接的、日常的证据,这些才是最重要的历史档案资料。历史学家希望尽可能接近所研究事件的目击者,他们并不想受讲述者或评论者的引导。最能揭示真相的资料是那些并不是为后人所写的内容。**马克·布洛赫**(Marc Bloch)称这种资料为"证人无意识提供的证据"[2],它有着偷窥历史的巨大吸引力。

揭帖：揭帖是一种早期形式的报纸,它被设计用来在公共场所张贴。

备忘录：一种在办公室或公共机构内部传看的短信或便笺。来自政府机构的备忘录能够对政策形成过程给出非常详细的描述。

马克·布洛赫(1886—1944年)：研究中世纪的法国历史学家。他是年鉴学派的创始人之一,该学派寻求将历史研究同对地理学和其他学科的作用的深入认识联系在一起。他还写作了有着敏锐洞察力的著作《历史学家的技艺》(*The Historian's Craft*)。在第二次世界大战期间,他参加抵抗运动,但在诺曼底登陆前不久被捕,并很快被杀害。

二

叙事和回忆录

不过,我们首先考察那些为了方便后人阅读而写作的原始资料。因为这些资料被保存下来很少是出于偶然,所以它们往往最便于理解。它们通常具有文学的特性,阅读它们是一种享受。它们提供了一种现成的编年表、一种对所记述事件的逻辑一致的选择和一种强烈的时代氛围感。它们的缺陷在于仅记述了作者认为自己时代值得关注的内容,而这些内容在今天也许无法引起我们的兴趣。在 19 世纪兰克发起史学革命之前,历史学家倾向于依赖这类原始资料。要了解罗马历史,他们会求助于凯撒(Caesar)、塔西佗(Tacitus)和苏埃托尼乌斯(Suetonius)的历史著述,而研究中世纪的史学家会利用《**盎格鲁-撒克逊编年史**》(*Anglo-Saxon Chronicle*) 79 提供的资料,并参考诸如 13 世纪的**马修·帕里斯**(Matthew Paris)和 14 世纪的**让·傅华萨**(Jean Froissart)等作者的著述。现代历史学家并未轻视这些叙事资料。他们将这种资料的持久重要性归因于下述事实,即它们来自那些仅有有限数量的档案资料保存下来的时期。在中世纪,大多数早期的编年史是由没有从事公共事务经历的修士个人撰写的,但 12 世纪以来,越来越多的**世俗教士**(secular clergy)加入他们的行列,这些人曾在重要的位置上为国王效劳,因此在某种程度上有可能从内部记述一些政治史实。**威尔士的杰拉尔德**(Gerald of Wales)是一位王室牧师,在 12 世纪 80 年代**亨利二世**(Henry Ⅱ)统治快要结束时,他和后者相识。下面的一段话很好地表现了一位英格兰最卓越的国王的无限充沛的活力:

> 英格兰国王亨利二世面色微红,脸上有雀斑,有着大而圆的脑袋和灰眼睛,他愤怒时会脸色通红、眼带血丝、表情暴躁、声音沙哑而刺耳。他的脖子从肩膀处向前倾,他的胸部宽厚而结实,他的臂膀强健而有力。他的体形矮胖而结实, 80 有着明显肥胖的趋势,这与其归因于放纵,不如归因于自然发展,他通过锻炼加以抑制……在经常出现的战争时期,他很少会给自身一点闲静来处理那些遗留下来的事务性工作;在和平时期,他也不允许自己有丝毫的安静和放松。他热衷于追求超越极限。黎明时分,他跃上马背,横跨荒地、穿越森林和爬上山顶,就这样不停运动地度过白天。傍晚,他回来后,很少看到他饭前或饭后坐下。在大量让人疲倦的运动以后,他的持续站立也会令整个宫廷精疲力竭。[3]

> **《盎格鲁-撒克逊编年史》:** 一部详细的逐年记述的编年史,它记述了盎格鲁-撒克逊人居住的英格兰发生的重大事件,是根据阿尔弗雷德大帝(King Alfred the Great)的命令,由不同男女修道院的修士编写和汇集而成。很长一段时间内,人们一直认为它是对事件的客观记述,但历史学家现在认为,根据阿尔弗雷德大帝的偏好,也可能是根据他的指令,它的内容包含严重歪曲。
>
> **马修·帕里斯**(约 1200—1259 年):圣阿尔班修道院(St Albans Abbey)的修士,一部最重要的中世纪英格兰编年史的作者。在他写作编年史的过程中,帕里斯似乎与一些重要人物交谈过。

让·傅华萨(约 1335—1404 年):法国编年史家,他有很长时间待在英格兰,居住在国王爱德华三世(Edward Ⅲ)的宫廷中。他写作的编年史涵盖了英法百年战争的早期。他早期的观点比后期的记述更同情英国。

世俗教士: 不属于修道院体制的牧师。

威尔士的杰拉尔德(1146—1223 年):杰拉尔德·德·巴里(Gerald de Barri),圣戴维斯(St Davids)地区的主教,记载威尔士和爱尔兰历史的一位作者。抱负的受挫导致他反对他的英格兰庇护人,并为威尔士的独立而同国王爱德华一世(Edward Ⅰ)的军队作战。

亨利二世(1133—1189 年):英格兰金雀花王朝的第一位国王(该王朝也被称为"安茹王朝",源自统治者在法国的家乡安茹)。亨利二世最著名的事迹是他与大主教托马斯·贝克特(Thomas à Becket)之间造成灾难性影响的长期斗争,但他也在法律制度方面实施了一些重大改革。

注:博韦的樊尚(Vincenz of Beauvais)是中世纪的博学家。尽管中世纪的编年史家确实查阅了一些档案文献,有时也能与他们写作的主要人物交谈,但他们的偏好是提供一种生动的叙事。历史学家对原始资料的考证性分析是在很晚的 19 世纪才出现的。

资料来源:摄制者为 akg-images。

图 4.2　中世纪的博学家博韦的樊尚

自传本质上是编年史的一种现代变体,它将作者的个性置于中心位置。这种由文艺复兴时期有着自我意识的意大利人发明的体例,为艺术家、作家,以及也许大部分政治家所偏爱。自传的魅力源于它们是知情人的回忆录的事实。事实上,它们通常提供了唯一能够得到的第一手描述,因为在所有国家中,近期的政府档案都是不对公众开放的(见第 95 页)①。在英国,前内阁大臣在撰写回忆录时,被允许查阅与他们任职期间有关的政府文件,尽管他们也许不能加以引用。但作者的目的与其说是提供客观的记述,不如说是通过回溯往事来为他或她的行为辩护,以及在历史法庭前,为自己的辩护提供证据。自传也许可以表露一些心态和价值观,但作为一种有关事件的记录,它们经常是不准确的和有选择性的,甚至会达到歪曲的程度。这特别适用于温斯顿·丘吉尔,甚至在他任首相时,他就打算写作有关他战时领导能力的权威记录。通过他的多卷本回忆录(在第二次世界大战后不久即出版),他成功地对事件表达了带有某种自夸意味的看法。许多年后,历史学家才弄清楚该传记的歪曲程度。甚至直到今天,丘吉尔的公众形象仍然是非常正面的,他在战时和战后已经将自己的这种形象植入公众意识。[4]

同时,认为公开出版的回忆录专属于上流人士的观点是错误的。在英国,到 19 世纪中期,它已成为有文化的工匠表达思想的一种公认手段。正如戴维·文森特(David Vincent)所指出的,人们写作传记是为了展示工人的人性(以及较少见地展示女工的人性),也是为了质疑有关工人阶级生活的常见的错误观念。自豪与抱怨之情在激进的**托马斯·哈代**(Thomas Hardy)出版于 1832 年的自传开头几行表现得非常明显:

> 不管出于什么样的原因,随着每个人的行为都暴露在公众面前,可以确信每个人都会在许多事情上被误解。这样被误解的人无疑有权利留给后代一个有关影响其行为的真实动机的准确记录,这也是他的职责。因此,以下的回忆录无需辩解什么,也不是要贡献什么。[5]

托马斯·哈代(1752—1832 年):苏格兰激进分子。在 1794 年,即同革命中的法国处于战争期间,他被指控犯有严重的叛国罪,但最终被宣布无罪。不要与同名的小说家相混淆。

仅在 1790 年到 1850 年间,就有超过 140 部这样的著作被保留下来。

---

① 正文中出现的页码对应的是英文页码,即中文版边码。——译者注

官方文件和报纸

在所有时期,人们为未来几代人阅读而撰写的编年史和回忆录当然仅仅是出版物的一小部分。大多数出版物的发行并未刻意考虑给后人看的因素,它们旨在指导、影响、误导或娱乐同时代的人。15世纪印刷术的发明大大方便了这类作品的传播,而百姓中识字率的提高也增加了对它们的需求。政府很快就从这种信息传播技术的革命中获利,到19世纪,政策声明、宣传资料,以及有关贸易、收入和支出的信息汇编都由官方媒体发布。在英国,这些出版物中最令人印象深刻的也许是**皇家专门调查委员会**(royal commissions)从19世纪30年代以来不断发布的报告,它们围绕诸如公共卫生和工作条件等重大社会问题收集证据和提出建议。另一个引起广泛兴趣的官方出版物是议会辩论报告。**英国议会议事录**(Hansard)从1812年开始出版,是上院和下院辩论的内容的私人出版物(尽管它不是这类出版行为的首次尝试)。这个系列的出版物在1909年采用了现代版式,当时的政府通过皇家文书局接管了它的出版发行。第一人称、**逐字报告**(verbatim)成为惯例。很少有其他资料如此完整地记述了政治辩论中令公众感兴趣的内容。

> **皇家专门调查委员会:** 一个在君主(即政府)命令下为调查一个问题而成立的调查委员会。委员会从证人那里取证,然后做出详细的报告。对证人提问的记录和报告通常都会被出版。
>
> **英国议会议事录:** 由它的创建者托马斯·汉萨得(Thomas Hansard)(1776—1833年)命名,它指每天就英国议会中的辩论而撰写的报告。在它早期的版本中,《议会史》(*Parliamentary History*)是据演说内容写成的("他说他将……"),有时会描述议会中发生的场景,而不是确切地记录议员的讲话。速记的发展使得书记员能够准确地记录议员的讲话。
>
> **逐字报告:** 一字不落地报告。

不过,对历史学家而言,已经出版的最重要的原始资料是新闻报刊。在英国,新闻报刊有着可以追溯到18世纪早期的长期历史——第一份日报创办于1702年。报纸有三个方面的价值:第一,它们记录了当时产生最大影响的政治观点和社会观点。事实上,英国最早的报纸起源于内战和**共和国**(Commonwealth,1642—1660年)时期积极撰写小册子的传统,那时的报纸很少包括其他内容,现在能够被记住的是阿狄森(Addison)、斯梯尔(Steele)和斯威夫特(Swift)之间精彩的论辩。直到

82

今天,伦敦一些日报的社论和通讯专栏仍在提供发表有关**既得利益人士**(establishment)对现状看法的栏目——只要适当的资助就能够影响一些报纸的编辑倾向。第二,报纸提供了对事件的日常记录。在 19 世纪,这一功能开始被更充分地发挥,尤其是 19 世纪 50 年代电报的发明,使得被派驻遥远地区的记者能够在文稿写出来后就立刻**将稿件发送回报社**(file their copy)。《泰晤士报》(*The Times*)的 W.H.拉塞尔(W. H. Russel)是最早利用这次通信革命的记者之一。他在 1854—1856 年战争期间发自**克里米亚**(Crimea)的著名电讯,提供了有关英军混乱不堪的令人震惊的证据,对国内舆论产生了重大影响。[6]作为直接报道的资料,报纸对未来的历史学家而言甚至可能更有价值。因为,尽管政府和法人团体会继续收集大量的档案文件,但重要的决策越来越多地通过电话和电报,而不是信件来传达,而当时由记者通过非正式渠道获得的信息,也许可以提供有关事件的唯一一来自同时代人的书面记录。第三,报纸不时会提供有关一些问题的更全面的调查结果,而这超出了常规新闻报道的范围。这种传统的创立者是亨利·梅休(Henry Mayhew),他是一位于 1849—1850 年间短暂受雇于《晨间纪事报》(*Morning Chronicle*)的**穷困潦倒的**(impecunious)作家。作为派驻伦敦的特派记者,他写作了一系列文章揭露 1849 年霍乱大流行后伦敦贫民的社会状况,这些文章后来构成他的著作《伦敦的劳工与伦敦的穷人》(*London Labour and the London Poor*, 1851)的基础。自那以后,很少有记者能在研究的彻底性或对同时代人的看法的影响上与梅休相提并论。[7]

共和国: 1649—1654 年的英格兰是一个实行共和政体的国家,即人们所熟知的共和国;1654—1659 年是在奥利弗·克伦威尔统治下的护国公时期。这一时期在宪法和政治上的不确定性促成了大量宣传手册的发行,它们就这个国家的发展方向提出了各种相互对立的政治理论和宗教理论。

既得利益人士: 该词最初是由年轻一代的讽刺和激进作家在 20 世纪 60 年代创制的,指那些得益于现状并因此希望保持现状的人、机构和态度。

将稿件发送回报社: "发送稿件"(to file copy)是新闻工作者的术语,指发送一篇文章的内容。

克里米亚: 克里米亚战争(1854—1856 年)是英国联合法国和土耳其发动的对俄国的战争,在战争中英军的指挥系统表现出严重的低效和无能。结果,在战争中赢得最大声望的人物是记者 W.H.拉塞尔和护士长弗洛伦丝·南丁格尔(Florence Nightingale)等人。这暴露了英军的缺陷并使普通英军士兵深受其害。

穷困潦倒的: 贫穷的、缺钱的。

作为历史原始资料的文学作品

还有一种资料是为同时代人阅读(经常也是为后人阅读)而写作的,它也是历史学家必须予以关注的,尽管它是一个特例:这就是带有想象成分的文学作品。不管自传或社会观察的成分有多大,小说和剧本当然不可能被视为有关事实的报道。毋庸置疑,历史小说——或莎士比亚的历史剧——作为有关它们所描述时期的历史记述,并不带有任何权威性。但所有富有创造力的文学作品,都提供了对作者生活其中的社会和思想氛围的深刻洞察,经常也提供了对自然景观的生动描述。一位作家的成功,经常可归因于他或她系统描述同时代人的价值观和偏好的方式。因此,将**杰弗里·乔叟**(Geoffrey Chaucer)作为 14 世纪世俗人士对教会陋习看法的代言人,或将狄更斯(Dickens)的作品作为维多利亚时期中产阶级看待**"英国状况"问题**("condition of England" question)的心态的证据,都是非常有意义的。

83

杰弗里·乔叟(约 1340—1400 年):英格兰诗人和《坎特伯雷故事集》(*Canterbury Tales*)的作者。该故事集覆盖了广泛的主题和社会阶级,因此被中世纪后期的历史学家大量地引用。

"英国状况"问题:一个在 19 世纪 40 年代使用的用语,用来指围绕贫困、肮脏与富人和穷人之间关系产生的问题。

三

档案资料:备忘录、会议记录和官方信函

由于报纸、官方出版物和议会演讲文稿的写作,大多是为了对同时代的民意产生影响,因此历史学家赋予它们更大的重要性,这是相对于那些为后人阅读的需要而撰写的编年史和回忆录而言的。但作为出版物的事实限制了所有这些资料的价值。它们仅包括那些被认为适合公众阅读的内容——政府准备公布的、记者能够从嘴巴紧的知情人那里问出的、编辑认为将使读者感到满意的,或议员认为会令他们的选民满意的。在所有这些例子中,都有一种施加控制的意图,它也许会限制、歪曲或伪造所表述的内容。用兰克的话来说,历史学家希望"展示事物实际的样子"(见第 7 页),他们必须深入出版物文字的背后,这就是为什么现代历史知识的最大进步是基于对档案——诸如信件、会议记录和日记等机密档案——的研究。正是在这些形式的文字中,人们记录下他们的决定、讨论,有时是内心深处的想法,并不介意未来历史学家的看法。历史学家不时会发现,对档案资料的仔细研究会揭示出一种非常不同于那个时代的观察者所确信的内容。在19世纪的英格兰,精通医学的作家威廉·阿克顿(William Acton)宣称,品行端正的妇女并未体验到任何种类的性感觉,他的观点被援引作为证明维多利亚时期性压抑的证据,只有当人们对配偶间的通信和日记进行研究时,才发现已婚妇女中存在非常广泛的性反应。[8]不管所涉及的问题是英国内战参与者的动机、工业革命对生活水平的影响,还是跨大西洋奴隶贸易的数量,没有什么能够替代对这一时期的档案资料做艰苦研究所积累的证据。

在大多数国家,收藏未出版档案的最大机构是隶属于政府的。自从兰克时代以来,更多的研究被倾注在政府档案,而不是任何其他种类的资料上。在西方国家,保存下来的最古老的政府档案形成于12世纪,那时,整个欧洲政府组织的先进程度都有了显著的提高。在英格兰,有关国家岁入的连续档案——国库的财税卷宗——可以追溯至1155年,有关王室法庭(国王法庭和普通法庭)的档案可以追溯至1194年。系统的档案收藏和保管的开端能够准确地追溯到1194年。在那一年,约翰王(King John)的大臣休伯特·沃尔特(Hubert Walter)以国王名义开始制作由**文秘署**(Chancery)发送的所有重要信件的羊皮纸公文副本。甚至在13世纪和14世纪其他部门出现后,文秘署仍然是王室管理的中枢机构,它的公文是中世纪英格兰最重要的档案资料。

84

> **文秘署:** 中世纪时期的王室秘书处,由国王的大臣管理。

官僚机构的档案

在1450—1550年间的英格兰,中世纪的管理制度被由枢密院控制的更具官僚特性的管理制度所取代。在新的管理制度中,权力最大的官员是国王的大臣[King's Secretary,后来被称为"国务大臣"(Secretary of State)]。从亨利三世统治时期以来,他的档案——被称为"政府文件"(State Papers)——成为研究有关政府政策和行为的最有价值的资料。引用加尔布雷思(Galbraith)的话说,与文秘署档案相比,政府文件不是一个政府机构日常的文稿,而是一个职责并没有固定限制的官员隐秘的、涉及方方面面的信函……它有助于我们对中世纪个性特征的理解。[9]

在1536年的政府文件中保存下来的这封信,是传唤一位不幸的莱彻斯特郡的牧师接受质询,也许他与叛国罪有关联。其中威胁的口吻明白无误:

> 向汝致意。谨遵上意圣旨,汝须即刻前来见我,无论我在何处。不得有任何借口耽搁。所为何事,汝来后即知。如不照做,后果自负。来自7月8日的卷册。**托马斯·克伦威尔**(Thomas Cromwell)①。[10]

托马斯·克伦威尔(约1485—1540年):连续担任红衣主教沃尔西(Wolsey)和国王亨利八世(Henry Ⅷ)的大臣。克伦威尔见证了教会势力的衰落,修道院(包括男女修道院)的内部事务受到严格的检查。

随着更多的国务大臣被任命掌管新的部门,以便与不断扩展的政府职能保持同步,这类档案的数量在接下来的几个世纪中激增。到19世纪,所有政府部门都保存了所收到的信件和文件、发出信件的副本和在部门内传阅的备忘录的系列档案。处在这种复杂的官僚结构顶端的是内阁。在它存在的头200年间,其决策的商议过程完全是"不公开的"。但从1916年起,内阁秘书处保存了内阁每周会议的会议纪要,并准备各种文件以供内阁使用。

在都铎王朝时期,政府职能扩展的另一个方面是开始由常驻大使执行日常的外交事务。意大利各王国在15世纪80年代和90年代启动了这种外交模式,其他国家迅速仿效。威尼斯驻罗马大使在1503—1504年的12个月中发回了472件公函,他比大多数大使都更勤勉[11],而定期向国内报告从一开始就是大使职责的重要组成部分。这些报告不仅比以往更充分地记录了外交政策的执行,而且还记录了外交官对出使国的王室和政府的评价。兰克在研究政治和外交史时在很大程度上依靠这些资料,自那以来,有许多这样的历史学家,他们的研究专长几乎完全局限于外交档案。到19世纪末——这个时期经常被视为外交活动的"黄金时代"——档案资料是如此充分,以至于历史学家能够重构一项外交动议形成的每个阶段,从一个部门官员的第一次尝试性建议到相关商议过程的完整报告。

同样在19世纪,政府开始制作有关全国人口的记录。人口普查的目标是登记

---

① 此处克伦威尔的名字,在原史料内是"Thomas Crumwell"。——译者注

一个国家或社区普查时在世的所有成员。没有人口普查，就不可能确定国家或社区的绝对人口数量，也无法确定人口是在增加，还是在减少。在英国，人口普查自1801年以来每10年进行一次，公认在1841年以后（在那一年的人口普查中每个人的名字被首次登记），总误差在统计意义上可以忽略不计。其他从较早时期保留下来的表册包括纳税申报单、教会团体的收益、政治忠诚声明等。尽管普查在初衷上力争做到全面详尽，但在实践中却很少能够做到，不同时间和不同地点的误差率是非常不确定的和不一致的。在人口普查不断发展的同时，英国还建立起一套全面的民事登记制度来记录所有"重大"事件，即出生、结婚、死亡等，在此基础上，能够做出更准确的人口统计预测。自那以后，由政府收集的有关整体人口的数据的范围和数量在稳步增加。

教会档案

　　两种其他类型的档案也都具有中央政府档案的官方特征。第一，在中世纪，教 86 会拥有和政府同样的——如果不是更多的话——权威。在大多数欧洲国家，它一直到19世纪早期仍然保留着在世俗领域的许多权力。它的历史被巨大数量的教会档案予以充分记录，这些档案能够为今天的历史学家所利用，但它们中的许多档案实际上仍然未被查阅。中世纪早期将土地和特权授予教会的王室特许状被保留下来，大量的档案记录了**主教的**（episcopal）与修道院式的管理的功效。有关**教会法庭**（Church courts）的档案比乍看起来更能引起人们的兴趣，因为普通百姓的许多道德不端行为都在其司法权限以内，例如，在16世纪和17世纪早期的英格兰，当教会已经确立的地位受到清教的威胁时，教会通过教会法庭尽全力来约束**平信徒**（laity）。因此，这些法庭的记录对研究社会史，尤其是关注性行为不端和性诽谤的历史学家而言，是一种重要的资料。[12] 在英格兰，教会法庭一直到1858年还保留着对遗嘱的裁判权。从伊丽莎白一世统治时期以来，教会法庭坚持详细列出所有可转移的财产清单，能够使历史学家了解大量有关财富、地位和生活水平的信息。

主教的： 有关主教的。

教会法庭： 教会法庭审理违反教会法规的犯罪，而不是违反民法的犯罪，后者由王室法庭审理。教会法庭经常审理违反性道德的案例。

平信徒： "非专业"信徒，即那些不是神职人员的信徒。

地方政府和私人公司

第二,地方政府存有大量档案。在 13 世纪的英格兰,自从庄园领主拥有对佃农和奴仆的司法管辖权以来,他们就开始仿效国王保存档案,尤其是司法档案。结果就是,土地所有权的变更被相对完好地记录下来,对富人和穷人而言都是如此。第一批治安法官(Justice of the Peace)是在 14 世纪由王室任命的,在都铎王朝时期,他们承担着大量职责,诸如维护治安、救济贫民、工资管理和征募新兵等多种事务。而这些职责中的大部分都会在地方法庭开庭期间被暂时搁置,这种法庭在每个郡每三个月开一次庭,由治安书记官(Clerk of the Peace)进行记录。直到郡和县的现代议会体制在 19 世纪确立之前,它一直是英格兰地方政府的基础所在。直到 19 世纪,地方档案中的很大比例都是法律方面的:同一的个体——不管是庄园领主,还是治安法官——承担着司法和行政的职责。在所有公共档案中,日常的且经常是有关琐碎的纠纷和违法行为的法庭档案,最有助于理解政府小世界之外的广大社会。

有关教会和地方政府的档案似乎并未吸引历史学家的更多关注。但事实上,它们对社会史研究的推进而言具有关键重要性。社会史研究发展初期有限的关注范围部分地可以由历史学家的如下倾向来加以解释,即他们倾向于采取最省力的方法,通过研究发挥公认的"社会功能"的公共机构——学校、医院、工会等——的档案来追溯它们的演化路径。结果往往是有关这些机构的狭隘研究。但人们当前所理解的社会史需要研究更多的内容。社会群体往往并未留下像法人机构那样的档案。它们的构成和在社会结构中的地位必须借助一系列广泛的资料予以重建,这些资料往往是出于非常不同的且通常更为平常的理由而制作的。这尤其适用于对普通人历史的研究,他们的状况和想法到 19 世纪才成为系统社会调查的对象。直到那时,我们对他们形成的印象仍然不可避免地受到那些会引起当局关注的现象的支配:贫困、诉讼、骚乱,以及普通犯罪和违反教会法规的行为——这类犯罪占绝大多数。在民众普遍不满时,这些问题尤其令当局不胜其扰,通常处于"隐形"状态的整个社会领域也许可以由司法和警察档案予以揭示。18 世纪定期爆发的骚乱就是一个很好的例子。同样地,对革命的恐惧也会强化官方对下层阶级活动的监视,正如在拿破仑战争时期的英格兰所发生的那样。E.P.汤普森并不过分夸张地写道:"除了间谍、线人和告密者外,英格兰工人阶级的历史并不为人们所知。"[13]这种了解下层阶级的机会非常宝贵,因为在其他时间,有关普通人的信息通常非常稀少。法庭档案仍然是有用的,但在更稳定的情势下,司法活动会变得不那么频繁,因此很难勾勒出一个当地社区的轮廓。在有信心做出任何概括之前,必须对大量的法庭档案像过筛子一样进行仔细研究,通常还要结合其他的当地资料一起进行考察,诸如庄园档案、税务登记、遗嘱和慈善机构的档案等。

　　在西方社会,教会和政府有着最悠久的档案保存制度。但从15世纪以来,历史学家还能够以一种数量不断增加的档案来补充上述两种档案。这种新增的档案是由私人公司和协会制作的,它们包括行会、大学、工会、政党和院外活动集团。特别令人感兴趣的是企业和公司的档案。我们目前还不清楚这类档案是什么时候开始制作的。唯一流传至今的中世纪英格兰贸易商行的重要档案文件是西利(Cely)家族的文件,该家族从15世纪70年代到80年代在向低地国家出口羊毛制品方面取得了突出成绩。[14]到18世纪,商业档案已经变得真正丰富起来,它们成为研究工业革命的历史学家的一种基本史料。例如,斯托克波特(Stockport)的纺织品制造商塞缪尔·奥尔德诺(Samuel Oldknow)的书信,是1921年在一个废弃的工厂中被非常偶然地发现的。这些书信涉及1782—1812年这段时期,它们提供了有关从家庭生产制度向工厂生产制度过渡的非常生动的文字记录。[15]许多公司今天使用的现金账簿、财产清册和分类账目可以追溯到这一过渡时期或更早。一位研究英格兰酿造业的历史学家回忆道:

> 在该产业中,家族经营的连续性非常明显,以至于在大多数情况下,我能够从现在所有者和经理的先辈的信件和描述中,读到他们有关在同一地点进行生产的档案记录,他们从18世纪就开始在那里进行酿造生产了。[16]

他所考察的档案包括诸如惠特布雷德(Whitbread)、查灵顿(Charrington)和特鲁曼(Truman)等著名人物的档案。

四

私人文档

　　一般而言,那些留下最多证据的活动是有组织的活动,尤其是那些由机构组织的活动。这些机构存在的时间长于任何恰巧在这里任职的个人的工作年限,不管它们是政府、宗教团体,还是企业。对大部分已经记录下来的历史而言,有文化的人也许会在他们履行专业或官方职责时完成大部分写作。尽管如此,依然有大量以私人身份在办公室或会计室以外写作的文字资料被保存下来。从 17 世纪以来,这方面的资料数量巨大。例如,弗尼(Verney)家族是白金汉郡的贵族,该家族成员写作了大量信件,并被细致地保存下来。有超过 3 万封从 17 世纪 30 年代到 18 世纪中期的信被保存下来。通过对这些信件的研究,苏珊·怀曼(Susan Whyman)写道:

> 我们能够看到在一个以血统、习惯和礼仪为基础的社会中,个人是如何生存的。我们能够揭示一个家族的社会密码,关注他们是遵守还是回避家族规范……我们看到人们是如何通过建构关系网、维系友情、同不在当地的亲友通信来保持稳定的生活的。通过这些信件,我们能够观察到人们是如何应对焦虑、疾病和孤独的。[17]

绝不应假设贵族阶层垄断了书信的写作。工人阶级写信要相对少些,保存下来的就更少。但离得较远的家庭成员的通信有时会被保存下来,从 19 世纪以来,这类信件被大量保存下来。移民到澳大利亚的爱尔兰人珍视来自家乡的信件,将它们视为“巨大的安慰”。依靠总共 111 封保存下来的信件,戴维·菲茨帕特里克(David Fitzpatrick)重建了有关 14 个这样的家庭的叙事。[18]相比通常在干巴巴的统计数据中所呈现的内容,这类资料赋予了历史以人性的一面。

没有哪种其他资料能如此清晰地展现过去人们的家庭和社会关系。没有私人通信,传记作家肯定只能满足于记述公共生活或商业生活——这确实是所有那些中世纪传记能够展示给我们的。有可能对维多利亚时期的私人生活做出相对较为充分描述的主要原因在于,一种有效的和往来频繁的邮政业务使得人们能够进行大量的通信:如果结婚使一个上流社会的妇女离开自己的家庭,她也许可以在一年中写 400 多封信。[19]这种交流方式一直很常见,直到电话在第一次世界大战后被大量使用。私人信件也是研究政治史的历史学家的一种基本资料。这是因为,政府档案更多地涉及决策和它们的执行,而较少关注决策人和执行人的动机。公众人物的私人通信更多地揭示了在官方档案中很少提及的东西。19 世纪和 20 世纪早期是个人通信的黄金时代,那时,在公共生活中关系密切的同事每天都相互通信。这类通信中的大部分绕过了官方渠道,目的是只让收信人看。一些政治家在很大程度上信赖那些在政府中没有任何正式职位的朋友的建议。在 **H.H.阿斯奎思**

(H. H. Asquith)担任首相的三年(1912—1915 年)中,他每天给一位叫维尼夏·斯坦利(Venetia Stanley)的年轻女士写一两封信。在这些信中,他能够坦率地表达他的所有政治焦虑和挫折感(以及许多史琐碎的想法),他相信这些话不会被传扬出去。在 1915 年 3 月的一封信中,有他对温斯顿·丘吉尔的评价,那时后者担任海军部部长:

> 正如你所知,像你一样,我确实喜欢他,但我对他的未来有许多担忧……由于他令人嫉妒的才华,他绝不会跻身英国政治的最高层。如果一个人不能取得别人的信任,那即使他巧舌如簧,而且勤勉有加,也是不好的。[20]

> **H.H.阿斯奎思**(1858—1928 年):自由党人,在第一次世界大战前和战争期间担任首相(1908—1916 年)。

日记

与私人信件相关的另一种资料是在某些方面甚至更能表露个性和看法的日记。记日记开始于 16 世纪,很快就成为受过教育的人的一种常见的文学创作,尤其是在英格兰。**约翰·伊夫林**(John Evelyn)和**萨缪尔·佩皮斯**(Samuel Pepys)是两位精熟这种技艺的大师。不像编年史的作者,日记作者非常侧重记录他们自身对所见证事件的主观感受。促使某人每周花几个小时记日记的因素绝不是无关紧要的琐事。对具有创造力的作家而言,日记满足了观察和思考的冲动,而又不受小说、诗歌或剧本等体裁所施加的限制。就政治家而言,人们有时假定日记只不过是一种备忘录,供政治家写作传记时使用。但对大多数政治日记作者而言,这只是一种次要因素,它主要是舒缓在公众视线下生活承受的巨大压力。**格莱斯顿**(Gladstone)从 1825 年到 1890 年的日记几乎具有一种忏悔的特征:有关日常事务和政治言论的记录经常被大段痛苦的自我分析所打断,表现出一种对纯洁灵魂的不懈追求。[21]不读这些日记的历史学家就不可能理解这位维多利亚时期的政治大家的个性。在工党政治家**休·道尔顿**(Hugh Dalton)的例子中,写日记似乎满足了一种直接同他的政治成就相关的心理需求。正如本·皮姆洛特(Ben Pimlott)所解释的,道尔顿从 1916 年到 1960 年所记的日记,既是"一种思想宣传的媒介",又是阻止他"非常强烈地趋向于政治上自我毁灭的本能"发挥作用的安全阀,当道尔顿被最亲密的政治伙伴的抱怨或愤怒搞得精疲力竭时,日记最充分地发挥了作用。[22]

约翰·伊夫林（1620—1706 年）：尽管伊夫林在复辟时期以后积极参与政治，但他最著名的还是他的日记。

萨缪尔·佩皮斯（1633—1703 年）：在写下他著名的日记——包括对伦敦大火的描述——的同时，佩皮斯还担任海军部长，是一位在英国海军力量发展中起过重要作用的人物。

格莱斯顿（1809—1898 年）：威廉·尤尔特·格莱斯顿（William Ewart Gladstone）是维多利亚时期的一位杰出的政治人物，四度出任首相。他的日记详细地记述了他的日常活动，包括用一种特殊代码所掩饰的性行为。

休·道尔顿（1887—1962 年）：工党政治家。作为 1945 年克莱门特·艾德礼政府的财政大臣，道尔顿在战后重工业国有化中发挥了核心作用。

对研究 20 世纪政治史的历史学家而言，尽管有几乎无限数量的官方档案，但信件和日记尤为重要。在过去两代人中，英国的部长和公务员在他们的官方通信中倾向于变得更为谨慎。在 19 世纪，这类通信有时会由政府机构予以出版，例如英国各部长向议会提交的**蓝皮书**（Blue Book）。但这通常是直接出于紧迫的宣传原因才出版的，并且，由此出版的信函在某些情况下也是出于那种明确目的而撰写的。不过，在 20 世纪 20 年代，由于英国政府努力为自身开脱在第一次世界大战中的责任，并把它加在别人身上，所以对官方档案的有选择性的出版不成比例地增加，而这样做经常会无视 20 年前或 30 年前个体官员的声誉。大臣和公务员，尤其是涉及外交政策制定的人，在他们的官方信件中变得异常谨小慎微，因此，他们写给彼此的私人信件或他们在日记中所记录的内容，引发了人们的兴趣。而且，政治家在他们任职期间所说的大部分话并未被记入官方档案。例如，编辑内阁会议纪要的公务员主要关注所达成的决策，而激烈的政治辩论是历史学家对内阁会议最感兴趣的东西，却大多未被记录下来。**理查德·克罗斯曼**（Richard Crossman）在 1964 年至 1970 年的哈罗德·威尔逊（Harold Wilson）政府中担任内阁大臣，他每周记一次日记。正如威尔逊所说，他记日记的目的在于"向公众介绍英国政治中的机密机构的情况"，而内阁就是这样的机构中最重要的。[23] 克罗斯曼的日记是非同寻常的，因为从一开始他就预见到它会在几年内出版。但与之相比，历史学家所获得的绝大多数日记和信件都不是为了广泛阅读而写作的。在所有资料中，它们是最发自内心的和不加掩饰的，既揭示了公众人物精心算计的谋略，又表现出他们自然流露的想法。

> **蓝皮书：**维多利亚时期议会诸委员会的报告会被出版，而且销量经常出奇地好，由于它们封面的颜色而得名蓝皮书。
>
> **理查德·克罗斯曼**（1907—1974年）：工党政治家。在哈罗德·威尔逊政府中担任房屋部长和第一任卫生和社会保障部部长。在1975—1979年，他死后出版的日记造成了某种轰动，因为它们揭露了在威尔逊政府核心部门的内部政治斗争。

五

资料为什么会被保存下来？

从上述对不同类型原始资料的讨论中，我们能很明显地看出，有许多因素有助于将如此多的来自过去的文字资料保存下来。私人信件和日记被保存下来，是由于作者希望能够身后扬名，或是为了后嗣能够遵奉先辈，或是由于有原封不动地保留秘密的习惯。就公共档案而言，长期保存的理由更直接和更具说服力：它们源于成文先例在司法和行政管理方面的中心指导作用。更直白地说，政府需要准确记录在税收、职责和服务上的政策，而国王的臣民则需要有关他们过去被授予的特权和豁免权的证据。随着王室官僚机构变得越来越难以控制，对官员而言，记录他们前辈的所作所为就变得越来越有必要。随着外交活动自15世纪以来逐渐正规化，公使能够评估其政府与外国此前的关系，并就有关对外条约中拟规定的义务和权利提出建议。适用于政府的内容**经必要的修改**（*mutatis mutandis*）也适用于其他法人机构，诸如教会，或大的贸易公司和金融商号。这种长期存在的机构拥有一种"记忆"的唯一方法就是将有关它们的事务仔细记录并保存下来。

> **经必要的修改：**原文为拉丁语，意为"那些需要修改的东西已经做了修改"，换句话说，在适当考虑两者的差别后做了调整。

但有保存文字记录的实际动机并非最重要的。文字档案易于损毁，它们如何能经受住水火的破坏，而且虽数量庞大却被此前各代人完全忽视的事实也需要解释。政府、基本法律和制度的连续性对档案的保存至关重要。在欧洲大部分地区，文明的基本结构自中世纪早期延续至今，没有中断。在欧洲，保存下来的档案的地理分布，大体可以由战争和革命性剧变的影响范围加以解释。正是因为几乎没有

92

发生过战争和革命，所以英格兰中世纪的公共档案是如此丰富。最后但并非最不重要的是，历史意识本身的增长也起了重要作用，在档案不再有实际用途时，将对其的损毁减少到最低程度。在这方面，文艺复兴运动是转折点。对古典时代的好奇孕育了一种恋古心态，重视过去的遗物本身——由此，既启动了考古学研究，也开启了对手稿和书籍的系统保存工作。正是这些因素的结合，说明了有关西方社会的历史的档案资料如此丰富的原因，并将它与中国、印度和伊斯兰世界等其他伟大文明区别开来，在那些文明中，保存下来的文字资料非常不完整。

保存工作和出版工作

不过，直到最近，找到资料并确保它们能被利用，才变成相对简单的问题。倘若历史研究时代没有在 19 世纪中期来临，没有不断增强的保存民族过去原始资料的政治意识，那么今天的历史学家也许会面临一种令人沮丧的境况。就已经出版的资料而言，历史学家的研究是最容易进行的。在英国，研究者在文献学和目录学的帮助下，很容易在一个大的**版权图书馆**（copyright library）找到他或她想要的资料。根据英国议会的法令，这种图书馆有权免费复制在英国出版的所有书籍和小册子。藏书最全的是大英图书馆（British Library，1973 年之前是大英博物馆），对它的授权可以追溯到 1757 年，而自 19 世纪 40 年代以来这项权利得到严格执行。免费复制的权利也是其他国家的国立图书馆的特征，尤其是位于华盛顿的美国国会图书馆。

> **版权图书馆：** 除了大英图书馆外，其他版权图书馆包括剑桥大学图书馆、牛津大学博德利图书馆（Bodleian Library）、威尔士和苏格兰的国立图书馆（National Libraries of Wales and Scotland），以及都柏林大学圣三一学院图书馆（Library of Trinity College）。

但如何保存和利用那些未出版的资料？这对公共和私人档案的保存确实提出了巨大挑战，许多这种文档的写作并未考虑到保存和引用的需要。在一些情况下，问题可以通过出版这些文档来部分解决。在 19 世纪，人们付出巨大努力来做这项工作，那时，档案的历史价值首次获得普遍承认。"德意志史料集成"（*Monumenta Germaniae Historica*）系列丛书开创了资料出版的模式，它们在 1826 年开始由政府资助出版，其编撰是在当时最好的历史学家的指导下进行的。到 19 世纪 60 年代，有关中世纪德意志历史的大部分原始资料已经出版。其他国家迅速仿效，在英国，类似的卷宗系列丛书从 1858 年开始出版。这些出版规划的最初发起人原打算出版所有现存的原始资料。哪怕仅对中世纪而言,这也是一项要求过高的目标;对稍晚的、记录更丰富的时期而言,这明显是不可能的。因此,在19世纪晚期,人们的注意力越来越多地转向对档案资料的分类索引或详尽摘要的出版上。分类索引为研究者提供了巨大帮助,但因为它们仅仅说明了哪个档案与研究者的研究目的相关,所以它们无法替代对全部原始资料的仔细阅读。

档案馆

在大多数国家,历史学家繁重的研究任务都会由于精细的档案整理工作而大大减轻。但档案整理工作是在相对较近的时期内才发展起来的,那些遥远过去的档案资料能够被保存下来,通常更多地是由于侥幸,而不是良好的管理。许多馆藏档案由于事故而被损毁:1619年的白厅大火烧毁了许多枢密院的文件,1834年席卷

注:当法国大革命于1789年爆发时,许多村民利用这个机会攻击当地封建主的城堡,烧毁所有记录他们拖欠封建税负和徭役的档案。许多其他文档也同时化为乌有。这对未来研究法国史的历史学家而言是一个重大损失。

资料来源:© Mary Evans Picture Library。

图4.3　村民在法国大革命期间烧毁封建地契

威斯敏斯特宫的大火破坏了大多数属于下院的档案。其他一些馆藏档案由于政治原因而被蓄意销毁:1789 年 7 月法国农村爆发的农民起义的一个突出特点是焚烧庄园档案,正是这些档案授权向农民强征重赋。[24] 在 20 世纪 60 年代的非洲,将要离开的殖民官员也会销毁一些他们的档案文件,以防那些敏感资料落入他们的非洲继任者手中。

像欧洲其他地方一样,在英格兰,由政府保存档案可以追溯至 12 世纪。但直到 19 世纪,每个政府部门各自保存自己的档案。它们被存放在伦敦各处的各种建筑物中,其中许多非常不适合存放档案。在整个 17 世纪和 18 世纪,存放在伦敦塔中的大法官法庭的档案被置于军械部的火药库之上[25],而其他存放地则暴露在潮湿和老鼠的侵蚀下。这些状况不仅使个体当事人(有时是历史学家)追溯先辈事迹的希望受挫,也使政府自己非常尴尬:一个重要条约的原件需要耗时费力地去寻找。[26]

近代早期档案保存的混乱状况不仅使政府感到不方便,也使历史研究的推进受到阻碍。目前被想当然地认为的在档案和历史学家之间存在的紧密联系直到 19 世纪才变成现实的。法国大革命宣布了自由阅读档案的原则,但在许多年后才变成现实。在英国,公共档案局(Public Record Office)根据 1838 年的议会法令设立

94 [2003 年更名为"国家档案馆"(National Archives)],它坐落于伦敦市中心专门建造的建筑中,在 20 年内,它获得了对所有主要类别的政府档案的保管权。没有这种改革,英格兰中世纪史研究根本不可能在 19 世纪晚期和 20 世纪早期取得巨大进步。今天,英国国家档案馆是世界上最大的档案馆(拥有超过 100 英里的书架),并提供

95 了全世界最现代化的设施。拥有一个国家档案馆已经成为现代民族国家的标志性特征。当亚洲和非洲的新兴国家在 20 世纪 40 年代到 70 年代之间赢得独立时,将殖民政府的档案统一存放在一个国家档案馆中,是对民族的过去进行正确记录的首要工作。美国也曾是一个新建立的国家,但设立国家档案馆的工作却被延迟了。一段时间内,联邦的一些州兴建设施以保存它们的档案,但联邦政府的档案却未被加以妥善保管,它们广泛分布于各处,让人想起在 19 世纪 30 年代档案存放改革前英国档案存放的混乱状况。在经美国历史协会多年游说之后,《国家档案法令》(National Archives Act)最终在 1934 年罗斯福任总统时通过。[27]

随着历史学家的兴趣扩展到社会论题和经济论题(见第三章),越来越多的地方档案得到保存和整理。这是一项艰巨的事业,尚未赢得公众的重视。1963 年通过的立法要求英格兰和威尔士的每个郡都保留一个郡档案馆,其任务就是收集不同类型的地方档案——季审法庭、教区、市镇和庄园的档案等。许多档案馆的建立

起源于第二次世界大战前的地方倡议,它们的搜寻范围已经远远超出半官方类别,扩展到了企业、庄园和协会的档案。今天,几乎可以肯定地说,所有郡档案馆保管的档案资料已经超过国家档案馆所保存档案的数量。对地方和地区进行研究,首次成为专业历史学家的一项具有可行性的论题。

对接触权的限制

不过,没有哪个地方允许历史学家完全自由地接触公共档案。如果等到档案不再具有现实用途,历史学家才被允许查阅它们,那历史学家读到的仅仅是多年之前的资料。不管政治体制如何,所有政府都会制定一些保密措施。公务员希望在这一点上得到合理的保护,即他们正式记录下来的内容在可预见的未来不应被公开讨论。在英国,针对公共档案制定的"保密期限"根据档案产生的部门不同而有着巨大差异,直到 1958 年才被统一规定为 50 年。9 年之后,在历史学家发起的一场强有力的游说之下,这个期限被缩减到 30 年(自 2013 年起,保密期限减少为 20 年)。法国在 1970 年仿效实行,但一些国家(例如意大利),仍在沿用 50 年的规定。在美国,1975 年颁布的《信息自由法案》(Freedom of Information Act)允许历史学家和一般公众更广泛地接触档案资料,但在其他地方,将保密期限减少到 30 年也许是自由接触公共档案的极限了。很明显,这会对当代史研究产生重大影响,相比历史学家所希望的,他们被迫更多地依赖当时已经解密的资料,或在回忆录和日记中被公开的内容。

然而,不管这些限制措施多么令人不悦,至少在英国,政府档案由中央政府管理,而且可以查阅。同样的情况也大致适用于地方公共档案,但私人手中的档案资料则完全不同。这些私人档案分布广泛,而且有各种查阅条件,有时甚至很荒谬。尽管各国政府通常会承认需要承担某些类型档案的保存工作——无论这种保护多么初级,但家庭和企业档案却由于缺乏现实的功用而经常被完全忽略。兴趣主要局限于官方档案研究的历史学家,也不能忽略这些私人收集的档案。在 1916 年内阁秘书处制定相关的严格规定之前,即将退休的部长和官员自己保存官方文件的做法非常普遍:从 16 世纪以来,以这种方式脱离政府管理的政府文件数量在稳定增加[28],直到今天,自**罗伯特·塞西尔**(Robert Cecil)任职期(1596—1612 年)以来的大多数政府文件都保存在哈特菲尔德庄园(Hatfield House)中。

> **罗伯特·塞西尔**(1563—1612 年):伊丽莎白一世女王的大臣威廉·塞西尔爵士(Sir William Cecil)的儿子,罗伯特·塞西尔在伊丽莎白一世和詹姆斯一世两个王朝中担任国务大臣。哈特菲尔德庄园是塞西尔家族的住宅。

在大多数西方国家,在 19 世纪建立的国家图书馆的一项职能就是确保收藏那些最有价值的私人手稿。英国国家图书馆可以追溯至 1753 年建立的大英博物馆。在博物馆的镇馆之宝中,从历史学家的角度看最重要的是罗伯特·科顿(Robert Cotton)爵士收藏的手稿。科顿爵士是 17 世纪早期的收藏家和恋古嗜好狂,他的珍藏中包括大量政府文件、一个版本的《盎格鲁-撒克逊编年史》和残存的四部《大宪章》正本中的两部(即 1215 年在约翰王和贵族之间达成协定时制作的抄本)。自那以来,收购和遗赠已经使该图书馆成为英国除国家档案馆之外最大的历史手稿收藏处。即使这样,保存在其他地方的重要档案的数量也是无法计量的。许多私人收藏已经捐赠给或无限期地借给公共图书馆或郡档案馆,但仍有更多的档案掌握在私人、公司和协会手中。在一百多年间,历史手稿委员会(Historical Manuscripts Commission)致力于保护英国由私人持有的手稿(该委员会在 2003 年被并入国家档案馆)。但对搜寻工作有着灵敏嗅觉的历史学家仍有很大的活动空间。内米尔研究 18 世纪英格兰政治时所依赖的几部私人收藏的档案集,就是在他所谓的"全国性的文件搜寻"过程中发现的。[29]

发掘原始资料

在普通人手中存放的个人的、不易保存的资料的状况是最糟糕的,它们包括小企业的账簿、地方俱乐部的记事簿、日常个人通信等。地方档案馆和国家档案馆都不可能顾及这么广。然而,如果历史学家要实现他们经常宣称的研究大众,而不仅仅是统治者的志向,那么日常档案资料的收集工作就是重要的。这是对各处地方史有研究兴趣的历史学家的一项任务,一些激动人心的发现有时是由业余爱好者做出的。因为人们通常意识不到他们所持有的资料也许具有历史重要性,所以历史学家不可能等待档案自动出现,他们需要进行宣传并到各处去搜寻它们。

六

网上的原始资料

由于档案馆和图书馆分布在不同地方,所以当历史学家查找他们研究所需的资料时,经常会四处寻找。但如今,这种四处寻找资料的情况不再是必需的。今天,越来越多的原始资料可以通过研究者书桌上的电脑在网上获得。大规模的数

97

字化工作使可获得的原始资料的数量实现了自19世纪国家档案馆设立以来最显著的增长。这也是相对较晚才发生的变化,可以追溯至20世纪90年代晚期万维网的迅速流行。早期最具抱负的一项创意是由美国国会图书馆在1994年推出的"美国记忆"(American Memory)网站。该网站目前有超过900万个条目,被编排在100多个主题栏目下。它们包括已出版的资料和手稿,比如乔治·华盛顿的全部文集和联邦政府部分经严格筛选的档案。[30]像在其他国家一样,在英国,电子资料在一系列机构的努力下数量迅速增加。国家档案馆已经将1901年和1911年人口普查的档案数字化,使普查员的原始名册立刻就能获得。[31]英国国家图书馆已经将它收藏的大量19世纪的英国报纸放在网上。[32]不过,数字化行为并不局限于大型机构,学术机构也已经获得资助,将对专业研究具有很高利用价值的资料放在网上。一个重要实例是"中央刑事法院文献在线"(Old Bailey Online)(2003年推出),它将从1674年到1913年近20万份已经数字化的英格兰刑事审判档案放在网上,使研究者能够获得有关起诉、证词、裁定和判决的资料。[33]对盎格鲁-撒克逊时期的英格兰而言,事实证明有可能建立一个网站,它包括那个时期所有已知个人的结构化信息。正如网站所说明的,可能的搜索范围意味着研究者能够"迅速从已知转向未知"。[34]网站上还有业余爱好者发的内容非常广泛的帖子,包括同家谱、地方史和其他业余兴趣相关的资料。

　　互联网的迅速扩张不仅改变了人们获得历史档案的方式,而且对未来能够储存资料的数量并未施加任何限制。回想起来,我们也许仅仅处于数字化时代的入口处。数字化档案的一大优势在于特定的姓名、地名或概念(即关键词)能够在大量资料中被很快地找到,它能够非常有用地指出资料中的哪些部分值得仔细阅读。许多数字化方案还将基础文献改造成了适合研究穷人和默默无闻的人的资料。在将网站描述为"有史以来出版的最大数量的详细描述非精英百姓生活的文本"[35]这件事上,"中央刑事法院文献在线"的编辑几乎肯定是正确的。最后,如此规模的数字资料构成了连接学术研究和业余研究的桥梁。一些重要的数字化方案已经将业余研究的成果纳入家庭史研究,由此扩大了学术研究的资料基础(见第十二章)。

【推荐书目】

1. Arlette Farge, *The Allure of the Archives*, Yale University Press, 2013.

2. Miriam Dobson and Benjamin Ziemann(eds.),*Reading Primary Sources*,Routledge,2008.

3. Rebecca Earle(ed.),*Epistolary Selves*:*Letters and Letter-Writers*,*1600—1945*,Ashgate,1999.

4. Carolyn Steedman,*Dust*,Manchester University Press,2001.

5. Andrew McDonald,"Public Records and Modern Historian",*Twentieth-Century British History*,Ⅰ,1990.

6. Bonnid G. Smith,*The Gender of History*:*Men*,*Women and Historical Practice*,Harvard University Press,1998(chapters 4 and 5).

7. Michael Moss,"Archives,the Historian and the Future",in Michael Bently(ed.),*Companion to Historiography*,Routledge,1997.

8. Toni Weller(ed.),*History in the Digital Age*,Routledge,2013.

【注释】

[1] Louis Gottschalk,*Understanding History*:*A Primer of Historical Method*,Knopf,1950,pp.53—55.

[2] Marc Bloch,*The Historian's Craft*,Manchester University Press,1954,p.61.

[3] 摘自 Gerald of Wales,*Expugnatio Hibernica*,原文为拉丁文,见 D.C. Douglas and G.W. Greenway(ed.),*English Historical Documents*,*1042—1189*,Eyre & Spottiswoode,1953,p.386。

[4] David Reynolds,*In Command of History*:*Churchill Fighting and Writing the Second World War*,Allen Lane,2004.

[5] 引自 David Vincent,*Bread*,*Knowledge and Freedom*:*A Study of Nineteenth-Century Working-Class Autobiography*,Methuen,1981,p.26。

[6] 见 Kellow Chesney,*Crimean War Reader*,Severn House,1975。

[7] E.P. Thompson and Eileen Yeo(eds.),*The Unknown Mayhew*:*Selections from the Morning Chronicle*,*1849—1950*,Penguin,1973.

[8] Peter Gay,*The Bourgeois Experience*:*Victoria to Freud*,vol.Ⅱ:*The Tender Passion*,Oxford University Press;John Tosh,*A Man's Place*:*Masculinity and the Middle-Class Home in Victorian England*,Yale University Press,1999,ch.3.

[9] V.H. Galbraith,*An Introduction to the Use of the Public Records*,Oxford University Press,1934,pp.54—55.

[10] Thomas Cromwell to John Harding,8 July 1536,引自 G.R. Elton,*Policy and Police*,Cambridge University Press,1972,pp.342—343。

[11] Garrett Mattingly,*Renaissance Diplomacy*,Cape,1962,pp.110,306.

[12] 例如,参见 Laura Gowing,*Domestic Dangers*:*Women's Words and Sex in Early Modern London*,Oxford University Press,1996。

［13］E.P. Thompson, *Writing by Candlelight*, Merlin Press, 1980, p.126.

［14］Alison Hanhan(ed.), *The Cely Letters 1472—1488*, Oxford University Press, 1975.

［15］George Unwin, *Samuel Oldknown and the Arkwrights*, Manchester University Press, 1924.

［16］Peter Matthias, *The Brewing Industry in England*, *1700—1830*, Cambridge University Press, 1959, p.xii.

［17］Susan Whyman, "'Paper Visits': The Post-Restoration Letters as Seen through the Verney Family Archive", in Rebecca Earle(ed.), *Epistolary Selves: Letters and Letter-Writing*, *1600—1945*, Ashgate, 1999, p.25.

［18］David Fitzpatrick, *Oceans of Consolation: Personal Accounts of Irish Migration to Australia*, Cornell University Press, 1994.

［19］Pat Jalland, *Women, Marriage and Politics*, *1860—1914*, Oxford University Press, 1988, pp.3—4.

［20］H.H. Asquith, *Letters to Venetia Stanley*, (ed.) M. and E. Brock, Oxford University Press, 1982, p.508.

［21］M.R.D. Foot and H.C.G. Matthew(eds.), *The Gladstone Diaries*, 14 vols, Oxford University Press, 1968—1994.

［22］Ben Pimlott, "Hugh Dalton's Diaries", *The Listener*, 17 July 1980.

［23］Richard Crossman, *The Diaries of a Cabinet Minister*, vol.Ⅰ, Hamish Hamilton and Cape, 1975, p.12.

［24］Georges Lefebvre, *The Great Fear of 1789*, New Left Books, 1973, pp.100—121.

［25］Elizabeth M. Hallam and Michael Roper, "The Capital and the Records of the Nation: Seven Centuries of Housing the Public Records in London", *The London Journal*, Ⅳ, 1978, pp.74—75.

［26］R.B. Wernham, "The Public Records in the Sixteenth and Seventeenth Centuries", in Levy Fox (ed.), *English Historical Scholarship in the Sixteen and Seventeenth Centuries*, Oxford University Press, 1956, pp.21—22.

［27］Ian Tyrrell, *Historians in Public: The Practice of American History*, *1890—1970*, University of Chicago Press, 2005, p.177.

［28］Ibid., pp.20—23.

［29］Julia Namier, *Lewis Nimier: A Biographer*, Oxford University Press, 1971, p.282.

［30］memory.loc.gov/ammem/index.html.

［31］www.1901censusonline.com; www.1911census.co.uk.

［32］http://infotrac.galegroup.com/itweb/britlibr.

［33］www.oldbaileyonline.org.

［34］Prosopography of Anglo-Saxon England. https://pase.ac.uk/about/index.html.

［35］www.oldbaileyonline.org.

第五章 资料的运用

搜寻到原始资料后,历史学家应如何着手运用它们呢? 本章将考察历史学家所采用的不同方法:一些历史学家的研究开始于一系列特定的问题,一些历史学家则遵从资料本身提供的研究线索。本章在资料考证专家和历史学家之间做出区分,前者对原始资料进行详细的分析;后者也这样做,但会将资料置于相关时期更广泛的知识背景下做出考察。资料必须进行考证以防伪造,必须考虑到作者可能存有的偏见并予以明察;当材料被从档案中去掉或隐匿时,历史学家还需知道如何辨识。数字化资料同样需要经过这些程序的审查。传统上被视为具有权威性的档案本身越来越多地受到仔细鉴别以分辨其中受到意识形态扭曲的内容。

～～～～～～

如果历史学家的任务是从过去残存的资料中建构对历史的解释,那么,探察在前一章中描述的丰富和多样的档案资料的内涵,确实是令人望而生畏的工作。当在能够尝试进行综合之前需要做如此多的艰苦准备工作时,谁还有望成为甚至只研究某一较短历史时段上某个国家的权威呢? 如果我们所说的"权威"是指对资料的完全掌握,那么简短的答案是:只有研究遥远的、仅有很少记载的**时期**(epoch)的历史学家才可能被称为"权威"。例如,掌握英格兰诺曼王朝早期残存的所有文字资料,并未超出一个专门从事研究的学者的能力范围。时间的**变化**(vicissitude)会显著地减少保存下来资料的数量,残存的资料——尤其是档案资料——一般是简短的和内容有限的。不过,对任何稍晚近的时期而言,完全掌握资料的理想是无法实现的。从**中世纪鼎盛时期**(High Middle Ages)以来,越来越多的人从事书信或文稿的写作,并且文字资料保存到我们时代的机会越来越大。从 20 世纪初以来,资料的数量以极快的速度不断增加。从 1913 年到 1938 年,英国外交部每年收到的文稿和信件数量从约 68 000 件增至 224 000 件。[1]英国国家档案馆目前每年增加的档案 102 能够填满接近 1 英里的书架。在这种堆积如山的资料中,历史学家应该从哪里着手呢?

时期: 阶段、时代。

变化: 命运的变化。

中世纪鼎盛时期: 该词经常用于指 11 世纪和 12 世纪,标志着中世纪社会和文化发展的最高峰。

一

运用原始资料的不同方法

归根结底,指导原创性研究的原则性方法能够简化为两种。根据第一种方法,历史学家利用他们感兴趣领域中的一种或一组资料(例如某个特定法庭的档案资料或一批外交信件),摘录其中令他们感兴趣的内容,让资料的内容决定研究的方向。理查德·科布在回忆他第一次接触法国大革命档案资料的感受时,描述了由一种以资料为导向的研究方法带来的喜悦:

> 我越来越多地感受到将获取资料和研究本身作为目标的兴奋,它们经常涉及的是非常边缘性的论题。我允许自己转到一些未预见的路径上,这是由偶然发现一大批档案资料所致——它也许是一个**被断头台处决的刑犯**(*guillotiné*)的情书、被截获的来自伦敦的信件、一个出售棉花的行商的账簿和样品、一个在巴黎的英国侨民的命运、有关 9 月大屠杀的或者其中一**天**(*journée*)的目击者的陈述。[2]

被断头台处决的刑犯: 在法国大革命期间,被断头台处决的刑犯。

天: 直译是"天"。该词是指在法国大革命期间特定戏剧性事件发生的时刻。

第二种方法恰恰相反,它是以问题为导向的。一个特定的历史问题被提出——通常是由阅读非原始资料的权威著述促成的,由此对相关的原始资料进行

研究。这些资料对其他问题的意义被忽略，研究者尽可能直接地对该特定历史问题得出一些结论。每种方法都有各自的问题。以资料为导向的方法尽管适合研究新发现的资料，但也许最终会将一些缺乏逻辑一致性的资料堆砌在一起，或是在互联网中将一些关键词汇集在一起。以问题为导向的方法听起来好像是常识性的方法，也许与大多数人对研究的看法一致，但我们通常很难预先断定哪些资料是相关的。正如我稍后将表明的，一些表面上可能最没有价值的资料有时却被发现是最能说明问题的，而一些显而易见的资料却可能导致历史学家过分认同制作这些资料的机构的看法。而且，对 19 世纪和 20 世纪西方历史学的任何论题而言，不管它如何受到时间或地点的限制，资料都是如此庞杂且难以处理，以致很难避免做进一步的选择，而这伴随着忽略一些关键性证据资料的风险。

103

　　事实上，两种方法中的任何一种在应用过程中都并非完全排斥另一种，但在它们之间达成的平衡却是多样的。一些历史学家的专业研究始于一个精心设计的项目，它基于某种有限范围的资料；而其他历史学家则随便依赖于某一类重要的档案资料，事先没有什么确定的观点。整体地看，前者更普遍些，因为迅速产出研究成果的压力是获得**博士学位**(Ph. D)强加的，该学位是大多数从事学术研究的历史学家在正式求学时期所谋求的。大量研究——也许是大部分研究——并不是在发掘新的资料，而是带着新问题去重新解读已知的资料。然而，太专注于一系列细节性问题也许会导致一些资料被脱离时代背景地予以错误解释——就如一位苛刻的批评者所称的掉入了"资料陷阱"(source-mining)。[3]因此，历史学家与其运用的资料是一种平等交流的关系，这点是至关重要的。许多历史学家都有这样的经历，他们从对一系列问题的研究开始，却发现想要的资料没有提供答案，而是将其研究导向一种非常不同的路径。埃马纽埃尔·勒华拉杜里起初致力于对从事农业生产的朗格多克(Languedoc)地区的土地税册的研究，目的在于证明资本主义在该地区的产生，但后来，他却从事了最广义的社会结构研究，尤其是研究**人口的**(demographic)变化的影响：

> 　　我所遭遇的是典型的运气不佳。我想掌握某种资料以证实我年轻时的一些想法，但最终，资料掌控了我，它将它自身的节律、它自身的年代学和它自身的真相强加于我。[4]

博士学位：哲学博士。这通常是在进行三年细致的档案研究并做出一篇论文后获得的。论文通常是就一个问题进行仔细的论证，以篇幅不大的著作形式呈交。

人口的：有关人口变化的。

至少必须准备好根据直接源于资料的问题来修正最初的研究目标。没有这种灵活性，历史学家就会冒将观点强加于证据资料并由此未能充分挖掘资料内涵的风险。真正的史学大师是这样的人，他们终其一生都在接触各种各样的资料，从而能够更加敏锐地意识到提出什么样的问题是有益的。尽管完全掌握资料也许是不可能的，但努力尽可能多地掌握它们肯定仍然是历史学家的一种理想。

对资料的分析

对大多数研究而言，掌握全部资料的理想无法实现的原因不仅在于资料总量多到数不清，而且在于需要仔细考证的资料数量如此之多。因为原始资料往往不是一目了然、能够直接提供答案的，所以它们也许不是字面所表述的意思，它们所隐含的内容也许比明确表述的内容要多得多，它们也许是以一种晦涩难懂的古文形式表述的，而那些未受过相关训练的人无法弄懂它们的意思。在历史学家能够正确评估一种资料的价值之前，他们首先需要弄清楚这种资料是如何、什么时候以及为什么产生的。这既需要应用辅助性知识，又需要有怀疑态度。也许我们还可以补充说，资料绝不是任何人都能轻松获得的。甚至对那些经验丰富的历史学家而言，对原始资料的研究也是费时费力的；对新手而言，就更需要长期艰苦的钻研。

历史学家一直重视原始资料的价值，这不仅包括那些较容易理解的、叙事类型的资料。数量惊人的中世纪编年史家对当时大量的政府档案表现出强烈的兴趣，并在他们的著述中予以引用。莎士比亚时代英格兰权威的历史学家威廉·卡姆登（William Camden）被准许查阅政府文件以撰写一部有关伊丽莎白一世统治时期的历史著作，但对资料进行学术性考证则是最近才发展起来的。由于资料考证技术异常复杂，因此，它大大超出了文艺复兴时期历史学家的能力范围。例如，卡姆登将他利用的档案资料视为"确实可靠的证据"。[5]作为现代资料考证基础的许多技术进步都是在17世纪取得的——伟大的**本笃会**（Benedictine）学者让·马比荣（Jean Mabillon）做出了尤其突出的贡献。但这门学问的应用最初局限于教会史和圣徒生平的研究，历史学家仍然生活在与资料考证专家［博学者（*érudit*）］不同的世界。18世纪最伟大的历史学家爱德华·吉本（Edward Gibbon），在他的著作《罗马帝国衰亡史（1776—1788）》（*Decline and Fall of the Roman Empire*，1776—1788）中大量借鉴了博学者的发现，但他却并未模仿他们的方法。

本笃会： 由圣本笃（St Benedict）创立的修道会。

将资料考证方法引入主流历史研究是兰克最重要的成就。他早期的声望和地位的擢升，可归因于他无情地揭露圭恰迪尼作为一个学者所犯的错误。兰克十分偏爱档案研究。通过在柏林大学的研讨班，他培养了一批新型历史学家。这些历史学家在对原始资料进行考证性研究方面接受训练，尤其是对许多在19世纪首次对学者开放的档案资料的考证。正是出于对其贡献的可以原谅的夸大，**阿克顿爵士**(Lord Acton)将兰克称颂为"对档案资料进行开拓性研究的真正的创始人"。[6]由于提出了有关资料考证和历史著述必须结合的思想，兰克获得了普遍认可。兰克的方法传播到英国相对较晚，这一传播主要归功于威廉·斯塔布斯，斯塔布斯的声望不仅依赖于对英格兰宪政史的研究，而且依赖于对中世纪历史教科书的细致编撰工作。在美国，对兰克的尊崇是同1844年美国历史协会的创建紧密联系在一起的。直到今天，马克·布洛赫所称的"努力钻研档案资料"，仍然是一种将专业历史学家同业余爱好者区别开来的标准。[7]

105

阿克顿爵士(1834—1902年)：英国历史学家，剑桥大学近代史的钦定(即皇家的)讲座教授。阿克顿博闻强记，做了大量的研究笔记。他编辑出版了多卷本的《剑桥近代史》(*Cambridge Modern History*)，但一直未能抽出时间写作一部重要的历史著作。正是在一封信中，他写道："权力易于导致腐败，绝对权力导致绝对腐败。"

二

它是真实可信的资料吗？

考证某种档案资料的第一步，是检验它是否真实可靠，这有时被称为"外考证"(external criticism)。作品的作者、写作地点和时间，是它们所声称的那样吗？这些问题对于诸如宪章、遗嘱和契约等法律文件特别重要，因为财富、地位和特权的归属在很大程度上依靠它们提供的证据。在中世纪，许多王室的和教会的宪章都是伪造的，要么用于替代已经遗失的原本，要么用于要求获得事实上从未被授予的权力或特权。《君士坦丁的赠礼》(Donation of Constantine)是这些伪造文件中最著名的一份，它是一份8世纪的文档，声称赋予教皇西尔维斯特一世(Sylvester Ⅰ)和他的继承人统治意大利的世俗权力。这类文档也许可以被称为"历史上伪造的文书"，

106

注：英国历史学家爱德华·吉本曾说，他写作著名的《罗马帝国衰亡史(1776—1788)》的想法是一天傍晚，他坐在古罗马广场的废墟上时产生的。吉本提出了一个重要问题：是什么原因导致这样一个强大的帝国走向衰亡的？他带着这个经常想到的问题去阅读历史档案。他的结论在于，这在很大程度上要归因于基督教的破坏性影响，这种观点同启蒙时期的激进思想相一致，却引发了公众的激烈争论。

资料来源：ⓒ Private Collection/Bridgeman Images。

图 5.1　英国历史学家爱德华·吉本(1737—1794 年)

识别伪书可以告诉我们许多有关制作伪书的社会的信息。但我们同样需要识别现代伪书。任何最近发现的、具有重大价值的文档都应该被质疑，看它是不是那些想赚取大钱或想超过那个时代最著名学者的人伪造的。希特勒日记就是这样的伪书。据称是元首的日记的摘录于 1983 年在联邦德国的一份杂志上发表。尽管该日记的主要内容是对官方活动和公告的辑录，对我们更深入地了解德意志第三帝国并没有什么价值，但它们却引起了公众的浓厚兴趣。几位学者宣称它们是真实的，其伪书性质在不久以后才被揭露：法医检验表明，写作它们的纸张和墨水都是现代的。据稍后披露的信息可知，作伪者是专门从事纳粹物品收藏的人，此人在五年间伪造了 62 卷"日记"。[8]

历史学家一旦产生怀疑，就会提出一系列关键性问题。第一，存在出处问题：

文档能否被追溯到据信是其制作者的机构或个人，或者它可能是伪造的吗？在一些不知从哪里突然出现的伟大发现中，这是一个特别重要的问题。第二，需要检查文档的内容是否与已知的事实相符。就我们有关那个时期的知识而言，文档中所做的判断或表达的情感是可能的吗？如果文档同其他原始证据证明绝对真实的内容相矛盾的话，那就表明这份文档肯定是伪造的。第三，文档的形式也许会产生一些关键性的线索。主要研究手写文档的历史学家，需要具备一些**古文字学家**(palaeographer)的素养，以确定手迹是否属于那个时期、那个地点；他们还需要具备一些**历史比较语言学家**(philologist)的素养，以考证所怀疑文本的文体和语言。〔正是运用历史比较语言学的考证，洛伦佐·瓦拉(Lorenzo Valla)早在 1439 年就证明了《君士坦丁的赠礼》是伪造的。〕更具体地讲，官方文件通常遵照一种特定的主题分类和一系列程式化的措辞套语写作，这是发布文件的机构的基本标志。"古文书学"(diplomatic)是指对文档形式的这些细节进行研究的学问。最后，历史学家可以请技术专家来帮忙检验文档制作所使用的材料。例如，化学检验能够确定羊皮纸、纸张和墨水的时代。

古文字学家： 研究古代书写方式的学者。

历史比较语言学家： 研究语言发展的学者。

107　　　不过，认为历史学家一直能够揭露造假，或认为他们会系统地考证所使用的每种文档的真伪，是错误的。这种研究程序对中世纪史的某些研究领域是适用的，因为在这些研究领域中，大多数研究也许依赖于一份无法肯定其出处的宪章。但对大多数历史学家——尤其是现代历史学家——而言，进行一次能产生轰动效应的考证性翻案的机会是微乎其微的。他们更可能将时间花在仔细研读大量信件和备忘录上，这些文件记录了单调的日常事务，人们很少会对这方面的造假感兴趣。对于得到细致保管的公共档案而言，造假的可能性微乎其微。

　　　对研究中世纪的历史学家而言，上面提及的一些考证技术还有另外一种用途——有助于从残存至今的几种有讹误的版本中制作出一种真实可信的版本。在15 世纪印刷术发明之前，书籍流通的唯一形式通常是手抄本。在中世纪的大部分时期，修道院和教堂的**文书房**(*scriptorium*)是制作书籍的中心。在抄写过程中，不可避免地会产生一些错误，而当这样的手抄本又成为制作另一批副本的基础时，错误会不断增加。当原文(或手稿)未被保存下来时(这是中世纪重要文本经常发生的情况），历史学家通常会在现有的版本之间发现惊人的差别。这就是中世纪时期一些重要的编年史家留传给我们的史料形式，这些当然并不是令人满意的形式。不过，对这些文本进行细致的比较研究——尤其是比较它们的笔迹和措辞的差异——能够使历史学家确定这些残存版本之间的关系，并重构更接近原文的版本。加工出一个正确的文本，是研究中世纪的历史学家工作的重要组成部分，它要求历史学家掌握古文字学和历史比较语言学的方法。由于广泛分布的图书馆持有文档的不同版本，现在能够对它们进行影印并将其摆放在一起进行对照研究，所以这项工作也变得更容易了。

> **文书房：** 修道院的写作室，在这里文档被撰写出来，并被抄写成副本。

三

文本的解读

证明一份文档真实可靠，并在应用时对有讹误的文本予以订正，这仅是预备性的工作。第二步，通常也是要求更高的阶段是内考证（internal criticism），即对文档的内容进行解释。假定文稿的作者、写作时间和地点就是它们所标示的，那么，我们如何理解我们所面对的文字呢？在某种层面上，这是一种有关释义的问题。尽管对初学者而言，理解中世纪简写形式的拉丁文也许非常困难，但它涉及的不仅是对外国语言和古代语言的单纯翻译问题。历史学家不仅要熟练地掌握语言，而且要了解历史背景，以揭示文字的实际所指。《土地赋税调查册》（*Domesday Book*）是 108 表明这方面可能产生的困难的典型案例。这是一份有关 1086 年英格兰各郡土地使用和财富分配的档案，记录的是在盎格鲁-撒克逊人（和丹麦人）的制度被诺曼统治者进行大量变革之前的情况。但它是由来自诺曼底的文书予以编辑整理的，他们的日常语言是法语，他们用拉丁语描述所见所闻。"翻译"是对这个例子中所需要的解释的一种不充分描述。例如，学者仍然不太确定"采邑"（*manerium*）［通常用"庄园"（manor）一词]是指什么形式的土地占有制度。[9] 但即使我们坚持用英语写作文档，我们所面临的问题也是不会得到解决的，因为语言本身是历史的产物。一些旧时的文字，尤其是专业性较强的文字已不再流行，而其他旧时的文字则已获得新的内涵。我们必须谨防用现代意义去曲解过去的文字。在文化更高级的发展阶段的资料中,诸如当代史或有关政治理论的论文,不同层面的意义被置于同一文本中,按层次说明它们就是一种主要的解释工作。在面对语言不断变化的问题时,历史学家还会受到文字研究的最近发展,尤其是后现代主义过分关注语言理论的影响(见第七章)。

注:在邱园(Kew)的英国国家档案馆收藏了自诺曼征服以来的所有政府档案。它们是在 20 世纪 70 年代从伦敦中心区迁来的。直到 2003 年,这个档案馆还被称为"公共档案局"。
资料来源:© Alison Thompson /Alamy Stock Photo。

图 5.2　在邱园的国家档案馆

它是可靠的吗?

　　一旦历史学家专注于研究他们获得的资料,并掌握了特有的词义变化,以及一个正确的专业术语词汇表,那么,释义问题通常很少会令他们苦恼。但文档的内容会提出更进一步的也是更需要关注的问题:它可靠吗?在对资料作为历史证据的可靠性做出考证之前,它不能被用于重构历史。这个问题已经超出诸如古文字学或古文书学等**辅助性的**(ancillary)学科的范围。要回答这个问题,需要的是有关历史背景的知识和对人性的深刻认识。这里是历史学家应发挥作用的领域。

109

> **辅助性的:** 辅助的、给予帮助的。

如果一份文档采取报告所见、所闻或所说的形式，那么，我们就需要弄清楚作者是否能够给出真实的描述。他或她实际在现场吗？是处于冷静而专注的思维状态下吗？如果消息是道听途说的，它的真实成分到底有多少？一位中世纪修道院编年史家作品的真实可靠性，大体取决于他所在的修道院接待上流社会成员的频繁程度。[10]作者是立即记下所见所闻，还是在清晰的记忆变得模糊后才去记述？（当读一本日记时，这一点值得关注。）在记录口述的报告时，大量精力也许会转向演讲者所使用的确切措辞，而速记方法于17世纪被广泛传播之前，没有什么手段能够使人做到一字不差地记录。最早记录演讲的技术手段——留声机——直到1877年才发明。确切地了解一位政治家在一次特定的演讲中所说的内容是非常困难的：即使他提前写出了讲稿，他也许也会有很多的即兴发挥；通常仅携带笔和笔记本的新闻记者，在记录过程中不可避免地要进行选择性的记录，而且会有很多不准确的地方，这从比较不同报纸对同一演讲所做的不同报道就能看出。要读到一份可靠的、一字不差的议会演讲记录，只能追溯到英国议会实现议事记录改革的1909年。

影响作者的因素

不过，对一份资料的可靠性产生最大影响的是作者的意图和偏见。为了后世阅读的缘故而记述历史尤其值得怀疑，因为，对一个时期的总体印象一般是基于这种记述。自传在这方面造成的扭曲很明显，因此无需多加评论。中世纪的编年史家经常在一个统治者和另一个统治者之间，或在教会和国家之间，有明显的倾向。威尔士的杰拉尔德越来越讨厌亨利二世，因为国王反复否决将他晋升为**主教之职**（episcopate）；马修·帕里斯对**亨利三世**（Henry Ⅲ）和英格兰贵族之间争执的研究带有很大的倾向性，他在对国王或教皇的研究中支持几乎所有类型**机构享有的特权**（corporate privilege）。[11]编年史家通常也会受到他们那个时代受过教育的人特有的偏见影响——厌恶**宗教异端**（heresy），或不喜欢律师和高利贷者。某个时期的识字群体会共有一些受文化影响的假设和成见，这就要求历史学家进行特别仔细的考证。对研究无文字社会，比如研究19世纪非洲热带地区的历史学家而言，同时代欧洲游客的记述是一种重要的资料，但它们几乎全部带有种族主义和哗众取宠的色彩：法庭判处死刑［正像在**阿散蒂**（Ashanti）那样］似乎是"人类牺牲"，**一夫多妻制**（polygamy）被视为使过度纵欲合法化的规定。富于创造性的文学也无法避免这方面的局限性。小说家、剧作家和诗人像其他人一样有着诸多偏见，当引用他们的作品作为历史证据时必须加以考虑。E.M.福斯特（E. M. Forster）的《印度之行》（*A Passage to*

110

India,1924),在地区层面对**英国在印度的殖民统治**(British Raj)进行了非常令人信服和不浮夸的描述,但一些描述肯定带有福斯特自身作为异族人的看法,这种看法是那些控制印度政府部门的**冷漠刻板**(stiff-upper-lip)的公立学校毕业生所共有的。

主教之职: 主教这一等级。

亨利三世(1207—1272年):亨利三世从他的父亲约翰王那里继承了同英格兰贵族的各种矛盾。反对亨利三世的斗争是由西蒙·德·蒙特福特(Simon de Montfort)和坎特伯雷大主教斯蒂芬·兰顿(Stephen Langton)领导的,最终导致在1265年召开了英格兰历史上最早的国会。

机构享有的特权: 特定群体,尤其是贵族的特权。

宗教异端: 偏离正统的宗教信仰,但不同于无宗教信仰的人,他们信奉一种完全不同于正统的宗教信仰。宗教异端在中世纪的教会法庭中可以被判处死刑。

阿散蒂: 在现代加纳境内的一个西非王国。在英国于19世纪晚期扩张到该地区之前,它是该地区的一个主要强国。英国在1901年吞并了阿散蒂王国。

一夫多妻制: 一种允许一个男人有多于一个妻子的制度。尽管它在《圣经·旧约》中是明显存在的,但主流基督教会一直对此持严厉的谴责态度。

英国在印度的殖民统治: 英国在印度的殖民统治,从18世纪一直持续到1947年。

冷漠刻板: 默默承受和拘泥于形式的态度。它是英国公立学校传统上一直灌输的态度,以教育孩子们掩饰他们的情感,尤其在面临痛苦或逆境时。

另一方面,档案资料——作为"证人无意识提供的证据"(见第78页)——的吸引力在于,历史学家能够通过它们观察或推断日常事件的发生序列,免受记叙者操控的影响。但这仅仅消除了一种较明显的扭曲,因为不管资料多么不带感情色彩或多么权威,也很少有哪种形式的著述仅仅是出于表达未经掩饰真相的愿望而写作的。就连那些不为出版而写作的日记,作者也会出于维护自尊的动机而对其行为的合理性做出解释。一份看似直接记录所见、所闻或所说的档案,也可能带有很强的偏见——或者是无意识的,作为一种根深蒂固的偏见的表现;或者是有意识的,源于取悦或影响读者的愿望。大使在发回国内的急件中,也许会对他的勤勉工作和首创精神做出脱离事实的渲染;也许会删改有关**派驻**(accredited)国的报告,以使它们适应上级的政策和成见。相比过去的历史学家,今天的历史学家应该对维多利亚时期"社会问题"的伟大研究者所宣称的客观公正持更大的怀疑态度:这些研究者也承认,对证据的选择经常会带有偏向,以适应中产阶级对穷人的成见并推动对后者实施特别的救济政策。

> **派驻：**大使被自己国家的政府派出,他留驻另一个国家,同这个国家的政府进行联系。

偏见的用途

不过,一旦偏见被察觉,那么带有偏见的文档也不再一无是处。偏见本身有可能具有进行历史研究的价值。就公共人物而言,它也许说明了某些人群或职位所 111 共同具有的错误倾向,而这些倾向会对政策产生灾难性的影响。在广泛发行的已出版的文档中,偏见也许可以用来解释在民意上的重要变化。在英国,19世纪王室委员会的报告就是相关的例证。报纸提供了另一个例证:英国许多日报有关1915—1916年战事的、不利于阿斯奎思政府的报道,肯定不是了解前线消息的可靠来源,但它们有助于解释首相在国内的声誉为什么下降得如此严重。[12]自传会由于失真的回忆和为自身所做的特定辩护而臭名昭著。但主观性通常正是它们最大的价值,因为作者使其生活成为一种榜样的努力,既是一种文化的建构,又是一种个人的建构,它不仅说明了指导作品撰写的思想框架,而且说明了指导生活本身的思想框架。甚至带有最大偏见的资料,也能在重建过去上有所助益。

在背景下解读资料

正如上面所描述的,对历史证据的考证,也许就像在法庭上对证人的质询:在这两种情况下,关键都在于检验证据的可信程度。但如果认为原始资料一直都是以这种方式加以考证的,那同法庭的类比就是错误的。公共档案经常是从两种视角中的一种来加以研究的。第一,制作这些档案的机构是如何随时间而变化的,它在国家(body politic)中发挥什么样的职能? 第二,特定的政策是如何被制定和执行的? 在这种背景下,公共档案的可靠性基本不构成问题。因为档案不是作为报道(即“那里”发生的事件的证据),而是作为一个过程的(不管它是行政的、司法的,还是政策制订的)组成部分加以研究的,它本身就是研究对象。就像个人创作的作品一样,它们是由一个机构制作的文档,因此需要在该机构的背景下——该机构的既得利益、日常管理和保管程序——对它们做出考察。如果脱离所属系列来考虑,那么对那些早已不复存在的公共机构的档案的解读几乎肯定会产生错误。[13]为了理解这些档案的全部意义所在,如果可能的话,历史学家必须按它们的原始分类(国家档案馆大体上遵从这种分类原则)进行研究,而不是按某个头脑清醒的档案管理员重新编排的分类进行研究。最好是对全部档案加以研究。那就意味着要对收到和发出的信件都做出考察。

在现代复制方法发明之前，需要付出巨大努力制作发出的信件的复本，结果是，在许
112 多重要的档案收藏中根本就没有它们，因此也就很难确定政策是如何执行的，或者是
什么压力促成了政策的出台。英格兰政府直到 17 世纪晚期才完全解决了这一问题。

　　有时，不将一种特定资料视为一项证据，而将其视为一个历史事件，更容易理
解些。就像《土地赋税调查册》这样重要的公共档案，我们需要借助文本分析，考察
同一来源的相关文件、同时代人的评述等来弄清楚它是如何制作的，以及它产生了
什么样的影响。[14] 像 1867 年的《第二次改革法案》(Second Reform Act)或 1917 年
发表的有关巴勒斯坦未来的《贝尔福宣言》(Balfour Declaration)等最近的档案也需
要用类似的方法加以考证。这事实上是研究观念的历史学家目前接受的方法。传
统上，对观念的研究是要揭示一些重要概念的演化谱系，诸如议会主权或个人自由
等概念，这往往是通过考察从古至今伟大理论家的经典论著来实现的。这种研究
产生的不良影响是暗示那些伟大的论著解决了"我们"所面临的问题，由此掩盖了
资料本身对资料产生时代的意义。但历史学家的首要任务是像研究那个时代所有
其他档案资料一样研究这些论著，尽可能在它们写作的特定思想和社会背景下解
读它们。这意味着既要考察该论著所属的特定流派（话语），又要考察它与那个时
代的读者所熟悉的其他流派的关系。正如昆廷·斯金纳（Quentin Skinner）和
J.G.A.波考克(J.G.A. Pocock)等学者所指出的，例如，当代人所理解的《利维坦》
(Leviathan, 1651)几乎肯定不同于托马斯·霍布斯（Thomas Hobbes）本人所要传
达的思想。[15] 在理解过去富有创造性的思想家时，背景和文本至少是同样重要的。

官方出版的档案

　　像《利维坦》这样的重要文本，作者原来就设想它们是要被广泛阅读的，但它们并
不是唯一会引起广泛关注的资料。从 18 世纪以来，一些公共档案精选集（通常是对
口述内容的记录）会被出版发行。重要的是，这些档案集不应因非常容易获得而被赋
予特殊的重要性。它们几乎都是经过精心选择的，它们出版的目的在于推进一些现
实目标的实现，通常是短期性的政治目标。系列档案集《国家公诉案例》(State
Trials)，长期以来被公认是有关自 16 世纪以来英格兰一些重大犯罪诉讼案例的可靠
档案，但它的前四卷是由一批宣传人员为了辉格党的利益而在 1719 年推动出版的，
作为有关斯图亚特王朝时期重大政治审判的资料，它们显然应该受到怀疑。[16] 在 19
世纪，政府将经过精心选择的外交通信（例如，英国的蓝皮书）的出版视为提高公众对
113 其政策支持的一种合法手段，一些"公文急件"也是出于这种目的而被撰写的。在作

者去世后迅速出版的传记也会产生类似的问题。出版政治家通常篇幅巨大的书信,一般会被其家人和追随者视为一种合适的纪念方式,但它们往往会经过审查,那些令人不快的段落会被删去,使活着的人的声誉得到保护,甚至提高。在所有这些情况下,历史学家明显更倾向于获得原件。如果无法获得原件的话,那么必须对已出版的文本进行仔细考证,并尽可能地从其他资料中发现它们被编辑出版的背景。

四

资料互证

因此,很明显,历史研究并不是一种在确定真实可信的资料后发掘它的全部价值的工作,因为绝大多数资料在某些方面都是不准确的、不完整的,或受偏见和私利影响。研究程序应当是从范围广泛的资料——最好是那些与研究问题有关的所有资料——中收集尽可能多的证据。以这种方式,特定资料不准确和失真的地方就更有可能被揭示出来,而历史学家得出的结论才能得到更好的确证。每种类型的资料都有某些长处和不足,把它们放到一起考察,让它们彼此对照,至少有可能获得对过去的准确认识。

这就是为什么我们说掌握各种资料是专业历史研究的一种标志。传记通常为从事学术研究的历史学家所轻视,其中的一个原因就在于,大多数传记作者仅会研究他们的传主留下的私人信件,而不去将它们与传主的同事、熟人的信件,以及那个时期的(相关的)公共档案进行比较研究。兰克本人在他的一些有关 16 世纪的著述中,由于过多依赖驻威尼斯大使的信件而受到批评。虽然大多数大使尽职尽责,但他们是从统治精英的视角看问题的。同时,他们还是外国人,尽管无需忠实于当地的统治者,却缺乏对派驻国文化的真正体验。[17] 既需要来自"局内人"的原始资料,也需要来自"局外人"的原始资料,是历史研究的一项重要指导方针,具有深远影响。在 20 世纪 60 年代之前,西方研究非洲史的学者的缺点可以归结为他们依靠欧洲探险家、传教士和行政官员提供的证据,而没有认真搜寻非洲人留下的资料。[18] 卡罗尔·史密斯-罗森堡(Carroll Smith-Rosenberg)回忆道,当开始研究 19 世纪美国妇女史时,她发现自己之所以将妇女描绘成牺牲品,就是因为她的研究借助的有关教育和神学方面的著作都是男人为妇女写的,而且是写妇女的。当她发现普通妇女的信件和日记,它们记录了"局内人"活跃的思想时,她改变了研究视角。[19]

现在,人们都会期望历史学家在研究中使用广泛的资料时采取严格的标准。

例如,在国际关系史研究中的一条指导原则是,历史学家必须对外交会谈的双方都加以研究,随后才能确定哪一方更有效地执行了协议,而这就是为什么苏联档案在**戈尔巴乔夫时代**(Gorbachev Era)以前无法查阅会让西方研究第二次世界大战起源的历史学家如此沮丧。对研究 20 世纪英国政府政策的历史学家而言,他们也许会专注于对公共档案的研究,因为这些档案资料被大量保存下来,并且随着更多档案在 30 年解密规则(见第 95 页)下逐渐解密,它们的数量每年都会增加,但这种研究方法不利于得出一种全面的解释。公共档案易于显露行政层面的考虑(由此会反映撰写它们的公务员的主要利益),而较少会揭示官员们所承受的政治压力。因此,重要的是将研究范围扩展到新闻报刊和议会议事录、私人信件和日记、政治回忆录,以及对最近的历史而言,直接的口述证据。[20]

戈尔巴乔夫时代: 在此前的苏联,接触国家档案几乎是不可能的。在米哈伊尔·戈尔巴乔夫执政时期,作为"公开性"政策的组成部分,档案才对学者开放。

资料中隐含的信息

刚才讨论过的例子——国际关系和政府政策——是有着丰富原始资料的论题。在其中的每个论题上,都有由政府机构保管的、有着很好分类的大量档案,并有许多辅助性资料来确证和扩充证据资料。但有许多历史论题却没有这么幸运,要么很少有相关据被保存下来,要么因为在今天引起我们兴趣的东西无法引起当时人们的兴趣而没有被记录下来。历史学家如果要探查那些资料制作者直接关注以外的东西,就必须学会如何解读资料中隐含的信息。许多资料受到重视的原因在于它们包含一些作者在记录时未意识到的信息,这些信息就作者提供证据的目标而言是附带性的。这是因为作者在文中往往不是有意识地透露有关他们的态度、假设和生活方式的线索的,而这些也许是历史学家非常感兴趣的内容。一份特定的档案因此也许在许多方面都是有用的,这取决于研究者所提的问题——有时,某些问题对那个时代的作者或人们而言是绝不会提出的。当然,这就是开始于明确设定的问题,而不是简单地沿着档案所指定的方向进行研究能够获得更大回报的一个原因:它可以揭示此前被认为不存在的证据。从这种观点看,"资料"一词也许在某种程度上是不恰当的:如果该词照字面意思解释的话,即某种"资料"(source)仅能为某种认识提供证据。据说有人提出应该完全弃用"资料"一词,而采用"线索"(trace)或"迹象"(track)等词,尽管这种建议并未被广泛采纳。[21]

无意提供的证据

这种发掘已有证据新用途的技能对最近历史研究方法的发展做出了特殊的贡献。它被一些历史学家予以最充分的展示,这些历史学家跳出主流政治史研究已经非常成熟的研究路数,进入社会史和文化史等研究领域。在这些领域中,显而易见的原始资料更难获得。与此相关的一个例子是英格兰宗教改革时期普通人的宗教信仰问题。尽管在精英层中对教义忠诚的转变被相对完好地记录了下来,但有关其他人群的证据却非常少。玛格丽特·斯普福德(Margaret Spufford)对剑桥郡三个村庄的研究,却使用了不大可能被利用的遗嘱证据来揭示宗教信仰是如何发生变化的。每份遗嘱都从一个**献纳条款**(dedicatory clause)开始,这就可以对立遗嘱人或抄写遗嘱的人的教义偏好做出某些推论。从对这些条款的研究中,斯普福德揭示,到 17 世纪早期,个体对**基督中介作用**(mediation of Christ)——新教信仰的标志——的信奉是如何深刻地影响当地百姓的。[22]当然,为他们的宗教信仰提供证据并非立遗嘱人的意图所在,他们仅仅希望确保其世俗财产按他们的意愿处理,但关注资料中隐含的无意识证据的历史学家,却能够察觉制作这些资料的人无意中提供的一些内容。

> **献纳条款:** 一份遗嘱的开始部分,将立遗嘱人的灵魂献纳给全能的上帝。
>
> **基督中介作用:** 天主教神学教谕说,信徒需要教会的中介才能在死后升入天堂。新教徒相信,耶稣基督被钉死在十字架上就为所有人提供了上帝和人之间所需的沟通,一个信徒仅需信奉基督就能升入天堂。

法律史研究目前并未能引起历史学家太大的兴趣,但法庭档案也许是我们研究中世纪和近代早期社会史的最重要的资料,那时绝大多数人都是文盲。这就是为什么埃马纽埃尔·勒华拉杜里能够写出他关于蒙塔尤村的微观史著作(见上文第 70 页)。执掌那里**宗教裁判所**(Inquisition)的主教意图铲除**清洁派**(Cathars)异端,但作为"某种**迈格雷**(Maigret)式的强迫症患者"[23],主教对证词一丝不苟的记录就产生了一种有关乡村生活的详细的和颇具色情意味的档案资料。正如勒华拉杜里所指出的,清洁派异教徒在蒙塔尤村的高度集中,"不是为研究天主教本身——那不是我的研究论题——而是为研究乡村人民的心态提供了机会"。[24]当历史学家以这种方式使自己远离一种档案资料在那个时代的意义时,它的可靠性问题也许倒不那么重要了:重要的是一些附带的细节内容。在 18 世纪的法国,未婚先孕的妇女往往会向地方法官做出交代,以将责任推给诱奸者并多少挽回她们的

116

一些声誉。理查德·科布研究了在里昂收集到的 54 份于 1790—1792 年间的交代资料,正如他所指出的,诱奸者的身份并不是重要问题,重要的是这些资料对城市贫民的性道德观、他们的工作和休闲状况,以及那时流行的大众道德观的说明。[25]正是诸如此类的研究证明了布洛赫的告诫的重要性,他告诫历史学家同事们,研究那些"证人无意识提供的证据"(见第 78 页)。

宗教裁判所: 官方的名称是"宗教法庭"(Holy Office),是天主教会的法律部门,负责对异端指控的审判。

清洁派: 一种宗教异端形式,于 13 世纪在法国西南部迅速传播。它也被称为"阿尔比派"(Albigensianism),该名称源自该教派的中心阿尔比镇(Albi)。该教派坚持认为,既然人们的真正家园在天堂,那么世俗世界必然是邪恶的。它被视为罗马教皇和法国国王在教义和政治方面的重大威胁,最终被宗教法庭和一场无情的军事讨伐镇压下去,后者被称为"阿尔比圣战"。

迈格雷: 由比利时侦探小说作家乔治·西姆农(Georges Simenon)虚构的一个刻苦努力工作的侦探。

注:当清洁派异端教徒在 13 世纪占据法国南部时,教会派出宗教法庭对该教派进行了镇压。几个世纪过后,法国历史学家埃马纽埃尔·勒华拉杜里利用宗教法庭审判官的档案资料,建构了一幅非常细致地描绘小山村蒙塔尤村民私生活的图画。勒华拉杜里解读档案的偏好非常不同于那些最初编辑它们的人。

资料来源:© Paul Shawcross/Alamy Stock Photo。

图 5.3　法国的蒙塔尤村

五

对统计证据的分析

到目前为止,我们尚未谈及量化资料。准确的数量是否能将我们从文本资料提出的各种解释问题中解放出来?人们有时会设想,运用计量方法来代替历史学家的传统方法,这要求一种全新类型的学者。但事实远非如此。仅当统计方法在历史方法的正常控制范围内时,它才可能是有效的。有鉴于数据在我们所处的数字化社会中享有的特殊权威,对量化资料的可靠性进行检验的责任至少与检验文字资料可靠性的责任一样大。一旦数据得到证实,对它们做出解释和将它们运用于解决特定的历史问题,就需要与解释和运用任何其他类型的证据同样高超的判断力和天赋。 117

统计证据的不可靠性

如果历史学家足够幸运地找到了一套现成的统计数据,例如一套进出口的数据或一个序列的人口普查报告,那他或她就不必再做许多辛苦的工作了。然而,这类资料的可靠性绝不能被视为理所当然,我们需要确切地了解这些数据是如何收集的。在现场的人所制作的数据会不会由于个人的私利而失真?比如税务官员会不会少报其收入,将差额部分私吞?这些数据是埋头事务工作的官员凭空编造出来的,还是一个不擅长算术的下属进行数据加总得出的?这两种讹误在由英国在非洲的殖民政府出版的、令人印象深刻的统计资料中都会出现,这些统计数据通常是基于由受教育程度和报酬都较低的官员制作的统计表而得出的。当数据从官僚机构的一个等级报到下一个等级时,抄写的误差到底有多大?同一项数据是否可能被不同的官员计算两次?当统计资料是由问卷调查编辑而成的——比如社会调查或人口普查,我们需要了解提问题的方式以确定被调查者可能产生混淆的范围,我们还必须考虑问题——例如有关收入或年龄的问题——是否可能得到真实的回答。只有对资料编辑的背景做出考察后,才能提供这些问题的答案。 118

通常,一套单独的数据不如随时间而变化的系列数据更能令历史学家感兴趣,因为后者能够使他们勾勒出一种发展趋势。相应地,不仅要检验数据的可靠性,而且要检验其可比性。在这种系列数据中,不管单个时期的数量是多么准确,它们也

注：每隔 10 年定期举行的人口普查在英国始于 1801 年，即拿破仑战争时期。对研究经济、社会、地方，甚至家庭的历史学家而言，它们提供了一种重要的资料。当国家档案馆将 1901 年的人口统计表放在网上时，要求浏览的人数是如此之多，以致系统瞬间就陷于瘫痪状态。但人口统计资料到底有多准确？被调查者会说出真相吗？人口普查员难道不会犯错误吗？计量方法并不会告诉我们答案。

资料来源：© Hulton-Deutsch Collection/Corbis via Getty Images。

图 5.4　英国的人口普查员

仅能被视为一个统计序列加以考察——如果它们具有严格可比性的话，即如果它们是对同一变量的前后数量进行比较的话。在估值时，只需一个小的误差就会使比较无效。在字面上似乎明确而一致的某种分类，也许在不同时间或不同地点上会以不同的方式被应用，这就是即使是今天的比较犯罪统计资料我们也必须谨慎对待的原因。在英国人口普查中，自 1841 年以来各郡**职业调查表**（oc-cupational schedule）的不断细化，意味着很难对特定职业的就业人数的增减做出量化分析。就连那些看上去最直接的统计序列，也可能隐藏着这种缺陷。例如，官方的"生活成本"指数是拿一揽子典型"日用品"的成本和现行的工资水平比较得出的。在英国，该指数从 1914 年开始公布，它本应在 20 世纪 30 年代大萧条期间提供有关生活水平不断下降的可靠数据。但是,在两次世界大战期间,该价格指数继续以同样的"日用品"为基础,即使消费模式的不断变化意味着,在 1914 年赋予各项日用品(蔬菜、肉、服装等)的加权数不再同普通家庭预算的实际构成相一致。[26]

> **职业调查表:** 在人口普查中对可确定职业的调查表。在人口普查表中列出的个人的特定职业必须同职业调查表中的相一致。在每次人口普查中,职业调查表的分类是不同的。

编制统计数据

不过,大部分计量史研究并不基于现成的统计数据。直到 17 世纪晚期,将统计 ₁₁₉ 方法应用于解决公共问题的优势才开始被人们详细讨论;直到 19 世纪,政府才具备了从事这项工作的人力和财力;直到 20 世纪,统计信息才真正以全面的方式被政府和私人机构收集。就历史学家感兴趣的大多数问题而言,可能的情况是数据将必须从残存的相关资料中努力地建构。以能够从中得出有效统计推论的方式建构计量数据并不容易。由于历史学家是从多样的和分散的资料中寻找数据的,所以可靠性和可比性问题将不只出现一次,而是出现多次。

对研究 19 世纪以前各时期的历史学家而言,选择问题可能会由于时间的久远而被部分地或全部地解决,但残存下来的资料仍然是大量原始资料的一种抽样,而承认它们通常绝非随机抽样是重要的。某些类型的资料比其他资料更有可能保存下来,因为它们的所有者对保存它们具有更大的兴趣,或有更好的设施来保存它们,所以这些原因可能会将明显的偏见带进抽样。因此,保存下来的企业档案资料通常都侧重于那些成功地长期存在的公司,而那些较小的企业往往无法经受危机的打击。劳伦斯·斯通(Lawrence Stone)在他对 1558 年到 1641 年英格兰贵族的研究中,就为这类问题伤脑筋。尽管他掌握了那个时期持有贵族头衔的所有 382 个个人的一些信息,但保存了丰富的私人文件的贵族家庭的比率绝不超过 1/3,而且这些家庭大多是富裕的伯爵的家庭,而不是地位较低的男爵的家庭,后者的财产更易流失或分散。相应地,斯通不得不考虑如下事实:他的许多发现得自一种不具代表性的抽样。[27]这只是试图在量化研究中寻求对历史做出清楚说明的历史学家所面临的陷阱之一。

六

对数字档案的批判

互联网上的数字资料有时被说成是"无限的"，但那是指从理论上讲也许能够
120 获得的，而不是指实际获得的。实际获得的数字资料只是可能获得的一小部分。
然而，数字档案的大量存在并可能被投入使用是激动人心的。一个主要的例证是
跨大西洋奴隶贸易数据库（Transatlantic Slave Trade Database）。它将 35 000 次航
行档案聚集在一起，这个数字同从 16 世纪中期到 17 世纪中期跨大西洋奴隶贸易活
动推定的总量相差不多。[28]有关非洲输出的人口数量的长期争论目前有了确切的
结论：数量是 1 250 万。仅仅得出总量就具有重大意义，但甚至更重要的是，数据库
使我们在对一系列历史变量的认知上有可能实现飞跃：奴隶的来源地、他们登船的
港口、在航行途中的死亡率等。评论家为这方面的进展欢呼，将其称为"我们时代
在历史研究方面取得的一项伟大成就"，这并非夸张之言。[29]

跨大西洋奴隶贸易数据库的一大优势在于它是全面覆盖的：它囊括了留下档
案记录的每一次航行（这也解释了收集资料为什么会花如此长的时间）。不过，需
要记住的是，这种高质量的资料在网上是同那些存在非常大问题的资料混在一起
的。在大多数情况下，决定将资料放在网上是一种选择：英国国家图书馆卷帙浩繁
的馆藏中仅有 5％被数字化，在邱园的国家档案馆仅有 7％的馆藏被数字化（2015
年的数字）；《泰晤士报》享有非常高水平的数字化优势，而其他一些全国性报刊根
本还没有开启数字化进程。这些选择至关重要，因为在互联网上查阅资料的便利
程度会影响学者的研究策略。在互联网上能够查阅到的主题分布在那些并未被纳
入的主题上会透露出什么信息？ 它们是因为技术问题未被互联网收录，还是因为
不在当前流行的研究范围（在面对家谱和家庭史这些资料覆盖范围过大的问题时，
这一点值得记住）之内而被忽略？ 这就是为什么应该给予网站的所有者和编辑规
范一些关注。必须在诸如盖尔（Gale）和里德科斯（Readex）等公司的商业化项目与
"中央刑事法院文档在线"等学术项目之间做出区分。[30]所能获得的资料代表了编
辑或委托者的一系列选择，而对资料做出选择的编辑的身份也许会被隐瞒，这意味
着很难确定数字化档案的立场或者它同类似档案资料的关系。正如一位中世纪研
究者所指出的，研究者"进入未分类和模糊的数字资料世界，在那里，学术论文、原

始档案、参考资料和已做了编辑的文本混在一起,而没有像一本印刷出版物那样的规范排序"。[31]

关键词检索也许是查找数字档案最常用的手段,但它们并不是好的做法。检索者很容易从一个条目转向另一个条目,而未能对每一个关键词使用的背景做出评估,它们也许会微妙地(但明显地)改变关键词的意义。现代扫描技术也存在一些难题:它们并不是总能准确地复制 19 世纪以前的印刷品,更不用说手抄的、以致存在较多讹误的文本了。[32]如果数字化伴随的是为了节省储存空间而对原件进行破坏,那这就是一个严重的问题。互联网上没有完全原始的东西,尽管它经常被认为如此。

最后,数字化并不能成为忽视原始资料的借口,毕竟原始资料才是历史学家能够最接近历史的媒介。阿莱特·法尔热(Arlette Farge)比其他任何人都更生动地讲述了对档案研究的感受。她坚持认为,机械复制模式有可能使资料失去其应有的活力,她高度重视"对材料进行直接的、可触摸的研究,重视触摸过去残留物的感觉",比如感受纸张的分量和味道。[33]总之,数字化并不会替代历史学家所重视的在文本、写作文本的人和写作文本的地点之间的直接联系。档案并不会失去它的魅力。仔细研究原始形式的档案仍然是做出批判性评价最可靠的基础,我们将在下一部分对此做出讨论。

对档案的批判

历史学家寻求有关过去保存下来的可信资料的最后避难所肯定是档案:在它所记录的时代制作,由历史主人公手写(直到 19 世纪晚期),并且有关政策制定的档案都是秘密保存的。最早的一批历史学家肯定都是本着这种精神看待档案资料的,他们的所有研究都以 19 世纪欧洲国家的国家档案为基础。对兰克而言,档案是过去活生生的体现。[34]对儒勒·米什莱(Jules Michelet)而言,阅读档案和吸入它的灰尘就是让死者在他面前复活。"复活"(resurrection)一词——米什莱偏爱的隐喻——假设,档案能够产生一种可信的描述。[35]

今天,历史学家有时仍会受到档案所具有的魅力和带来的兴奋的影响,但这种反应通常会由一种更具批判性的研究态度所缓和。正如前面所揭示的,这部分是因为人们也许有许多理由对特定档案产生怀疑。但可以将批判向前推进,以包括制作档案的机构的特征。档案并不是为了历史学家的方便而制作的,它们是为了推进政府的工作而制作的。因此,研究者能够读到的内容受到政治关注的扭曲。

122 例如,在政府文件中,**大法官杰弗里斯**(Lord Chancellor Jeffreys)在詹姆斯二世统治时期寄出和收到的信件几乎全部遗失了。自从杰弗里斯本人在革命后的 1689 年于伦敦塔死亡以来,人们就推测这些文件被某个人转移走了,而这个人是在关键时刻改变立场的,并通过隐瞒他同因执行"血腥审判"(Bloody Assizes)而臭名昭著的法官的联系而获利。[36]

> **大法官杰弗里斯**(1648—1689 年):乔治·杰弗里斯(George Jeffreys)是在查理二世(Charles Ⅱ)和詹姆斯二世统治期间的法官,他充满热情但非常不受欢迎。他由于在英格兰西南部进行的"血腥审判"而臭名昭著,那时,他将参加了 1685 年蒙茅斯公爵(Duke of Monmouth)未遂叛乱的 300 人判处死刑。

在今天的英国,对负责任的官员而言,仍有可能确保一份敏感的档案绝不会离开制作它的部门。由于全部加以保存明显是不切实际的,所以有一种公认的程序来销毁那些被认定不会引起历史研究兴趣的资料,但这种程序容易被滥用。敏感档案即使没有被销毁,也可能被如此有效地加以保存,以致被人们遗忘。因为一个引人注目的诉讼案件,一些保存下来的官方档案才得以重见天日,它们能够证实英国殖民地官员在 20 世纪 50 年代的肯尼亚镇压起义期间使用酷刑的罪行。因此,很明显,这些档案仅是冰山一角。据透露,2013 年,英国外交部在一个秘密存放点保存了大约 120 万件档案,内容覆盖自 19 世纪中期以来英国的外交和殖民政策。许多历史学家都研究过英国政策制定的"官方思维",但他们并未意识到,有大量的资料是他们禁止阅读的。在我写作此书时,仍不太清楚这些"特定的档案集"中将会有多大比例的文档被移交给国家档案馆,那里是它们在法律规定上应该被存放的地方。[37]

因此,档案是一种因删除和排斥而受损的文献资料。但不止于此。档案并不仅仅是对政府活动的记录,它还是政府的工具。在书面文件中存在的偏好和偏见明显表现出统治者的意愿,这些意愿影响其臣民或人民。缺乏严谨的研究者也许会被牵着鼻子走,接受那些写作档案的人的政治观点和职业利益。妇女史直到最近还很少被研究的一个原因就在于,将妇女排除出公共领域的社会不大可能提供有关妇女的丰富档案资料,这会导致人们错误地相信,妇女"在历史之外"。正如卡罗琳·汉密尔顿(Carolyn Hamilton)所指出的:"档案是……特定权力结构的纪念碑。"[38]如果是这样的话,那档案就应该作为政府体制的组成部分被研究,而不是被想当然地认为仅仅是档案馆中的存放物。这越来越被证明是事实所在,尤其是在殖民地社会,在那里,统治者和被统治者之间存在的鸿沟最为明显。安·劳拉·斯托莱(Ann Laula Stoler)对荷属东印度(现代的印度尼西亚)档案的研究揭示出一幅矛盾但令人信服的画面:一方面,通过严格区分社会类别的档案而强加的不平等要求意在将人们禁锢在一种权威与服从的殖民地结构中;另一方面,对官员而言, 123
一些档案又暴露出他们普遍存在的忧虑和不安,对殖民统治的稳定性提出了质疑。[39]

七

方法论和直觉

在研究资料时,历史学家绝非被动的观察者。相关的证据必须到意想不到,甚至是不可能的地方去寻找,而且在其中找到证据的档案也必须予以细致的考证,以分辨是否包含受到政治和意识形态扭曲的内容。这就需要发挥研究者的智慧和天赋,以确定一份资料所可能具有的全部用途。对每种类型的证据而言,历史学家都必须要问它是如何形成的、为什么会形成,以及它的真正意义到底何在。存在分歧的资料必须相互对照,伪造和缺失的资料必须得到解释。不管多么权威的档案都必须被质疑。用 E.P.汤普森有说服力的话来表述就是,证据必须"接受在一个专门从事批判性研究的学科中受过训练的头脑的质询"。[40]如果"方法"是指运用一系列科学研究程序来核实证据的话,那这些规范也许很难配得上"方法"之名。确实,自兰克时代以来,数不胜数的历史研究方法手册被撰写出来,为那些尝试进行研究的学生提供指导。在欧洲大陆和美国,在研究方法方面的正式教育一直是培养史学家的研究生教育计划的组成部分。[41]另一方面,英国直到最近才开设资料考据方法的培训课程。两次世界大战期间的著名历史学家 G.M.扬(G. M. Young)宣称,他的目标是阅读一个时期的历史,直到能够听懂这个时期的人所说的话。他的思想后来得到理查德·科布的回应:

> 最具天赋的研究者愿意倾听档案的话语,受它的每个用词和窃窃私语的支配……以了解它用什么样的重音和什么样的语调实际说了什么。[42]

这与其说是在推荐一种方法,不如说是在建议一种思想态度——几乎是一种直觉,它仅能通过反复尝试而获得。

但我们要进一步论证,正如科布所做的,完全抵制对历史研究的原则做出界定是一种会导致神秘化的做法。[43]在实践中,对一本二流著作的不利评论,往往会把作者的失败归罪于他未能对证据做出这样或那样的检验。得到大家公认的是,规则不能被简化为一个公式,严格的程序要根据证据类型的变化而变化,但有经验的学者几乎不假思索就能做的大多数研究,是能够用外行都能理解的话来描述的。在能以这种方式清楚地予以说明的时候,历史学研究方法似乎不过是常识性的经验。但相比在日常生活中,历史学对常识的运用更系统化、更具批判性,并辅之以对历史背景的牢牢把握,在许多情况下还需要有高度的专业知识做支撑。历史研究正是根据这些令历史学家大伤脑筋的标准被评判的。

【推荐书目】

1. Marc Bloch, *The Historian's Craft*, Manchester University Press, 1954.

2. G.R. Elton, *The Practice of History*, Sydney University Press, 1967.

3. Martha C. Howell and Walter Prevenier, *From Reliable Sources*:*An Introduction to Historical Methods*, Cornell University Press, 2001.

4. John Fines, *Reading Historical Documents*:*A Manuel for Students*, Blackwell, 1988.

5. Jacques Le Goff and Pierre Nora(eds.), *Constructing the Past*:*Essays in Historical Methodology*, Cambridge University Press, 1985.

6. Ian Cobian, *The History Thieves*:*Secrets*, *Lies and the Shaping of the Modern Nation*, Portobello, 2016.

7. Edward Higgs, *A Clearer Sense of the Census*:*The Victorian Census and Historical Research*, PRO, 1996.

【注释】

[1] Anthony P. Adamthwaite, *The Making of the Second World War*, Allen & Unwin, 1977, p.20.

[2] Richard Cobb, *A Second Identity*:*Essays on France and French History*, Oxford University

Press，1969，p.15.

[3] J.H. Hexter, *On Historians*，Allen Lane，1979，p.241.这一标签被相当不公平地贴在了克里斯托弗·希尔(Christopher Hill)身上。

[4] Emmanuel Le Roy Ladurie, *The Peasants of Languedoc*, Illinois University Press，1974，p.4.

[5] William Camden, Preface to *Britannia*(1586)，引自 J.R. Hale(ed.)，The Evolution of British Historiography，Macmillan，1967，p.15。

[6] Lord Acton, *Lectures on Modern History*，Fontana，1960(first published in 1906)，p.86.

[7] Marc Bloch, *The Historian's Craft*，Manchester University Press，1954，p.86.

[8] Robert Harris, *Selling Hitler*：*The Story of the Hitler Diaries*，Arrow，1996.

[9] Bloch, *The Historian's Craft*，p.165；J.J. Bagley, *Historical Interpretation*，vol.Ⅰ：*Sources of English Medieval History*，*1066—1540*，Penguin，1965，pp.24，29—30.

[10] 例如，有一份令人印象深刻的线人和联系人名单可参见 Richard Vaughan, *Matthew Paris*，Cambridge University Press，1958，p.1118.

[11] Atonia Gransden, *Historical Writing in England*，*c.550 to c.1307*，Routledge & Kegan Paul，1974，pp.242—245，367—372.

[12] Stephen Koss, *Asquith*，Allen Lane，1976，pp.181—182，217.

[13] Andrew McDonald, "Public Records and the Modern Historian", *Twentieth-Century British History*，Ⅰ，1990，pp.341—352.

[14] V.H. Galbraith, *The Making of Domesday Book*，Oxford University Press，1964. 推荐这种方法的文献有 T. G. Ashplant and Adrian Wilson, "Present-Centered History and the Problems of Historical Knowledge", *Historical Journal*，ⅩⅩⅪ，1998，pp.254—274。

[15] Quentin Skinner, "Meaning and Understanding in the History of Ideas", *History and Theory*，Ⅷ，1969，pp.3—53；J.G.A. Pocock, *Politics*，*Language and Time*，Methuen，1972，尤其参见 ch.1。

[16] G. Kitson Clark, *The Critical Historian*，Heinemann，1967，pp.92—96，109—114.

[17] Herbert Butterfield, *Man on His Past*，Cambridge University Press，1955，p.90.

[18] J.D. Fag(ed.)，*Africa Discovers Her Past*，Oxford University Press，1970.

[19] Carroll Smith-Rosenberg, *Disorderly Conduct*：*Visions of Gender in Victorian America*，Oxford University Press，1986，pp.25—27.

[20] 带有例证的更完整的讨论，见 Alan Booth and Sean Glynn, "The Public Records and Recent British Economic Historiography", *Economic History Review*，2nd series，ⅩⅩⅫ，1979，pp.303—315。

[21] G.J. Renier, *History*：*Its Purpose and Method*，Allen & Unwin，1950，pp.96—105.

[22] Margaret Spufford, *Contrasting Communities*：*English Villages in the Sixteenth and Seventeenth Centuries*，Cambridge University Press，1974，pp.302—344.

[23] Emmanuel Le Roy Ladurie, *Montaillou*：*Cathars and Catholics in a French Village*，*1294—1324*，Penguin，1980，p.xiii.

[24] Ibid.，p.231.

[25] Richard Cobb, "A View on the Street", in Richard Cobb, *A Sense of Place*，Duckworth，1975，pp.79—135.

[26] B.R. Mitchell and Phyllis Deane, *Abstract of British Historical Statistics*，Cambridge University Press，1962，p.466. 关于生活费用指数引起的问题的说明，见 Roderick Floud, *An Introduction to Quantitative Method for Historian*，2nd edn.，Methuen，1979，pp.125—129。

[27] Lawrence Stone, *The Crisis of the Aristocracy*，*1558—1641*，Oxford University Press，1965，p.130.

[28] Transatlantic Slave Trade Database：www.slavevoyages.org.

[29] Trevor Burnard, in *Economic History Review* 65/2(2012)，p.823.

[30] www.gale.cengage.com；www.readex.com；www.oldbaileyonline.org.

［31］Arianna Ciula and Tamara Lopez, "Reflecting on a Dual Publication：Henry Ⅲ Fine Rolls Print and Web", *Literary and Linguistic Computing*, ⅩⅩⅣ, 2009, p.131.

［32］Tim Hitchcock, "Confronting the Digital, or How Academic History Writing Lost the Plot", *Cultural and Social History*, Ⅹ, 2013, pp.9—23.

［33］Arlette Farge, *The Allure of the Archies*, trans. *Thomas Scott-Railton*, Yale University Press, 2013, p.15.

［34］Bonnie Smith, *The Gender of History*, Harvard University Press, pp.116, 119.

［35］Carolyn Steedman, *Dust*, Manchester University Press, pp.26—27.

［36］G.W. Keeton, *Lord Chancellor Jeffreys and the Stuart Cause*, Macdonald, 1965, p.23.

［37］Ian Cobain, *The History Thieves：Secrets, Lies and the Shaping of a Modernity Nation*, Portobello, 2016, ch.4.

［38］Carolyn Hamilton, ed., *Refiguring the Archive*, Cape Town, 2002, p.9.

［39］Ann Laura Stoler, *Along the Archival Grain*, Princeton University Press, 2009.

［40］E.P. Thompson, *The Poverty of Theory*, Merlin Press, 1978, pp.220—221.

［41］经典文献见 C.V. Langlois and C. Seignobos, *Introduction to the Study of History*, Greenwood, 1979(1898)。更晚近的说法见 Louis Gottschalk, *Understanding History：A Primer of Historical Method*, Knopf, 1950; Jacques Barzun and Henry F. Graff, *The Modern Researcher*, Harcourt Brace Jovanovich, 3rd edn., 1977。

［42］Richard Cobb, *Modern French History in Britain*, Oxford University Press, 1974, p.14.

［43］Richard Cobb, "Becoming a Historian", in Richard Cobb, *A Sense of Place*, pp.47—48; Jacques Barzun, *Clio and the Doctors*, Chicago University Press, 1974, p.90.

第六章　书写与解释

大多数学生的历史写作经历局限于短文和作业,它们是为了回答他人以评估
为目的提出的问题而作。不过,历史学家通常能够就他们发掘的资料提出自己的问题,并能够就他们选择的问题设计出研究程序。那么,历史学家是如何将他们的研究转化为历史书写的呢? 历史学家的解释在这一过程中又发挥什么样的作用呢?

〰〰〰〰〰

沿着前一章所描述的线索将考证方法应用于原始资料的研究,一般会证实有关过去的大量史实,这些史实会对一个特定问题或一组相关问题的解决产生影响,但仅当个别事实在某种连贯的叙述中彼此相联系时,这种资料的意义才能被充分把握。将个别史实组合在一起的方式,并非显而易见或预先能够确定,这种技艺通常需要反复摸索才能掌握。许多拥有考证原始资料的天赋的历史学家,会发现资料组合过程需要付出艰辛的努力,有时甚至会遭受痛苦的挫折。这可能会导致一些历史学家继续从事资料的收集工作,而将思考写作的时间无限地推后。

一

历史学家需要去书写历史吗?

一派学者坚持认为,历史书写不具有任何真正的意义。这类历史学家在考证

原始档案时所体验到的无比兴奋就使得他们得出结论:唯一货真价实的历史教育就是学习如何研究原始资料——最好是处于原始状态的资料,如果没有的话,那也得是善本。这种观点最坚决的倡导者之一是 V.H.加尔布雷思,他是一位著名的中世纪史专家。他已经出版的几乎所有著作都致力于阐明特定的档案,并将这些档案置于它们产生的历史背景之下——尤其是《土地赋税调查册》(Domesday Book)和圣阿尔班修道院的编年史。他从未写作有关 14 世纪历史的明显解释性著作,而对这一时期,他是最有资格撰写这样著作的。正如他所指出的:

128

> 长期看,真正重要的问题与其说是我们目前有关历史写作了什么,或其他人写作了什么,不如说是原始资料本身······能够激发数代人进行研究的无穷动力就在原始资料中。[1]

《土地赋税调查册》: 对英格兰土地占有状况进行的一次著名的调查,它是根据威廉一世(William Ⅰ)国王的命令于 1086 年进行的。

这种单纯强调原始资料研究的立场肯定有它的理由。它将在所有那些进行资料导向而不是问题导向(见第 102 页)研究的历史学家中产生共鸣,他们中的许多人发现,非常难于确定进行综合的时机——如果确实有这种时机的话。在历史学中,无目的地钻研原始资料具有更多学术上的合理性,这是相对于绝大多数其他学科而言的。考察原始资料应该在所有历史研究的纲领中都占有重要地位,学术声誉应该继续奠基于对这些资料的编辑整理工作也是完全合理的。但作为一种带有普遍性的规范,加尔布雷思对传统历史书写的拒斥是完全错误的。它必然会放弃所有有关历史学应该发挥社会功能的要求,后者需要历史学家同一个更广泛的受众群体进行交流,并从中学习。但是,就连推断这些有关发挥社会功能的主张可以被反驳这一事实,都可能会产生灾难性的影响。因为正是在历史书写中,历史学家会对他们的研究经验做出总结,并将他们在研究过去中获得的洞见予以清晰地呈现。大多数科学书写都会采取报告研究结果的形式,而这些结果,在科学家动笔之前就已经非常清楚地呈现在他或她的头脑中了。所有历史书写是否都以同样的方式完成,这是非常值得怀疑的。任何在资料中揭示的历史事态的真实状况,都是如此复杂,有时甚至是相互矛盾的,以致历史学科只有力求用有开头和结尾的连续叙事来表述历史事态,才会使研究者能够把握某个领域的历史经验同另一个领域的历史经验的联系。许多历史学家对历史书写的这种创造性做出评论,认为它同档案资

料的考证一样能激发学者的研究热情。[2]历史书写对历史认识而言具有根本重要性,那些回避历史书写的人在某种程度上称不上是历史学家。

<h1 style="text-align:center">二</h1>

历史书写的形式

历史书写的特点是有着多样的写作形式。描述、叙事和分析三种基本的书写　129
方法能够以不同的方式加以结合,每种结合方案都会重新提出有关它们应该如何
加以结合的问题。这种缺乏明确指导原则的状况,部分反映出历史学家研究论题
的巨大多样性:不可能有一种书写形式适用于对人类过去所有方面的表述。但这
更多地是由历史书写背后不同的,有时甚至是相互矛盾的目标所致,其中,重构过
去的愿望和对它做出解释的愿望之间的矛盾居于所有历史研究的中心。对各种历
史书写的一种粗略但尚可用于说明问题的解释在于,叙事和描述是满足第一种愿
望的历史书写,而分析则是尝试满足第二种愿望的历史书写。

作为描述的历史

重建过去——"重构特定历史时刻的全面性、具体性和复杂性"[3]——并不仅
仅是一项学术任务,这从它最具文学特征的书写形式"描述"来看,是很明显的。这
里,历史学家要努力为他们的读者营造一种直接经历的错觉,这是通过描述一种氛
围或一种场景来实现的。大量普通的历史著作都证明这样一个事实,即这种效果
无法仅仅通过掌握资料来实现,它要求想象力和对细节的把握,这些要求类似于对
小说家或诗人的要求。这种类比,被 19 世纪的麦考莱和卡莱尔等伟大的历史描述
名家视为理所当然,他们更多地受到同时代富有创造力的作家的影响,在他们的文
字上下了苦功夫。现代历史学家较少自觉地关注他们作品的文学性,但他们也还
能够创作出具有明显感召力的描述性著作,比如费尔南·布罗代尔(Fernand
Braudel)对 16 世纪地中海环境的全景式描述。[4]不管在别的方面表现如何,这类历
史学家是艺术家,但他们的数量很少。

作为叙事的历史

就赋予描述以突出地位而言,布罗代尔的著作在今天非同寻常。尽管这类著

作给人留下了深刻印象——对描述类著作而言确实是绝对必要的,但它未能表达历史学家对时间变化的主要关注。因此,其地位低于历史学家重构过去的主要方法——叙事。在大多数欧洲语言中,"历史"一词通常和那些用于指代"故事"的词汇相同(法语为 *histoire*,意大利语为 *storia*,德语为 *Geschichte*)。叙事也是一种历史学家和富有创作力的作家——尤其是小说家和史诗作者——共用的书写形式,它说明了历史著述在传统上对广大公众的主要吸引力所在。像讲故事的其他形式一样,历史叙事能够通过制造悬念和煽动情感来取悦读者,但叙事也是历史学家表述他好像身临其境地观察或参与过去事件的基本方法。最成功地实现重建效果的叙事形式是那些最能表现时间感的叙事,这种时间感是我们在自身生活中所体验到的:不管这种时间是几个小时,例如对一次战斗的叙事;是几天,例如对一次政治危机的叙事;还是一生,例如一部传记。写作消遣用的历史著述的伟大倡导者们,往往是能够写出戏剧性的和具有生动再现力的叙事的名家。为纪念法国大革命 200 周年,**西蒙·沙玛**(Simon Schama)出版了一部名为"公民们"(*Citizens*,1989)的叙事技巧高超的历史著作,其副标题被恰当地定名为"一部法国大革命编年史"(*A Chronicle of the French Revolution*)。其他历史学家也借助多重叙事手段对历史上的大变革时期做出记述,它们往往是从许多个人的经历来观察一些大事件的。这种方法被戴安娜·珀基斯(Diana Purkiss)和奥兰多·费吉斯(Orlando Figes)所使用,前者对英国内战做出记述,后者对俄国革命做出记述,正如费吉斯所指出的:"俄国革命是由复杂的个人悲剧组成的人类事件。"[5]在这类著作中,我们能够看到历史叙事的优点被充分地展现出来:准确的编年、机会和偶然性的作用、反讽的应用,以及也许最重要的是对事件真正复杂性的叙述,正是这种复杂性使许多事件参与者未能实现他们的目标。

西蒙·沙玛(1945—):沙玛是剑桥历史学家 J.H.普拉姆(J. H. Plumb)教授的学生,在写作引起普遍关注的《公民们》之前,他写了许多受到称赞的有关 17 世纪和 18 世纪荷兰的学术著作。《公民们》是一部有关法国大革命的可读性强但持批判态度的叙事著作,它是 1989 年为纪念法国大革命 200 周年而写作的。此后,沙玛为英国广播公司电视台写作了非常受欢迎的纪录片脚本《英国史》(*History of Britain*)。

三

历史中的因果关系

但历史学家当然不会仅仅从事历史的复原工作。表面上看,复原工作是与将过去的事件视为孤立的和任意的这一目标完全一致,但事实上,历史学家并不是以这种方式来研究它们的。历史书写是基于如下假设,即特定事件与此前发生的事件、同时代其他领域的发展,以及此后发生的事件存在联系。简言之,它们被视为一个历史过程的组成部分。历史学家认为那些回顾起来似乎构成一个连续系列的发展阶段的事件特别重要。有关"发生了什么?"和"在这样或那样一个时间点上的情形是怎么样的?"这样的问题,相对于问"它为什么发生?"和"它的结果是什么"的问题而言,是必不可少的基础性知识。基于这种优先次序的历史书写,可以说是起始于启蒙时期"有着哲学思维"的历史学家。在 19 世纪,它进一步从伟大的历史社会学家——托克维尔(Tocqueville)、马克思和**韦伯**(Weber)——那里获得激励,他们 131 努力寻求对其所处时代经济转型和政治转型的起源做出解释。

> **韦伯**(1864—1920 年):马克斯·韦伯(Max Weber),德国政治哲学家。尽管像马克思一样,韦伯强调阶级在决定社会发展中的重要性,但在社会阶级实际由什么构成的问题上,他提出了一套更复杂和精细的分析。他特别强调社会地位的重要性,它也许不能等同于严格的阶级范畴,但能够随时间而变化。

问"为什么?"的问题,可以简单指问一个人为什么做出了某项特定的决策。历史学家经常会密切关注对动机的研究,这既是因为传记在传统历史研究中的突出地位,又是因为伟人的动机在他们保存下来的文本中至少有部分表露。外交史尤其倾向于仔细研究部长和外交官的意图和谋略。但就连在这种有限的研究领域内,"为什么?"的问题也并不像它看起来的那么简单。不管政治家表达的意图是多么诚实和明确,他们也不大可能讲出全部真相。每种文化和每个社会集团都有一些不言而喻的预设——那些解决方案和价值观尽管是不言而喻的,却深刻地影响着人们的行为。为了能够考虑到这方面的因素,历史学家必须通晓所研究时期的思想和文化背景,以便很快能够在档案资料中发现能说明问题的线索。例如,就第一次世界大战的起源而言,詹姆斯·乔尔提醒人们关注欧洲思想的基本特征,即对革命的病态恐惧和流行的"适者生存"的信条。他指出,在诸如 1914 年 7 月等危机的关键时刻,政策制定者最有可能依靠那些不言而喻的预设,因为过于恐慌而无法对他们所面临的困境做出慎重的评估。[6]

探索人们动机之外的解释:潜在原因和长期结果

不过,在历史学中,真正重要的问题并不以个体行为为中心,而是涉及重大事件和集体的转变,它们不大可能由人们意图的加总来予以解释。这是因为在言明的(或者是未言明的)意图和有意识的倾向这些历史表象背后,存在着一种潜在的历史过程,诸如在人口、经济结构或深层价值观方面的变化,而同时代人对这些变化仅有模糊的认识。[7]维多利亚时期的人将 19 世纪 30 年代奴隶制的废除视为一次人道主义的伟大胜利,这可以由威廉·维尔伯福斯(William Wilberforce)等人的斗争热情证明。回过头来看,我们能够看到 1833 年的立法也是由加勒比地区奴隶经济不断衰落的命运,以及英国自身向工业化社会的转型共同引发的。[8]因为历史学家能够考察一个社会伴随时间发生的变化,所以他们能够记录下这些因素的影响。但历史行为者自身,却不大可能充分把握潜在因素对他们行为构成的结构性限制。

132　　同样地,他们不可能完全预期其行为的结果。像原因一样,结果也不可能简单地从主要人物言明的动机中读出,原因很简单,即潜在的或结构性因素经常会干扰意图与结果之间的直接联系。正如 E.H.卡尔所指出的,我们对历史事实的认识必须拓宽到足以涵盖"各种社会力量,这些社会力量虽然是源自个体的行为,但实际结果通常会同他们自身设想的结果不一致,有时甚至正好相反"。[9]再回到奴隶制问题上来,英国废奴主义者的意图肯定是要给予奴隶自由,并改善他们的物质生活条件。但事实上,改善的程度在加勒比的一个地区和另一个地区之间存在着巨大差异,这是人道主义者未能预料到的。而且,其他结果也完全超出了他们关注的范围,尤其是反对奴隶制的改革运动对其他道德运动宣传方式的影响,相关运动有支持禁酒和社会清廉的运动。从事后的角度看,有一种认识认为结果比原因更重要,因为它通常决定了我们赋予某个特定事件的重要性。一个引发人们兴趣的事实是,关于英国资产阶级革命起因的论述远远多于关于其后果的论述,这就使得这次革命在确立一种新的政治文化或为更有效资本主义形式的发展铺平道路上所起的作用较少被人们广泛了解,人们更多是了解**清教**(Puritanism)的兴起或斯图亚特王朝早期统治的财政危机。

> **清教：**17 世纪新教的一种激进形式，它试图"净化"英格兰教会的天主教特征。清教
> 在英国内战期间也同政治激进主义相联系。

多层次分析

对原因与结果进行研究对历史学家的技能提出了很高的要求，就像进行历史
重建也对历史学家的技能提出了很高要求一样，但两者是非常不同类型的技能。
要直观地表述鲜活的经历，就要求在多个不同层次进行复杂叙事和再现式的描述。
另一方面，要获得对过去事件大致充分的解释，就需要进行揭示复杂性的分析。特
别是，原因通常是多样的和多层次的，这是由人类经历的不同方面彼此持续不断的
相互作用的方式造成的。至少需要在背景原因和直接原因之间做出某种区分：前
者是在长时期内发挥作用，可以说是将所涉及的事件置于历史过程之中；而后者导
致结果出现，通常是以一种人们未能预料到的独特形式出现的。另一种理解历史
解释的方法是，将过去的任何特定事态视为存在于两个相互交叉的层面之中。一
个层面是垂直（或历时性）层面，包括这种事态早期表现形式的时间序列。在废除 133
奴隶制的例子中，这个层面是指在 1833 年之前的 50 年间争取废除奴隶制的运动，
以及在同一时期种植园利润的涨落。另一个层面是水平（或共时性）层面，即同时
期世界上非常不同的——和不相关的——因素对所涉及问题的影响。在当前的例
子中，这些因素也许包括 1830 年左右有利于改革的主要政治力量和新的政治经济
解决**方案**（nostrum）。卡尔·肖尔斯克（Carl Schorske）将历史学家比作一个织工，
其技能就是从时间序列的经纱和同时代的纬纱中织出一块牢固的解释织物。[10]

> **方案：**某种方案，尤其是作为针对某种问题的解决办法而被热情地推动的方案。

历史叙事的局限性

这种对复杂性的分析意味着叙事最不可能成为做出历史解释的最好方式。叙
事肯定是兰克和 19 世纪具有开拓性的历史学家所使用的颇具特色的历史书写模
式，事实上他们感兴趣并不仅仅是"事物实际的样子"。在英国，被最广泛阅读（且
可读性强）的一位专业历史学家 A.J.P.泰勒（A. J. P. Taylor）很少写作其他类型的
著作。但这种传统的书写方式，事实上对在历史解释方面的任何系统尝试都施加

着严重的限制。将事件置于正确的时间序列中,并不能确定它们之间的关系。正如 R.H.托尼(R. H. Tawney)所指出的:

> 时间和按时间列出发生的顺序是一个线索,但仅此而已。历史学家的一部分工作就是要用更重要的联系替代年代顺序。[11]

这个问题包括两个方面:第一个方面是,叙事可能会使读者进入死胡同。因为 B 在 A 之后发生,并不意味着 A 是 B 发生的原因,但叙事的线性特征很容易给人造成这种印象。逻辑学家称这是"**后此谬误**"(post hoc propter hoc)。第二和更为重要的方面是,叙事有使对原因的研究简单化的倾向。对一个特定事件的历史认识是通过不断寻找不同原因的方式进行的,同时还应努力将这些原因置于某种按重要性排序的不同等级中。叙事则完全抵制这种研究模式。它同时能够表述的事件线索不过两到三个,因此只有一些原因或结果能够被揭示。而且,这些原因或结果不大可能是最重要的,因为它们同日常事件的序列相联系,而不同长期发挥作用的结构因素相联系。这有可能对我们理解历史中的重大结构变迁产生明显的不良影响。沙玛在反思他的著作《公民们》时承认:

134
> (法国)大革命造成了哪些急剧的社会变革似乎并不是清晰可见的,或实际上根本不是显而易见的……大革命似乎也不再是遵照某种伟大的历史设计,由不可阻挡的社会变迁力量推动而注定会发生的。相反,它似乎是一件充满偶然性,由未预料到的情况导致的事件。[12]

后此谬误: 拉丁语的字面意思是"在此之后,因而以此为因"。换句话说,它错误地假设,因为两个事件是前后发生的,所以在它们之间就必然存在因果联系。

叙事的逻辑在战争史的书写中并非清晰可见。在有关第一次世界大战史的书写中,泰勒就持一种颇具特色的极端观点。他在 1969 年写道:

> 为伟大事件寻找深层原因是今天的时尚。但也许 1914 年爆发的战争没有什么深层原因。在过去 30 年间,国际外交、力量对比、联盟和军备的积蓄,也许产生了和平。情势突然发生了逆转,产生长期和平的力量现在产生了一场大的战争。以非常相似的方式,一位 30 年来一直正确驾驶以避免事故的司机,某一天犯了个错误,造成了一场车祸。在 1914 年 7 月,许多事情都偏离正轨。唯一可靠的解释,就是事情发生正是因为它们发生了。[13]

注：A.J.P.泰勒由于他为大众媒体所写的历史文章和所做的电视演讲而成为知名人物。他的声望和蓄意所做的挑衅性分析激怒了一些历史学家，这些历史学家并不赞同他将历史叙事作为历史解释的一种形式。

资料来源：© TopFoto。

图 6.1　A.J.P.泰勒（1906—1990 年）

站在他提出的也许可以被称为"最简单化"解释的立场上，泰勒无疑意在挑起 135
争论，但他的观点比人们认为的要更为流行。它暗含在任何试图用叙事手法对历史上的重大转型予以解释的尝试中。例如，**C.V.韦奇伍德**（C. V. Wedgewood）和西蒙·沙玛都对促使英国或法国发生革命的结构性因素不大感兴趣，他们试图将人们的能动性和事件的变化置于突出的位置上。他们两人都反对马克思主义研究革命的方法。传统的叙事方法适合表述一种在叙事史家着手写作他们的著作之前就已经完全成形的观点。选择叙事必须就叙事的性质达成共识：它是一种解释行为，而不是一种单纯讲故事的尝试。

> **C.V.韦奇伍德**（1910—1997 年）：韦罗妮卡·韦奇伍德女爵士（Dame Veronica Wedgwood）是一位研究英国内战的通俗历史学家。她的《国王的和平》（*The King's Peace*）和《国王的战争》（*The King's War*）是两部叙事生动的著作，她是从同情，而不是从通常宽恕查理一世的视角来写作的。

叙事的局限性更多地表现在有关制度和经济变迁问题的书写上,在这些方面,也许无法确定一些主人公,以使他们的行为和思想能够作为故事加以叙述。没有人能够用叙事形式成功地说明工业革命发生的原因。这些问题在历史中的"静悄悄的变革"[14]的例子中表现得最为明显,它们是指在心态和社会经验上的逐渐变化,仅是以最隐晦的方式反映在作为表象的事件上。随着历史研究范围在 20 世纪的拓宽,上述这些论题也被纳入其中,因此叙事对历史书写的影响力在下降(见第八章和第九章)。很少有哪个战斗口号被证明比年鉴学派对**事件史**(*l'histoire événementielle*)的攻击更有效。

> **事件史:** 以事件为导向的历史书写形式,同分析的或描述的历史书写形式相对立。

分析史学的优缺点

结果就是目前的历史书写相比 100 年前多了很多分析的内容。在历史分析中,揭示事件变化的主线往往被认为是理所当然的,问题在于说明事件的意义和它们彼此之间的关系。历史中因果关系的多样性要求叙事应该被停止使用,应该对每种相关因素依次加以评估,而且不能忽略它们之间的联系,以及所有因素的结构随时间变化的可能性。

这肯定不是分析性书写的唯一功能。分析能够用于**阐明**(elucidate)同时发生的事件和过程之间的联系,尤其是揭示某种制度或某个特定历史经验领域的作用。这类对结构的研究在社会史和经济史研究中最为流行,在这些领域,如果要对特定变化的重要性予以公正评估的话,就需要对总体的社会制度或经济制度有某种把握。因此,就需要对证据本身进行批判性考证,它也许要求对文本的可靠性和事实推理的有效性进行考察,还要对可供选择的解释的正反两方面意见进行评估。据说兰克就不允许他对所研究时代的档案资料的仔细考证影响他宏大叙事的流畅性[15],今天很少有历史学家还被允许使用这种叙事方式。正是在应对历史研究中宏大的解释问题上,分析方法盛行起来。随着历史书写变得更具问题导向,对分析方法的重视得到加强,这可以在对任何一种学术杂志的粗略浏览中发现。

> **阐明:** 对复杂事物的解释。

不过,这并不意味着叙事是完全不受重视的。因为,纯粹的分析性书写也有它自身的问题。它得之于思想的明晰性,失之于历史的直观性。就历史分析而言,有一种无法避免的静态特征,用 E.P.汤普森被过多引用的隐喻来表述,就是好像时间机器被关闭,以允许对发动机房进行更彻底的检查一样。[16]进一步而言,在分析层面看似具有说服力的解释在面对事件的持续变化时也可能说不通。事实上,历史学家需要以一种公正对待表象因素和潜在因素、深层力量和表面事件的方法来书写历史。这实际上要求灵活运用分析和叙事方法:有时是交替使用,有时则是较完全地融为一体。事实上,这正是今天大多数历史书写所采用的方法。

叙事和社会史学家

尽管分析方法在学术上具有颇高的吸引力,但没有叙事的历史书写不可能是成功的历史书写。正是叙事赋予历史以轮廓和方向,由此使人们能够享受到丹尼尔·斯诺曼(Daniel Snowman)所谓的"做个了断的愉悦",否则的话,历史就会成为轮廓模糊、其中的联系难以分辨的一团乱麻。[17]因此,今天的历史学家正在学习新的叙事方法,这并不令人感到奇怪。尽管叙事在 19 世纪被不加思考地视为历史阐述的唯一方法,但它目前已成为精通文学研究的学者进行批判性考察的对象。例如,**海登·怀特**(Hayden White)重视那些使用叙事方法的每一位历史学家的**修辞的**(rhetorical)选择,并在他们的著作中确定了一些主要的修辞方法(见第 173页)。[18]相比从前,历史学家通常在使用叙事方法时更为自觉,也更具批判性,尤其是,叙事在传统上同政治事件的联系现在也不再那么明显了。现在的社会史学家改变了上一代人历史书写的方法,目前,他们倾向于用叙事方法来表达以下内容,即他们过去用抽象术语分析的社会结构、生命周期和文化价值观是如何被人们实际体验的。但他们并不建构一种对社会整体的叙事,而是会撰写一些例示性或说明性的叙事,也许最好称之为"微观叙事"。[19]在这种新类型书写的一部经典著作中,娜塔莉·泽蒙·戴维斯(Natalie Zemon Davis)讲述了 16 世纪 50 年代法国巴斯克(Basque)地区一个农民的故事,他假冒丈夫之名与一名弃妇一起生活了三年,直到后者真正的丈夫出现,冒名者被揭露并被处死。《马丁·盖尔归来》(*The Return of Martin Guerre*, 1983)是一个非常吸引人的故事,也被拍成了电影,但对戴维斯而言,该案例"使我们能够进入农民的情感和愿望的隐秘世界",例如有助于说明人们是否"像担心财产一样担心真相被揭露"。[20]当劳伦斯·斯通在 1979 年提到"叙事史的复兴"时,他在某种程度上是草率的,但过去 30 年已经证实历史学家确实正在将新的生命力注入最传统的历史书写形式。[21]

137

> **海登·怀特**(1928—):美国文学理论家。他有关叙事是人为建构的观点过于依赖雅克·德里达(Jacques Derrida)(1930—2000年)和解构学派的研究,该学派坚持认为,文本和语言本身充满了作者和他或她的文化背景所隐含的各种预设和偏见。
>
> **修辞的:** 修辞是以说服他人为目的的演讲或写作技艺,除了关注论点本身,它同等甚至更加关注有技巧地运用一些手段,比如"修辞性问题"(rhetorical question)——其答案显而易见,因此无需回答。

四

把研究成果整理成文:学术专题论著

首次尝试以专题论著形式写作的历史学家通常会面对历史书写形式的问题,即将一项原创性研究的成果整理成文,最初是作为获得较高级学位的论文,然后是一部专著或在一份学术期刊上发表的论文。在这类著述中,证据的复杂性有可能在文本中展示,而且在文中所做的论述要由对相关档案资料的详细脚注参引证实。许多专题论著都是高度专业化的,很难被同行专家以外的人读懂,因为专题论著的本质就在于它是基于原始资料,而不是二手资料写成,所以它的研究范围可能非常有限。这尤其适用于年轻学者,他们提供的是三年或四年攻读博士学位的研究成果。尽管在专业意义上,这种著述是"对知识的一种原创性贡献"(正如在申请高级学位的规定中所要求的),但它们的重要性通常较小。在几年中完成一篇合格论文以获得一份学术研究工作的压力,通常会导致研究者求稳。他们会研究一套尽管以前从未被研究(或者至少研究问题不同),但得到很好整理的资料。吕西安·费弗尔尖刻地评论了由这类人所撰写的大部分历史著作的这种倾向,称这类人"仅表明了他们了解和尊重他们所从事专业的规则"。[22]这无疑是历史专业化的一种不可避免的结果。但同时,一些引人注目的研究成果也不时地从研究生的研究中产生:迈克尔·安德森(Michael Anderson)的《19世纪兰开夏郡的家庭结构》(*Family Structure in Nineteenth-Century Lancashire*, 1971)尽管出版于50年前,但它仍然被视为有关工人阶级人口统计信息的重要资料。对此的部分解释在于,在1971年,家庭史研究是一个新的研究领域。在现存的研究仍然较少涉及的领域,想成为历史

138

学家的新手更有可能做出重要贡献。至少,博士论文写作提供了做研究和写作专题论著方面的训练。正是借助这些手段,被严格证实的历史知识存量才得以增加。

注:历史著作出版有着极大的业务量,每年都有成千上万本新书出版。这是否意味着我们更接近过去的真相,抑或是它仅仅意味着有多样的历史存在,正如有许多人准备写作它们一样?

资料来源:© James Leynse/Corbis via Getty Images。

图 6.2　摆满历史书的书架

拓宽视野

　　然而,如果历史学家将他们的著述仅仅局限于那些他们已经掌握了原始资料的论题,那么,历史知识将会变得如此碎片化,以致不再有意义。理解过去,意味着要解释那些随着时间流逝而变得重要的事件和过程,而这必然要求以比任何单个研究者更宽广的视野来予以说明,单个研究者由其自身独立研究所能获得的视野毕竟是有限的:应考察的是英国内战的起源,而不是**大主教劳德**(Archbishop Laud)的政策;应考察工业革命的社会后果,而不是约克郡西赖丁(West Riding)区使用手摇纺织机织工数量的下降;应考察瓜分非洲,而不是**法绍达危机**(Fashoda Crisis)。肯定非常清楚的是,对这种复杂论题的理解,不可能单纯通过细节研究的积累来实现。用马克·布洛赫的话来表述:"显微镜是进行研究的一种绝妙工具,但对显微镜下的切片的堆砌并不构成一件艺术作品。"[23]当历史学家对这些论题中的一个

139

进行总体考察时,他们就会面对更为棘手的解释问题——将许多线索结合在一种连贯的说明中,确定这种或那种因素的重要程度。而且就算他们从事了大量对相关原始资料的研究,他们还是必须以信任的态度借鉴其他学者的许多研究成果。

大主教劳德(1573—1645 年):原名威廉·劳德(William Laud),查理一世时期的坎特伯雷大主教。劳德是一位充满争议的人物,他被怀疑试图将天主教教义重新引入英格兰教会,甚至更具争议地引入苏格兰教会。苏格兰人对劳德宗教政策的抵制导致了危机的发生,最终演化为英国内战。劳德在 1641 年被捕并遭到控告,最终根据议会的命令被处死。

法绍达危机: 英国和法国之间在 1898 年就苏丹南部地区控制权问题发生的一场外交危机,一度有可能将两国推向战争境地。一支已经征服了苏丹北部地区的英国远征军遭遇了一支较小规模的法国探险队,后者试图为法国取得对苏丹的控制权,但未能成功。

历史研究的宏大范围

当历史学家要进一步脱离他或她进行直接研究的领域,并尝试对整个时代做出全面考察时,这些困难就会加剧。如果一本专著构成二手资料的话,那么这种全面考察就能够被恰当地描述为"三手"资料,因为作者在能够就论题做出有见地的论述时肯定只能依赖对一些权威二手著作的研读。研究领域受到"入侵"的专家会做出过于挑剔的批评,这是一种职业病。相比那些研究范围狭窄的专著而言,这类著作更容易受到研究潮流变化的打击,它们的论断也会更快被新的研究所替代。由单个人进行综合研究的学术地位会进一步受到一个令人遗憾的事实的损害,即许多著述根本不是真正的综合,仅是为了方便参阅而以条块化和呆板的方式对知识现状进行总结的教科书。一些历史学家认为,只有对原始资料的考证才能令人信服地证实他们的专业技能,因此他们本能地感到这不是"真正的学者"该从事的研究。其他学者则尝试通过参与合作编写历史著作来满足全面考察的要求。这方面的范例就是《剑桥近代史》,它是在阿克顿勋爵的督导下于 1896 年开始撰写的,用12 卷书覆盖自 15 世纪中期以来的欧洲史,每卷都由权威专家按国家和专题撰写的各章构成。从那时起,合作编写历史著作的数量激增。然而,尽管作为对专业知识的简明陈述,它们也许是非常有价值的,但这种合作编写的著作仍然在回避问题。不管供稿者的思想多么相似,也不管编辑的能力多么强,终究无法实现研究方法的统一,而且那些超出供稿者专业研究范围之外的论题则被完全忽略。

由一位历史学家进行的大范围全面考察能够发挥几种关键性作用。第一,就　140
其发挥好的作用而言,它是提出新问题的丰富源泉。对原始资料进行长期不懈的
研究必然会过于关注细节,这有可能导致思想上的某种迟钝,正如阿克顿非常不客
气的评论所指出的:"档案的灰尘会遮蔽我们的思想。"[24]历史学家从档案研究中
抽出一部分时间来全面考察一个较长的历史时期,将更可能发现一些新的模式和
新的联系,而这些模式和联系稍后可以在细节研究中予以检验。E.J.霍布斯鲍姆的
《革命的年代》(Age of Revolution, 1862)是对1789年到1848年间在法国大革命和
工业革命双重影响下的欧洲的高质量的全面考察,它将许多引人注目的研究成果
结合在一起,而这种作品是那些仅限于单一国家研究的历史学家不可能写出来的。
通过选择1870—1914年来对英格兰社会史做全面考察,乔斯·哈里斯(Jose
Harris)能够揭示,20世纪晚期的许多引人注目的事物(劳工运动、女权运动和对宗
教的怀疑只是她的论题中的一部分)是如何起源于她所选择的这个时期的。[25]在
一些需要解释的重大问题很少被系统阐述的新领域,这种整体研究可能会产生丰
厚的回报。这明显适用于心态史和殖民对非洲的影响的历史,而这只是其中的两
个例子。碎片化的危险是明显存在的,但到了一定时候,历史学家必定会将个案研
究集中起来考察,以使一种新的有关连续性、变革和矛盾的情势被辨识出来,由此
制定出新的研究纲领。

第二,宏观全面考察是历史学家履行其为更广大公众服务的责任的主要手段。
公众对历史学家的学术著述的兴趣绝非仅仅局限于综合性著作,这能以埃玛纽埃
尔·勒华拉杜里的《蒙塔尤》的成功为证。但这部著作的吸引力主要在于它是消遣
类著作。如果历史学家要成功地表达他们对历史变迁、对过去和现在之间联系的
理解,那就只有通过极具抱负的总体研究才能做到。许多历史学家意在不惜任何
代价来维护他们的学术地位,但受到唯恐失之浅薄,甚至得出完全错误认识的过分
压力,同时又对那些为普通读者写作的人嗤之以鼻。但将可靠的学术研究与对非
专业读者的吸引力结合在一起并非不可能。正如霍布斯鲍姆描述他自己在这一领
域的著名探险一样[26],**高度通俗化**(*haute vulgarisation*)是历史学家必备的技能。

> **高度通俗化:**使高雅变得通俗。一场有关将高雅与诸如高级烹饪术或高档时装等专
> 门职业联系起来的运动。

历史学的稳步发展

最后,大范围的综合研究提出了许多历史解释问题,这些问题由于自身的原因而具有极大的重要性,它们也是那些缺乏更大抱负的学者所无法企及的。历史学141 是一门研究"进步"的学科,因为绝大部分利用后见之明来思考过去的人会问自己:事情会变成什么样。这个问题并非形而上学的思辨问题,它承认人类经验的基本领域是随时间逐渐变化的。局限于短时段的研究也许可以回避这一问题,但它却是任何尝试理解一个时代的研究所面临的中心问题:人们难道无法观察到职业专业化在不断增强、社会规模在不断扩大、政府职能在不断扩展,或信仰和言论自由在不断增加的趋势,或这些趋势中的任何一个在被逆转吗? 或者,我们也可以不接受那种认为历史过程是逐渐变化的观点,可以用不连续和孤立的观点考察一个特定时期,在这里,新的环境迫使人们与继承过去的倾向决裂。例如,这正是用"**新帝国主义**"(New Imperialism)标签来指代欧洲在 19 世纪末扩张的内涵所在。相比那些在研究一个明确事件时所能提出的问题,考察一个较长时期会让历史学家提出不同类型的历史解释问题,而且这些问题肯定更重要。

> **新帝国主义:** 历史学家将欧洲在 19 世纪末的海外扩张运动视为帝国发展过程中一个独特的过于自信的阶段,它不同于此前几十年间较缓慢和渐进的扩张。因此,19 世纪 80 年代和 90 年代被称为"新帝国主义"时期。

对历史的综合研究

过去百年间发生的历史研究范围的巨大扩展的一个结果在于,我们对"综合"考察的界定会更严格,这是相比阿克顿和他的同时代人而言的。它既包括令人眼花缭乱的事件变化,又包括物质和精神生活状况,后者在许多时期——尤其是在前工业世界——变化非常缓慢(如果确实有变化的话),然而却制约着人们所能想的或能做的。G.R.埃尔顿有关"历史学研究的是事件,而不是状态;它研究已发生的事物,而不研究事物的状态是什么"[27]的断言,是一种引发质疑的部分真实的陈述。正如我们已经看到的,表象和背景——或事件和"结构"——是如何关联的,乃是对任何历史过程做出理解的中心所在。由马克思主义传统所激励的大量著述,能够被解释为这种关注的一种表现(见第八章),但年鉴学派最直接地面对了这一问题,其中布罗代尔尤甚。他问道:

　　既表述表象的历史(它由于持续而剧烈的变化吸引我们的关注),又表述被掩盖的历史(它几乎是沉寂的和总是不引人关注的,几乎不为它的观察者或参与者所察觉,而且很少被时间的流逝所触动),这是否可能?[28]

社会时间的多元性

　　布罗代尔认为,困难的根源在于传统史学家有关线性时间的观念,即一种单一 142 的时间尺度,其特征是展示历史发展的连续性。由于历史学家强调对档案资料的研究,并渴望深入了解那些写作它们的人的思想,所以这种时间尺度只能是短时段的,它记录事件的发生序列,排斥对结构的研究。布罗代尔的解决方案是完全放弃线性时间观念,引入一种"多元社会时间的观念"作为替代。[29]这种观念认为,历史是在不同层次或层面上运动的。就实际研究目的而言,能够将社会时间简化为三种:长时段,揭示物质生活的基本状况、思想状况,尤其是自然环境的影响;中时段,其中社会、经济和政治的组织形式具有它们各自的存在期限;短时段,适用于个人和事件史的时间。布罗代尔自己在《菲利普二世时代的地中海和地中海世界》(*The Mediterranean and the Mediterranean World in the Age of Philip Ⅱ*)中并未解决的问题是:如何在历史时间的某个时刻上表现出这些不同层面的共存性——如何在一个包含了不同层面的叙事、描述和分析的连贯阐述中阐明它们之间的相互作用? 这是当代历史学家比他们的先辈们更敏锐地意识到的一个问题,而且也许是他们所面对的最根本问题。

五

比较史学

　　不同的时间尺度和时间层次问题是研究单一社会的学者经常探讨的问题。但历史解释和历史阐释还必须考虑如下事实,即过去某个特定社会的经验绝非完全独特的:它同其他相似类型的社会拥有一些共同的特征。在我们做出的一些判断——例如,12世纪英格兰的**封建关系**(feudal relations)或19世纪美国的**种植园奴隶制**(plantation slavery)——的背后暗含着比较:在第一个例子中是同西欧封建社会的比较,在第二个例子中是同加勒比地区和巴西的奴隶社会的比较。这种比较有可能对历史认知过程产生重要影响。例如,如果奴隶制被视为一种在本质上相同的制度,这既表现为一种种族主义的共同文化,又表现为资本主义生产关系发展的一个特定阶段,那么在美国盛行的那种制度似乎就不应该被视为一种"独特的制度",美国社会中存在的一些偶然性较少具有解释上的重要性。

> **封建关系:** 中世纪英格兰实行的制度,根据该制度,社会地位由一个人同土地的关系决定。土地总是由别的某些人持有(由此产生占有权),通常——尽管并非总是如此——由社会地位较高的人持有。最终,所有土地都由国王持有。
>
> **种植园奴隶制:** 19世纪美国南方各州种植的主要作物是烟草和棉花。种植它们在经济上最有效的方式是让非洲奴隶劳动力在种植园中劳作,由此产生"种植园奴隶制"。

143　　这就解释了比较史学的魅力所在。它能够被界定为对两个或更多过去的社会在所选定特征上进行系统的比较,而这些社会过去通常被认为是非常不同的。它要求熟练掌握至少两个国家的背景知识:将许多对单一国家的研究编成一册书是不合格的。比较史学的优点最经常地被密切关注较短时间段的比较所证明。例如,苏珊·格雷泽尔(Susan Grayzel)试图通过比较英国和法国的情况来理解第一次世界大战对性别认识的影响。她的结论是,妇女参与战争的影响在两个国家是基本相同的,尽管两个国家的文化存在很大差异。与之形成鲜明对比的是,研究福利的历史学家苏珊·佩德森(Susan Pedersen)对英法的研究却揭示出,两国在战争期间和两次世界大战之间支持家庭生计的公共政策是非常不同的。[30]由于时间段和主题被严格界定,这类研究通常应以两个社会的原始资料为基础。

　　但比较史学的目标应该更进一步。当研究一个较长时期的国家发展或社会变迁时,比较同样具有启发性。差别在于,有关较长时期的比较研究难度更大,成功地进行大范围比较的研究数量因而相对较少。最近的一部这方面的杰作是J.H.埃利奥特(J. H. Elliot)有关英帝国和西班牙帝国过去300年在美洲的统治历史的研究。一般认为,英国在北美洲的殖民地与西班牙在中南美洲的附属国实行非常不同的统治方式。埃利奥特的研究进一步揭示了两种统治方式的差别。他将做比较研究比作弹手风琴:

> 进行比较的两个社会被推到一起,但这仅仅是为了再次将它们拉开来考察。乍看起来完全一致的相似性被证明不是如此,乍看起来无法识别的差异性也能被揭示出来。[31]

既要进行专题比较,又要进行平行叙事,还要进行全面综合:如此复杂的历史研究对作者的研究技巧和写作能力提出了很高的要求。传统专著写作所要求的进行全面的原始资料研究并不可行。埃利奥特广泛使用诸如游记和日记等已经出版的原始资料,但他的解释主要依靠数量惊人的二手著作。比较方法有时是用明显分开叙述的方式加以应用的,但埃利奥特的处理方式更自由些:"不断进行比较,将针对两个比较对象的叙事或并列叙述,或交织在一起叙述。"[32]

比较史学在史学家中仍然是少数人从事的研究,但它却是深化我们对过去认 144 知的一种基本手段。一直在单一社会的界限内从事研究会使研究者失去批判的眼光。当地的发展可能被错误地认为是独特的,对常态的明显偏离也可能被忽视。正如埃利奥特所评论的:"研究民族国家的历史学家易犯的错误是主张例外论。"[33]通过坚持认为历史学家通常所持有的一国具有独特性的主张需要对照其他国家的经验予以检验,跨国史研究(见第 66—67 页的讨论)能够解决这方面的问题。至少,比较史学能够纠正那种狭隘的地方本位主义。在某种情况下,它有可能开启一种新的研究路径,即空间和时间共同界定了历史研究的本质。

六

历史争论

在历史学科中最令局外人感到困惑不解的也许是它易于展开争论的倾向。争论似乎会在每一个值得研究的论题上展开,学者们经常使用"修正主义"一词,要么将其作为发起战斗的口号,要么将其作为贬义的标签强加于争论的另一方。许多历史学家喜欢在出版物上展开争论。然而,历史学家被人们视为"权威",他们在研究已经彻底过去的历史上享有优势地位。那他们为什么还如此喜欢争论呢? 答案在于两种因素的结合:论题的不明确和历史学家知识结构的差异。

历史学家有时会在微观问题的解释上产生争论,但重大的争论往往涉及影响范围广泛的事件或趋势,如第一次世界大战的起源或边疆对美国国家发展的影响。每位学者都同意必须考察范围广泛的一系列因素,他们的分歧在于,考察的范围到底应该有多大,赋予某种因素的权重为什么要大于赋予另一种因素的。在有关深刻变革的例子中(像那些上文提到过的),经历过这些事件并不一定能使我们获得对它们全面而公正的认识:同时代的人可能会基于不完全的或误导性的证据而持有偏颇的观点。既然当事人很难看清历史的全貌，那就应该由历史学家在事件发生之后做出解释。用伯纳德·贝林的话来表述，历史专业的理想是"认识整个事件，从各个方面来考察它"，这是当时的人做不到的。[34]但这方面的可能性很小：历史学家也会由于原始资料的不足和缺乏将相关因素整合在一起的公认的研究程序而无法给出全面公正的认识。

145　　　革命很好地说明了这些问题。"革命"一词通常被用来意指导致政权更替的剧烈变革。但革命之所以能够吸引许多学者进行研究，并不仅仅在于它们推翻了当时统治者的统治，而且在于它们将社会引向了一个新的发展路线，比如英国工业革命(1840 年)、美国革命(1776 年)、俄国革命(1917 年)或中国革命(1949 年)。因此，确定革命者同长期变革之间的关系是研究者关注的焦点所在，而长期变革在革命事件发生后往往是清晰可见的。结果是由未能预见到的偶然性导致的，还是由革命者的计划和实践所导致的？旧政权是否曾孕育这些新发展方向，但在推动其发展上却迟疑不决？在这些问题的研究上，历史学家受到他们之前的研究方向、主要的研究重点所在，以及他们的政治价值观的影响。

有关革命的争论

我们就以近代早期英国政治史中的重大事件为例来做一考察。人们一直认为，17 世纪 40 年代的革命在向资本主义社会的过渡中发挥了关键作用，在这个过程中贸易和金融的重要性逐渐超过土地财产的重要性。持这种观点的历史学家中有一些是马克思主义者，但绝不都是如此。历史学家对反对国王力量的阶级构成——既包括下院中的反对力量，也包括农村地区的反对力量——给予特别关注。但这个时期已出版的资料也提供了充分的证据证明，一些激进政治思想已经产生并得到传播，表明人们在思想上对君主权力的反抗。然而，这些解释对那些研究导致 1642 年战争爆发的各种事件的编年顺序的学者而言并非显而易见。对他们而言，危机更容易被解读为精英内部的政治斗争，即国王和议会之间在一定限度内争夺地位的斗争。确实，一旦通过精英内部斗争的视角来考察英国资产阶级革命，那它看起来就根本不像一场革命。如何确定不同研究方法各自的解释力到底有多大，超出了原始资料研究的范围，它是由历史学家的判断决定的。而如何做出判断，又是由个体学者将这次革命置于英国历史大序列中的什么位置决定的，这又可能受到学者个人的政治倾向的影响。这些争论并不总是聋子之间的对话，毫无效果。它们有助于改进原来的解释，并确定将不同观点整合在一起的方法。简言之，如果学者在这个论题上达成共识的话,那将是件非常糟糕的事情。[35]

英国资产阶级革命也许很容易说明历史学容易产生争论的特征,那在研究一 146个范围较有限,而且政治和意识形态并未在同等程度上发挥作用的论题时又如何呢? 一个例子是维多利亚时代晚期和爱德华七世统治时期英格兰家庭规模的缩小——从 19 世纪 60 年代已婚夫妇平均生养六个孩子,到第一次世界大战前夕已婚夫妇平均生养不到三个孩子。这明显是社会史研究的重要论题,而且该研究会对其他一系列研究产生重要影响。另一方面,人口统计学是同统计指标相联系的专业学科,而不是一些人认为的激烈历史争论的素材。关于是什么因素的作用导致家庭规模缩小,大多数历史学家都接受两个结论:第一,晚婚使生育期缩短;第二,禁欲或体外射精等手段拉长了两次生育之间的间隔,因为避孕方法直到第一次世界大战之后才被广泛使用,而且避孕方法受到广泛的谴责,尤其是女权主义者以"社会净化运动"名义予以谴责。[36]

但就动机而言,却没有这种认识上的一致。最近的研究揭示出一系列不断增加的因素都同这一问题相关联。阶级因素是相关的,因为工人阶级对家庭规模的控制要大大滞后于中产阶级(尤其是专业人士)。婚姻双方之间的权力对比是探讨该问题的关键所在。是妻子掌握主导权,她不愿意生育更多孩子,也许甚至厌恶性生活,还是丈夫根据他的财力状况进行计划生育,抑或是夫妻双方共同讨论的结果? 因为我们通常很难了解计划生育的决定是如何做出的,所以也就很难弄清楚这些问题将如何得到解决。对待孩子的态度就不是如此难以了解了。工人阶级生养孩子的价值较低,因为他们获得收入的潜力会由于义务教育的要求而减少。与此同时,儿童死亡率的下降也许会改变对生育多少子女才能达到预期家庭规模的计算。[37]这里,历史学家之间的争论是由于分布非常不均衡的证据资料和存在非常多样化的相关因素而产生和推动的。

这些分歧是一种不利因素吗? 回答该问题的一种方式是设想:如果没有争论,那历史学会是什么样子? 历史学之所以是一门在思想上充满活力的学科,正是因为它引起了如此多的争论。有关不同解释各自优缺点的争论会深化我们对每一种解释的认识,同时使那些缺乏充分依据的观点声誉扫地。既然有关当下的政治、社会、文化和个人声誉的讨论都存在分歧和争论,那么为什么我们要假设有关过去的研究会有什么不同呢? 引起争论是该领域研究的组成部分。与其说争论是不利于历史学科发展的因素,不如说争论是历史学充满生机的根源所在。(另见第七章)

七

历史学家的素养

147   成功的历史研究实践者需要具备什么样的素养?旁观者通常会给出一种坦率的观点。也许有史以来对历史专业最著名的贬损是**约翰逊博士**(Dr. Johnson)的评论:

> 历史学家并不需要拥有卓越的能力,因为在历史写作中,人类思想的最伟大的力量就是静默。他掌握着易于把握的事实,因此无需去发明创造,也无需任何较高程度的想象力,仅需要一点点想象,用在较低层次的诗意创造上。[38]

> **约翰逊博士**(1709—1784 年):萨缪尔·约翰逊(Samuel Johnson)。英国作家和词典编撰人,由于编撰了世界上第一部英语词典而闻名。约翰逊习惯于给出言简意赅的评论,而这些评论现在仍在被人们引用。他是一部由他的朋友詹姆斯·博斯韦尔(James Boswell)写作的大部头传记的主人公。

这个评论即使在约翰逊所处的时代也很难说是公允的。从该专业自 18 世纪以来的发展看,这种评论似乎合理性更少了。因为实际上,事实并不易于获得。新的事实不断被添加到历史知识体系中,而同时,已经确定的事实的可信度却要被不断地加以考证。正如在第四章和第五章中所揭示的,资料的缺陷使这两方面的工作比乍看起来的也许要更加困难。19 世纪的历史学家训练的主要意图在于——目前仍然是——使历史学家消除这种错误的想法,即无需努力就能理解史实。相应地,在历史研究方法手册中,被强调最多的素养就是掌握原始资料,并对它们做出准确的考证。

但这些技能只能使历史学家完成一个阶段的研究。解释和书写过程要求许多其他同样重要的素养。首先,历史学家必须能够洞察事件之间的联系,从大量细节中抽象出那些能够对过去做出最好解释的模式:因果关系模式;分期模式,它使诸如“文艺复兴”或“中世纪”等称谓具有合理性;分层模式,它使 19 世纪法国的**小资产阶级**(*petit bourgeoisie*)或 17 世纪早期英格兰的“崛起的乡绅”这类说法具有意义。研究范围越宏大,所要求的抽象和概念建构能力越高。在宏观层面仅有少量真正令人满意的综合著作就是一种衡量标准,表明富有这些学术素养的人是多么少。

小资产阶级："资产阶级"（bourgeois）的意思其实是"城镇的"，因此被用于指那些活动范围是在城市，而不是在农村的人，主要是那些中产阶级。不过，因为其范围是从富裕商人和专业阶级一直到小店主，所以该词需要加以限定。"资产阶级"通常指那些富有的商人和专业人士，而"小资产阶级"指店主和小商人。

想象力

除了具有敏锐的学术洞察力之外，历史学家还需要有想象力。这个术语在历史书写的背景下易于产生混淆。它意在表达的并不是进行一种持续的、富有创造力的虚构的思想，尽管它明显是针对约翰逊博士发现的历史学家欠缺该种能力的标准而言的。它要传达的要点在于，任何重建过去的尝试都是以发挥想象力为前提的，因为保存下来的档案资料不可能完整地记述过去。历史学家会一再遭遇档案资料中的空白，这种空白仅能通过历史学家非常熟悉地掌握残存资料，以对可能发生的事物有一种"感觉"或直觉来加以填补。动机和心态问题经常会出现在这类研究之中，历史学家所研究的文化越陌生和遥远，用来理解它所要发挥的想象力也就越大。那些被谴责为"像灰尘一样干燥"的著作，通常仅仅是细节的堆砌，而未能发挥作者的想象力以使它变得生动。

那么如何培养历史的想象力呢？当然，用你的眼睛和耳朵（甚至鼻子）去观察和倾听你周围的世界是有帮助的。正如理查德·科布所发现的：

> 大量有关 18 世纪巴黎的历史、有关 19 世纪里昂的历史，能够在漫步、观察和（最重要的）倾听中了解到，能够在小餐馆、公共汽车的站台、咖啡馆或公园的长凳等地方了解到。[39]

历史学家的生活阅历

对过去的人进行移情的能力是以某种自我意识为前提的，一些历史学家甚至建议，心理分析方法可以成为学生培养计划的组成部分。[40]不过，广泛的阅历是更有可能取得成功的基础。在历史书写大体局限于政治叙事的时期，担任公职的经历被广泛视为对历史学家最好的培训，正如吉本在谈及他作为下院议员的短暂经历时所说的："我在议会中所经历的八次会议是一所培养文明审慎的品质的学校，这应是一位历史学家最基本的美德。"[41]战时服役可以深化20世纪许多历史学家对政治、外交和战争的认知。但正是多样的经历——对不同国家、阶级和气质的体验——能够真正提高对过去的理解,因此,历史学家想象力可及的范围同他们过去生活状况和心理体验的范围存在着某些关系。不幸的是,今天历史学家通常的工作模式很少考虑这种要求。一些年前的一个建议也许是不可行的,即对历史学家的最好培训就是环游世界和在不同职业中做几份工作,但它绝非轻率的论断。[42]

149 不过,对过去给出富有想象力的洞察只是一个方面,另一方面是要能够将这种洞察传达给读者。掌握文字运用或文学技巧对历史学家是非常重要的。在19世纪之前的任何时间,这方面的要求都被视为理所应当。自古典时代以来,历史学家这种职业被它的权威代表首先视为一种文学技艺。历史学有一位司职它的**缪斯女神**(muse)克利俄(Clio),有在公众阅读文化中的稳固地位,还有一套修辞和文体上的惯例,后者是有抱负的历史学家所要掌握的主要技能。所有这些,都随着学术历史研究的兴起而发生变化。追随兰克脚步的专业历史学家所面临的主要问题是有关方法的,而不是有关表述的。掌握资料或"学术性"要求,通常同写作文采的要求相对立,而且对后者不利。"一度被视为缪斯女神的克利俄,目前更常见的身份是拿着阅览证在公共档案局核实所参引资料的人。"[43]结果,大量可读性不强的历史著述在过去100年间被写出。

> **缪斯女神:** 在希腊神话中,缪斯诸女神是宙斯(Zeus)和记忆女神谟涅摩叙涅(Mnemosyne)所生的众多女儿。每个缪斯司职知识和艺术的一个特定分支,诸如音乐、诗歌、戏剧和默剧。掌管历史学的缪斯是克利俄。

但文笔优美的作品并非仅仅是一种可供选择的附加项或额外的加分,它是历史重建方面书写的中心所在。没有很好的文字运用能力,就根本不可能获得源自历史想象力的深刻认识——关注细节、调动情绪的能力、性格和氛围的描述,以及制造悬念的手法——这些都是在富有想象力的书写中获得最充分展现的素养。解释类的历史著作与富有想象力的历史文学作品并没有太多的共同点,这也许就是后一类历史学家对历史解释领域的贡献相对较小的原因,他们重视历史学对文字运用能力的要求,例如G.M.屈威廉或C.V.韦奇伍德。严密的论证与如此多的陈述需要运用限定和说明来防止误解,不利于进行文学式的表述。但无论如何,将叙事与分析相结合本质上是一种文字表现形式的问题,它是任何历史解释都会遇到的问题。它的解决办法很少会受到资料形式的支配。

注:在古典神话中,克利俄是赋予历史学家以灵感的缪斯女神,正如其他缪斯女神赋予诗人和音乐家等以灵感一样。当人们在今天提及克利俄时,其内涵在于,历史学是一门人文学科,应该用审美标准予以评判。

资料来源:ⓒ akg-images。

图 6.3　赋予历史学家以灵感的缪斯女神克利俄

　　这样看的话,成为历史学家所要求的素养或技能,似乎没有哪个是特别苛刻的。但将各种素养或技能充分地结合在一个人身上又是极为罕见的,很少有历史学家在专业、思想、想象力和文字应用上拥有同等的天赋。尽管专业学术研究在近几十年获得了巨大发展,但在全部研究分支中非常令人满意的历史著述的数量仍然很少。同时,历史学家素养的多样性被用来重申另一个问题,即历史学本质上是一门混合型学科,它将科学的技术和分析程序同艺术的想象力和优美结合在一起。

【推荐书目】

1. G.R. Elton, *The Practice of History*, Fontana, 1969.

2. William Lamont(ed.), *Historical Controversies and Historians*, UCL Press, 1998.

3. Peter Burke(ed.), *New Perspectives on Historical Writing*, Polity Press, 1991.

4. L.P. Curtis(ed.), *The Historian's Workshop*, Knopf, 1970.

5. Bernard Bailyn, "The Challenge of Modern Historiography", *American Historical Review*, LXXXVIII, 1982.

6. W.H. Walsh, "Colligatory Concepts in History", in Patrick Gardiner(ed.), *The Philosophy of History*, Oxford University Press, 1974.

7. Alun Munslow, *Deconstructing History*, Routledge, 1997.

8. Hayden White, *Metahistory*: *The Historical Imagination in Nineteenth-Century Europe*, Johns Hopkins University Press, 1973.

9. Ann Curthoys and Ann McGrath, *How to Writing History That People Want to Read*, University of New South Wales Press, 2009.

【注释】

[1] V.H. Galbraith, *An Introduction to the Study of History*, C. Watts, 1964, p.80.

[2] 例如,参见 E.H. Carr, *What is History?*, Penguin, 1964, pp.28—29; J.G.A. Pocock, "Working on Ideas in Time", L.P. Curtis(ed.), *The Historian's Workshop*, Knopf, 1970, pp.161, 175。

[3] H. Butterfield, *History and Human Relations*, Collins, 1951, p.237.

[4] Fernand Braudel, *The Mediterranean and the Mediterranean World in the Age of Philip II*, 2 vols, Collins, 1972.

[5] Diane Purkiss, *The English Civil War*: *A People's History*, Harper, 2006; Orlando Figes, *A People's Tragedy*: *The Russian Revolution*, *1891—1924*, Jonathan Cape, 1996, p.xix.

[6] James Joll, "The Unspoken Assumptions", in H.W. Koch(ed.), *The Origins of the First World War*, Macmillan, 1972.

[7] 关于相关概念的精彩讨论,见 Bernard Bailyn, "The Challenge of Modern Historiography", *American Historical Review*, LXXXVII, 1982, pp.1—24。

[8] 关于这一观点的经典表述,见 Eric Williams, *Capitalism and Slavery*, University of North Carolina Press, 1944。

[9] Carr, *What is History?*, p.52.

[10] Carl E. Schorske, *Fin-de-Siècle Vienna*: *Politics and Culture*, Weidenfeld & Nicolson, 1980, p.xxiii.

[11] R.H. Tawn, *History and Society*, Routledge & Kegan Paul, 1978, p.54.

[12] Simon Schama, *Citizens*: *A Chronicle of the French Revolution*, Penguin, 1989, p.xiv.

［13］A.J.P. Taylor, *War by Timetable*：*How the First World War Began*，Macdonald，1969，p.45.

［14］R.W. Sourthern, *The Making of the Middle Ages*，Hutchinson，1953，pp.14—15.

［15］Agatha Ramm, "Leopold von Ranke", in John Cannon(ed.), *The Historian at Work*，Allen & Unwin，1980，p.37.

［16］E.P. Thompson, *The Poverty of Theory*，Merlin Press，1978，p.85.

［17］Daniel Snowman, *Histories*，Palgrave，2007，pp.10—11.

［18］Hayden White, *Metahistory*，John Hopkins University Press，1973.

［19］Peter Burke, "History of Events and Revival of Narrative", in P. Burke(ed.), *New Perspectives on Historical Writing*，Polity Press，1991，p.241.

［20］Natalie Zemon Davis, *The Return of Martin Guerre*，Penguin，1985，pp.4，viii.

［21］Lawrence Stone, "The Revival of Narrative", 1979, reprinted in Lawrence Stone, *The Past and the Present Revisited*，Routledge & Kegan Paul，1987.

［22］Lucien Febvre, "A new Kind of History", 1949, 翻译见 Peter Burke(ed.), *A New Kind of History*，Routledge & Kegan Paul，1973，p.38。

［23］Marc Bloch in *Annales*，1932，引自 R.R. Davis, "Marc Bloch", *History*，LII，1967，p.273。

［24］Quoted in H. Butterfield, *Man on His Past*，Cambridge University Press，1955，p.91.

［25］Jose Harris, *Private Lives*，*Public Spirit*：*Britain*，*1870—1914*，Penguin，1994.

［26］E.J. Hobsbawm, *The Age of Revolution*：*Europe 1789—1848*，Cardinal，1973(1962)，p.11.

［27］G.R. Elton, *The Practice of History*，Fontana，1969，p.22.

［28］Braudel, *The Mediterranean*，vol.Ⅰ，p.16.

［29］Fernand Braudel, "History and Social Science：La Longue Durée", 1958, reprinted in Fernand Braudel, *On History*，Weidenfeld & Nicolson，1980，p.26.

［30］Susan R. Grayzel, *Women's Identities at War*：*Gender*，*Motherhood and Poitics in Britain and France During the First World War*，University of North Carolina Press，1999；Susan Pederson, *Family*，*Dependence and the Origins of the Welfare State*，Cambridge University Press，1993.

［31］J.H. Elliot, *Empires of the Atlantic World*：*Britain and Spain in America*，*1492—1830*，Yale University Press，2006，p.xvii.

［32］Ibid.，p.xviii.

［33］J.H. Elliot, *Times Literary Supplement*，23 June 1989，p.699.

［34］Bernard Bailyn, 引自 Colin Brooks, "Bernard Bailyn and the Scope of American History", in William Lampont(ed.), *Historical Controversies and Historian*，UCL Press，1998，pp.170—171。

［35］有关这一论题的清晰的大量资料分析，见 North Carlin, *The Causes of the English Civil War*，Blackwell，1999。

［36］Simon Szreter, *Fertility*，*Class and Gender in Britain*，*1860—1940*，Cambridge University Press，1996.

［37］Wally Seccombe, "Starting to Stop：Working-Class Fertility Decline", *Past & Present*，CXXVI，1990；Hera Cook, *The Long Sexual Revolution*：*English Women*，*Sex*，*and Conraception*，*1800—1975*，Oxford University Press，2004.

［38］R.W. Chapman(ed.), *Boswell's Life of Johnson*，Oxford University Press，1953，p.304.

［39］Richard Cobb, *A Second Identity*，Oxford University Press，1969，pp.19—20.

［40］H. Stuart Hughes, *History as Art and as Science*，Chicago University Press，1964，pp.65—66.

［41］M.M. Reese(ed.), *Gibbon's Autobiography*，Rountledge & Kegan Paul，1970，p.99.

［42］Theodore Zeldin, "After Braudel", *The Listener*，5 November 1981，p.542.

［43］Galbraith, *Introduction*，p.4.

第七章 历史知识的局限性

历史学家对他们学科的特征做出多种判断，但历史叙述能够传达超出作者个人对过去看法之外的信息吗？本章将考察围绕历史研究的基本性质的争论。一方面，实证主义观点将历史学视为某种形式的科学，历史学家从过硬的证据中收集事实、得出有效的结论；另一方面，观念论者强调，历史记录的不完整和不准确迫使历史学家在很大程度上将直觉和想象力应用于研究之中。对这两种观点提出挑战的是后现代主义者，他们指出，具有高度主观性的价值判断和预设不仅存在于历史记录中，而且存在于历史学家用于表达他们思想的语言中。这是否意味着客观历史叙述是不可能的？如果是这样的话，那么，研究者应如何对待质疑历史学作为一门学科而存在的哲学呢？

∽∽∽∽∽∽

本书的此前各章在本质上是描述性的，意在揭示历史学家如何从事他们的研究——他们的导向性预设、他们对证据的处理和他们对结论的表述。现在到了就历史研究的性质提出一些根本性问题的时候：我们有关过去的知识的基础有多可靠？历史事实能够被视为给定的吗？应该赋予历史解释以什么样的地位？历史学家能够做到客观吗？对这些问题的答案存在着广泛的分歧，而且引发了激烈的争论，其中大部分争论是由来自历史学家群体之外的批评激发的。就其研究成果的地位问题，该专业存在着深刻的分歧。G.R.埃尔顿等人是一个极端，他们坚持认为，诚实面对证据与虚心接受研究方法的训练稳步扩大了某种历史知识的存量；不管专业历史学家是否喜欢这种论断，历史学都是一门逐渐积累发展的学科。[1] 在另一个极端的学者持下述观点,即历史学家所能提供的东西在本质上是个人对过去的认识,"每个人都有权利提出他自己的观点"。[2]尽管专业历史学家的认识更倾向于埃尔顿的观点,但处在两种极端之间的各种观点都能在该专业中找到支持者。历史学家就他们从事研究的确切性质的认识处于一种混乱状态,这种认识上的混乱通常并没有以明确的方式表现出来,不像他们就一些重大解释问题做出明确判断那样。

一

历史学是一门科学吗?

问历史学或任何其他学科这种问题是在涉足哲学领域,因为引发争议的问题是知识本身的性质。自文艺复兴运动以来,有关历史知识地位的问题一直能在哲学家中引起激烈争论。大多数从事实际研究的历史学家——甚至那些倾向于对他们技艺的性质做出反思的历史学家——很少会关注这些争论,他们有某种理由相信,争论通常只会使问题更模糊,而不是更清楚。但使历史学家产生分化的这种激烈争论反映了一种在哲学家之间热烈争论的传统。在 19 世纪,两种明显对立的立场围绕历史学是不是一门科学的问题而形成,近至 20 世纪 60 年代,这仍然是历史学中一个关键性的**认识论的**(epistemological)问题。在我们自身所处的时代,争论的领域已经转向语言的性质和它对现实世界——过去和现在——的影响程度。现在,我们将对这两种争论——科学的和语言学的——依次做出考察。

> **认识论的:** 与知识理论相关的,即与我们是如何认识事物的理论相关的。

在有关历史学与科学关系的争论中,中心问题一直是是否应该以对自然现象同样的方式来研究人类。那些以肯定方式回答这一问题的人相信方法论的统一性,认为各种符合规范的研究在方法论上统一于对人类社会和自然界法则的揭示。他们论证道,历史学运用与自然科学同样的研究程序,其研究成果应该用科学的标准加以评判。就历史学事实上在多大程度上满足这些要求,他们的认识也许存在分歧,但他们都认为,仅当历史知识遵照科学方法得出时,它才是有效的。在 20 世纪,有关科学性质的概念被极大地修正,但 19 世纪的观点是非常简单明了的。所有科学知识的基础都是由**客观公正的**(disinterested)、"被动"的观察者对现实存在做出的细致和精确的观察，对同一现象反复观察的结果就是某种一般法则或"规律"，

155 它适用于所有已知的事实，并能解释所观察到的规律性。这种"归纳"或"经验"方法的前提在于，一般性法则合乎逻辑地从对事实的观察中产生，而且科学家是在不带任何预设和道德倾向下从事研究的。

客观公正的：中立的、客观的。不要混同于"不感兴趣的"(uninterested)。

实证主义：从事实中做出归纳

作为在理论和应用研究中取得巨大进展的结果，科学在19世纪享有了无与伦比的声望。如果它的方法揭示了自然界的秘密，那么，难道它不会同样是理解社会和文化的关键吗？"实证主义"是赋予一种知识哲学的名称，它以经典的、19世纪的形式阐明了这种方法。它对历史研究的影响是清晰可见的。历史学家的首要任务就是积累有关过去事实的知识——这些事实可以通过运用原始资料的考证方法予以确证，这些事实又反过来决定过去应该如何加以解释。在这个过程中，历史学家的信念和价值观都是不相关的，他们唯一的关注就是确定事实与合乎逻辑地推导出一般性法则。奥古斯特·孔德(Auguste Comte)是19世纪最具影响力的实证主义哲学家，他相信历史学家将会适时地揭示历史发展的"规律"。偶尔也会有非常坚定的实证主义者[3]，但今天的学者更倾向于一种不那么严格的实证主义方法。今天的实证主义者坚持认为，历史研究不可能产生它自身的规律，相反，历史解释的本质在于正确运用来自其他学科的一般性法则，诸如经济学、社会学和心理学等学科，这些学科据信是依据科学方法发现法则的。

观念论：直觉和移情

第二种立场同一种被称为"观念论"的哲学流派相对应，它拒斥实证主义的基本假设。根据这种观点，人类事件必须仔细地同自然现象区分开来，因为研究者对研究对象的认同为更充分的认知开启了方便之门，这是自然科学家所无法企及的。自然现象仅能从外部加以认知，而人类事件却有着基本的"内在"因素，包括行为主体的意图、情感和心态等。一旦研究者涉足这一领域，归纳方法的用处就极为有限。相反，过去事件的真实状况必须通过一种在想象中对过去人们的认同来加以

理解,这种认同依赖直觉和移情——这些技能在古典的科学方法观中是不存在的。　156
因此,根据观念论者的观点,历史知识具有内在的主观性,它所揭示的真理更接近
艺术家意义上的,而不是科学家意义上的真理。此外,历史学家关注个体的、独特
的事件。社会科学所揭示的一般性法则不适用于对过去的研究,历史学无法发现
自身的一般法则或规律。

　　这种观点会自然地让人想起 19 世纪历史主义的倡导者,他们要求对每个时代
都应该根据其自身的状况加以理解,他们在研究实践中强调由"伟人"的行为和意
图构成的政治叙事的重要性。兰克作为严格资料考证倡导者的声望,有时掩盖了
他对思辨和想象的强调。他坚持认为:"在艰苦的考证之后,需要的是直觉。"[4]在
英语世界中,对观念论的立场做出最具原创性和最精致论述的是哲学家和历史学
家 R.G.柯林伍德(R. G. Collingwood)。在他的遗著《历史的观念》(*The Idea of
History*, 1946)中,他坚持认为,所有历史在本质上都是思想史,历史学家的任务就
是在其头脑中重演过去个体的思想和意图。柯林伍德的影响在今天"科学"理论的
反对者中是明显的,比如西奥多·泽尔丁就哀叹历史学有变成一个"咖啡馆"的趋
势,历史学家们在其中讨论其他学科在时间观问题上的研究成果,泽尔丁要为那种
关注个体和他们的情感的历史学辩护。[5]与之相反,主张历史学是科学的观点却被
那些研究集体行为——例如选举或消费——的历史学家更认真地对待,因为在这
些领域,规律性是非常明显的,它们有时能够构成发现重要法则的可靠基础。

　　但实证主义和观念论之间无法解决的争执的影响,远甚于在传统的政治史与
最近的经济史和社会史研究之间的分歧的影响。它有助于解释为什么在历史学家
之间存在如此大的分歧,从原始资料的考证直到完成解释的最终成果,历史学家几
乎对其工作的每个方面的性质都有巨大分歧。

二

不完整的和被歪曲的档案资料

　　19 世纪新型专业历史学家的自尊大多以严格的专业技能为基础,在确定原始
资料的来源并对它们进行考证方面,这种专业技能已经接近完善。自那时起,他们
所确立的原则支配着历史学家的研究实践,以至于整个现代历史知识的大厦就建
在对原始档案资料进行艰辛考证的基础上。但"忠实于你研究的资料"的告诫似乎　157

并不像它乍看起来那样直接明了,持怀疑态度的人提出了许多质疑。第一,历史学家所能获得的原始资料是一种不完整的档案资料,这种不完整不仅是因为如此多的档案被偶然或故意地毁坏,而且在更根本意义上是因为大量发生的事件根本就没有任何记录。这种情况尤其适用于思想过程,不管是有意识的思想,还是无意识的心理。历史人物——不管多么著名和能够清楚地表达思想——也只能记下他或她思想和设想的极少部分。通常一些最具影响力的信念是那些被视为想当然的东西,因而不会在档案记录中加以讨论。

第二,资料与其说是被作者有意歪曲,不如说是被他或她所处时空条件形成的预设的局限性所歪曲,后者更难加以识别。"所谓的历史'资料'仅记录那些能引起记录者足够兴趣的事实"[6],或者更具挑衅意味地讲,历史记录永远控制在统治阶级手中,而这类记录构成了保存下来资料的绝大部分。就档案而言,这一点尤其值得记住。正如我在第五章中所解释的,档案不仅是政府的档案,而且是政府的一种工具;档案记录的准确性受到行政管理人员偏好和偏见的扭曲。

在这些批评中有某种真理性成分,但那些将批评推向极端的人,无意中表现出了对历史学家实际如何从事研究的无知。研究者能够从一系列档案资料中了解到的东西,并不局限于它明确表达的内容。如果恰当地加以运用,考证方法既能够使历史学家甄别出作者有意识的歪曲,又能够洞察到作者的一些无意识心理——用拉斐尔·萨缪尔那句有益于人们思考的话来表述,就是"对照档案资料的纹理来发掘意义"。[7]大多数批评都指向被公众误解的历史研究方法,即原始资料是目击者的证据——像所有目击者一样,历史的目击者也是容易犯错误的,但在历史研究中,无法进行对照性考证。然而,正如我们在第四章中所揭示的,历史学家所使用的大量资料都是由档案资料构成的,档案制作本身就构成需要加以研究的事件或过程。例如,对格莱斯顿的性格或中世纪大法官法庭的管理机制感兴趣的历史学家,其研究并非取决于当时人们的记述或印象(尽管这些可能也是有趣的),他们的研究可能是基于格莱斯顿本人的私人信件和日记,或基于在法庭处理日常事务过程中产生的档案。而且,后世学者对原始资料予以更多关注并非作者所能预想到的,那些并非他或她主要想表达的信息却提供了对用其他方式不易理解的过去的深刻洞察。简言之,历史学家并不会局限于档案编撰者的思想范畴。[8]

过于丰富的档案资料

但是,认为历史学家只需遵从档案资料所指引的方向的观点还有第三个,也是更难于克服的困难,这就是有过于丰富的资料可供使用。确实,这些资料也许是一套非常不完整的资料,然而对并不遥远的时代和地点而言,它们保存下来的数量超出了我们的处理能力。这是只有在 20 世纪才开始出现的问题。19 世纪的历史学家,尤其是那些有着实证主义倾向的历史学家相信,当原始资料研究能够发掘出完整的历史事实时,就能够完成最终的历史书写。这些事实中的许多情节似乎是模糊的和琐碎的,但结合起来,它们最终能够明确揭示历史真相。这些作者并未察觉他们研究方法的局限性,他们是以一种非常狭隘的方式看待历史研究内容和原始资料的。当阿克顿写下"将要出现的几乎所有证据都来自目前可以接触到的资料"[9]时,他所指的仅仅是大量保存下来的政府档案。在阿克顿生活的时代之后,历史研究的论题有了巨大的扩展,一整套新的资料体系已经被建立起来,而这套资料体系的重要性在 19 世纪很少被认识到。历史学在理论上可能要包括几乎无限的内容,因此现代历史学家被迫对历史"事实"这一概念进行严格而仔细的审视。

什么是事实?

有时对历史学中的"事实"概念提出的反对意见是基于如下理由,即它们依赖一种不充分的证据标准:大多数被误认为历史"事实"的东西实际上是依据推理得出的。历史学家是在体会言外之意,或者从几个矛盾的线索中确定实际发生的现象,又或者只不过是断定作者说的可能是实话。但在所有这些情况下,历史学家都不可能以物理学家的方式来观察事实。历史学家一般没有时间去做这种反思。形式逻辑上的证明也许超出了他们的能力所及,至关重要的是确保推理的有效性。在实践中,历史学家花费大量时间争辩和完善能够合理地从资料中推导出来的推论,而历史事实可以说是建立在这种被专家广泛接受的有效推论之上的。他们由此能够合理地发问:谁还能要求比这更多的东西呢? 159

历史学家对有关过去存在明显无限数量的事实的现实深感苦恼,这些事实是能够以上述方式加以确证的。如果人类的整个过去都在历史学家的研究范围之内,那么可以说,有关过去的每种事实都有权利得到我们的关注。但历史学家并不是在这种假设的基础上从事研究的,即使是在某一明确界定的时期的某些有限方面从事研究的专家也不例外。实际上,与研究问题有关的事实数量无穷,那些决心仅由事实引领的历史学家不会得出任何结论。因此,有关历史学家能够不带任何主观意识地去认识事实的常识性观念(实证主义的中心信条)只是一种幻想。事实不是给定的,它们是被选择的。尽管表面如此,但事实实际上绝不会自己说话。一种历史叙事不管多么详细,其作者不管多么致力于重建过去,它也绝不源于现成资料。许多事件由于微不足道而被忽略,那些确实在叙事中占有位置的事件也往往是通过一个特定参与者或一个小团体的视角来加以观察的。分析史学的选择性就更为明显,其中,作者的意图就是用最大的解释力来对一些因素进行抽象。各种历史书写都既是由它所忽略的因素,又是由它所考虑的因素决定的。这就是E.H.卡尔在过去的事实和历史事实之间做出区分的意义所在。前者是无限的,就其整体而言是不可知的;后者是由各代历史学家出于重建和解释历史的目的而进行选择的结果:"历史事实不可能是纯客观的,只是由于历史学家赋予它们以意义,它们才成为历史事实。"[10]

事实的选择和舍弃

如果历史事实是选择的结果,那么,确定在选择时使用的标准就是重要的。有被共同接受的原则,还是纯粹靠个人的一时兴起?自兰克时代以来,被多数人赞同的答案是,历史学家关注揭示所考察事件的本质。内米尔用隐喻的方式表述了这种观点:

> 历史学家的作用类似于画家,而不同于照相机。历史学家发现并列出、摘选并强调事物的本质,而不是不加选择地复制眼睛所看到的一切。[11]

160　　但这只不过是在重复最初的问题,即如何确定"事物的本质"。如果公开承认判定是否有价值的标准是由历史学家正在试图解决的历史问题的特性所决定的,也许会减轻人们的困惑。正如 M.M.波斯坦(M. M. Postan)所提出的:

> 历史事实,甚至那些用历史术语来表述的"确实和可靠"的事实,也只不过是相关的事实,即过去现象的某些**方面**(facet)恰巧与历史研究者在研究时的偏好相关联。

方面: 特点、特征。

随着新的历史事实被接受成为标准事实,旧的历史事实就不再流行,就像波斯坦略带恶意的评论那样,只有那些充斥着"前历史事实"(ex-fact)的教科书除外。[12]

这种观点存在夸大的成分。历史知识富含诸如伦敦大火或查理一世被处死等事实,这些事实的真实性对所有实际研究而言都是不容置疑的。埃尔顿等批评者抓住这一点来质疑在过去的事实和历史事实之间的区分,他们认为,这种区分会将危险的主观性因素引入历史研究。[13]但正如那些做过专业历史研究的人所了解的,历史书写绝非完全由,甚至不是主要由这些不容置疑的事实构成。有关将这一套,而不是那一套事实包括在历史书写中的决定,强烈地受到指导历史学家的研究目标的影响。

因此很明显,事实的选择在很大程度上取决于历史学家在研究开始时所想到的问题类型。正如我们在第五章中所讨论的,选择一种丰富的、以前未利用过的原始资料,并以它所产生的问题为指导,这有一些值得探讨的地方。这种方法的困难在于,人们实际上不可能以一种完全开放式的思维来研究资料,在从事任何研究之前对一些相关权威著述的阅读都会产生先入之见。即使并没有形成特定的问题,研究者也肯定是带着某些预设来研究资料的,这些预设可能仅仅是对目前正统观点不加反思地接受。研究的结果仅仅是在现行解释框架内进行细节说明或改变其侧重点。

历史学的假设

当历史学家提出一种得到明确阐释的假设,而且能够对照证据加以检验时,更可能取得在历史认知上的重大进步。答案也许同假设不一致,那么原来的假设必须予以抛弃或修正,但仅仅提出新的问题就会产生重要成果,会使历史学家去关注 161 那些熟悉问题的不熟悉方面和那些已被整理得很好的资料中未被怀疑的部分。对英国内战起源的研究(我在第六章中讨论过)能够说明这一点。19 世纪的历史学家将它作为一种政治和宗教意识形态斗争的问题加以研究,他们从大量保存下来的有关 17 世纪早期英格兰的资料中选择相应的材料。而从 20 世纪 30 年代以来,越来越多的学者寻求检验马克思主义有关冲突的观点,作为结果,那些同乡绅、贵族和城市资产阶级的经济命运相关联的新材料变得至关重要。从 20 世纪 70 年代以来,几位历史学家使用一种"内米尔式"的研究方法,其中宪政和军事斗争被视为不同政治派别间对抗的表现,因此,关系网络和宫廷阴谋目前成为关注的重点。关键并不在于是马克思主义的,还是内米尔式的立场构成了对战争的一种更全面的解释,而在于每个假设都将某些以前被忽略的因素纳入关注范围,它们将对未来的所有解释都产生影响。马克·布洛赫就是在假设的基础上开展研究的,他明确地提出了这个问题:

> 每种历史研究都以在研究开始时就有一个方向为前提。一开始,肯定有某种指导性倾向。仅仅是被动的观察(我们假设这样的研究是可能的),未曾对任何科学做出过有益的贡献。[14]

科学研究范式

重要的是,今天的科学家大多已经达成共识。实证主义理论仍然在外行的科学观中居于支配地位,但在科学家共同体中已经不再具有多大说服力。归纳思维和被动观察已经不再被视为科学方法的标志。相反,所有观察——不管是对自然世界的,还是对人类世界的——都具有选择性,因此都是以一种假设或理论为前提的,而不管这种假设或理论多么缺乏逻辑连贯性。在**卡尔·波普尔**(Karl Popper)颇具影响的观点中,科学知识不是由法则构成的,而是由现有最好的假设构成的,它是暂时性的,而不是确定性的知识。我们的认知是通过系统地提出新的假设而取得进步的,这些假设超出了目前所能获得的证据范围,必须对照进一步的观察予以检验,这些观察要么驳斥了,要么强化了那种假设。因为假设超出了现有的证据范围,162 所以它们必然包含一些洞察力或创造力上的进步,通常越大胆越好。因此,科学方法是在假设和努力反驳之间,或者是在创造性思维和批判性思维之间的对话。[15]对历史学家而言,相比过去的科学定义,这是一种更接近他们想法的科学定义。

> **卡尔·波普尔**(1902—1994年):英国科学家和哲学家。波普尔拒绝接受归纳法作为科学研究的基础,他认为科学观察的正确作用是反驳现存的理论,而不是努力证实它们。

想象力的重要性

尽管历史学和自然科学也许在一些基本的方法论假设上是一致的,但仍然存在一些重要的差别。第一,在历史学中,想象力被允许发挥更大的作用。它绝非仅局限于假设的提出,而是渗透于历史学家的思维中。历史学家毕竟不是只关注于解释过去,他们还努力重构或重建过去,以揭示生活是如何被经历的,以及它可能是如何被理解的,这就要求在想象中重建过去人们的心态和所处的氛围。在坚持所有历史都是思想史的观点上,柯林伍德不适当地限制了历史学的研究范围。但在主张对档案资料的考证依赖于对资料所体现的思想的重构上,他的观点肯定是正确的。在能够实现别的目标之前,历史学家必须首先努力进入那些写作这些资料的人的内心世界。

进一步而言,尽管兰克、柯林伍德等观念论者过分夸大了事件的“独特性”,但个体事件和人物肯定是历史研究的合理和必然的对象,个体行为的多样性和不可预测性(与群体行为的规律性相对立)要求研究者在具有逻辑思维和考证技能的同时,具有移情和直觉方面的素养。科学家经常会通过试验获得他们所需的数据资料,而历史学家则会不断地面对证据资料上的空白。这些空白,只能通过研究者形成的对可能发生事件敏锐的感觉来予以填补,而这种感觉源自长期钻研保存下来的档案资料所形成的一种想象。在所有这些方面,想象力对历史学家而言都是至关重要的。它不仅会产生丰富的假设,而且会被运用于对过去事件和情势的重构,由此能够对那些假设做出检验。

不可能达成一致意见

在历史学和自然科学之间的第二个,甚至更关键的区别在于,历史学家提出的解释的信誉要远逊于科学解释。确实,科学解释也许只不过是暂时性的假设,但它们大多是所有有资格进行评判的人达成共识的假设。它们也许会在某一天被替代,但它们可能是目前最接近真理的,而且被公认为如此。然而,在历史解释问题上,则很少能够达成一种学术上的一致意见。对已知事实也许并不存在质疑,但如何理解或解释它们,却是会引发无休止争议的问题,正如英国内战的例子所说明的。"派系假设"并未替代"阶级冲突假设"或"意识形态假设",所有这些观点都还在继续流行,并由不同历史学家给予不同程度的支持。

产生这种多样观点的原因在于历史变迁的复杂结构。在第六章中,我们考察了个体和集体行为是如何受大量不同因素影响的。这里需要强调的是,因为因果关系要素的确切结构是无法重复的,所以每种历史情势都是独特的。例如,人们也许会论证,欧洲列强在 20 世纪 50 年代和 60 年代从非洲大部分殖民地撤离的原因在大约 30 多个不同地区是相同的,但这仅是非常粗略的判断。殖民强国和民族主义运动的力量对比在各国是不同的,这又是由殖民地对宗主国的价值、殖民地经历的社会变迁,以及常住当地的欧洲人的规模等因素造成的。因此,实际上每个国家的情势都必须具体地加以研究,而且很可能会获得不同的研究发现,结果就是建构全面历史因果关系理论的基础是根本不存在的。

多样的假设

如果能对特定事件的解释达成共识,那么无法建构全面的历史因果关系理论也许并不是什么大不了的事情,但这种更为节制的目标有时也为历史学家所回避。这里的问题在于,历史学家所能获得的证据绝不都是完全充分和清楚明了的,以致他们无法不对因果解释提出质疑。这甚至适用于那些有着最完善的档案记录的事件。在像第一次世界大战起源这样的例子中,现有资料提供了有关主要人物的动机、一系列外交活动、民意状况、军备竞赛的不断加剧、所有参战国的经济力量对比等内容的丰富证据材料。但单凭这些证据,我们无法知道这些多样因素的相对重要性,也无法看到有关它们是如何彼此互动的整体图景。[16] 在许多例子中,资料根本没有直接触及历史解释的中心问题。一些对人类行为产生影响的因素,诸如自然环境或神经质的和非理性的因素仅被模糊地提及,其他因素也许产生了直接影

164 响,却并未在资料中予以记述。因此,历史解释问题不可能仅仅通过参照证据资料加以解决。历史学家还必须接受他们对特定历史背景中可能发生事情的直觉意识的指导,而这种直觉意识是通过对人性的认识,通过思想前后连贯性的要求形成的。在每个这样的领域中,历史学家都不可能达成一致。结果,在任何一个时间都可能有几种不同的假设在发挥指导作用。**雅各布·布克哈特**(Jakob Burckhardt)在他的《意大利文艺复兴时期的文化》(*Civilization of the Renaissance in Italy*,1860)的序言中坦率地承认了这一问题:

> 在我们所探索的广阔领域中,可能会有很多方法和方向;从事同样的研究的其他人不仅会有完全不同的处理和应用方法,而且会得出本质上完全不同的结论。[17]

雅各布·布克哈特(1818—1897 年):瑞士历史学家,他由于创造了"文艺复兴"(Renaissance,即法语的"再生")一词来描述 15 世纪意大利的文化变迁和古典文化的复兴而名声大噪。

相比自然科学而言,历史学不存在争议的知识领域非常少,而且通常也是一些非常不重要的领域。这就是今天历史学主张"客观性"的支持者所面临的一个关键性问题。[18]

三

作为选择者的历史学家

这种在历史学和自然科学之间的比较,在某种程度上也许是人为的,因为大多

数人有关科学知识的假设仍然是 19 世纪实证主义过时的残留物。相比通常的假定而言,科学知识实际上没有那么确定和客观。但这种比较确实能使我们认识到,我们有关过去的知识有多么依赖历史学家自身做出的选择。常识性的观念认为,历史学家的任务仅仅是发现过去所发生的事情和记述他所发现的,但这种观念是站不住脚的。历史研究的本质是选择——选择"相关"资料,选择"历史"事实和选择"有意义"的解释。在研究的每一阶段,研究的方向和结果都是由研究者和资料共同决定的。很明显,实证主义者要求将事实判断和价值判断进行严格分离的规定,在历史学中是行不通的。在这种意义上,历史知识不是,也不可能是"客观"的,即从**经验主义**(emprism)的视角看,历史知识整体上源于研究的目标。这并不意味着历史知识是任意的或虚幻的,像一些怀疑论者所假设的那样。但确实能够得出的结论是,当我们就历史知识的真实性做出任何结论性判断之前,必须对历史学家自身的假设和态度进行仔细的评估。

> **经验主义:** 从实验和经验,而不是从理论原则做出推理。尽管严格的科学实验是某种形式的经验主义,但基于不严谨"常识"的推理也是一种经验主义,后者可能会将经验主义置于一种不牢固的学术地位上。

历史学家所处的背景

在某种程度上,那些选择的标准能够被视为是历史学家的个人特性所致。研 165 究实践是一种个体性的,通常是非常私人性的体验,没有哪两个历史学家会对资料做出具有同样想象力的反应。正如理查德·科布所指出的:"历史书写是一个人的个性最充分和最有价值的表现。"[19]但不管历史学家追求多么高深精妙的研究,他们也像所有其他人一样会受到自身所处社会的假设和价值观的影响,因此考察历史解释是如何受到社会,而不是个人经验所塑造更具说服力。因为社会价值观是在不断变化的,由此可以推断出历史解释也会被不断修正。在某个时代认为过去值得关注的事情,也许非常不同于以前各个时代认为有价值的事情。自历史学成为一门专业学科以来,这一原则已在相对较短的时间内被多次证明。对兰克和他的同时代人而言,统治着那个时代欧洲的主权民族国家似乎是历史进程的巅峰,国家是推动历史变迁的主要动力,人类的命运大体是由国家间力量对比的变化所决定的。这种世界观由于第一次世界大战而受到严重质疑。1919 年以后,学者以带有更多偏见的眼光看待民族国家。与此同时,他们对国际主义的历史与普通人的历史的兴趣在不断增加,后者表现在社会史研究中。

最近,历史学家研究欧洲和美国以外世界的方式已经由于他们所经历的变化而发生转变。50 年前,非洲史研究仍然只被视为欧洲扩张的一个方面,其中土著人很少占据重要位置,除非是作为白人制定政策和提出看法的对象。今天,人们的看法就非常不同。非洲史研究有其自身的合理性,它既包括殖民前的历史,又包括非洲人所经历的殖民统治和对它的反应,并且还强调非洲历史发展的连续性——这些在以前是由于强调欧洲的占领而被完全忽视的。那些连续性已经被重新加以评估:在 20 世纪 60 年代,研究非洲的历史学家主要关注将非洲民族主义置于殖民前国家的形成和反抗殖民统治的历史观下考察;但目前,在对非洲独立后 50 年发展成果感到失望后,他们主要关注非洲贫困不断加深的历史原因。研究非洲历史的历史学家,在一生的时间里所应用的判断研究是否重要的标准已经进行了两次重大修正。

166   不过,指出每一代(或 10 年)人都会重写历史,这只是真理的一部分,而且如果将它理解为一种认同被另一种认同所替代,那确实是具有误导性的。就在中世纪鼎盛时期或文艺复兴时期书写的历史而言,学术认同也许是存在的,因为历史学家和他们的读者获得历史知识的来源都非常有限,而且在这段时间里,历史学家之间的分歧在他们所共同持有的价值观面前似乎是微不足道的。但在 20 世纪,西方社会普遍识字的实现和教育范围的扩大,意味着目前的历史书写将反映更大范围的价值观和假设。诸如拿破仑·波拿巴(Napoleon Bonaparte)和亚伯拉罕·林肯(Abraham Lincoln)等过去的杰出政治人物,在专业历史学家和普通百姓中都被以分歧很大的不同方式加以解释,他们部分是根据自身的政治价值观来做出解释的。[20]诸如**彼得·拉斯莱特**(Peter Laslett)等自由派或保守派历史学家倾向于将前工业时期英格兰的社会关系视为互惠性的,而诸如 E.P.汤普森等具有激进倾向的历史学家则将社会关系视为剥削性的。[21]**迈克尔·霍华德**(Michael Howard)公开承认持有某种被广泛持有的偏见——这种偏见支持一种自由主义的政治制度,只有在这种制度下,历史学家才被允许不经审查地从事著述。[22]不过,许多其他历史学家更看重物质进步或社会关系的平等,而不是思想和言论自由。历史解释是一种价值判断问题,或多或少受到道德和政治观念的影响。在 20 世纪初,阿克顿在剑桥大学的继承者 J.B.伯里(J. B. Bury)用这样的文字期待科学历史学的诞生:"尽管有许多政治哲学学派,但不再会有不同的历史学派。"[23]但只要有许多政治哲学学派就会有许多历史学派的说法,也许更接近真理。自相矛盾的是,在所有历史研究中都有现代意识的成分。

彼得·拉斯莱特(1915—2001 年):英国历史学家。他是英国家庭史研究的开拓者。他的社会史研究的开创性著作《失去的世界》(*The World We Have Lost*,1965)颠覆了许多有关近代早期英格兰日常生活的被广泛接受的假设。

迈克尔·霍华德(1922—2018 年):英国军事史学家,1980—1989 年牛津近代史的钦定讲座教授。

对起源的探索

当然,问题在于确定现代意识在哪些方面同历史学家忠实于过去的愿望相冲突。冲突在这些作者身上表现得最为明显,他们仔细考察过去,搜寻支持某种特定意识形态的资料,或证伪某种意识形态以支持某种政治纲领,正如纳粹历史学家在德意志第三帝国统治时期所做的,以及犹太人大屠杀否定论支持者在今天所做的。这类著述是宣传,而不是历史,专业人士通常——有时普通人也会——明白证据已经被掩盖或者是伪造的。在历史学家中,现代意识通常表现为两种形式。第一种 167 是对现代世界历史或它的某些特别突出的特征——例如核心家庭或议会民主制——的起源的兴趣。从本质上看,这是对发挥社会现实作用要求的积极反应,也具有提供一个明确选择原则的优点,以使人们更好地理解过去,但它也有失之肤浅,甚至歪曲史实的风险。探求某种颇具"现代"特征的历史前提的问题在于,其结果似乎很容易被看成是预先决定的,而不是由复杂历史过程导致的。抽象出一种发展线索以追溯它的起源,经常意味着漠视历史背景。研究回溯得越久远,就越有可能强调线性继承关系,由此忽略所研究的制度或习俗在它所处时代的意义。因此,19 世纪辉格派历史学家完全错误地理解了中世纪英格兰政府的结构,这是因为他们过分关注议会制度的起源。正如巴特菲尔德(Butterfield)在《历史的辉格解释》(*The Whig Interpretation of History*,1931)中所提出的——这也许是迄今对受现代意识影响的历史学最具影响的反诘——"可以这么说,挂念着现实去研究历史,是历史学中所有错误和诡辩的起源所在,首先会产生的是时代错置的错误"。[24] "辉格派"历史学表示出一种低估过去和现在差别的倾向——将现代思维方式强加给过去的人们,不重视那些过去的经验中对现代思想而言陌生的方面。以这种方式,它大大削弱了历史学的社会价值,而其价值大体来源于它提供了大量同我们所处时代不同的经验。

为被压迫者发声

今天,具有现代意识的历史学[或现在主义(presentism)]的第二种变体更为流行。这就是出于在政治上对某一社会群体的忠诚而书写的历史,而这个群体以前被流行的历史书写所忽视。正如我在第一章中所解释的,当前,有效的政治行动要求有一种被明确表达的社会记忆,提供这种记忆是英国和美国黑人历史学家与女性历史学家的一个主要目标,他们意在揭示以前被"从历史学中隐去的东西"。[25]正如我在第十章中将要揭示的,这些领域有很多著名的研究成果,但由于种族或性别特殊论被允许自由地表达,因此在塑造一种预先确定的跨时代认同的过程中,"过去"和"现在"之间的差别也许会被低估。于是,在跨大西洋奴隶贸易中,西非各社会的共谋犯罪行为也许会被忽略,而 19 世纪大多数女权运动中的性保守主义也会被忽略,这些历史学家不会去努力理解在这个过程中同样发挥作用的其他集团的经验。这种扭曲易于造成糟糕的历史书写,它们还会产生附带的后果,即推动保守派历史学家为既有制度做比过去更顽固的辩护。

168

"每个人都是他自己的历史学家"

如果历史研究的结果受研究者偏好的影响如此大,并能够如此容易地因为另一位研究者的介入而改变,那么它如何能够由于对知识做出重要贡献而获得可靠的声誉呢?如果事实和价值不可分割地联系在一起,那么如何能在好的和不好的历史研究之间做出区分呢?两次世界大战期间,在一些地区,承认怀疑论者的大多数——如果不是全部的话——研究结论成为一种潮流。这些历史学家断言,历史解释只有满足了写作它的时代的需要,才能被视为真实的。通过使用"每个人都是他自己的历史学家"[26]这个短语,美国学者卡尔·M.贝克尔(Carl M. Becker)抛弃了写作信史的渴望,而这种渴望是自兰克以来这个专业的特征所在。

这种主张的后果令人不安。并不令人感到奇怪的是,历史学家不会心甘情愿地允许其学科要求获得学术尊重的权利被如此轻易地放弃。在过去 50 年间,正统派对相对主义的反应,本质上就是对历史主义的一种重新阐述。他们论证,历史学家必须摒弃任何外在于他们所研究时代的标准或偏好。他们的目标是根据过去本身的状况来理解过去,或"从内部来理解某一特定问题"。[27]历史学家应该沉浸于他们所研究时代的价值观,应该努力从参与那个时代社会活动的人的视角来看待发生的事件。只有这样,他们才能忠实于他们所研究的资料和他们的职业。

但这种有关用过去的声音说话的主张是经不起推敲的。表面上看,历史学家似乎非常成功地理解了他们所研究的那些时代的价值观:研究外交史的历史学家通常会接受"国家理性"(raison d'état)的伦理规范,这种规范支配着欧洲自文艺复兴以来的国际关系行为;研究一场政治运动的历史学家也许能够很好地实现对其成员观点和渴望的移情研究。不过,一旦历史学家将其研究对象扩及更为广泛的整个社会,"时代标准"就成为一个引发质疑的用语。应该接受谁的标准——富人的,还是穷人的? 被殖民者的,还是殖民者的? 清教徒的,还是天主教徒的? 假定历史学家将抛弃所有有关"现实作用"的要求以确保其研究的客观性,这是错误的。实际上,他们的书写面临两种危险。一方面,他们也许会发现自身受到那些创作这些资料的人的偏好和预设的制约;另一方面,最终研究成果很可能会受到——如果只是无意识的话——历史学家自身价值观的影响,这种影响很难排除,因为它们是潜意识的存在。埃尔顿的研究表现了这两种趋势:他关于都铎时期的英格兰的著述是通过独裁的、家长制的官僚的视角进行考察的,埃尔顿非常熟悉相关的档案资料,而且这些官僚的看法也明显接近于埃尔顿自身的保守主义信念。[28]重建历史是一种合理的追求,但假设它能够被完全实现或它有可能蕴含着有关过去的客观知识,却是错误的。

历史学与后见之明

严格的历史主义方法还会遭遇另外一个严重的困难。我们永远也不可能像身处某一历史时刻的人们所经历的那样,去重新体验那个时刻的真实意味。因为我们与他们不一样,我们知道接下来会发生什么,我们赋予某一特定事件的意义不可避免地受到这种知识的影响。这就是能够对柯林伍德的观点提出的最具说服力的反对意见之一,而柯林伍德认为,历史学家能够重演过去个体的思想。不管喜欢与否,历史学家都在居高临下地考察过去,这种优越地位是后见之明赋予的。一些历史学家竭尽全力要摒弃这种优势地位,他们努力将研究限制在几年,甚至几个月的历史上,以使他们能够给出详尽的叙事,而尽量减少选择或解释。但完全消除后见之明,在思维过程中是不可能的。此外,后见之明为什么不应被视为一种可资利用的优势,而应被视为要克服的缺陷呢? 正是由于相对于我们研究对象在时间上的有利位置,我们才能够理解过去——确定历史参与者未意识到的制约因素,看到他们行为的实际,而不是设想的结果。严格说来,"具有其自身合理性的历史学"必然会放弃大部分使研究对象值得探讨的内容,也不可能实现完全公正的预期目标。

历史客观性问题不可能通过退回到具有其自身合理性的过去来加以回避。

四

后现代主义的挑战

到目前为止，这种对历史研究的评估暗示着对各种研究方法的一个等级排序，170 其中实证主义科学成为思想是否严密的最终评判标准。科学方法在这里被视为获得有关实在的——过去的和现在的——直接知识的唯一手段。历史主义研究方法提供了一种很难站得住脚的辩护，它由于缺乏科学方法而必然被视为较差的研究方法。只要历史还在被认真地加以研究，这场争论就会延续下去，而且并未表现出任何能够被解决的迹象。不过，在过去30年间，怀疑论的影响已经被人文学科的一次重大思想变迁所加强，一种新思想否认历史主义能够作为历史学和所有其他基于文本研究的学科的基础。这就是后现代主义。它的标志性观点就是认为语言优于经验，这导致对人类观察和解释外部世界，尤其是人类世界的能力的全面质疑。后现代主义对历史研究地位的不利影响可能会是严峻的，必须谨慎地予以应对。

语言霸权

现代语言理论所因袭的传统是由费迪南·德·索绪尔（Ferdinand de Saussure）在20世纪初首先阐发的。索绪尔宣称，语言远非一种中立的和被动的表达媒介，它是由自身的内部结构所支配的。在一个词和它所指代的对象或思想之间的——或用索绪尔的术语表述为在"能指"和"所指"之间的——关系最终是任意的。两种语言在词与物之间不可能有完全相同的匹配关系，在一种语言中有可能表达的某种思想或论述模式，却超出了另一种语言所能表达的范围。索绪尔由此得出结论，语言是非指示性的。换句话说，言语和写作应该被理解为某种由其自身法则所支配的语言结构，而不是对实在的反映，即语言不是考察世界的一个窗口，而是一个决定我们对世界认知的结构。这种理解语言的方式产生的直接后果就是降低了作者的地位：如果语言结构具有如此大的约束力，那么，某个文本的意义必然同语言的形式特征和作者的意图有着同等的联系，也许同前者的联系更大些。任何认为作者能够准确地将"自己"的意图传达给读者的想法都会落空。用一个被过多引用的短语来表述，即罗兰·巴特（Roland Barthes）提到的"作者死了"。[29] 人们可以同样认为传统意义上的文本考证者也死了,因为那些解释文本的人像那些撰写文本的人一样没有自主性。在文本之外不可能存在客观的历史研究方法,只有言语中的解释性要点可以从作者所能获得的语言资源中提炼。历史学家(或文学评论家)不是从一种占优势的地位上进行言说的。

不过,如果"语言"意指的是一种共同的结构和统一的习惯的话,那么,认为所 171有社会都只有一种"语言"是过分简单化的。任何语言都是一种有关意义的复杂体系——一种有着多重意义的符码,其中的语词通常对不同的读者有不同的意义。事实上,语言的力量部分地存在于它所传达的无意识层面的意义。这种文本分析在后现代主义圈子中被称为**"解构"**(deconstruction)[尽管该词可以追溯到雅克·德里达(Jacques Derrida)]。在这种分析中,学者不关注直接的或"表面"的意义,而是关注较不明显的意义。令人困惑的是,解构包括对同一文本的大量大胆的和彼此不一致的解读。解读文本的创造性方法——依次是戏谑、反讽和颠覆——是后现代学术思想的标志。[30]

> **解构主义者**(deconstructionist):也被称为"建构主义者"(constructionist),是历史学后现代主义的文学先驱。他们受到法国文学研究者雅克·德里达的启发,不仅强调对语词做文本分析的重要性,而且强调分析在语词中隐含的假设和社会价值或道德价值的重要性,甚至质疑文本实际所指的是否就是它的语词在理论上所意指的。

文本互见:文本和背景

不过,对大多数语言学转向的倡导者而言,我们"解读"文本的自由还是由"文本互见"施加了一些限制的。根据这种观点,过去的文本不应被孤立地看待,因为文本并非被孤立地撰写的。所有作者都使用同一种语言,这种语言已经服务于各种目的,就像它服务于作者的目的一样,读者也可以参照其他语言使用惯例来解释作者所写的东西。在任何特定的时间点上,文本世界都是由多种形式的作品构成的,每种作品都有它自身的文化类型、概念范畴和用词模式。简言之,每种文本都属于一种"话语"或语言应用体系。今天,"话语"一词在一种独特的被曲解的意义上最为著名,这种曲解是法国哲学家**米歇尔·福柯**(Michel Foucault)赋予的。对他而言,"话语"不仅指某种语言使用模式,而且指某种形式的"权力/知识",这就指向了人们被限制在特定话语管制范围内的方式。他揭示出一套崭新且更具约束力的有关疯癫、惩罚和性的话语是如何在 1750 年到 1850 年之间在西欧被建构的,针对有关这一时期的传统解释提出了质疑,而传统解释将这一时期视为一个社会和思想进步的时期。[31] 在传达一种强烈的时代感上,福柯在后现代主义的奠基者中是与众不同的。但正如被大多数文学研究者所使用的那样,"话语"和"文本互见"有着一种游离于"现实"世界之外的倾向,由此证明德里达那句著名的格言:"文本之外无物。"[32]

> **米歇尔·福柯**(1928—1984 年):法国哲学家和社会历史学家。福柯对约束性和压迫性制度的研究,诸如对 19 世纪的医院、监狱和精神病院的研究带来了对个体和国家之间权力关系的新理解。

相对主义:没有什么是确定的

像同现代语言学相联系的所有批判程序一样,对话语的分析也是建立在相对主义的基础之上的。它的支持者将语言反映现实的思想作为一种表现论的谬误而予以拒斥。他们断言,语言具有内在的不稳定性,其意义随着时间的变化而变化,而且在它自身的时代中,语言的各种意义也是处于竞争状态的。如果按照字面意思去理解的话,那种不确定性会对传统的历史研究观念造成致命打击。尝试在过去发生的事件同表述它们的话语之间做出区分是没有意义的,正如拉斐尔·萨缪尔在对罗兰·巴特观点的简要总结中所提出的,历史学是"伪装成事实集合的能指的展示"。[33] 像我们在第五章中所看到的,历史学家肯定不会将他们所使用的原始资料视为准确无误的,他们习惯于在资料的字里行间读出潜在的意义。但支撑他们学术实践的是这样一种信念,即认为资料至少能够对那些最初写作和阅读它们的人具有某种意义。这对解构主义者而言是一种**诅咒**(anathema),对他们而言,再多的技术专长也不可能消除内在于文本解读的主观性和不确定性。解构主义者提供给我们去发现我们所希望发现的意义的乐趣,只要我们不认为某种意义是具有权威性的就行。再多的学术研究也不可能赋予我们优势地位,我们所能获得的是一种在读者和文本之间的自由互动,其中既没有公认的研究程序,也没有可求助的权威。要求获得更多的东西是幼稚的,或是——用极端后现代主义的话来表述就是——对无辜读者的欺骗。

> **诅咒:** 完全不可接受的事物。该词源于罗马天主教会,在那里它被用于指那些同天主教教义完全相悖的思想和信念。

对历史学的否定

因为历史学家要求比这更多的东西,所以,他们研究实践的方方面面都受到后现代主义的质疑。一旦解释文本的历史方法的有效性受到质疑,所有建立在那种基础之上的研究程序都将受到质疑。兰克有关重构过去的设想失败了,因为它依赖于一种对原始资料的权威的"真实"解读。后现代主义历史学只能提供文本互见来替代历史解释,它研究的是文本之间的话语关系,而不是事件之间的因果关系。历史解释被作为一种幻想而被摒弃,它的作用仅仅是安慰一下那些无法面对一个无意义世界的人。[34]传统的历史行为者也时运不济。如果作者已死的话,那么,统一的历史研究对象也在劫难逃,不管这个研究对象是被视为个体,还是集体(诸如阶级或国家):根据后现代主义的观点,认同是由语言建构的,而语言是碎片化的和不稳定的,因为它是处于竞争中的不同话语关注的中心所在。也许最重要的是,对个体和群体这些历史中传统行为者的解构,意味着历史学不再有宏大叙事可言。国家、工人阶级,甚至进步思想都是语言建构的产物。连续性和进化被摒弃而非连续性得到支持,正如福柯有关自16世纪以来四个不连续历史时期[或"知识型"(episteme)]的认识所揭示的。[35]后现代主义者一般拒斥历史学家的"宏大叙事"或"元叙事"——诸如资本主义的兴起或自由思想和宽容的不断增加。他们最多只是承认,过去能够被编排为多样的不同叙事,正如个体文本能够被多样解读一样。

这种如此激进的重新评价,对我们如何理解一个历史学家的行为产生了重大影响。后现代主义者提出两种重要观点来对此施加影响。第一,他们强调,历史书写是某种形式的文学作品,像其他种类的文学作品一样,都是在某些修辞规则下写作的。在海登·怀特非常有影响的著作《元史学》(*Metahistory*,1973)中,他用美学术语分析了这些规则,并根据12种文体的组合和4种基本的"**比喻**"(trope)对历史书写进行分类。这种详细分析的具体内容同怀特的理论结论相比倒显得不那么重要了,其结论在于,任何历史研究的特点与其说是由作者的学术能力或意识形态决定的,不如说是由他们在研究开始时(通常是无意识地)所做的**审美的**(aesthetic)选择决定的,这种审美选择指导了文本的言说策略。将审美置于意识形态之上,这在某种程度上是一种过于强调形式的纯粹主义立场。后现代主义目前更强烈地认同第二种观点,这种观点将历史学家视为植根于此时此地的一系列政治立场的载体。因为过去残存的档案资料能够做出如此多样的解读,因为历史学家使用的语言是受意识形态渗透的,所以历史书写不可能是价值中立的。历史没有固定的形态,所

173

以,历史学家不可能从外部来重构和描述它。他们所讲的故事、他们所书写的各种人类主题都仅仅是主观偏好的产物,而且是从无限多的可能策略中选择出来的结果。历史学家沉浸于他们试图描述的复杂实在中,因此通常会打上意识形态的烙印。他们也许只不过是在复述居于主导地位的或"**霸权地位的**"(hegemonic)意识形态,或者,他们也许认同许多激进的或颠覆性的意识形态中的一种,但所有这些意识形态都同样植根于今天的政治中。

比喻: 某种隐喻或修辞。

审美的: 艺术的或同艺术、美相联系的。

霸权地位的: 居于主导地位的,对某一地区或领域行使控制权。

从这种视角看,各种历史研究都是以现在为中心的,而不仅仅是具有政治倾向的。用基思·詹金斯(Keith Jenkins)的话来表述,历史学已经变成"一种话语实践,它能够使带着现实意识的人(们)去追溯过去,并根据他们的需要来研究和重组过去"。[36] 由于那些需要是多样的,甚至是彼此排斥的,所以历史学家之间不可能存在一致的观点,而在那些持有不同观点的历史学家之间不可能进行对话。50 年前,E.H.卡尔指出了在历史专业中怀疑论的局限性,那时,他承认在过去和现在之间的对话激励了历史研究的推进。后现代主义却向相对主义迈出了一大步,他们接受——甚至赞美——同时存在的多样解释,认为所有解释都是同样有效的(或无效的)。海登·怀特写道:"人们必须面对这一事实,当论及历史档案资料时,不可能在档案本身中找到根据来支持一种对意义的理解,而否定另一种理解。"[37] 有人说历史学家不是在揭示过去,而是在创造过去。在事实和虚构之间由来已久的区分变得模糊了。

五

后现代主义产生的背景

历史学家应该如何回应这种挑战呢?他们最擅长做的一项工作就是将后现代主义本身置于历史背景之下考察。这意味着承认后现代主义是特定文化时期的产物。正如其名称所暗示的,后现代主义是一种反抗现代主义的现象。"现代主义"指的是一些核心信念,尤其是对进步的信念和对训练有素、理性研究会产生功效的信念,这些信念支撑了现代工业社会从 19 世纪中期到 20 世纪中期的演进。在抛弃这些信念的过程中,后现代主义者表达了他们对新理念的追求和从上一代思想中解放出来的愿望。但后现代主义的吸引力可以从它同当代思想中的一些确定趋势所产生的共鸣中得到最好的解释。有种观点已经流行了一段时间,它认为,西方传统上主张的大部分思想已经走向终结:这些思想在全球的至上地位正在衰落,它们的技术能力已经变成一种重负(正像在军备竞赛中表现的那样),它们那种被过分夸示的对理性的垄断被认为无助于解决不断增多的人类问题:从对心理的认知到对环境的保护。种族灭绝性大屠杀目前不再被视为一种反常现象,而是被视为一种冷酷的反讽,讽刺那将进步等同于西方文明的传统。以前认为科学方法具有无可争议的功效的信念,现在开始普遍幻灭。后现代主义就是一种能够最好地说明这些趋势的理论立场。通过质疑客观研究的可能性,它削弱了科学的权威地位。通过否认历史学的研究模式和目标,它使我们远离所有那些我们在过去最难面对的东西,以及我们过去引以为豪的东西。如果真像后现代主义者所断言的,历史学的确无意义的话,那么结论就是,我们必须自己负责从我们自身的生活中发掘出意义,尽管这项工作也许是过于苛求的和没有指望完成的。传统上所界定的历史学 175 不仅是行不通的,而且也是无法发挥现实作用的。

后现代主义的先驱

历史学作为一门严肃学科的真实可靠性受到质疑,这并非第一次。后现代主义所强调的语言的不确定性和文化悲观主义的普遍情绪确实是具有当代性的,但他们对历史真相的否定却是一种非常熟悉的论调。在 16 世纪和 17 世纪欧洲宗教战争时期,历史学家就被哲学家贬斥为容易受骗的骗子,历史学家所使用的被过分夸示的资料被作为不可靠的东西而被弃之不顾。尽管 19 世纪的历史主义者有了更为严格的学术标准,但他们很快又遭到相对主义者的攻击,后者认为绝对的历史真相是一种妄想。事实上,只要有历史书写,就会有怀疑论者。对"客观实在"真实存在,以及对我们认知过去和现在的"客观实在"的能力的质疑,一直是自古希腊以来西方哲学传统的组成部分。历史学家自身也参与了这些争论。后现代主义并不是其支持者有时声称的那种创新思想。

历史学的适应性变革

历史学和后现代主义之间的关系并不像我迄今为止的介绍所暗示的,具有如此严重的对抗性。正如一些后现代主义者所论证的,兰克如实记录的理想也许已经终结,我们所了解的那种历史学也许注定会成为无用的废品。[38]但这种令人沮丧的预言所忽视的是,历史学家已经在借鉴一些后现代主义的观点。正如过去经常发生的那样,对该学科的过激批判往往是在攻击一种假想的目标[或称"**稻草人**"(straw man)]。许多历史学家通常会表现出某种同对其学科提出的事实真相的批评者进行论战的能力,并会借鉴对手的一些论点。他们并不像一些批判者所假设的那样,如此致力于某种统一历史论题的研究。当前,很少有从事学术研究的历史学家会围绕"国家"或"工人阶级"来策划一部书的写作,而不去仔细考察这些"标签"不断变化的和处于争议中的内涵。[39]同样地,对于西方历史研究中的许多宏大叙事——诸如辉格派历史学家对英国历史或英国工业革命的解释,注重经验研究的历史学家提出了比后现代主义者更强有力的批判。[40]

稻草人:一种长期流行的说法,意指不像看起来的那样强大的思想或人的身体。

---

176   历史书写也直接地受人文学科中语言学转向的影响。承认语言强加给使用者的结构性限制,已经被证明是一种特别有益的洞见。加雷思·斯特德曼·琼斯(Gareth Stedman Jones)已经在对英国宪章运动做重新考察的经典著作《阶级的语言》(*Language of Class*, 1983)中予以了证明。在中产阶级的要求被 1832 年《**改革法案**》(Reform Act)满足以后,宪章派未能继续领导群众运动来争取大众的民主权利,历史学家以多样的方式对此进行了解释。斯特德曼·琼斯得出结论认为,该运动之所以遭到实质性的失败,是因为它的政治学是由一种从过去继承的话语建构的,这种话语无法适应迅速变革的政治形势。这是"对宪章运动进行分析,赋予其构思时所使用的语言一定的自主权重"的有说服力(尽管并非无可争议)的例子。[41]历史学家还赞同这种观念,即文本不只表现一种层面的意义,潜在的或无意识的意义也许正是赋予文本以力量的东西。例如,在 19 世纪晚期的英国,新帝国主义的流行语言明显是有关民族主义和种族主义的,但由于强调"男子汉气概"和"特性",它也带有一种对男性缺乏有保障地位的强烈控诉,而这种缺乏保障感源于妇女在家庭和工厂中地位的变化。当政治家使用这种语言时,它既反映又强化了一种男性的缺乏保障感,尽管肯定是无意为之。[42]确定一种特定文本所属的话语体系以及它同其他相关话语体系的关系,是一项超出传统所理解的资料考证方法的工作。结果,历史学家目前倾向于对他们资料中反主流的意义更为敏感,亦即在一种新的和有价值的方向上力争实现

布洛赫著名的格言所要求的,即发掘"证人无意识提供的证据"。

> **《改革法案》:** 在议会改革方面采取的开创性举措,最终于 1832 年获得通过,变为法律。历史学家指出,它的规定相对谨慎,但它的象征意义却是巨大的。

语言和文化霸权

同样地,后现代主义对历史书写的批判也在历史学家中得到了一些积极反应。尤其是,怀特对历史叙事中包含的文学技巧的分析,已经导致一种新的历史书写意识,这种意识将历史书写视为一种文学形式,并更乐于进行试验性创作。[43]甚至更具发展前景的是,后现代主义将话语解构为某种形式的文化权力,这使历史研究更难以忽视这样一种事实,即历史书写本身就是一种文化霸权的表现,这反过来又为以前被排斥在档案记录之外的集团提出激进主张提供了机会。爱德华·萨义德(Edward Said)对语言如何形成,以及对一个主题如何被建构的兴趣,是同他对西方话语中的阿拉伯和巴勒斯坦的研究密切联系在一起的。他的开拓性著作《东方学》(*Orientalism*,1976)被证明是后殖民史或多元文化史研究兴起的一个转折点(见第 177 十章)。在尝试突破"男人制造的语言"限制的抱负中,女权主义者承认同样受惠于这种语言学的转向。[44]这些例子都或多或少有助于支持后现代主义的观点,他们的观点提出了权力实现民主转移的前景。当把产生普遍影响的以话语为导向的理论同文化史在近些年的发展(将在第九章中讨论)相结合时,很明显,后现代主义和更传统的历史理论的碰撞交汇会产生丰硕的成果。

六

后现代主义的局限性

不过这也有一种限度,一旦超出这种限度,大多数历史学家是不会赞同后现代主义的。许多历史学家欢迎有关对文本做出更精细解读和更敏锐地意识到历史书写的文化意义的主张,但很少会有人愿意拒斥历史研究中揭示的真实判断。面对解构主义批判的强大影响力,历史学家倾向于强化他们偏爱经验和观察甚于理论的偏好。在理论上,一套完整的论据支持如下命题,即所有人类语言都是自我参照的,而不是表现性的。但日常生活告诉我们,语言在许多情势下发挥了很好的作用,在这些情势下,意义被清楚地传达,而且被正确地理解。若非如此假设,人类的交流互动将变得完全不可能。如果语言确实在现实中发挥了这些实践功能,那么就没有理由说明为什么不应以同样的方法理解过去的档案资料中保存的语言信息。当然,所有语言都含有不确定的成分,时间的流逝也会增加这种不确定性,横跨两三种话语体系的300年前的文本的准确意义也许很难探查。历史学家经常承认,他们不可能准确把握档案资料中包含的所有层面的意义。但坚持认为来自过去的文本不可能准确地反映文本之外的某种历史实在,在面对共同经验时就会站不住脚。在一组贸易数据或一份人口统计表中,文本与实在间的关系是非常明显的(这并不是说它必然是准确的)。经过深思熟虑的文学作品,诸如一本传记或一本以说教面目出现的**政治宣传手册**(political tract)提出了更为复杂的问题,但承认它们的作者是在努力同读者进行真正的交流,而且我们是在尽可能地把握那种交流的精神,仍然是重要的。

> **政治宣传手册:** 一本手册就是一本小书,它比一本小册子要长,但比一本书要短,它可以对一个有争议的问题做出清楚的解释。手册这种写作方式在19世纪被教会和宗教改革团体广泛地使用,同时也有大量政治手册出现。

178　　正是在这一点上,历史学家会借助于对历史背景的研究。将词与物联系在一起的意义并不是任意的,而是遵从实际存在的文化和实际存在的社会关系所形成的规则。学术研究的任务就是要在它们形成的特殊历史背景下确定这些规则,并在解释资料时充分考虑这些规则。语言学方法的倡导者将"背景"仅视为意指其他文本,而这会造成进一步的复杂化,因为它们会被多样化地解读;但历史学家坚持认为,文本应该被置于它们所处时代的全面背景下予以解读。这意味着不仅要认真研究语言资料,而且要研究作者的身份和经历、文本产生的条件、预期的读者、那时的文化观,以及作者和读者所处的社会关系。从社会角度看,每种文本都处于特定的历史条件下。用加布里埃尔·施彼格尔(Gabrielle Spiegel)那句颇具启发性的话来表述就是,存在着"文本的社会逻辑",有待历史研究予以证明。[45]因此,例如,我对19世纪晚期帝国主义话语的解读应予以认真对待,因为在那时,性别关系中的矛盾被很好地记录下来,还因为帝国在文化上认同男性气质同帝国的现实状况存在某种联系。无疑,解构可能会产生其他解释,也许比这种解释更精致、更能引起人们的兴趣,但除非将它们置于严格的历史背景之下考察,否则,它们只不过是由文本的解读者强加给我们的。尊重资料的历史性是历史研究的根本要求,正是在这一点上的分歧使得历史学家同解构主义者分道扬镳。历史学家并未宣称,他们的方法在所有情况下都能揭示文本各个层面的意义。为了使历史研究能够完成,只要证明能够把握资料的一些原始意义就足够了。对所发生的历史事件的证实与对历史背景的研究,意味着历史学家能够在历史上所发生的事实和对历史事实表述的话语之间做出区分。

历史解释的必要性

历史学家并不愿意放弃他们自身建构的历史叙述中的真实判断。承认历史书写中有修辞成分是一回事,而将历史书写仅仅视为——或主要视为——修辞却是另一回事。历史叙事肯定会受到历史学家审美意识的影响,但它们并不是虚构的:有些叙事,比如一场重大的革命性剧变,它部分地源自那些亲历者的记述;另一些叙事则是借助历史学家的后见之明提出的。我们有关过去的叙事也许并非完全连贯一致或完全令人信服,但它们植根于如下事实,即人类不仅相信它们,而且基于社会行为乃是过去、现在和将来的连续统一体的假设去实践它们。类似地,历史解释也是一种不可能回避的任务。它所代表的不是对现实世界的回避,像后现代主义较为悲观的主张所坚持的那样,而是对理性的运用,其基础是因果关系模式,这就超越了文本互见的有限范围。就各种处于竞争中的历史叙事所具有的**解放的**(emancipatory)潜力而言,如果每个身份群体的抱负仅限于写作一部其自身成员认为"真实"的历史的话,那是没有什么价值的。真正的力量源自历史书写的可信性超出了作者自身所处的共同体,这意味着要遵守学术研究程序,这些研究程序是来自所有群体的历史学家都遵守的。遵守这些研究程序,而不是宽容悲观的相对主义,才是大多数尊重"多元文化"的历史学家的目标所在。尽管一些保守的评论者持悲观主义态度[46],但多元主义并不必然意味着**相对主义**(relativism)。

解放的: 使人自由的。

相对主义: 这种思想认为,所有价值观和伦理原则都是等值的,都是相对于它们的背景而存在的,因此,不可能说它们中的任何一种价值在任何意义上都要"优于"任何其他价值。

后现代主义批判的要点在于,作为一种严肃学术研究尝试的历史主义已死,应该予以抛弃。在抵御这种攻击时,历史学家不仅指出历史研究的弱点被过分夸大了,而且指出,一种广泛的有关过去的历史主义立场在文化上是不可或缺的。它是

有关现在与未来的批判性社会思想的一个前提。正如乔伊斯·阿普尔比（Joyce Appleby）、林恩·亨特（Lynn Hunt）和玛格丽特·雅各布（Margaret Jacob）所提出的："拒斥所有宏大叙事不可能行得通，因为叙事和宏大叙事是使人世间的行为活动变得可能的故事种类。"[47]将过去视为"他者"、将过去和现在联系起来的一系列连贯叙事，以及历史书写的解释模式，都是指导现实实践所必需的。如果了解过去的抱负被完全放弃，那么，我们就不可能确定现实是如何形成的。历史学的社会功能不能如此轻易地就被放弃。

七

理论上的异议和实践解决方案

在质疑历史知识的可信性时，后现代主义为一种怀疑主义思潮注入了活力，怀疑主义思潮可以追溯到文艺复兴时期。资料的不可靠性（或不确定性）、在已确证的事实和赋予事实以意义的解释之间的不一致，以及历史学家在他们的研究中带有个人的和政治的倾向，是长期制约历史学发展的因素。实证主义将上述因素谴责为应受诅咒的对科学准确性的背离；后现代主义则将它们归入对理性研究的更大范围的批判之中。不管是从实证主义的，还是后现代主义的观点看，历史学在认识论上的可信性都并不令人信服。这主要是因为抽象理论在严密控制的条件下才能获得最好的检验，而历史学却是一种混合型学科，它无法进行简单的学科归类。历史学家所追求的不同的，有时甚至矛盾的目标，赋予该学科以独有的特征，但这些特征也使历史学家易于在理论上遭受攻击。

尽管一些历史学家仍然在寻求经验主义的庇护，而这种经验主义是站不住脚的[48]，但该学科中具有更深刻思想的辩护者却承认，它将汲取主要的理论批评意见。诸如阿普尔比、亨特和雅各布，以及理查德·J.埃文斯（Richard J. Evans）等评论者知道，历史知识经常会陷入现在与过去的纠葛，并且现在可能会过多地影响对过去的研究。他们还知道，资料不会自己"诉说"，事实是被选择的，而不是给定的；历史解释依赖于应用后见之明，每种历史记述在某种意义上都受作者的审美和政治偏好的影响。他们的辩护基于如下论点，即尽管在理论上这些特征也许会使历史研究无效，但在实践中这些特征的影响能够被——事实也是如此——限制在可控制的范围内。历史学既不是实在论的范例，也不是相对主义的牺牲品。它居于某种中间地位,其中,学术研究程序被坚持,以使研究尽可能地接近"实在",同时尽可能地远离"相对主义"。[49]历史学家是一个行业的成员,该行业的一项主要职责是执行学术标准,限制解释的随意性。同行的严格审查作为一种强有力的机制正在发挥作用,以确保在历史学家认为重要的研究领域中,他们能够尽可能地忠实于过去保存下来的证据。

历史学家的预防措施:自我意识和同行评议

在这方面有三个要求是非常明确的。第一,历史学家应该详细地审视其自身的假设和价值观,以考察它们是如何同所进行的研究相关联的。E.P.汤普森的一个吸引人的地方在于,他并不掩饰他的同情心,甚至承认《英国工人阶级的形成》中的一章是**论战性的**(polemic)。[50]这种意识在一些历史学家中显得特别重要,这些历史学家的研究并没有什么特定的目标,但他们可能很容易地受价值观的无意识引导,而这些价值观被具有共同背景的人们视为理所应当。正如泽尔丁所强调的,这就是自省是历史学家应有的一种品质的原因所在(见第 148 页)——也是以自白方式进行历史书写应受欢迎的原因所在,至少在作者序和导论中应该如此。第二,如果研究方向以一种明显的假设形式提出,并且该假设会根据证据被接受、拒斥或修正——作者通常是第一个努力在解释中找出漏洞的人——那么使研究结果适应原来预期的风险就会降低。历史学家的正确做法不是回避发挥社会作用,而是要充分意识到他们被历史特定部分所吸引的原因,并表现出对反面证据与正面证据同样的尊重。缺少历史研究实践的批评家有时会忘记,历史研究中许多令人兴奋的发现,源于所获得的成果是未预料到的且能由此将研究引向一个新的方向。第三个要求也是最重要的要求,即历史学家必须将他们的研究置于历史背景的约束之下。"现在主义"和解构主义以不同方式使历史事件和人物脱离了它们实际所处的时间和地点,迫使它们进入一种概念框架,但这种概念框架对研究所涉及的那个时代是没有意义的。事实上,相比过去,历史学家更没有理由落入这种圈套。在过去50 年间,历史研究范围的扩大,以及最好的历史综合性研究反映这种范围扩大的方式,都意味着今天的历史学家应该比他们的前辈有着更成熟的背景意识。**同行评议**(peer review)在这一领域发挥着特别有效的作用。

181

论战性的: 伴随一种愤怒和激烈的争论的。

同行评议: 在一个被称为"同行评议"的程序中,学术研究成果通常会由其他学者在细节上予以仔细审查。

遵守这三个要求确实会非常有助于限制历史书写中产生曲解的数量和程度。不过,它并不能终止争论和分歧。假设所有历史学家都能够达到很高程度的自觉,使研究假设清楚明了,并重视对历史背景做严格认真的考察,从而使他们在历史判断上达成一致,这是错误的。历史研究者不可能完全客观中立地对待自己的假设或较早时期的各种假设;对证据的解读通常能够支持相互对立的假设;而且,因为资料绝不会完整地再现一种过去的情势,所以历史背景意识还取决于一种想象能力,这种能力会根据个体学者认识的深度和经验的不同而有所差异。历史研究的性质就是如此,以致不管其研究具有多么严格的专业性,都会有多元化的解释。这应该被视为优势,而不是缺陷。因为历史知识的进步既源于个体学者的努力,也源于不同解释之间的争论。能够使历史专业繁荣发展的争论,还密切地同我们对社会的现实和未来提出的不同观点相联系。如果历史学没有争论,那它就不能为有
182 关今天社会问题的重要争论提供素材。即使多元历史解释的重要性被低估,它们也是一种成熟民主政治的基本前提。有关过去的争论绝不会停止,也不应该停止。

【推荐书目】

1. Richard J. Evans, *In Defence of History*, Granta, 1997.

2. E.H. Carr, *What is History?*, Penguin, 1961.

3. G.R. Elton, *The Practice of History*, Fontana, 1969.

4. W.H. Walsh, *An Introduction to Philosophy of History*, 3rd edn., Hutchinson, 1967.

5. Keith Jenkins, *On "What is History?"*, Routledge, 1995.

6. Ernst Breisach, *On the Future of History: the Postmodern Challenge and its Aftermath*, Chicago University Press, 2003.

7. Joyce Appleby, Lynn Hunt and Margaret Jacob, *Telling the Truth about History*, Norton, 1997.

8. Hayden White, *The Content of the Form*, Johns Hopkins University Press, 1987.

【注释】

［1］ G.R. Elton, *The Practice of History*, Fontana, 1969.

［2］ Theodore Zeldin, "Ourselves as We See Us", *Times Literary Supplement*, 31 December 1982；Theodore Zeldin, "After Braudel", *The Listener*, 5 November, 1981.

［3］ Lee Benson, *Toward the Scientific Study of History*, Lippincott, 1972.

［4］ L. von Ranke, 引自 Peter Novick, *That Noble Dream：The "Objectivity Question" and the American Historical Profession*, Cambridge University Press, 1988, p.28。

［5］ Theodore Zeldin, "After Braudel"；Theodore Zeldin, "Social and Total History", *Journal of Social History*, Ⅹ, 1976, pp.237—245.

［6］ K.R. Popper, *The Open Society and its Enemies*, vol.Ⅱ, 5th edn., Routledge & Kegan Paul, 1966, p.265.

［7］ Raphael Samuel(ed.), *People's History and Socialist Theory*, Routledge & Kegan Paul, 1981, editor's introduction, p.xlv.

［8］ 令人意外的是，E.H.卡尔却犯了这种错误，见 E.H. Carr, *What is History?*, Penguin, 1964, p.16。

［9］ Lord Acton, letter to the contributors to the Cambridge Modern History, 1896, reprinted in Fritz Stern(ed.), *Varieties of History*, 2nd edn., Macmillan, 1970, p.247.

［10］ Carr, *What is History?*, p.120.

［11］ L.B. Namier, *Avenues of History*, Hamish Hamilton, 1952, p.8.

［12］ M.M. Postan, *Fact and Relevance*, Cambridge University Press, 1970, p.51.

［13］ Elton, *The Practice of History*, pp.74—82.

［14］ Marc Bloch, *The Historian's Craft*, Manchester University Press, 1954, p.65.

［15］ 关于波普尔观点的清晰表述，见 Bryan Magee, *Popper*, Fontana, 1973。

［16］ Christopher Clark, *The Sleepwalkers：How Europe Went to War in 1914*, Allen Lane, 2012；James Joll, *The Origins of the First World War*, Longman, 1984.

［17］ Jakob Burckhardt, *The Civilization of the Renaissance on Italy*, Phaidon, 1960(1860), p.1.

［18］ 尤其可见于 Elton, *Practice of History*。

［19］ Richard Cobb, *A Second Identity*, Oxford University Press, 1969, p.47. 泽尔丁发表了同样的评论，见 Theodore Zeldin, *France 1848—1945*, vol.Ⅰ, Oxford University Press, 1973, p.7。

［20］ 例如，参见 Pieter Geyl, *Napoleon：For and Against*, 2nd edn, Cape, 1964。

［21］ 例如，可以比较以下两个文献：Peter Laslett, *The World We Have Lost*, 2nd edn, Methuen, 1971；E.P. Thompson, *Whigs and Hunters*, Penguin, 1977。

［22］ Michael Howard, *The Lessons of History*, Oxford University Press, 1981, p.21.

［23］ J.B. Bury, "The Science of History", 1902, reprinted in Stern, *Varieties of History*, p.215.

［24］ H. Butterfield, *The Whig Interpretation of History*, Penguin, 1973(1931), p.30.

［25］ Sheila Rowbotham, *Hidden from History*, Pluto Press, 1973.

［26］ 引自 J.H. Hexter, *On Historians*, Collins, 1979, p.15。

［27］ Elton, *The Practice of History*, p.31.

［28］ 埃尔顿的保守主义信念在他的两次就职演说中得到了最清晰的阐述，见 Elton, "The Future of the Past"(1968) and "The History of England"(1984), reprinted in Elton, *Return to Essentials*, Cambridge University Press, 1991。

［29］ Roland Barthes, *Image, Music, Text*, Fontana, 1977, pp.42—48.

［30］ 关于索绪尔之后发展起来的文本理论的有用的阐述，见 Raman Selden, Peter Widdowson and Peter Brookes, *A Reader's Guide to Contemporary Literary Theory*, 4th edn., Prentice Hall, 1997。

［31］ 对此的优秀介绍，见 P. Rabinow(ed.), *The Foucault Reader*, Penguin, 1991。

［32］ Jacques Derrida, *Of Grammatology*, Johns Hopkins University Press, 1976, p.158.

[33] Raphael Samuel, "Reading the Signs", *History Workshop Journal*, XXXII, 1991, p.93.

[34] Hayden White, *The Content of the Form*, Johns Hopkins University Press, 1987, p.72.

[35] Michel Foucault, *The Archaelogy of Knowledge*, Tavistock, 1972.

[36] Keith Jenkins, *Re-Thinking History*, Routledge, 1991, p.68.

[37] Hayden White,引自 Norvick, That Noble Dream, p.601。

[38] 例如,参见 Alun Munslow, *Deconstructing History*, Routledge, 1997; Keith Jenkins, *On "What is History?"*, Routledge, 1991。

[39] 不受后现代主义影响的、具有高度批判性分析的良好范例,见 Linda Colley, *Britons: Forging the Nation, 1707—1837*, Yale University Press, 1992。

[40] 关于对辉格派历史学家对英格兰历史的解释的攻击,见 J.C.D. Clark, *English Society 1688—1832: Ideology, Social Structure and Political Practice during the Ancien Régime*, Cambridge University Press, 1985; Conrad Russell, *The Causes of the English Civil War*, Oxford University Press, 1990。关于对辉格派历史学家对英国工业革命的解释的攻击,见 R. Floud and D. McCloskey (eds), *The Economic History of Britain since 1700*, 2 vols, Cambridge University Press, 1981。

[41] Gareth Stedman Jones, *Languages of Class: Studies in English Working Class History 1832—1982*, Cambridge University Press, 1983, p.107.

[42] Robert H. MacDonald, *Language of Empire: Myths and Metaphors of Popular Imperialism, 1880—1918*, Manchester University Press, 1994.

[43] 关于对这些趋势,见 Peter Burke(ed.), *New Perspectives on Historical Writing*, Polity Press, 1991。

[44] 例如,参见 Joan Scott, *Gender and the Politics of History*, Columbia University Press, 1988。

[45] Gabrielle M. Spiegel, "History, Historicism, and the Social Logic of the Text", *Speculum*, LXV (1990), pp.59—86.

[46] Gertrude Himmelfarb, *On Looking into the Abyss*, Knopf, 1994.

[47] Joyce Appleby, *Lynn Hunt and Margaret Jacob*, *Telling the Truth about History*, Norton, 1994, p.236.

[48] Elton, *Return to Essentials*; Arthur Marwick, "Two Approaches to Historical Study: The Metaphysical(including 'Postmodernism') and the Historical", *Journal of Contemporary History*, XXX, 1995, pp.5—35.

[49] Appleby, Hunt and Margaret Jacob, *Telling the Truth about History*; Richard J. Evans, *In Defence of History*, Granta, 1997.

[50] E.P. Thompson, *The Making of the English Working Class*, revised edn, Penguin, 1968, p.916.

第八章　历史学和社会理论

理论应该在历史学家的研究中起什么作用？一些历史学者从某种马克思主 义的视角研究历史,他们发现应用社会理论有助于解释过去,否则也许很难进行分析。不过,其他学者认为这种依据理论解释历史的做法是危险的,认为这会歪曲事实来适应理论。本章将讨论历史学和不同社会理论的关系,并认为,相比马克思主义的诋毁者所贬低的,马克思主义尤其能够为历史学家提供更多的东西。

〰〰〰〰〰

在前一章中我提出,历史学家为了防范无意识地使他们对过去的解释适应自身的偏见,而提出了一种方法,即明确提出他们的假设,并对照所能获得的证据予以检验。这样一种假设也许不过是一种暂时性的解释,它是历史学家在阅读相关的、对原始资料的研究性著述时提出的,而且它只适用于所研究的问题。但更仔细地考察,通常会揭示这种假设更深层的来源。一种假设并不仅仅是对一种特定历史事态产生条件的初步评估,它通常还反映了某种有关社会性质和文化性质的假设。换句话说,历史假设接近于理论的应用。在许多学科中,"理论"是指从积累的研究发现中抽象出一般性的结论(有时是规律性的)。历史学家很少在这种意义上使用该术语。对他们而言,理论通常是指一种解释框架,它为研究的推进提供动力并影响研究结果。就这种研究程序的合法性而言,历史学家之间存在着严重分歧。一些历史学家强烈地赞同一种特定的理论导向;一些历史学家承认以某种理论作为出发点所能提供的推动作用,同时抵制任何将理论强加于历史证据的做法;其他历史学家则将任何对理论的运用视为对历史学作为一门学科应有的自主性的恶意侵犯。

186   历史学目前的研究实践强烈地受到两种截然不同理论体系的影响。最近的理论提出了有关意义和表述问题。传统上,历史学家依赖他们的资料考证技术,来把握过去的人们赋予其经验的意义。然而,这种经验越遥远和越陌生,这种方法就会变得越不充分。随着文化史研究范围的拓宽,历史学家越来越多地承认其他学科——心理分析、文学理论,尤其是**文化人类学**(cultural anthropology)——的深刻见解。第九章将更充分地考察对文化意义做出解释的问题,以及许多历史学家目前所承认的对这些学科的借鉴。第二类理论体系寻求对整个社会的认知:社会是如何整合在一起的,又是如何随时间而变化的(或者不发生变化,视具体情况而定)?它包括一套内容异常丰富的思想传统,至少可以追溯到启蒙运动。实际上,寻求理解前现代和现代世界中重大变迁的历史学家,不可能承受忽视社会理论的代价。这就是马克思主义具有如此大的影响力,并仍将继续保持影响力的主要原因。在本章,我将首先评估有关社会理论优缺点的一般性争论,然后将较详细地考察马克思主义理论和它的应用。

> **文化人类学:**对人类生活的社会(通常是小规模社会)中的文化意义的研究。

一

抽象理论的必要性

一般而言,社会理论源于历史解释在三个方面提出的问题。第一个问题是把握在特定时间点上人类经验各个方面之间相互关系的困难。对直到19世纪末的大多数历史学家而言,它实际上还不构成主要问题,因为他们的兴趣往往局限于政治史和宪政史,相应地,某种有关国家的观念就是他们所需要的全部概念工具。但在20世纪,历史研究范围的扩大,加上趋向于研究论题专业化的压力,要求越来越高的抽象思维能力。在第三章,我们看到历史学家是多么容易落入将过去的历史条块分割为"政治的""经济的""思想的"和"社会的"历史的陷阱,看到"整体史"的思想是如何作为一种矫正而出现的。但没有某种有关人类经验的各个组成部分是如何联系成为一个整体的观念——在其最广义上就是某种有关人类社会

结构的理论——整体史是不可能实现的。这类观念中的大多数,过多地依赖同物 187
质世界的类比。社会被以不同方式视为有机体、机制和结构。这些隐喻中的每一
个都代表某种要超越那种粗俗观念的尝试,后者认为,某个领域决定着所有其他领
域。新的观念认为,在人类行为和思想的主要范畴之间存在着相互作用或彼此强
化的关系。

确定历史变迁的动力

带来理论应用的第二个问题是历史变迁问题。历史学家将他们的大部分时间
花在解释变迁的实现或未实现上。这种主导性关注,必然会提出有关历史中的重
大变迁是否会表现出某些共同特征的问题。历史变迁是由某种动力驱动的吗? 果
真如此的话,那么动力又是由什么组成的? 更具体地说,工业化是要求坚持一种特
定的经济发展道路吗? 人们能够从历史中确定一种革命态势的本质要素吗? 在特
定的研究中,当历史学家形成假设时,他们通常会受到某种理论的影响,例如,有关
人口统计学(demography)掌握着关键锁钥的观点[1],或社会中最持久的变革源于
以**家长制**(paternalistic)方式统治的统治阶级所实施的**渐进**(gradualist)改革,而不
是源自下层表达的革命要求。[2]

人口统计学: 对人口增长和发展的研究。

家长制: 自上而下实施的变革和改良,即由掌权的人为他们的下级实施的,而不是由
　　受益人自己实施的改革。

渐进: 缓慢推进,实现非常平缓的进步。

探寻历史的意义

第三种,也是最具抱负的是这样一些理论,它们不仅寻求解释历史变迁是如何
发生的,而且要解释所有变迁前进的方向。这些理论关注通过赋予历史以某种意
义来解释人类的命运。中世纪的作者将历史视为从创世到末日审判的线性演进,
由神圣的上帝操控。到 18 世纪,这种观点被世俗化为有关进步的思想:历史被解释
为一种有关物质和思想进步的叙事,它的未来结果将是理性的胜利和人类的幸福。
这种观点的几种修正版在 19 世纪继续保持强大的影响力:在欧陆国家,历史意味着
民族认同的兴起和它们在民族国家中的政治表现;对英国辉格派历史学家而言,它

意味着宪政自由的增加。今天，很少有成熟的历史专业人士仍然相信历史是进步的，这是因为一连串破坏行为已经成为 20 世纪历史的一个标志。但正如历史学家频繁使用诸如"工业化"和"现代化"等术语所表现的，支持进步性变革的理论仍然支撑着在经济和社会领域中的许多历史解释。

拒斥理论

188   尽管这三种类型的历史理论具体分析起来是不同的，但它们都对从特殊向一般的转化感兴趣，以努力理解作为一个整体的研究对象。也许可以假设，这是一种自然的演进过程，是探索知识的所有分支学科共有的特征。不过，许多历史学家完全拒斥理论的应用，并提出了这样做的两种可能理由。第一种理由承认在历史中也许存在模式和规则，但坚持认为它们无法通过训练有素的研究予以揭示。对历史中的任何一个事件提供完全令人信服的解释已经很困难了，但通过一种演进序列将它们联系起来或置于一个总体范畴中，就使研究者远离了那些可确证的事实，而这是令研究者无法容忍的。正如彼得·马赛厄斯(Peter Mathias)[他在这里充当了**故意持反对意见者**(devil's advocate)的角色]所承认的：

> 无限的过去提供了丰富的个体例证来支持几乎所有的一般性命题。用假设这种生硬的方法来支撑历史认识，并给人留下深刻印象是非常容易的。[3]

故意持反对意见者：为了争论的目的而有意提出相反的观点。该词源于这样一种程序，即由罗马教廷来对创造一个新圣徒的动议做出决定，在此，故意持反对意见者要对候选人提出反对意见。

根据这种观点，理论历史学是思辨历史学，应该留给哲学家和预言家来研究。

理论"统辖"事实的可能性肯定不能被轻视。在残存的历史记录中的空白，尤其是在因果关系问题上缺乏可靠的证据，为纯粹假设和单凭主观愿望的想法留下了很大空间。同时，与许多历史问题相关的证据的范围又是如此之大，以致选择是不可避免的——支配这种选择的原则也许会使研究结果带有成见。最近几个世纪的档案资料是如此丰富和多样，使得相互矛盾的结论能够很容易地通过提出不同问题而获得。在美国史研究的背景下，艾琳·克莱蒂特(Aileen Kraditor)用如下内容说明了这一点。

> 如果一位历史学家问："资料提供了有关在工人和奴隶中发生的武装斗争

的证据吗?"资料将回答:"肯定有。"如果另一位历史学家问:"资料提供了有关
过去两个世纪美国民众普遍对现行制度持**默许**(acquiescence)态度的证据吗?"
资料将回答:"当然提供了。"[4]

默许: 接受。

几乎所有理论都能通过列举出顺应预期模式的大量个体例证来加以"证明"。

避免过分依赖理论

理论导向的历史学肯定容易犯这些错误,但必须承认,许多别的历史学家的研
究也是如此,这些历史学家拒斥理论,未意识到自己选择和解释证据资料的假设与
价值观在发挥作用。出路不是要退回站不住脚的经验主义,而是要应用更高的标
准来检验理论。带有倾向性的考察更可能为那些带着明确假设进行研究的历史学
家应用,而不是被那些努力向资料引导的方向走的历史学家应用。当对证据进行
选择不可避免时,它就必须是一种有代表性的选择,既要选择正面证据,也不能回
避反面证据。一种特定理论也许只能说明同所研究问题相关的部分证据,但那是
不充分的,它必须同对证据的全面评估相一致。用克莱蒂特的话来说就是:"对所
研究的资料而言,被忽略的资料必须不具有本质重要性。"[5]所有这些,都是假定
历史学家对他们使用的理论具有客观公正的态度,在缺乏证据的条件下,他们愿
意改变研究思路。但当这些要求被忽略时,该专业作为一个整体应该对研究者的
自我辩护保持警惕。当援引反面证据和替代性解释来对他们的同事——尤其是
那些有着奇思怪想的同事——的研究提出质疑时,历史学家感到的几乎就是无上
的快乐。而且,许多历史综合都是由比较不同理论的优缺点构成,以决定哪一种
理论——如果有的话——能够解释所讨论的问题。理论历史学中的思辨倾向必
须加以约束。

二

理论适用于历史研究吗?

第二种和更具挑战性的拒斥理论的理由是质疑历史学中理论建构的合法

189

195

性,这种批判的基础在于理论否认了该学科的本质特征。这种观点认为,人类文化是如此丰富多样,以致我们只能理解特定时代和地域中的人:"他是一种不可简约的研究对象,是世界上唯一的非对象性存在。"[6]因此,对人类的行为进行模式建构是一种虚妄。历史学家的任务是在事件和情势的独特的个性上,根据它们自身的状况来重构它们,历史学家提出的解释仅仅适用于一些特殊情况。对不同时空的历史情势进行比较不会有任何收获——确实还会失去很多东西,因为结果只能是掩盖每种情势的本质特征。这种观点有着一种明显的演化谱系,它把握住了在19世纪阐发的历史主义的本质。兰克有关历史学家应该研究过去以"展示事物实际的样子"的训诫,主要意图就是要对抗由启蒙运动历史学家和黑格尔的追随者提出的伟大历史演进框架。兰克的叙事风格敌视抽象和一般性结论,可以很好地适用于表述事件的特殊性。古典历史主义的立场既敌视有关社会结构的综合理论,又敌视社会变迁理论。同时,它有关每个时代都应根据其自身状况加以评价的要求,也很难同那些将历史视为趋向一种合意目标的进步观点相调和。

决定论的危害

这些拒斥历史理论的理由同另一种论点有着密切联系,后者经常被过多地强调,即理论不仅否认事件的"独特性",而且否认个人的地位和人类能动性的作用。排斥任何解释框架的传统叙事给了个人作用以最大的发挥空间,而对反复出现的或典型的社会结构和社会变迁的关注,以现实中的活生生的个人为代价提高了抽象层次。从这种观点看,最糟糕的是第三种理论,它的不良影响就是赋予历史过程以必然性,不管是目前,还是将来,个人都无力加以改变。该观点认为,所有历史理论都有决定论的成分,而决定论否定人类自由。[7]同决定论相对立的观点拒绝承认历史有任何意义,认为历史中只有偶然性和不可预见的力量在发挥作用——这是该学科许多主流历史学家持有的观点。A.J.P.泰勒很高兴使他的读者知晓,研究过去的唯一教益就是了解人类事物是不连贯的和不可预测的:历史学是一门研究偶然性和失策的学科。[8]

最后,传统主义者从书写理论导向历史的实际不良影响上后退一步,将历史学置于依附于社会科学的地位上。他们坚持认为,具有理论思维的历史学家不用建构自己的模式,可以应用社会学、社会人类学和经济学的理论成果。但这些学科主要关注的是现实,而不是过去,它们对历史学的兴趣仅仅在于将历史学作为它们自身理论的试验场。理论历史学家借鉴其他学科的成果仅仅是图一时之便,却损害了自身学科的自主性。历史学家应该警惕对其学科独特性的威胁,不管这种威胁是来自学科内部,还是学科之外。[9]

历史学家的保守主义倾向

关于历史专业强烈反对理论的原因,传统主义者提出了一种解释(有时是以过 191 激形式表述的),那就是它的保守主义倾向。[10]历史研究吸引了更多的保守主义者,他们关注于援引过去的惯例为受到激进变革威胁的制度辩护,或只是想寻找某种心理避难所以逃避迅速的社会变革所产生的冲击。真正的保守主义者缺乏一种进步观念,他们不相信**乌托邦**(Utopia)左翼所主张的有关历史意义的理论,并对那种赞同社会变迁普遍模式的观念持警惕态度,因为这种模式也许会被用来促成社会改造工程中那些不受欢迎的目标在未来实现。但历史学家的研究方法本身也是强烈抵制理论的。正如 M.M.波斯坦所指出的:

> 对**微小细节**(minutiae)的批判性研究最终成为一种非常有吸引力的选项。它现在吸引那些细致勤勉的历史学家来从事研究,而他们并不必然具备任何理论综合能力。[11]

乌托邦: 不具现实性的理想主义。该词源于托马斯·莫尔(Thomas More)爵士的著作《乌托邦》(*Utopia*),在书中他设想了一个完美的,但无法实现的社会。"乌托邦"一词来源于希腊语 *u-topos*,意指"没有这种地方"。

微小细节: 非常小的细节。

事实上,大多数对理论的反对意见都是源于偏见。传统主义者指出的将理论应用于历史研究的负面倾向肯定是存在的,如果任其自由发展将会导致灾难性后果,这使他们对此保持高度警醒。但正如任何对理论历史学较好的研究成果进行的考察所揭示的,这些倾向并不是不受约束的,其成果将使历史认识丰富化,而不是简单化。

形成一般性结论的必要性

首先考虑这种观点,理论会贬低历史事件的独特性。事实上,历史学家从未将事件写得好像是完全独特的,因为这是不可能的。历史学家使用的语言对他们的资料强加了一种分类，并暗示一些在他们直接研究领域之外的比较。学者之所以能够用"封建土地占有制度"这一短语指一种在领主和佃户之间的特殊关系，或用"革命"一词指重大政治剧变，是因为他们与读者就这些词的所指分享着一种共同认识，这种共同认识承认，如果我们不将特定个案归类在一般范畴之中的话，那么世界将是无法认知的。这一点由 E.E.埃文思-普里查德(E. E. Evans-Pritchard)明确提出。他是英国社会人类学家的代表人物，倡导在历史学和社会科学之间建立一种友好关系：

> 如果事件不被视为具有某种程度的规则性和稳定性，不被视为属于某种事件类型，其中所有个体事件都具有许多共同特征，那么事件就会失去它们的大部分——甚至全部——意义。仅当了解了贵族与亨利一世、斯蒂芬王、亨利二世和理查王的关系时，而且，当在其他实行封建制度的国家中国王与贵族之间的关系也被了解时，换句话说，在斗争被视为某种社会的一种典型——或共同——现象的地方，约翰王同贵族的斗争才是有意义的。[12]

但如果使用抽象概念能够使我们关注资料中的规律，那么，它同时也能够揭示出那些无法进行分类且赋予事件或情势以独特性的方面。理论历史学家的观点在于，如果这些比较确实暗含在所有名副其实的历史分析中，那么，明确提出这些比较——例如通过建构一种有关封建社会或革命性变革的模式——将有百利而无一害。

历史学关注个体吗？

同样地，如果做仔细考察的话，就会发现那种认为历史学是研究个体的适当领域的观点是一种危险的误导。历史学家经常被迫对个体进行某种分类，不管这种分类是根据民族、宗教、职业，还是根据阶级来进行。这是因为，正是这些较大的认同赋予作为社会存在的个体以意义。这些群体具有的共同特征就是以某种共同方式进行思想和行为的倾向，在这方面，他们的反应能够予以预测。没有哪两个个体是完全相像的，但他们在某种角色上(例如，作为食品消费者或作为某种特定信念的拥护者)的行为方式也许会遵从某种高度规则化的模式。因而，历史学家强调群体行为并不是要否定人的个体性，他们只是承认个体与其他人共同做的事情会产生更大的影响，这是相比他或她所做的任何其他事情而言的。

进一步看，一个特定群体在追求目标时采取行动的累积效应就是将那种行为制度化——以这样一种方式牢固确立某种制度,以致此后个体面临的选择是受到限制或(用一个有用的社会学术语来表述)受结构制约的。这并不等于说人们的行为是被决定的:某种行为模式也许被强烈地表现出来,但它们能够被新一代人决心摆脱这种模式的行为抛弃或修正。没有人比菲利普·艾布拉姆斯(Philip Abrams) 193 更清楚地表述了人类能动性和社会结构之间的紧张关系,他将历史学和社会学这两种专业很好地结合在了一起:

> 当我们提到社会的两面性时,我们是指随着时间的推移,行为变成制度,制度又反过来由行为改变的方式。抓获和出售战俘逐渐形成奴隶制度。为士兵提供服务以换得保护逐渐形成封建制度。在标准化规则的基础上,组织对不断增加的劳动力的控制逐渐形成官僚制度。奴隶制度、封建制度和官僚制度逐渐变成固定的、外在的背景,而争取繁荣、生存或自由的斗争在其中进行。[13]

最好的理论——我稍后将论证,马克思主义是其中的一种——的吸引力恰恰在于它们努力阐明在行为与结构之间存在相互关系的事实。理论并不贬低个体的作用,相反,它寻求解释限制人们的自由和使他们的意图受挫的制约因素,在这样做时,它就揭示了历史中存在的模式。作为对照,坚持只关注个体思想和行为的历史学家(正如研究外交史的历史学家通常做的那样)可能无法发现什么模式,他们看到的仅是偶然和失策的混乱堆砌。

借鉴社会科学

就历史学被社会科学淹没的危险而言,存在着强有力的理由来解释历史学家为什么应该——至少在研究开始时——运用引入的理论。从定义看,社会科学关注的是人们的集体性,而不是作为个体的行为。由于社会科学家的研究范围包括整个社会,所以他们一开始就需要理论,以对他们的论题做出研究。自 18 世纪晚期**亚当·斯密**(Adam Smith)以来的经济学家和自 19 世纪中期**奥古斯特·孔德**(Auguste Comte)以来的社会学家,都将明确的理论视为解释他们研究材料的前提,因此,在这两个学科中都发展出了一套复杂严密的理论知识,后来在社会人类学中也是如此。历史学家应用这些理论,只是承认社会科学处于领先地位。事实上,历史学家一直受本学科之外的理论家的影响,斯密和孔德就是很好的例证。但仅是在过去 50 年间,历史学家才开始全面评估社会科学理论及其适用范围。

> **亚当·斯密**(1723—1990 年):苏格兰经济学家。斯密是 18 世纪经济理论中新古典学派最重要的代表人物,他于 1776 年出版的《国富论》(*The Wealth of Nations*)一般被赋予开创了现代经济学研究的显赫声誉。斯密坚持认为,经济是由市场力量这只"看不见的手"支配的,因此当政府管理和干预被保持在最低水平时,经济会获得最大的繁荣。
>
> **奥古斯特·孔德**(1798—1857 年):法国政治哲学家和实证主义学派的创始人。实证主义的目标在于将知识的不同分支学科整合为一个连贯的整体。

194　　　这里存在着两个实际问题。一个问题在于,大多数社会科学理论,尤其是经济学理论,目标是解释非常有限的行为领域,这通常是以某种人为分离的方式进行的。将这类理论运用于历史研究,结果也许会进一步强化历史学家的"狭隘视野",专门从事某个特定分支领域研究的历史学家原本就非常容易这样。一个极端的例子是在经济史研究中运用统计经济模型。在 20 世纪 60 年代和 70 年代的美国,人们对被称作"计量史学"的研究方法寄予厚望。计量史学的研究基于如下信念,即国民经济是一个封闭的体系,完全能够根据统计模型加以解释,而且能够解释现代经济变迁的规律似乎同样可以解释过去的变迁。这种研究方法的主要缺陷在于研究所依赖的前提,即人们在寻求满足他们的物质需求时是由一种"理性的"利润最大化和成本最小化的动机支配的。然而,这种前提通常恰恰是需要被证明的,而不是被假设的,因为经济活动也许会受到非经济因素的影响。当计量史学在 R.W.福格尔(R. W. Fogel)和 S.L.恩格尔曼(S. L. Engerman)的著作《苦难的时代》(*Time on the Cross*,1974)中被用于研究美国南方的奴隶制度时,它的局限性就明显暴露出来。[14]当遇到在某种特定历史情势下发挥作用的社会因素和文化因素时,一种在"理想"状态下解释人类行为的理论不大可能具有解释力,基于仅仅对纯技术问题感兴趣的理由而坚持运用这种理论的历史学家会受到一种特别令其失去能力的"狭隘视野"的困扰。

　　　　另一个问题涉及所谓的社会科学对历史学的漠视。这种指责并非没有根据。许多理论,例如主张自由市场的经济理论都是基于"均衡"这一前提的,这让历史学家认为它们是思考社会的完全**非历史的**(ahistorical)方法——否认在每种情势下都存在运行轨迹的变化和调整。其他一些意在包括某种历史视角的理论(比如在美国社会学中非常流行的现代化理论),却是基于传统和现代之间的对立,这是幼稚的,同历史学的过程意识相左。可以肯定,历史学家对社会科学的借鉴大多是肤浅的和不加批判的,他们太容易假设理论在某种程度上是价值中立的和客观的,但在社会科学家中,理论却恰恰是存在着显著的意识形态差异的。

> **非历史的:** 违背了历史学科的原则的,例如脱离当时的背景,或甚至在错误的背景下研究历史事件。

　　但这些反对意见不应成为回避理论的理由,它们只是建议,历史学家应该对他们借鉴的理论具有鉴别能力。事实上,最近对历史学家产生特别普遍影响的理论,是那些寻求将社会结构或社会变迁作为一个整体加以探究的理论,在这些理论中, 195
最具影响力的理论源于19世纪的伟大思想家,他们都有着某种深刻的历史意识,比如马克斯·韦伯,以及最重要的是马克思。但有关传统主义者对历史学被社会科学兼并的恐惧的真正解决办法在于说明,这些理论并不是来自天国的、应被镌刻在

注:约翰·利尔本(John Lilburne)是政治鼓动家和17世纪40年代英格兰平等派的领导人。图中,他正站在刑枷旁向民众发出呼吁。

资料来源:© Mary Evans Picture Library。

图8.1　政治鼓动家和17世纪40年代英格兰平等派运动的领导人约翰·利尔本

历史记录中的圣律,相反,它们应该被视为某种研究的起点。历史研究的结果将是对它们的修正,也许是非常显著的修正,并用那些真正实现了历史学和社会科学之间交流的理论来替代它们。双方都会从那种结果中受益。

三

反对马克思主义历史学的依据

任何在理论历史学上的探索都面临着风险和机遇,现在我们可以讨论马克思主义的历史解释应该如何在这种风险和机遇下加以评估。在这场讨论中,人们对马克思主义的历史解释带来的风险非常熟悉:马克思的诋毁者过分夸大他的思想中一些较少具有吸引力的内容,认为他是同一种苍白无力的决定论和一种有关人性的愤世嫉俗观念相联系的,以至于除了数量非常有限的读过马克思本人著作或有关他著述的学术评论的人外,大多数人都持有上述观点。根据这种解读,马克思主义的中心原则就是像这样的:"历史服从于经济力量的必然控制,后者推动所有人类社会沿着通向社会主义之路经历同样的阶段,而目前大多数人都处于资本主义发展阶段。不管人们实际坦白的动机为何,对自身物质利益的追求一直是人类行为的主要动因。阶级是这种自身利益的集体表现,所有历史因而不过是阶级斗争的历史。意识形态、艺术和文化仅仅是对阶级的这种基本认同的反映,没有它们自身的历史发展动力。个人是其自身时代和阶级的产物,不管有多高的天赋和多强的能力,他们都无力影响历史进程。正是群众创造了历史,但甚至他们也仅仅是根据一种预先决定的模式来进行创造活动的。"自马克思去世以来的140年间的不同时期,所有这些命题都被马克思主义者所信奉,但所有这些命题都是对他实际著述的一种粗俗的和简单化的理解。马克思在30多年的研究和思考中,不断发展他的思想,由此产生的理论体系比"庸俗"马克思主义的**陈词滥调**(shibboleth)更复杂、更严密。

> **陈词滥调:** 来自希伯来语,一个指代口号或流行语的贬义词。

马克思主义理论的基础

马克思理论的基本前提在于,将人和动物区分开来的是他们生产生存资料的能力。在满足他们生理和物质需要的斗争中,人们逐渐发展起更有效地利用他们所处环境(或马克思所说的征服自然)的手段。对"历史学是研究什么的?"这一问题,马克思回答说,它是研究人类生产力增长的学问。他期盼着那一天的到来,到那时,所有人的基本需求都将被充分地满足。只有到那时,人性才能充分地实现,并在每个领域充分发挥其潜力。在坚持有关历史过程的唯一正确和客观的观点是植根于物质生活条件之上时,马克思将自身显著地区别于 19 世纪历史书写的主要思潮,后者选择民族主义、自由或宗教作为他们研究历史的主要论题。马克思的观点被称为"历史唯物主义"是完全正确的,该词是由他终生的合作伙伴和思想继承人弗雷德里希·恩格斯(Friedrich Engels)创造的。马克思从未偏离过这种在《德意 197 志意识形态》(*The German Ideology*,1846)中首次勾勒出的基本观点。在马克思的生命的其他时间里,他的大部分精力都奉献给了在历史唯物主义的指导下解释社会结构、社会演进的阶段和社会变革的性质。

马克思对社会的分析

马克思将社会划分为三个层面。作为所有其他层面基础的是生产力,即工具、技术和原材料,加上实现它们的生产潜力的劳动力。生产力对生产关系具有某种影响。就生产关系而言,马克思意指维持生产所需要的劳动分工与合作和从属的形式,换句话说,就是社会的经济结构。这种结构反过来又构成一种基础,有上层建筑竖立其上,而上层建筑包括法律和政治制度与支持它们的意识形态。有关马克思的社会结构理论最简明扼要的总结,出现在他为《政治经济学批判》(*A Contribution to the Critique of Political Economy*,1859)所作的序中①:

> 人们在自己生活的社会生产中发生一定的、必然的、不以他们的意志为转移的关系,即同他们的物质生产力的一定发展阶段相适合的生产关系。这些生产关系的总和构成社会的经济结构,即有法律的和政治的上层建筑竖立其上并有一定的社会意识形式与之相适应的现实基础。物质生活的生产方式制约着整个社会生活、政治生活和精神生活的过程。不是人们的意识决定人们的存在,相反,是人们的社会存在决定人们的意识。[15]

① 中文摘自《马克思恩格斯文集》第 2 卷,人民出版社 2009 年版,第 591 页。——译者注

一种决定论模式?

不过,这并不像人们经常认为的那样,是一种粗俗的决定论模式。首先,生产力绝非仅仅局限于生产工具和工人的体力,技术创新和科学知识(在马克思所处的时代,生产力的进一步发展明显地依赖于它们)也被包括在内:马克思充分考虑到了人类创造力的作用,如果没有这种创造力,那我们将仍然是我们周围自然界的奴隶。其次,尽管能够从马克思的理论中明显地推断出,政治和意识形态——历史学

198 家传统的关注对象——只能结合经济基础予以理解,但马克思也考虑到了相反方向的作用力。例如,没有一种先在的产权和法律义务框架,就不可能确立任何的经济关系体系,也就是说,上层建筑不仅反映生产关系,而且还发挥使生产关系成为可能的作用。因此,三层次模式考虑到了相互作用的问题。[16]最后,马克思并没有说所有非经济活动都是由经济基础决定的。艺术创造是否应该被包括在上层建筑中仍然存在争议,但就连那些明确属于上层建筑的领域也并非仅仅是由基础决定的。正如马克思和恩格斯在他们自己的历史著述中所承认的,政治制度和宗教都有它们自身的发展动因,尤其是就短期而言,经济因素也许在解释事件上仅具有较次要的重要性。正如布罗代尔所评论的那样,马克思本质上是一位研究长时段的理论家。[17]

将经济结构视为只是设定了限制条件,而不决定上层建筑诸要素的所有特性,也许更接近马克思思想的精髓。恩格斯更强调这一点,正如他在马克思死后一些年的信中所写的①:

> 根据唯物史观,历史过程中的最终决定性因素归根结底是现实生活的生产和再生产。无论马克思或我都从来没有肯定过比这更多的东西。如果有人在这里加以歪曲,说经济因素是唯一决定性的因素,那么他就是把这个命题变成毫无内容的、抽象的、荒诞无稽的空话。经济状况是基础,但是对历史斗争的进程发生影响并且在许多情况下主要是决定着这一斗争的形式的,还有上层建筑的各种因素。[18]

很明显,基础和上层建筑的隐喻适用于一种决定论的解读,马克思的几处表述也能够被如此解读,但他的**全部作品**(*oeuvre*)作为一个整体并未表明他是以这种刻

_____

① 中文摘自《马克思恩格斯文集》第 10 卷,人民出版社 2009 年版,第 591 页。——译者注

板的方式看待两者关系的。

全部作品: 指一位作者的全部著作。

马克思对历史的分析

马克思思想最著名的一个特点就是他对历史的分期。他将一直到他自身所处时代的历史划分为三个历史时期,每个时期都是由一种逐渐进步的生产方式所塑造的。它们是古代社会(希腊和罗马)、封建社会(在罗马帝国衰落后出现的)和资本主义社会(或现代资产阶级社会),资本主义社会首先是在 17 世纪的英格兰形成的,接着在欧洲的其他地方相继确立,尤其是作为法国大革命的结果。赋予这种分期以政治影响力的是,马克思坚信按照自然的发展顺序,资本主义社会必然会让位于社会主义社会和人类完全的自我实现。事实上,当他在 1846 年首次勾勒出这种框架时,他相信社会主义即将来临。但马克思坚持认为,他所提出的历史分期是历史研究,而不是教条式理论建构的结果,这可以由他根据更充分的历史研究做出的改变和限定加以证明。他稍后又增添了一种生产方式,它以日耳曼社会的形式出现,与古代社会是同时代的,也是封建社会的一种来源。[19]马克思谴责了那些批判者①:

> 他一定要把我关于西欧资本主义起源的历史概述彻底变成一般发展道路的历史哲学理论,一切民族,不管它们所处的历史环境如何,都注定要走这条道路。[20]

简言之,马克思并未设定一种所有人类社会都注定要严格遵从的单线式演进道路。

作为社会变迁动力的生产辩证法

这样一种僵化的历史分期是同马克思的社会变迁观点不相一致的,后者是他的历史理论中内容最丰富和最具启示意义的部分。马克思在一个段落中总结了他的解释,这一段落紧接着上文引述的 1859 年序言中的那段引述②:

---

① 中文摘自《马克思恩格斯文集》第 3 卷,人民出版社 2009 年版,第 466 页。——译者注
② 中文摘自《马克思恩格斯文集》第 2 卷,人民出版社 2009 年版,第 591—592 页。——译者注

> 社会的物质生产力发展到一定阶段,便同它们一直在其中运动的现存生产关系或财产关系(这只是生产关系的法律用语)发生矛盾。于是这些关系便由生产力的发展形式变成生产力的桎梏。那时社会革命的时代就到来了。随着经济基础的变更,全部庞大的上层建筑也或慢或快地发生变革。[21]

马克思相信,在生产力和生产关系之间的矛盾或辩证法是长期历史变迁的主
200 要决定因素:每种生产方式都包含后继生产方式的萌芽。因此,举个他曾经强调过的观点,17世纪英国资产阶级革命之所以发生,是因为具有资本主义特征的生产力已经达到某种临界点,在此临界点上,它们的进一步发展会受到由早期斯图亚特王朝君主制支持的封建财产关系的束缚;革命的结果是对生产关系进行改造,它为100年后的工业革命扫清了障碍。

阶级冲突

这种非常抽象的历史变迁观念可以在某种形式的阶级冲突中看得很清楚。马克思不是根据财富、地位或受教育程度——在他那个时代通常使用的标准——而是非常具体地根据人们在生产过程中的作用来划分阶级的。劳动分工是自古代社会以来每一种生产方式的特征,它导致了阶级的形成,其中各阶级的真正利益是彼此对抗的。每一个连续的发展阶段都有它居于统治地位的阶级和注定要推翻其统治的阶级。因此,马克思认为英国资产阶级革命是城市资产阶级发动的,他们当时正在发展出新的资本主义生产力,正如马克思希望社会主义能够在他自身所处的时代由工业资本主义产生的新的工厂**无产阶级**(proletariat)予以实现一样。正是体现了社会中矛盾的阶级冲突,推动历史沿着某种前进方向发展。这并不是说群众是历史的创造者。尽管马克思相信,人类实现更美好未来的前景掌握在无产阶级手中,但在对较早期的历史解释中,他仅仅赋予群众以**从属的**(ancillary)地位;他非常清楚地认识到,他生活的世界基本上是由资产阶级创造的,马克思对他们取得的成就表达了赞赏之情,同时也予以了谴责。

> **无产阶级:** 工业工人阶级。在由卡尔·马克思的著述普及后,该词逐渐被普遍使用。
>
> **从属的:** 次要的、附属的。

马克思的阶级理论是这样一种观点,根据这种观点,他有关人类能动性在历史中作用的认识能够加以评估。阶级是根据它同生产资料的关系用结构性术语界定

的,但马克思知道,一个阶级要取得政治影响,就需要在其成员中形成某种阶级意识。长期变化的轨迹是由生产力和生产关系之间的辩证法决定的,但从一个阶段向下一个阶段过渡的时机选择和确切形式,则取决于现实中人们采取行动的意识和能力。事实上,马克思的整个生涯都奉献于为他那个时代的无产阶级提供一种对在他们自身的社会中发挥作用的各种物质力量的认知,以使他们能够了解什么时候和如何反抗资本主义制度。人们是物质力量的牺牲品,但在适当的条件下,他们有机会成为历史变迁的推动者。这种悖论是马克思历史观的核心所在。正如马 201克思在有关他那个时代历史的最优秀作品《路易·波拿巴的雾月十八日》(*The Eighteenth Brumaire of Louis Bonaparte*,1852)中所写的①:

> 人们自己创造自己的历史,但是他们并不是随心所欲地创造,并不是在他们自己选定的条件下创造,而是在直接碰到的、既定的、从过去承继下来的条件下创造。[22]

四

马克思对历史学家的批判

马克思的理论对实际历史书写的影响是什么? 正如我们已经看到的,这些理论被理解成一种简单化的和僵化的框架,而这正是许多第一代马克思主义者对它加以阐释的形式,他们的兴趣主要在政治斗争上,他们满足于一种明确无疑的决定论,因为那指向了在最近的未来将要发生的一场无产阶级革命。但马克思本人强调,他的理论是研究的指南,而不是对研究的替代②:

> 这些抽象本身离开了现实的历史就没有任何价值。它们只能对整理历史资料提供某些方便,指出历史资料的各个层次的顺序。但是这些抽象与哲学不同,它们绝不提供可以适用于各个历史时代的药方或公式。相反,只是在人们着手考察和整理资料——不管是有关过去时代的还是有关当代的资料——的时候,在实际阐述资料的时候,困难才开始出现。[23]

马克思拒斥的不是历史研究本身,而是他那个时代权威历史学家所使用的研

---

① 中文摘自《马克思恩格斯文集》第 2 卷,人民出版社 2009 年版,第 470—471 页。——译者注
② 中文摘自《马克思恩格斯文集》第 1 卷,人民出版社 2009 年版,第 526 页。——译者注

究方法。他坚持认为，他们的错误在于全盘接受历史行为者关于其动机和愿望的说法，在兰克和他的追随者这样做的时候，他们就受到了所研究时代的主导性意识形态的束缚，而后者只不过是对统治阶级的实际物质利益的一种掩饰。"客观"的历史——生产力和生产关系的辩证法——能够通过对过去的社会经济结构的研究，而不是参照历史人物的主观言论予以揭示。但同时，马克思从未提出一种明确的历史方法论。他自己的历史著述，包括从《路易·波拿巴的雾月十八日》这种引人入胜的政治叙事到**《资本论》**第一卷（*Capital*，1867）这种抽象的经济分析。

> **《资本论》：**马克思进行经济分析的重要著作，首次出版于 1867 年。它最初被设计成一部三卷本的著作，但只有第一卷被完整地出版。它包括马克思对资本主义从它之前的封建经济和原始经济发展而来的过程的分析，马克思论证道，资本主义作为一种自身固有的剥削制度必然会走向瓦解，迎来社会主义制度的建立。

马克思主义的影响

202　　一种源于对当时时代的社会进行革命性批判，并且很容易被教条地滥用的历史解释，为什么会在学者中引发如此多的关注呢？这很难再归因于马克思主义赋予经济史的中心地位，因为大多数经济史学家（尤其是在英国和美国）并不是马克思主义者。马克思主义的吸引力也不可能归因于它是一种"弱势群体"的历史观：尽管马克思主义理论非常重视群众在某些紧要历史关头的伟大作用，但它提供的并不是一种自下向上看的历史观，也不是对较早期无产阶级英雄主义行为的赞颂。马克思主义产生强烈吸引力的真正原因在于，它很好地满足了历史学家对理论的需要——在本章开始时提到的全部三个领域中均是如此。

马克思主义社会分析的用途

通过基础和上层建筑的模式，马克思主义提供了一种特别有用的思考任何特定社会中总体社会关系的方法。政治、社会、经济和技术不仅被各归其位，而且在一种全面的马克思主义分析中，这些为人们所熟悉的区分都将失去其效力。社会史和经济史是无法分割的，对政治史的研究也要避免成为对职业政治家在其舞台上的古怪行为的详细记录。由年鉴学派所实践的"整体史"的吸引力，还取决于它反对对研究对象做条块分割，但布罗代尔及其追随者显然未能提出一套令人满意的模式，以将政治史同环境和人口统计研究整合在一起，后两者为他们的研究提供了主要的支撑。至少在这方面,必须承认布罗代尔及其追随者的史学劣于马克思主义历史学,后者强调在生产力、生产关系和上层建筑之间的相互作用。霍布斯鲍姆是当今宏观历史研究最优秀的历史学家之一,他是马克思主义者并非偶然,霍布斯鲍姆对马克思这位大师的作品有着深刻的把握。[24]

正是关注相互作用问题使马克思主义避免犯缺乏历史眼光的错误,这种错误在其他将社会均衡视为一种常态的理论中经常出现。马克思主义历史学家坚持的一个基本前提在于,所有社会既包括稳定因素,又包括破坏因素(或矛盾),当后者打破现存的社会框架并通过一系列斗争建立某种新制度时,历史变迁就实现了。历史学家发现辩证法是一种非常有价值的工具,它可以被用来分析不同强度的社会变迁,既包括在一种稳定的社会形态中几乎无法察觉的变动,也包括革命的动荡时期。

马克思主义中的分歧:文化主义对经济主义

不过,对马克思主义理论所产生的强大吸引力做出反应,并不意味在马克思主义传统中实践的历史学家都局限于一种正统观点。马克思主义历史学在过去50年间所取得发展的引人注目之处就在于它的多样性。随着更多的人熟悉马克思的著作,历史学家也开始对他全部作品中不同的,甚至矛盾的思路做出回应,这反映在最近马克思主义学术研究的一种重大分歧上,即学界人士称为"文化主义"和"经济主义"之间的分歧。对迄今为止在英国写作的被最广泛阅读的马克思主义历史学著作——E.P.汤普森的《英国工人阶级的形成》(见第61页)——的反应,可以最好地说明这种分歧。该书的中心命题是,作为对无产阶级化和政治镇压的反应,英国劳工阶级是如何发展出一种新的意识的,以致到1830年已经形成了一种实现工人阶级的集体认同和采取集体政治行动的能力:这种意识并不是工厂制度的必然产物,而是根据英国强有力的激进传统对经验思考的结果。该书因此是"对一种积极过程的研究,该过程既是由人的能动性推动的,同时又受到一些因素的限制"。[25]汤普森本人坚持认为,他的书是忠实于马克思的观点的,即人们在一定程度上"创造他们自己的历史"。他的批评者论证道,汤普森低估了马克思对那个判断所附加的限定的重要性。他们指出,由于忽略了对从一种生产方式向另一种生产方式的过渡做任何详细的讨论,汤普森不承认阶级植根于经济关系,因此夸大了集体行动的作用;由于汤普森的理论缺乏严密性,因此,他就陷入了其作品主人公主观经验的陷阱。[26]但汤普森仍然坚持自己的观点,他再次肯定需要在理论和经验之间建立某种平衡,需要将马克思主义解释为一种不断演化的和具有灵活性的传统,而不是一种封闭的体系。[27]

工人阶级与马克思主义理论

204 　《英国工人阶级的形成》还表现出英国马克思主义历史学的另一种显著倾向,那就是对群众运动史的兴趣,甚至几乎不考虑这些运动的影响到底有多大。像对其他以目标为导向的历史解释一样,一种对马克思主义做出的批判在于,它由于过分关注那些处于"进步"一方的人群和运动,而扭曲了我们对过去的理解。汤普森较少关注新工厂中的工人——但他们构成了未来有组织工人阶级的核心,而更多地关注工业革命的受害者——比如那些**使用手摇纺织机的织工**(handloom weaver),他们的生计手段由于工厂制度的引入而受到破坏。与此同时,从这种"弱势群体"视角假设马克思主义历史学仅仅是一种"自下向上看"的研究方法是错误的。阶级之间的斗争最终要在政治层面解决,正是通过对国家的控制,新的阶级权力结构被维系。事实上,尽管这样做已经并不时髦,但我们能够论证,"自上向下看的历史学"对马克思主义历史学家而言是一种同样重要的研究方法。

使用手摇纺织机的织工: 指那些使用自己的纺织机织布的人。在引入工厂生产制度之前的旧的"家庭"纺织品生产制度中,上述生产通常是在工人家中进行的。由于来自工厂的竞争,使用手摇纺织机的织工最终被迫退出市场。由此,他们经常被历史学家用作显示 19 世纪早期引入新的生产方法所产生影响的一种例证。

五

马克思主义与国际共产主义运动的衰落

　我对马克思主义历史理论所做的冗长介绍,对一些读者而言,似乎就像是肆意地沉溺于一种已经过时的激进主义当中。随着 1989 年以来世界上信奉马克思主义的政权已经减少到非常少的几个,难道马克思主义还没有被丢进历史的故纸堆吗?马克思主义历史学家现在难道还没有一种被时代抛弃的感觉吗?像其他学者一样,如果历史学家不受他们在其中从事研究的政治氛围的影响,那他们就不是通人性的。马克思主义学者今天的研究环境相比他们 50 年前所面临的环境更为不利。正是出于这种原因,很少有历史学家愿意接受"马克思主义者"这个称号。马克思主义历史学的大多数杰出成果是在 20 世纪 60 年代至 80 年代创作的,由英国的汤普森、霍布斯鲍姆和希尔,也由法国的乔治·勒费弗尔(Georges Lefebvre)和美国的尤金·吉诺维斯(Eugene Genovese)等学者创作。马克思主义历史学未来不大可能取得如此引人注目的发展。

　　但只要历史学家承认需要一种理论导向来对社会结构和社会变迁问题做出解释,那马克思主义就是有价值的。在一些学者并不是在马克思的思想体系中从事研究的意义上,他们并不是马克思主义者,但他们借鉴了马克思主义传统中的一些概念和范畴。英格兰中世纪史研究就是一个典型的例子。论证封建领主和农民之间的关系是一种阶级斗争,并且这种斗争是中世纪社会发展的主要动力,这明显是一种马克思主义的观点。这种观点紧密地同罗德尼·希尔顿(Rodney Hilton)联系在一起,他是英国共产党历史学家小组(Communist Party Historians' Group)的杰出代表。然而,这种解释仍然存在极大的争议,正如有关希尔顿学术研究的一次纪　205

　　注:柏林墙于 1989 年 11 月倒塌,随后东欧剧变发生。一些人认为,马克思主义本身已经名誉扫地。在德意志民主共和国德累斯顿的马克思和恩格斯这尊雕像上的涂鸦,写着"我们无罪",这是许多人的观点,他们将苏联的统治视为对马克思主义的一种背叛。不过,并不是所有人都同意这种观点,像列宁的雕像一样,许多马克思和恩格斯的雕像被推倒和打碎。

　　资料来源:ⓒ incamerastock/Alamy Stock Photo。

图 8.2　马克思和恩格斯在德国德累斯顿的雕像

念性研讨会所证明的那样。用克里斯·威克姆(Chris Wickham)的话说："马克思主义思想绝没有死亡或行将死亡，它们无处不在。但它们已经成为常识。"[28]同样的说法也适用于现代史研究。彼得·克拉克(Peter Clarke)是一位著名的政治史学家，他自认为是一个"并不坚定的剑桥自由派人士"，但他承认："马克思主义历史学（区别于马克思主义的预言）仍然能够为我们提供洞见。"[29]马克思主义历史学已经在第三世界一些社会分层明显的社会中流行起来。例如，在南非，揭露种族隔离制度——经常被作为非理性的异常现象而不予理会——事实上通过保证为白人控制的经济提供廉价劳动力而服务于资产阶级利益，是极其重要的。[30]马克思主义肯定不能作为古董而置之不理。

也许有人会对在有关历史学家与社会理论的一章中赋予马克思主义优先地位提出批评。马克思主义肯定不是学术圈中的唯一理论，它的衰落难道不能证明其他理论体系具有更大的吸引力吗？确实，即使在它的全盛期，马克思主义也面临竞

206 争，尤其是在美国，那里的自由主义现代化理论是被广泛用于解释从传统社会向现代工业社会过渡的方法，而且这种过渡产生了比马克思主义研究所承认的更多的有利影响。最近，女权主义者提出了各种性别理论，它们用相对较新的性别差别术语、公共和私人领域的区分，以及家长制权力来解释社会结构（见第十章）。因此，当历史学家发出拥抱理论的呼吁时——正如他们越来越多所做的那样，他们通常想到的根本不是社会理论，而是针对意义和表现问题的文化理论（见第九章）。这种最近的发展趋势暴露出马克思主义理论的主要弱点，即它倾向于认为文化只发挥次要作用：民族和宗教均未获得应有的关注。在20世纪90年代，将文化视为社会的一个自主方面的诸种理论都享受到了创新的幸福，同它们形成鲜明对比的是，马克思主义不可避免地看起来是保守和过时的。社会和文化研究方法之间的争论在学术期刊上展开[1992年到1996年的《社会史》(Social History)杂志表现得尤为明显]，马克思主义被普遍认为在争论中败北。

然而，本章已经证明，马克思主义理论在历史学的解释资源中占有独一无二的特殊地位。没有哪种其他理论能够提供这样一种解释社会结构和社会变迁的全面论述，以及这样一种解释社会和政治变迁的充满活力的方法。马克思主义之所以能够成为一种在150多年里一直被人们使用的理论传统，只是部分地归因于它最初是作为一种政治武器而被创立的，还因为历史学家和社会理论家已经承认它具有不断发展的能力。已经有迹象表明，强调文化作用的思潮正在逐渐退却。马克思主义理论方法的价值在于它植根于人们生活的物质现实之中，在于它承认生产关

系居于中心地位,在于强调集体能动性和社会决定性之间的矛盾,届时,它的价值将再次被承认。

【推荐书目】

1. Mary Fulbrook, *Historical Theory*, Routledge, 2002.

2. Peter Burke, *History and Social Theory*, Polity Press, 1995.

3. L.S. Feuer(ed.), *Karl Marx and Friedrich Engels：Basic Writings on Politics and Philosophy*, Fontana, 1969.

4. John Seed, *Marx：A Guide for the Perplexed*, Continuum, 2010.

5. Matt Perry, *Marxism and History*, Palgrave, 2002.

6. Eric Hobsbawm, *On History*, Abacus, 1997.

7. Geoff Eley and Keith Nield, *The Future of Class in History：What's Left of the Social?*, University of Michigan Press, 2007.

8. John H. Arnold, Mathew Hinton and Jan Ruger(eds.), *History After Hobsbawm：Writing the Past for the Twenty-First Century*, Oxford University Press, 2017.

【注释】

[1] 参见 Emmanuel Le Roy Ladurie, *The Mind and the Method of the Historian*, Harvester, 1981, ch.1。

[2] 这种理论显然是"高级政治"史学流派的基础,相关讨论见 Emmanuel Le Roy Ladurie, *The Mind and the Method of the Historian*, pp.52—53。

[3] Peter Mathias, "Living with the Neighbors：The Role of Economic History", 1970, reprinted in N. B. Harte(ed.), *The Study of Economic History*, Cass, 1971, p.380.

[4] Aileen S. Kraditor, "American Radical Historian on Their Heritage", *Past and Present*, LVI, 1972, p.137.

[5] Ibid., p.137.

[6] Paul K. Conkin, "Intellectual History", in Charles F. Delzell(ed.), *The Future of History*, Vanderbilt University Press, 1977, pp.129—130.

[7] Isaiah Berlin, "Historical Inevitability", 1954, reprinted in Patrick Gardiner(ed.), *The Philosophy of History*, Oxford University Press, 1974.

[8] 类似的评论,见 A.J.P. Taylor, *Bismarck*, Hamish Hamilton, 1955；A.J.P. Taylor, *The Origins of*

the Second World War，Penguin，1964。

［9］G.R. Elton，*The Practice of History*，Fontana，1969，pp.55—56.

［10］G.R. Elton，*Return to Essentials*，Cambridge University Press，1991，pp.13—15，27；Arthur Marwick，"'A fetishism of Documents?' The Salience of Source-Based History"，in Henry Kozicki (ed.)，*Developments in Modern Historiography*，Macmillan，1993，pp.110—111.

［11］M.M. Postan，*Fact and Relevance*，Cambridge University Press，1971，p.16.

［12］E.E. Evans-Pritchard，"Anthropology and History"，1961，reprinted in E.E. Evans-Pritchard，*Essays in Social Anthropology*，Faber，1962，p.49.

［13］Philip Abrams，*Historical Sociology*，Open Books，1982，pp.2—3.

［14］关于对《苦难的时代》的批判性回应，见 Paul David et al.，*Reckoning with Slavery*，Oxford University Press，1976。

［15］Karl Marx，*A Contribution to the Critique of Political Economy*，Lawrence & Wishart，1971，pp.20—21.

［16］这一解释在以下著作中得到了令人信服的论证：Melvin Rader，*Marx's Interpretation of History*，Oxford University Press，1979。相反的观点见 G.A, Cohen，*Karl Marx's Theory of History：A Defence*，Oxford University Press，1978。

［17］Fernand Braudel，"History and the Social Science：La Longue Durée"，1958，reprinted in Fernand Braudel，*On History*，Weidenfeld & Nicolson，1980，p.51.

［18］Engels to J. Bloch，21 September 1860，reprinted in Karl Marx and Friedrich Engels，*Basic Writings on Politics and Philosophy*，ed. L.S.Feuer，Fontana，1969，pp.436—437.

［19］Karl Marx，*Pre-Capitalist Economic Formations*，Lawrence & Wishart，1964，尤其见 E.J.霍布斯鲍姆的导论部分。

［20］Marx to the editorial board of *Otechestvennive Zapiski*，November 1877，reprinted in Marx and Engels，*Basic Writing*，p.478.

［21］Marx，*A Contribution*，p.21.

［22］Marx，"The Eighteenth Brumaire of Louis Bonaparte"，1852，reprinted in Marx and Engels，*Basic Writings*，p.360.

［23］Marx and Engels，"The German Ideology"，1846，in *Basic Writings*，p.289.

［24］E.J. Hobsbawm，*Age of Revolution*，Weidenfeld & Nicolson，1962；E.J. Hobsbawm，*Age of Capital*，Weidenfeld & Nicolson，1976.

［25］E.P. Thompson，*The Making of the English Working Class*，Penguin，1968，p.9.

［26］见 Richard Johnson，"Thompson, Genovese and Socialist-human-ist History"，*History Workshop Journal*，Ⅵ，1978，pp.79—100；Perry Anderson，*Arguments within English Marxism*，Verso，1980。

［27］E.P. Thompson，*The Poverty of Theory*，Merlin Press，1978，尤其见 pp.110—119。

［28］Christopher Dyer et al.(eds.)，*Rodney Hilston's Middle Ages*，Oxford University Press，2007；Chris Wickham，"Memories of Underdevelopment：What has Marxism Done for Medieval History, and What Can it Still Do?"，in C. Wickham(ed.)，*Marxist History-Writing in the Twenty-first Century*，Oxford University Press，2007，p.35.

［29］Peter Burke，"The Century of the Hedgehog：The Demise of Political Ideologies in the Twentieth Century"，in Peter Martland(ed.)，*The Future of the Past：Big Questions in History*，Pimlico，2002，p.125.

［30］Shula Marks and Richard Rathbone(eds.)，*Industrilisation and Social Change in South Africa*，Longman，1982.

第九章　文化证据与文化转向

在前一章中讨论的社会理论主要关注结构、变迁和能动性，而文化理论则主要
关注意义和表现。文化理论在当今的影响力从文化史所享有的非常高的地位可以
看得很清楚。在某种程度上，文化史从艺术史（也从电影史）这些地位已经得到公
认的研究领域中获益颇多，但它对意义问题的研究更多地受到文艺理论和人类学
的影响。本章在结尾部分将根据被称为"文化转向"的趋势对历史学的现状做出
评估。

∽∽∽∽∽∽

在当今的历史研究中，没有哪个概念比"文化"被更多地援引。它不仅被用于
展示一项特定研究的内容，而且被用于表明作者所具有的理论导向。"文化"令初
学者感到如此困惑的原因在于，它的意义以许多非常不同的形式出现。因此，我们
不仅会提到视觉文化、文学文化和物质文化，而且还会提到暴力文化和恐惧文化。
这意味着，这些非常不同的领域在某种程度上存在着概念上的联系。提及"文化
史"或"文化转向"意指在历史学家的研究偏好上发生了显著变化，但需要花一些时
间来弄清楚这里到底指的是哪一种文化。30 年前，伟大的文化批评家雷蒙·威廉
斯（Raymond Williams）曾评论道："'文化'是英语中最复杂难懂的两三个词之
一。"[1] 今天依然如此。

该词的复杂性大多源于如下事实，即文化在普通用语中有一套意义，在学术术
语中有另一套意义。尽管如此，但文化最为人们所熟悉的意指仍然是那些艺术和
文学的活动——有时被称为"高级文化"，对它的鉴赏取决于受教育程度、品位，以

及养成那种品位所必需的休闲；"文化"人根据人们的预期也许应该是那些广泛阅读"伟大"的文学作品、定期光顾美术馆和音乐厅的人。在这种意义上的文化有着长期的和引人入胜的历史，可以追溯到文字发明之前人们描述他们经验或观察的210 最早期努力，而同考察高级文化最接近的学术研究领域是艺术史。文化史同艺术史有许多共同的关注点。尽管在理论上覆盖全部视觉文化，但艺术史主要关注作为某种精英的自觉创作的艺术，尤其是同绘画和雕塑有关的艺术。最近，认为文化是精英的专属领域的假设受到以大众文化为代表的反驳。这是文化的另一个向度。也许大多数普通人被排除在"高雅"艺术之外，但其他文化形式反映或建构了他们对世界的观点，比如中世纪流行的宗教雕塑、17世纪畅销的故事书，以及20世纪由大众传媒和畅销小说构成的大众文化。不同于精英文化，大众文化史尚未成为一门独立的学科，历史学家在对它的研究上明显处于领先地位。

艺术史和大众文化史都是面向对象的：它们的研究出发点都是大量明显有某种文化意旨的人工制品或文本。不过，近些年来，一种对文化的更广泛界定在学术界流行起来。在历史学家的用法中，文化失去了同特定文化形式的联系。它不再被理解为"高级文化"或"通俗文化"，而是被理解为总结一个社会的特征和将其成员凝聚在一起的意义网。在过去的任何特定社会中，人们如何理解他们的日常经验？他们对时间和空间、自然界、疼痛和死亡、家庭关系和宗教仪式的看法是什么样的？他们共有的价值观是什么？彼得·伯克曾将文化界定为"一套共有的意义、态度和价值观体系，以及它们在其中表现或体现的象征形式（表演、人工制品）"。[2] 注意，意义和价值观比它们的表现形式更重要。在这种意义上，文化史只不过是对过去的心态、情感和概念世界的重建。

最后，历史学家今天更多地谈及"文化转向"。就这种转向而言，它们不仅意指一门新的分支学科的出现，而且指历史学家研究偏好的重新确定。如果文化是被非常广泛地界定的——沿着伯克有关"共有意义体系"的线索界定，那么，对文化史研究的范围就没有限定，它能够运用于政治冲突、穷人和富人之间的划分、妇女的地位等的研究。从这个视角看，几乎可以坚持认为，文化是历史经验最重要的向度。在某些类型的文化转向中，它被认为是过去能够被历史学家所理解的唯一向211 度。用一位评论家的话说，文化已经成为"最重要的因素，是真正的历史存在"。[3] 这种观点已经对其他有关过去的认识产生负面影响。它所造成的挑战已经在社会史领域被最强烈地感受到，该领域是在20世纪70年代和80年代居于主导地位的研究领域，但现在被谴责为同一种过时的马克思主义和一种幼稚的方法论相结合的研究。社会研究方法和文化研究方法之间的矛盾在过去至少 20 年间贯穿历史研究。在本章中,我将介绍上述文化史研究的每一个分支,并评估文化转向更傲慢的自负。

一

艺术史

所有过去保存下来的资料都是历史学家的研究素材。如果这一原则继续适用的话,那么它肯定同样适用于视觉资料,就像它适用于文本资料一样。就视觉资料而言,历史学家应该尽快从绘画、雕塑和其他实物资料中得出结论,就像他们从活动记录和日记中得出结论一样。然而,这并不是人们从对历史学家的研究的详细考察中可能得出的印象。大多数历史学家并没有对他们所选择的研究时期的艺术做出详细分析,艺术也很少被视为以一种系统方式提供了研究所需的证据。历史著作中的插图通常仅仅是装饰性的以增加吸引力,而不是用于让人们仔细阅读的。为了理解为什么会这样,我们必须考察那些最擅长研究视觉资料的人——艺术史家——的实践。第一批艺术史家是艺术鉴定家:他们对自己在鉴定艺术品的创作时间、确定艺术家的身份或将艺术品进行分类上的技艺引以为傲。今天,这被视为一种狭隘的和过时的研究方法。尽管如此,鉴定家的研究传统依然支持如下判断,即艺术品在本质上不同于文字资料,因为能否理解它们依赖于非常特殊的专业技能,还因为它们反映了不同的表现手法。它们的语言是含蓄的和多层次的,事实上是如此地难以把握,以致只有某种独有的专业技能才能妥善应对。

艺术史研究中的两种范式所采用的方法同历史学家的研究方法更为相似。一种范式关注绘画的思想和文学内容。在 20 世纪 30 年代,一个以**欧文·潘诺夫斯基**(Erwin Panofsky)为代表的非常有影响的德国艺术史流派发展出了"图像学"理论:对照绘画被委托制作和创作的思想世界来解读艺术。这种方法尤其适用于意大利文艺复兴时期的艺术家,他们受雇于颇有成就的赞助人,提交具有某种哲学主题或神话主题的艺术作品。[4]最近,一些社会主义学者强烈反对传统艺术史研究从艺术品创作的社会中抽象出它们的特点的倾向。根据 T.J.克拉克(T. J. Clark)的观点, 212
意识形态上的联系使艺术家受到主导性社会结构的制约,这对理解他们的作品至关重要。绘画和雕塑从本质上看同其他任何类型的作品并没有什么不同:它们的创作都需要某些创作条件,也需要某些类型的观众或消费者的供养。艺术史家的任务是揭示一件特定的艺术作品同它创作的社会结构和历史过程之间的联系。因此,正如克拉克所指出的:"不可能存在不同于其他类型历史研究的艺术史。"[5]

欧文·潘诺夫斯基(1892—1968 年):杰出一代犹太艺术史家中的一员,他们都颇具天赋,在两次世界大战期间的德国开始他们的事业,但都被迫从纳粹统治下逃离。潘诺夫斯基离开德国后去了美国。其他人,尤其是阿比·瓦尔堡(Aby Warburg)和恩斯特·贡布里希(Ernst Gombrich),则在英国定居,在那里他们改变了艺术史研究这一职业。

历史学家所研究的艺术史

历史学家是从哪里介入艺术史世界的呢?必须承认存在一些正统派艺术家的例子。有时对一幅画做出阐释所要求的延伸研究不大可能吸引历史学家的关注,对他们而言,所涉及的作品只是一幅更大图画的组成部分。因此,一位研究文艺复兴时期**新柏拉图主义**(neo-Platonism)哲学的思想史家不可能不关注它对波提切利(Botticelli)和拉斐尔(Raphel)等画家的影响,因为他们运用**寓意**(allegory)手法表现这种哲学,但直接对一幅特定的绘画进行图像学的研究很可能是以忽略总体特征为代价的。在这些例子中,历史学家和艺术史家在关注的中心点上存在着差别。

新柏拉图主义: 文艺复兴时期意大利的一种思想运动,它寻求复兴柏拉图的哲学。它在统治阶级,尤其是佛罗伦萨的统治阶级中颇受支持。新柏拉图主义反映了佛罗伦萨的思想家试图在基督神启之外寻找灵感的意愿。

寓意: 艺术品所描绘的内容应从象征意义,而不是从文学意义上去理解。

不过,这只是一种类型的艺术和一种解释方法。作为直接表现形式的艺术又怎么样呢?过去的艺术描绘了广大范围的日常生活细节——服饰、工具、建筑,这些对艺术家的表现意图而言是次要的,但为了看起来真实或作为"背景"的缘故而被包括在画面中。这类资料应该被视为马克·布洛赫的"证人无意识提供的证据"的另一个例证(见第 78 页)。在艺术史理论家中,忽略这类证据的人并不罕见。根据斯蒂芬·班恩(Stephen Bann)的观点,视觉图像无法证明任何东西,"或它确实能够证明的东西太过琐碎,以致无法作为历史分析的组成部分"。[6]但彼得·伯克等历史学家则正确地质疑了这种观点[7],他们的论据在档案类型的图像的例子中是

最具说服力的。因此,在 1666 年大火之前的伦敦城外貌,包括旧圣保罗大教堂这一它最引以为傲的建筑,绝非琐碎问题,这就是为什么历史学家应该仔细研究由文策斯劳斯·霍拉(Wenceslaus Hollar)在 17 世纪 40 年代创作的非常详细的地貌版画。艺术能够为武器、家具和餐具的设计提供同样有价值的证据。同样值得记住的是,近些年来,在保存地的物体本身已经以"物质文化"的名义成为研究关注的中心点。[8]

注:霍拉是一位很有天赋的捷克雕刻师,他为 1666 年大火之前的伦敦提供了极其宝贵的记录。这幅版画之所以更引人注目,是因为旧大教堂的样式完全不同于由克里斯托弗·雷恩(Christopher Wren)在大火后设计的新教堂的样式,后者一直保留到今天。

资料来源:© London Metropolitan Archives, City of London/Bridgeman Images。

图 9.1 由文策斯劳斯·霍拉创作于 1640 年左右的旧圣保罗大教堂版画

引起历史学家很大兴趣的另一种类型的艺术是服务于政府或它的反对者的艺 213 术。我们对纳粹政权的理解可以通过研究它的官方宣传予以深化,这些宣传将粗俗的口号同非常有效的图像结合在一起,对纳粹政权的讽刺性攻击对理解 20 世纪 30 年代德国各种政治力量之间的博弈同样重要。在英国,高度批判性的,甚至带有恶意的政治漫画有着可以追溯到 18 世纪的漫长历史,该领域的一些代表人物今天承认他们杰出前辈的影响力。这些例子表明,对历史学家而言,"糟糕的"艺术通常比伟大的艺术更具启示性,但这种观点并不为艺术史家所赞同,对他们而言,审美反应更重要。

对一件中世纪代表作的解释

一个进一步的例子能够说明视觉证据在历史重构中的作用。中世纪英格兰最
214 著名的艺术品也许是贝叶挂毯(Bayeux Tapestry),它描绘了 1066 年诺曼征服英格兰的情景。挂毯长 70 米,包括按叙事顺序排列的一系列刺绣画面,很像一幅连环漫画。它也许是在 1077 年到 1082 年的坎特伯雷由英格兰工匠根据诺曼人确定的主题创作的。大多数人观看挂毯时会被这件手工艺品表现内容的生动性所吸引,尤其是士兵在黑斯廷斯战役中使用的武器和穿着的盔甲。

注:贝叶挂毯的中心部分描绘的是黑斯廷斯战役,在战役期间,国王哈罗德被杀。在挂毯上,那一刻被拉丁文"哈罗德王被杀"所表明。整个挂毯在法国诺曼底大区的巴约展出。
资料来源:ⓒ Hulton Achive/Getty Images。

图 9.2 贝叶挂毯中的黑斯廷斯战役和国王哈罗德之死

不过,贝叶挂毯的重要性并不仅仅在于它提供了大量细节证据,它同时还极力尝试给出一种官方版本的对事件的叙述,也许它正是出于这一目的而由征服者威

廉的同母异父兄弟委托创作的,他也参加了黑斯廷斯战役。早期的场景描绘了威廉自称忏悔者爱德华(Edward the Confessor)的合法继承人,这是它在政治上最重要的内容。挂毯的结尾部分描绘了威廉在威斯敏斯特教堂举行加冕礼的场景,以证明新国王的合法性。一位权威人士评价:"这是有史以来最具影响力的视觉宣传画之一。"[9]解释挂毯的内容至关重要,因为它同另外两种文字编年史一道,同为记述诺曼征服的数量非常少的原始资料。它能够吸引艺术史家、考古学家和历史学家进行大量学术研究,并不令人感到奇怪。

　　因此,有很多理由可以说明,历史学家为什么不应该同视觉艺术保持距离。确 215 实,它们是一个高度专业化的学科研究的领域。然而,艺术史家通常关注从他们研究的作品中提炼出最后一点隐含的意义,而不是停留在它们更容易获得的信息上。历史学家不太倾向于将绘画仅仅视为在一个小圈子或小集团中流行的东西:他们对那些能为所有人都理解的意义更感兴趣,它们会在不同的作品和不同的媒介中反复出现。首先,同 T.J.克拉克一样,一些历史学家坚持认为,艺术与所有其他从过去保存下来的资料一样,不能脱离创作的历史背景来理解,这意味着要将它置于创作的经济、社会和文化背景之中。这种研究程序会将艺术品置于创作它的特定时间和地点中,而不是将它们视为"时代精神"的表现,正如 19 世纪的学者倾向于做的那样。

二

大众文化:文字出现之前和现代

　　乍看起来,在"高级文化"和大众文化之间做出区分也许是易于引起反感的。它所暗示的并不仅仅是一种自命不凡的精英主义,同时会忽视文化超越社会分层、对所有人言说的能力。这尤其适用于基督教艺术。在文艺复兴时期和**巴洛克**(Baroque)时期,一些最伟大的绘画作品是在教堂中被展示的,意在强化普通信徒的心灵体验。不过,在历史研究和艺术研究中,"大众"文化都占据着一种公认的地位,而且理由充分。纯艺术作品有时也许能为普通观众所接触,但他们很少可能成为它的唯一受众,这些作品受到艺术家、赞助人或双方的审美和象征关注的强烈影响。但供大众消费就要求文化产品应当明白易懂,这样才能得到广泛传播。随着 15 世纪印刷术的发明,这项要求更容易被满足。印刷术不仅使印刷文字的传播成为可能,而且通过图像使不识字的人也能阅读。这是对一种较传统的观念的重要修正,这种观点认为,文字出现之前的社会是在"历史之外的",无法进行历史重建。

巴洛克: 在 17 世纪欧洲的视觉艺术中流行的艺术风格。它同天主教有着紧密的联系。它倾向于强调戏剧性、感染力,而且装饰华丽。

宗教改革时期的德国提供了一个明显的例子。在某种层面上,天主教会和马丁·路德(Martin Luther)的追随者之间的斗争是在由博学的神学家和他们有权势的世俗赞助人组成的精英阶层中展开的。但普通民众的支持对改革者实现抱负至关重要,正如路德本人所说的,图像是"让儿童和普通百姓看的,他们更容易被图画和图像,而不是被文字和信条所打动,想起神的历史"。R. W. 斯克里布纳(R. W. Scribner)的研究记录了廉价的印刷图画大量涌现,这些图画追捧宗教改革者,却讥讽德国的天主教会。这些图画中的大多数包括文字介绍,但主要内容是由图画表达的,它们通常比附加的说明文字更复杂。这是一种新型的宣传战,但斯克里布纳指出,宗教和视觉图像之间的联系并不是新产生的:普通信徒被鼓励以这种方式来理解他们的信仰,中世纪晚期宗教的礼拜仪式具有很强的视觉效果。这类研究不可避免地存在一些局限性。我们无法确切地指出,斯克里布纳发现的视觉资料是否真实地反映了民众看待宗教的态度,或它是否仅仅是用于给民众洗脑的粗暴尝试。我们同样无法轻易确定,这些宣传是否真的改变了人们的信仰和行为。然而,对识字人口很有限的近代早期社会而言,大量路德教派的宣传图画无疑是一种宝贵的资源。[10]

在民众普遍识字的现代社会,大众文化要求不同的侧重点。在宗教改革和工业革命之间的时期被认为见证了欧洲精英阶层从大众文化领域逐渐退出的过程,由此使"高级文化"和"通俗文化"之间的区别更为明显。[11]在 1900 年之前,大多数西方社会是由现代化的精英阶层控制的。议会制度是这种现代化模式的组成部分,拥有投票权的人口比例逐渐增加。这些就是识字率在 20 世纪开始时接近普及的背景。历史学家获得了大量文字证据。其中大多数证据都同大众文化研究中的一个关键问题相联系,即供工人阶级消费的文化中有多少是真正大众性质的,又有多少是政治精英试图强加给大众的、属于精英的价值观? 在维多利亚晚期的英国,像《每日邮报》(Daily Mail)等被最广泛阅读的报纸是由个体所有者拥有的,它们具有明确的政治观点,但发行量却取决于它们在多大程度上迎合了读者的关注。

这些问题居于有关民众在瓜分非洲和临近第一次世界大战时期看待帝国主义态度的争论的中心。在 1885 年到 1905 年的大部分时间中执政的保守党不仅支持帝国的扩张,而且相信这将使他们的党更能吸引普通选民。保守的新闻媒体鼓吹一种狂热爱国主义的侵略必胜的信念,被它的批评者称为"沙文主义"。与此同时,商业广告商通常会利用有关殖民的图像来推销各种国内生产的消费品[比如保卫尔牛肉汁(Bovril)和梨牌香皂(Pears Soap)],暗示民众对帝国的认同。但受工人阶　217

注:19 世纪 80 年代发明的保卫尔牛肉汁是一种加浓的牛肉汤。它的广告由于将该产品同帝国主义联系在一起而著名。这里,英国在英布战争中的胜利被(部分)归因于士兵对这种产品的消费。

资料来源:ⓒ Hulton Archive/Getty Images。

图 9.3　保卫尔牛肉汁广告

级影响更多的文化形式却与此不同。音乐厅在这一时期达到其发展的全盛期。由于远离伦敦西区价格更昂贵的娱乐场所，音乐厅的管理层需要对下层阶级观众的偏好足够敏感。下层阶级并未表现出对帝国的狂热支持：确实有对士兵的支持，但对他们为之奋斗的事业却表现得相对冷漠。另一个反复出现的主题是在同移民海外的亲人道别时的痛苦感受。帝国已成为英国社会结构的组成部分，但假设它已经成为民众狂热支持对象的观点却需要谨慎地予以研究。[12]

三

摄影与电影

218　　就 20 世纪而言，对大众文化的研究由于新媒介——摄影和电影——的引入而发生了改变。照相机是在 19 世纪 40 年代发明的，但最初它只是富人的业余消遣，它的应用受到技术条件的限制。由于更廉价相机的问世和更快的曝光速度，摄影在 19 世纪 80 年代被更广泛地应用。新闻摄影迅速增加，与此同时，日常生活的大部分内容都被众多业余摄影师用相机记录下来。到 1905 年，英国有十分之一的人拥有相机。

　　历史学家是如何利用这种资料的呢？广义而言，照片和电影都是"档案"：像其他原始资料一样，它们也提供了有关它们的创作时代的证据。差别在于，它们将过去呈现在我们眼前，明显避免了对文字资料进行艰苦的、通常是不可靠的研究过程。新发现的电影胶片能够极大地改变我们有关"认知"过去的观念。在同类事件中最激动人心的发现之一是 1994 年在布莱克本（Blackburn）一个废弃的地下室中找到了 80 多盘电影胶片。它们是由米切尔（Mitchell）和凯尼恩（Kenyon）合股的公司在 1901 年到 1907 年之间拍摄的，记录了城镇的日常生活，摄影师擅长拍摄诸如足球赛、温和的游行和工人拥挤通过工厂大门等群体场景。大多数被拍摄对象是在猝不及防的情况下被拍摄的，但其他人则对着镜头挥手、微笑，他们知道在当天的晚些时候，有可能因为在屏幕上看到自己而获得报酬（因为米切尔和凯尼恩公司是完全商业化运营的公司）。电影从视觉上记录了工人阶级——既作为主人公，又作为观众——的登场。[13]

　　纪录片在 20 世纪 30 年代成为一种公认的影片类型。它对观众的影响很容易理解，因此它通常会传达某种社会或政治的信息。在美国，实行**新政**（New Deal）的政府委托一流摄影师拍摄编辑普通民众在大萧条期间的视觉记录。效果是令人信服的,但它们受限于非常具体的指导方针。微笑的人被制止,穿上节日盛装的人被要求换成日常的服装,并且只有"有价值"的穷人才会被拍摄。[14]拍电影也会受到类似的压力。在电影院放映的新闻短片也许是英国观众在两次世界大战期间了解时事的主要来源。然而,它们向观众传达批判性信息的可能性受到如下信念的制约,即任何对政治争论的暗示都会赶走观众。大萧条期间严重的社会问题不允许破坏新闻短片积极向上的基调。罗伯特·罗森斯通(Robert Rosenstone)问道:"纪录片记录了什么?"[15]答案在于,它在记录了出现在屏幕上的生活片段的同时,也记录了电影制作人的偏好。

> **新政:** 由富兰克林·罗斯福执政的美国追求新的发展方向,他是在 1933 年大萧条最严重的时候就职的。新政的核心政纲是政府实行直接干预以刺激经济增长和创造就业岗位。

故事片能够提供比一部纪录片所记录的更多的东西。它本身就是一种文化产品,而且是一种特别具有影响力的文化产品。在从"有声电影"发明一直到电视流行的 30 年间,故事片成为英国公众的主要娱乐来源,1946 年,英国全部人口中的三分之一每周至少去一次影院。[16]电影在文化上的重要性在那时得到公认。电影制作人谨慎地避免内容被批评为过于色情或过于政治化。在第二次世界大战期间,他们遵循政府确定的宣传方向制作影片。大部分常规影片能够被描述为"逃避现实类"的影片,然而在影片中对"美好生活"(或"迷失生活")特征进行总结的表现方式还是讲述了很多有关民众价值观的内容。正如罗斯·麦基宾(Ross McKibbin)所指出的,英国观众的口味表现出对美国影片,尤其是那些强调美国文化同英国文化存在差别的影片的明显无疑的偏爱:这些影片被总结为"有吸引力的",而且赞赏之情也扩展到在如此多的美国影片中占据主导地位的强调竞争的个人主义。[17]在1945 年以后,战争电影被赋予重要地位,表明了充斥着对"正义战争"的记忆和对一种过时的英国男子气概的怀念的民族情绪。[18]

1927 年,先锋派摄影师拉兹洛·莫霍利-纳吉(László Moholy-Nagy)说道:"未来的文盲是对摄影一无所知的人。"[19]两次世界大战期间的时期见证了在使用文本和视觉资料之间的平衡向着有利于后者的方向的明显倾斜。然而,历史学家仍然未能充分理解莫霍利-纳吉的判断。在历史学家的著述中,照片更多地是作为插图偶尔被看到,而不是作为需要进行批判性分析的文化产品。许多历史学家对数字时代来临之前的电影制作技术,尤其是像蒙太奇和询唤等技术并没有充分的了

219

解，而这些技术在观众和人们期待电影表现的现实之间起着干扰作用。我们最多只能说，要比过去更严肃地看待照片和电影，既将它们视为独特的能够揭露真相的资料，也将它们视为反映大众文化特征的重要资料。

四

书写文化史

正如上文所提示的，"文化"和"文化史"是指某种比对视觉资料研究更广泛和更具抱负的研究，它们包括社会生活中涉及意义的全部领域。视觉资料并未被排除在外，但它们是同所有被赋予意义的其他形式的人类行为相并列的。一个例子将说明向某种文化观的转变到底意指什么。精神疾病治疗史是社会史研究中一个早已存在的论题，但直到最近历史学家才试图了解精神病人，以及给他们贴上这样标签的人的心态。用罗伊·波特（Roy Porter）的话说，这是承认精神失常史"主要是有关互不相容的思想世界之间的对抗"。[20] 在书写那些思想处于对抗中的人与描述把精神病人送进医院的制度之间存在着极大的不同：前者是文化史的研究方法，后者是社会史的研究方法。文化史是一种广泛的，而且令人着迷的领域，既包括正式的信仰、仪式和游戏，也包括姿态和外表所表达的未被公开承认的逻辑。

直白地说，这种文化史并没有什么新东西。对过去同现在存在文化差异的好奇——和尊重——是在遵循历史主义的精神。兰克和他的追随者相信，考证方法和直觉能够使他们跨越时间的鸿沟，倾听按自身方式存在的过去的声音。但今天，关注的重点已经非常不同。对兰克而言，对意义的解释是达到目的的手段，即重建人类行为和国家命运；资料之所以居于中心地位，是因为它们提供了能够讲述故事的可靠细节。今天的学者越来越将研究意义作为目的本身，他们相信，人们如何解释他们生活的世界和表达他们的经验是能够引发内在兴趣的问题。这意味着，他们在另一点上偏离了兰克的研究实践。兰克将文本的意义视为个体性的（个人的背景和态度相应地成为研究的中心），而今天历史学家最看重的却是共有的或集体的意义。要实现这种研究目标，本能和移情明显是不充分的。要揭示集体的意义，就需要运用复杂的理论。文化史是一个充满争议的研究领域，其中的一个原因就在于，它是借助相互竞争的不同理论体系进行研究的。下面将依次介绍三种被证明最具启示性的理论：心理学、文本理论和人类学。

年鉴学派：一种历史心理学？

第一批试图研究过去的集体心理的历史学家是年鉴学派的历史学家。年鉴学派的奠基人，尤其是吕西安·费弗尔呼吁进行心态史研究。根据费弗尔的观点，历史研究中最糟糕的时代错置是心理上的时代错置，即不加思考地假设，较早期的人们用来解释他们的经验的心理结构是同我们自身的心理结构相同的。他问道，中世纪的男男女女经历了比今天更为严酷的昼夜之别和冬夏之别，这种差异的心理含义是什么？费弗尔呼吁进行一种"历史心理学"研究，由历史学家和心理学家合作进行。[21]心态史学不考察那些得到明确表达的原则和意识形态，而是关注情感、本能和未言明的东西，这些思想领域通常根本无法找到直接的表达。罗贝尔·芒德鲁(Robert Madrou)也许最接近完成费弗尔的计划。在他的著作《现代法国导论(1500—1640 年)》(*Introduction to Modern France，1500—1640*，1961)中，他将普通法国人人生观的特征总结为一种"被猎杀的心态"。[22]面对恶劣的环境和长期营养不良的无助产生了一种病态的过激反应，其中人们以过度展示悲伤、同情或残暴来对最小的情感波动做出反应。

弗洛伊德和"心理史学"

有鉴于人类心理学是这样一种进行了过多的理论建构的研究领域，所以历史心理学提出了一些大的理论问题。费弗尔本人并不是特别关注理论建构，但从他那时以来，在这个领域从事研究的历史学家所关注的中心问题是应该在多大程度上借鉴心理分析的研究成果。弗洛伊德声称，作为他对精神病患者临床研究的结果，他得出的这种理论将我们对人类大脑的认知置于一种全新的和更科学的基础之上。他的理论依赖于"无意识"的概念，大脑的这个部分受到幼年创伤经历(断奶、如厕训练、恋母情结等)的重要影响，由此决定个人在稍后的生活中对世界做出情感反应的方式。对弗洛伊德和许多修正或扩展他的理论的追随者而言，心理分析的主要用途在于治疗精神疾病，但弗洛伊德本人相信，他的理论也能为理解历史人物提供锁钥，在一篇著名的研究**莱昂纳多·达·芬奇**(Leonardo da Vinci)的论文(写于 1910 年)中，他实际上进行了"心理史学"研究的第一次尝试。从 20 世纪 50 年代以来，这种传记写作方法就拥有了相当多的追随者，尤其是在美国，在那里心理分析方法相比在其他国家被更广泛地接受。就这方面最好的研究而言，心理史学为历史传记写作引入了研究真实心理这一非常有价值的因素，正如布鲁斯·马

221

兹利什(Bruce Mazlish)有关**詹姆斯·穆勒**(James Mill)和**约翰·斯图亚特·穆勒**(John Stuart Mill)颇有争议的研究所揭示的那样，没有这样的研究，知识分子尤其可能忽略情感因素在这两个人的生活中发挥的作用。[23]凭借后见之明，很容易使222 过去人们的生活以一种强调目的合理性和稳定性的令人满意的形式出现。与之相反，心理史学仔细研究人们行为的复杂性和反常性，用彼得·盖伊(Peter Gay)的话说，它将人们描述为：

> 受到冲突的猛烈冲击、在情感上是矛盾的、意在通过防御策略减轻紧张关系，因为大多数人只是模糊地——或许根本就没有——认识到他们为什么会像他们实际所做的那样感觉和行为。[24]

莱昂纳多·达·芬奇(1452—1519年)：意大利艺术家和工程师。他的研究奠基于对自然界的细致观察，他的笔记本充满了解剖学草图和工程作品设计，尽管其中的一些明显最具远见的设计，比如他设计的一架直升机，已经被证明是后来伪造的。

詹姆斯·穆勒(1773—1836年)：英国哲学家和杰里米·边沁(Jeremy Bentham)的功利主义思想的追随者，边沁强调需要对社会和行政进行现代化改革，以确保最多数人的最大幸福。詹姆斯·穆勒1817年出版的《英属印度史》(*History of British India*)批判了印度本土文化的"落后性"。他是约翰·斯图亚特·穆勒的父亲。

约翰·斯图亚特·穆勒(1806—1873年)：英国哲学家。他1859年写作的著作《论自由》(*On Liberty*)在国家控制日益增强的背景下为个人自由辩护。约翰·斯图亚特·穆勒是妇女解放运动和主张将议会选举权扩大至工人阶级的坚定信徒。

以这种方式，就能够复原历史人物的内在驱动力，而不是仅仅将他们的动机限制在他们开展职业生涯的公共领域。

集体心理学

心理分析的洞见并非仅仅局限于个人生活。确实，从文化史学家的视角看，心理分析的主要贡献在于，将注意力转向养育、培养与认同的文化模式，转向无意识在集体心态中的作用。《新教徒的气质》(*The Protestant Temperament*，1977)是最广泛地应用心理分析方法进行研究的著作之一，在这本书中，菲利普·格雷文(Philip Greven)确定了在殖民时期的美国养育子女的三种模式："福音派的"或命令型的、"温和派的"或权威型的,以及"绅士阶层的"或慈爱型的。尽管这些称谓表明了宗教信仰和社会地位的直接影响,但每种模式的影响都能够通过在这些方式下抚养起来的儿童的心理发展特征予以追溯。通过参照对待自我的态度,格雷文描述了随后形成的性格或"气质":在福音派的情况下是敌意,在温和派的情况下是控制,在绅士阶层的情况下是放纵。在一种常见的弗洛伊德式的分析框架下,格雷文的研究考虑到了 17 世纪和 18 世纪美国的文化多样性,没有坚持认为每个美国人都是按照这三种模式中的一种行事的。心理分析方法有关过去某些方面的研究具有很强的吸引力,即对那些被我们视为非理性的或病态的,但对那些参与其中的人而言却是非常合乎情理方面的研究。这种方法适用于对种族主义的研究。压制和投射模式被用于解释在殖民扩张的高潮期——例如**杰克逊时期的美国**(Jacksonian America)——白人对待其他种族的态度。[25]

> **杰克逊时期的美国:** 指 1828—1837 年,安德鲁·杰克逊(Andrew Jackson)(1776—1845 年)担任总统的时期。杰克逊是一名来自北卡罗来纳州的成功的将军,他采用了一种强硬的政治行事方式。他坚定地主张将联邦政府的权力减少到最小,但自相矛盾的是,他运用总统否决权来执行他意志的次数要远远多于他的前任。杰克逊进行了长期的和受到普遍欢迎的反对美国银行的斗争,相信后者是中央集权专制统治的一个例证。

对心理史学的质疑

　　在过去 50 年间所取得的所有技术和方法创新中,心理史学是最能引起该专业以外的人士的兴趣的,但也遭到了非常严肃的质疑,这主要是出于两方面的原因。223第一,这涉及证据问题。临床医学家试图通过分析研究对象所做的梦、所产生的口误和其他资料来复原病人的童年经历,而历史学家却只有档案资料,它们可能很少——如果的确有的话——包括上述材料,也很少有对研究对象早期童年经历的直接观察记录。我们认为会非常有用的大部分个人资料也许是完全无法获得的,然而没有这些资料,心理史学有关性格的理论就不可能被建构。第二,没有理由假设心理分析方法的诸命题会同等地适用于以前的各个时代。确实,应该假设的是正好相反的情况:弗洛伊德有关情感发展的描述是充满文化色彩的,植根于 19 世纪晚期中产阶级城市社区抚养儿童的实践和心理态度(尤其是对待性的态度)。将弗洛伊德的深刻认识(或任何其他同时代心理分析学派的认识)应用于生活在任何其他时代或社会中的个体，都犯了时代错置的错误。因为，随时间变化的人类性格结构恰恰是需要加以研究的，而不应被简化为一种公式。"自我"观念对 17 世纪或 18 世纪之前的西方文化而言也许是非常陌生的，而我们（像弗洛伊德一样）却将它视为一种基本的人类属性。正如一位非常尖刻的批评家所指出的，心理史学能够很容易地变成一种决定论形式的"文化**狭隘主义**（parochialism）"。[26]借鉴心理分析理论的历史学家必须特别谨慎地用对历史背景的尊重来调整他们的解释。

> **狭隘主义：**只是狭隘地关注自身直接所处的地方，而不关注他们所处的更广泛背景。"狭隘的"（parochial）在字面上意指一个教区。

五

文本理论

对文化史研究产生影响的第二套理论体系源自文本研究。这是一种对文本进行批判性研究的方法，也被称为"解构理论"或"话语理论"。我们在第七章中看到，文本理论家如何拒斥作者观点具有权威性的观念，而认为能够对文本做多样的解读，其中不同读者会发现不同意义。那一章详细考察了文本解读的不确定性给历史学在认识论中的地位带来的极其麻烦的影响。但重要的是要承认，在某种实践层面，新的文本理论展示了在对过去进行文化重构方面取得重大进展的前景。传统上，历史学家将他们研究的原始资料视为认知事件或心态的关键，即认知文本背后的"客观的"或可证实的存在。文本理论教导历史学家集中关注文本本身，因为，它的价值与其说是对现实本身的认识，不如说是提供了各种范畴，人们可以通过它们对现实加以认识。从这种视角看，原始资料本质上是修辞策略、表述规则、社会隐喻等文化证据。文本理论赋予历史学家以信心，使他们超越文本的文字范围（这是他们学术研究的传统关注点），倾听更大范围的声音，这就远远超越了马克·布洛赫的教喻所限定的范围，他教导我们将资料视为"证人无意识提供的证据"。仔细解读——或挖掘深层内涵式的解读——甚至比传统历史研究方法更费时间，正是由于这种原因，它往往被应用于篇幅较小，但具有丰富文本内涵的原始资料。

语言学的话语和政治语言

这些观点对政治思想研究产生了显著的影响。因为,如果语言促进了某种思想模式的产生,而排斥其他思想模式,如果在某种意义上是语言决定意识(而不是相反,像常识所认为的那样),那么,政治秩序的维系就必然既依赖于语言结构,又依赖于管理结构:政治既是在某种话语领域内建构的,也是在某个特定地域或社会中建构的。在现代政治组织中,通常会有许多替代性的和相互关联的话语在争夺统治地位,例如,表达对国家、阶级团结或者种族独特性尊重的各种话语。一个被很好地记录的例子是英国资产阶级革命。凯文·夏普(Kevin Sharpe)论证道,在1642年之前,王室和国会仍然拥有许多共同的政治价值观,二者之间的争论是在共同尊重法律和传统的框架内进行的。英国内战真正具有革命性的方面在于,那些反抗国王的人被迫以他们的语言尚且无法表述的方式行事。到17世纪末,作为1688—1689年光荣革命的结果,国王和人民之间的关系已经根据权利和契约重新加以界定。根据这种解释,话语的转换是与该时期的制度变革和经济变革同样重要的。[27]法国大革命提供了一个类似的例子。革命在**自由、平等、博爱**(*liberté*, *egalité*, *fraternité*)的旗帜下被赋予合法性,它同样是"一种新形式话语的发明,建构了新的政治和社会行为模式"。[28]因此,语言就是权力。在接受话语理论中心观点的过程中,历史学家重新界定了他们对政治思想的认知。他们论证了,一个**政体**(polity)的成员是如何在特定话语的概念边界内进行政治上的体验、认识和行为的,以及这些话语之间是如何进行争辩、进行适应性改变,有时是完全决 225 裂的。

> **自由、平等、博爱:** 法国大革命期间通常写在建筑物、档案和其他形式的官方文件上的口号。它尝试对《人权宣言》(*Declaration of the Rights of Man*)的基本精神做出总结。
>
> **政体:** 国家或其他实体,它们都由某种形式的文职政府予以管理。

话语分析也对历史地理解民族性贡献颇多,传统上该范畴被历史学家几乎不假思索地使用。我在第一章中已经指出,民族认同绝不是"既定的",而是源于特定的历史背景,这些背景随着时间的变化而变化。如果各民族是不断地被重新建构或"创造"的,那么这种建构或"创造"在很大程度上取决于对文化象征的精致阐释和对民族历史具有高度选择性的解释。将这类材料传播给广大受众,对现代世界

中民族主义的塑造具有根本重要性。出于这种原因,在《想象的共同体》(*Imagined Communities*, 1983)这部最具影响力的研究民族主义的著作中,本尼迪克特·安德森(Benidict Anderson)非常重视"印刷资本主义"的作用,认为它是民族主义自 16 世纪以来不断发展的前提条件。对爱国主义语言更细致的研究揭示了特定的民族主义内涵是如何随时间而变化的。在自**宗教改革**(Reformation)以来的英国,民族主义同君主制、民众自由和外国人——此处仅列出三项具有政治色彩的指标——有着一种不断变化的关系。因为"民族"具有更多想象色彩,而非真实存在,所以表述它的隐喻具有巨大的影响力,它们传达给大众的内容——不管是民主的,还是专制的——成为各种有关政治制度的处于竞争中的观念争夺的战场。[29]

宗教改革: 在英国 16 世纪早期的宗教改革过程中,英格兰教会首次否认教皇的权威,而支持君主的权威,随后创立了一种形式的新教,被称为"英国国教"。

以语言为导向的文本研究方法还明显地表现在一些历史学家目前对他们所研究资料的写作文体或体裁的关注上。他们论证道,我们对某种文本表面内容的解释也许需要根据它所属的文体进行大的调整,同时,文本所使用的文体会影响读者对文本的理解。当娜塔莉·泽蒙·戴维斯研究请求王室赦免的求情者在 16 世纪递交给法国法庭的**赦免信件**(letters of remission)时,她很快就意识到,它们不可能被简单地视为直接的个人陈述。它们是由**公证人**(notary)以一种公认的文体形式写作的,这种文体反映了那个时代流行的几种体裁,包括虚构写作,每种体裁都有它自身的规则。她写道:

> 我在探查有关 16 世纪的人是如何讲故事的证据,他们认为一个好的故事是什么样的,他们如何解释动机,他们如何通过叙事来理解未预料到的事物,以及他们如何在他们的直接经验中建构连贯性。[30]

赦免信件: 请求王室宽恕或减轻法庭判罚的官方信件。

公证人: 有权利起草法律文件的法庭书记员。

戴维斯之所以给她的书起名为"档案中的虚构"(*Fiction in the Archives*),并不是因为她将赦免信件视为虚构的,而是因为她关注它们提出的文体问题。此时,求情者是否有罪的问题同意义和表述问题相比,就显得不那么重要了。

六

人类学

但对近期的历史学家而言,在集体心态研究领域最具创造力的思想来源不是文本理论,而是文化人类学。尽管研究当今小规模异域社会的历史学的现实意义也许并不明显,但历史学家非常有理由关注人类学的研究成果。这些原因在那些自身就是专门研究第三世界某些领域历史的历史学家中是最明显的,但也适用于那些在较传统领域中从事研究的历史学家。人类学家研究提出的某种类型的心态能够在极易受到多变气候和疾病影响的人群中发现,他们缺乏对所处环境的"科学"控制,并受到他们的地方性特征的制约,这种状况适用于西方中世纪和近代早期的大部分时间。我们社会中很久以前就已经消失的某些特征,诸如**血亲复仇**(blood feud)或巫术审判等,仍然在当今世界的某些地方存在。对现代不同类型人群的直接观察会促使我们更合理地把握相关问题,这些问题涉及有关我们过去的相似特征,而有关它们的直接证据也许很少或者是分布不均的。这种研究的经典例证是基思·托马斯的《16 和 17 世纪英格兰大众信仰研究》(*Religion and Decline of Magic*,1971),他借鉴埃文斯-普里查德和其他民族志学者的研究,为对近代早期英格兰巫术的研究制定了新的议程。对通过档案资料中介研究过去社会的历史学家而言,会感受到,或应该感受到一种"文化冲击",这种冲击同现代田野研究者在一个遥远的和"异域"的社会中所经历的冲击具有同样的意义。

> **血亲复仇:** 激烈的冲突,经常会牵涉到参与者的家人和朋友,而且仇恨会延续几代人。

人类学对心态的研究

但自从托马斯做出开拓性研究以来,人类学对文化历史学家的价值已经拓宽为一种方法和理论,而不仅仅是一种提供富于启发性类比的来源。关键的问题在于,人类学家是如何把握其研究对象的世界观的。因为人类学家是通过将参与者和观察者的角色结合在一起进行研究的,所以人类学家能够记录下各种存在于文字出现之前、使用简单技术社会的极不同的心态假设。事实上,研究"心态"居于他

227 们专业技能的核心地位,目前在历史学家中流行的"文化"概念在本质上是一种人类学的概念。在田野研究中,人类学家之所以特别关注具有象征意义的行为,诸如命名仪式或求雨仪式等,这部分是因为对陌生现象的认知是最具挑战性的,部分是因为象征和仪式很少是单一用途的,而是表现了一套复杂的文化价值观。看似怪异的和非理性的现象往往反映了某种连贯一致的思想和行为,正是它们最终将社会凝聚在一起。颇具影响力的美国人类学家克利福德·格尔茨(Clifford Geertz)将他对具有复杂结构特征的具体行为的文化解读称为"深描"(thick description);在巴厘人斗鸡这个最著名的例子中,一段情节也许就提供了了解整个文化的窗口,前提是我们不把用我们的术语所理解的连贯性强加给它。[31]这里同文本理论存在着兴趣趋同的地方:正像文本可以有多种解读一样,一种仪式或象征也可以有多种意义。格尔茨本人认为文化就像文本的集合,他根据"文本类比"[32]来解释文化人类学的目标。

由于对仪式的描述为我们了解文字出现以前的社会提供了一些最好的证据,所以,历史学家欢迎文化人类学的深刻洞见也就不足为奇了。娜塔莉·泽蒙·戴维斯是许多承认格尔茨影响的历史学家中的一位。她在描述她有关16世纪法国社会的研究时援引了"文本类比":

> 学徒期满的转正仪式、乡村组织的节庆、妇女们由于一次**分娩**(lying-in)而进行的非正式聚会、男人和妇女由于讲故事而聚会、街头骚乱等,都能够和一本日记、一本政治小册子、一种说教或一套法典一样,被富有成效地"解读"。[33]

分娩: 生孩子。

在大胆应用"深描"技术的示范性研究中,罗伯特·达恩顿(Robert Darnton)分析了在18世纪30年代的巴黎,一些印刷厂的学徒杀死一只猫的琐碎情节。通过将一个印刷工的回忆置于一系列多样的同时代的文化证据之下,达恩顿揭示出,对猫的屠杀是如何将搜捕女巫、工人的反抗和强奸行为等隐含的因素结合在一起的,这也是学徒们发现那是一种如此有趣的情感宣泄方式的原因。"在像仪式性地屠猫这样无趣的事务中,了解其中的相关语义是通向文化'认知'的第一步。"[34]在这类历史研究中,仔细观察细节确实重要,而且非常重要。

人类学的局限性

达恩顿有关屠猫的研究证明了这种研究方法的令人兴奋之处,但也表现出了它的局限性所在。尽管人类学家作为一个兼具参与者身份的观察者,能够就近观察仪式并提供补充性背景证据,但历史学家必然会受到资料的限制。屠猫只在一种记述中被描述,而且那是一种回忆性记述。达恩顿将屠猫视为工人的反抗,它预示了法国大革命的发生。但正如拉斐尔·萨缪尔所指出的,这个故事也能用作某种对青少年文化的分析或某种有关对待动物的社会态度的研究;单一资料太容易造成"象征意义过多"。[35]文化史学家在很大程度上被迫依靠一些在普通百姓头脑中存在的间接的和模糊的证据,在完全接受文化人类学或文本理论的解释程序之前承认这些局限性是恰当的。事实上,人类学方法的价值既在于它的一般导向,也在于它对细节的研究。它提醒我们,历史学不仅要研究能够从外部加以观察的趋势和结构,而且要求研究者明智地尊重过去的人们的文化,并乐于通过他们的眼睛来观察世界。

七

文化转向的影响

20 年前,大多数社会史都是根据诸如阶级和民族等清晰可辨的集体单位来自信地书写的,许多政治史也是如此。写作有关"工人阶级"或"法兰西民族"的历史是有意义的,因为这些集体植根于一种共同的生活方式,从中产生了一种共同的、明确的意识,在任何一个时间点上恰巧构成集体成员的个人的生命结束之后,这种意识能够继续向后代传递。这最明显地表现在马克思主义者对阶级和阶级意识的研究上,但自由派学者将政党、宗教教派和民族视为持续几代时间的历史行为主体,与马克思主义者并没有什么不同。在自由派和马克思主义者的历史书写中,这些社会认同几乎获得了一种相当于物质实体的地位,它们有助于推动有关进步和革命注定会发生的"宏大叙事"。到 20 世纪 70 年代,这种有关社会的、物质的和进步的研究范式也许并未占据主流地位,但它无疑代表了历史学研究的前沿,是最重要的历史学争论关注的焦点所在。

这种社会史的研究范式遭到了来自两个方向的攻击。第一种攻击是由年鉴学

229 派的历史学家发起的，他们强调集体心态的重要性。从一开始，他们就断言，如果不重建过去人们的心态，那么有关过去的认识就是不完整的。布罗代尔通过将心态和地理因素一道包括在他的长时段研究中，将它们纳入了他的结构分析框架。到 20 世纪 80 年代，权威的年鉴学派历史学家已经不满足于此，他们宣称心态是历史经验的最基本层面，文化是它的主要表现形式。到 20 世纪 90 年代，对社会史研究范式发起攻击的主要力量来自文本理论，它抨击有关表述意指历史实在的观念。它证明从否认对文本中的意义存在可靠解读到解构公认的社会认同只是迈出了一小步，因为，认同难道不是依赖于一种共同的语言和共同的象征建构的吗？阶级、种族和民族都失去了它们"硬"的客观特征，变成只不过是缺乏稳定性的话语。社会史学家曾诉诸"经验"，但经验的基础地位目前已经受到质疑，质疑所依据的理由就是它并不先于语言而存在。[36] 文化本身被视为一种建构，而不是对实在的反映。后现代主义通过对随时间变化而持续存在的积极社会认同提出质疑，使对"宏大叙事"的攻击完成了进行破坏的任务。剩下的就是对表述的研究，即对意义是如何被建构的，而不是对人们在过去实际行为的研究。

文化史是史学思想这种转变的主要受益者，因为它赋予语言以优先性，使得意义和表述比所有其他方面都更为重要。结果可能是令人不安的。例如，有关 19 世纪意大利史研究的主导性论题通常被认为是民族复兴运动，即在意大利人领导下统一意大利的运动（最终在 1870 年实现）。在很长一段时间内，它一直是作为一系列具有创造性的政治行动和军事行动被研究的，这些行动由具有非凡魅力的加里波第（Garibaldi）领导。意大利民族复兴运动今天仍然在被研究，但在最近的著作中，关注的重点已经偏离政治事件和军事事件。意大利人的民族情感目前在本质上被视为一种文化现象（正如在戏剧和小说中所表现的那样），加里波第则被指责为他自身神话的制造者，他是一个"被发明的英雄"，而不是拥有民众声望的伟大将军。意大利的统一变成了一种难以理解的怪物。[37]

文化研究方法的优长与局限

如果极端地看，很明显，文化转向将削弱历史学家的大部分传统研究方法的权威。乔·古尔迪（Jo Guldi）和戴维·阿米蒂奇（David Armitage）对此表示了严厉谴责，称对文本解读技巧的偏爱和微观史研究已经使几代历史学家偏离对长时段重大论题进行研究（他们建议，利用数字资料也许能够纠正这种不平衡状况）。[38] 当230 表述被认为是历史学家默认的追求时，历史学的合法性问题就会被尖锐地提出，正如帕特里克·乔伊斯(Patrick Joyce)颇具挑衅意味的文章题目"社会史的终结?"[39]所揭示的。就这一题目,他所意指的是,以 E.P.汤普森为代表的对阶级和阶级关系的研究已经不再有效,例如在乔伊斯自己的著述中,他用文化术语,而不是经济术语来分析工业劳动这一论题,由此将它同劳工史区分开来。[40]尽管乔伊斯擅长修辞,但他的观点在历史学家中很少被赞同。这等于接受了后现代主义对一直在实践的历史学的全盘指责。该专业的大多数学者都不同意将他们的研究范围削减到仅限于话语这种模糊不定的领域之内,这也适用于绝大多数文化史学家。认真对待表述问题并不必然意味着要轻视所有其他方面的研究。文化研究方法并不代表在历史真理问题上必须持否定立场。在这一领域中从事研究的大多数历史学家都承认文本理论在丰富该学科研究上的积极意义,却不会接受它的解构主义认识论。

然而,研究侧重点的差异仍然存在。研究阶级冲突的历史学家所做的分析会非常不同于那些将劳资关系作为一种受到游戏规则制约的仪式来加以研究的历史学家所做的分析;书写某种传统政治史所产生的成果会非常不同于关注民族认同的文化不稳定性研究的成果;等等。这种差别,关键是一种理论上的差别。对第一组历史学家而言,他们研究的主题之所以能够引起他们的兴趣,通常是因为它们在社会叙事中的地位,这又可以参照某种充满活力的社会变迁理论(有时是马克思主义理论)来加以解释。第二组历史学家主要对背景研究感兴趣——在将文化联系置于最重要地位的同时,他们通常会忽略文化联系随时间而发生的变化。有关思想、文本和文化的各种理论提供了支撑这种研究的概念基础,它们可以用来丰富对语境的认知,但不能用来解释历史过程本身。正如我在第一章中所揭示的那样,我们再次看到历史书写在解释模式和重建模式之间的冲突。社会理论继续沿用启蒙运动提出的纲领,要对人类历史的发展方向提出解释,事件和过程由于它们在某种更广泛叙事中的地位而被认为是重要的。文化理论延续了历史主义对过去内在陌生性的强调,认为需要付出学术努力来解释它的意义。本章和第八章描述了两种非常不同类型的历史学,它们之间的争论很大程度上与我们的时代有关,但它们所反映的观点对立就像该学科本身一样古老。

【推荐书目】

1. Peter Burke, *What is Cultural History?*, 2nd edn., Polity Press, 2008.

2. Simon Gunn，*History and Cultural Theory*，Longman，2006.

3. Sarah Barber and Corinna M. Peniston-Bird(eds.)，*History Beyond the Text：A Student's Guide to Approaching Alternative Sources*，Routledge，2009.

4. Peter Burke，*Eyewitness*，Peaktion，2001.

5. Ludmilla Jordanova，*The Look of the Past：Visual and Material Evidence in Historical Practice*，Cambridge University Press，2012.

6. Marine Hughes-Warrington，*History Goes to the Movies：Studying History on Film*，Routledge，2007.

7. Peter Gay，*Freud for Historians*，Oxford University Press，1985.

8. Sasha Handley，Rohan McWilliam and Lucy Noakes(eds.)，*New Directions in Cultural and Social History*，Bloomsbury，2018.

【注释】

[1] Raymond Williams，*Keywords*，Fontana，1983，p.87.

[2] Peter Burke，*Popular Culture in Early Modern Europe*，Temple Smith，1978，p.270.

[3] Carolyn Steedman，"Culture, Cultural Studies and the Historians"，in Lawrence Grossberg et al. (eds.)，*Cultural Studies*，Routledge，1992，p.617.

[4] Erwin Panofsky，*Studies in Iconology*，Harper & Row，1962，ch.6.

[5] T.J. Clark，*The Image of the People：Gustave Courbet and the 1848 Revolution*，Thames & Hudson，1973.

[6] Stephen Bann，*Under the Sign*，University of Michigan Press，1994，p.122.

[7] Peter Burke，*Eyewitnessing*，Reaktion，2001.

[8] Karen Harvey(ed.)，*History and Material Culture*，Routledge，2009.

[9] Suzanne Lewis，The Rhetoric of Power in the Bayeux Tapestry，Cambridge University Press，1999，p.xiii.

[10] R.W. Scribner，*For the Sake of Simple Folk*，2nd edn.，Oxford University Press，1995，关于路德教派的描述见 p.244。

[11] Burke，*Popular Culture in Early Modern Europe*.

[12] John MacKenzie(ed.)，*Propaganda and Empire*，Manchester University Press，1986；Bernard Porter，*The Absent-Minded Imperialists*，Oxford University Press，2004.

[13] Vanessa Toulmin et al.(eds.)，*The Lost World of Mitchell and Kenyon：Edwardian Britain on Film*，BFI，2004.

[14] Abigail Solomon-Godeau，*Photography at the Dock*，Minnesota University Press，1991，pp.177—179.

[15] Robert A. Rosenstone，*History on Film/Film on History*，Longman，2006，p.70.

[16] Ross Mckibbin，*Classes and Cultures in England*，*1918—1951*，Oxford University Press，p.419.

［17］Ibid.，pp.431—435.

［18］John Ramsden，*The Dam Busters*，I.B. Tauris，2002.

［19］László Moholy-Nagy，引自 Derek Sayer，"The Photograph：The Still Image"，in Sarah Barber and Corinna M. Peniston-Bird(eds.)，*History beyond the Text：A Student's Guide to Approaching Alternative Sources*，Routledge，2009，p.49。

［20］Roy Poter，*Mind Forg'd Manacles：A History of Madness in England from the Restoration to the Regency*，Athlone，1987，p.x.

［21］Lucien Febvre，"History and Psychology"，1938，reprinted in Peter Burke(ed.)，*A New Kind of History*，Routledge & Kegan Paul，1973.

［22］Robert Mandrou，*Introduction to Modern France，1500—1640：An Essay in Historical Psychology*，Arnold，1975，(French edition 1961)，p.26.

［23］Bruce Mazlish，*James and John Stuart Mill：Father and Son in the Nineteenth Century*，Hutchinson，1975.

［24］Peter Gay，*Freud for Historians*，Oxford University Press，1985，p.75.

［25］Michael P. Rogin，*Fathers and Children：Andrew Jackson and the Subjection of the American Indian*，Knopf，1975.

［26］David E. Stannard，*Shrinking History：On Freud and the Failure of Psychohistory*，Oxford University Press，1980，p.30.

［27］Kevin Sharpe，*Politics and Ideas in Early Stuart England*，Frances Pinter，1989，ch.1.

［28］Keith Baker，"On the Problem of the Ideological Origins of the French Revolution"，in Dominic La Capra and Steven L. Kaplan(eds.)，*Modern European Intellectual History：Reappraisals and New Perspectives*，Cornell University Press，1982，p.204.

［29］Raphael Samuel(ed.)，*Patriotism：The Making and Unmaking of the British National Identity*，3vols，Routledge，1989.

［30］Natalie Zemon Davis，*Fiction in the Archives*，Polity Press，1987，p.4.

［31］Clifford Geertz，*The Interpretation of Cultures*，Hutchinson，1975，ch.1.

［32］Clifford Geertz，*Local Knowledge：Further Essays in Interpretative Anthropology*，Fontana，1983.

［33］Natalie Zermon Davis，*Society and Culture in Early Modern France*，Duckworth，1975，pp.xvi—xvii.

［34］Robert Darnton，*The Great Cat Massacre and Other Episodes in French Cultural History*，Allen Lane，1984，p.262.

［35］Raphael Samuel，"Reading the Signs：Ⅱ"，*History Workshop Journal*，ⅩⅩⅩ，1992，pp.235—238，243.

［36］Joan Scott，"The Evidence of Experience"，*Critical Inquiry*，ⅩⅦ，1991，pp.773—797.

［37］例如，参见 Lucy Riall，*Garibaldi：Invention of a Hero*，Yale University Press，2007。

［38］Jo Guldi and David Armitage，*The History Manifesto*，Cambridge University Press，2014.

［39］Patrick Joyce，"The End of Social History?"，*Social History*，ⅩⅩ，1995，pp.73—91.

［40］Patrick Joyce(ed.)，*The Historical Meaning of Work*，Cambridge University Press，1987.

第十章　性别史与后殖民史学

233　　本章将考察在历史学研究论题上最引人注目的一些扩展。50 年前,妇女受到忽视,第三世界被以一种狭隘的西方视角加以研究。今天,妇女史和性别史被认为是理解过去的中心所在。与此同时,后殖民史学家不仅在发展"自下向上看"的非洲史和亚洲史,而且坚持认为,前殖民地国家的历史应该从被殖民者的视角予以重新评估。

〰〰〰〰〰〰

　　将性别史和后殖民史学置于同一章节似乎是一种奇怪的做法,甚至,如果它暗示妇女和第三世界社会能够作为处于边缘地位的附属物而被放在一起的话,那它将是一种对尊严的贬低。我对它们的论述应该会消除这种印象。我将它们放在一起考察的理由在于,它们都为历史学提供了机遇,同时造成了问题。两种史学研究都渴望赋予数量巨大的研究对象以话语权,而这些对象以前在历史档案中都没有被记载;在这样做时,两种史学都对历史学家通常所做的研究提出了挑战,批判他们所运用的研究方法,甚至质疑他们研究的有效性。妇女史和后殖民史学不仅代表了历史研究范围的逐步扩大,而且它们还拥有改变历史学整体特征的潜力。

一

妇女史

　　当妇女史首次在 20 世纪 70 年代被系统阐释时,它获得重大发展的前景似乎是非常渺茫的。正如第一章所描述的,妇女史是作为妇女解放运动的一部分而出现的。它是对有关学术知识的男权主义假设提出质疑的一种广泛的女权主义策略的组成部分。妇女史的开拓者不仅对妇女在过去的生活感兴趣,而且他们坚持认为,重新发现那些生活对当前女性意识的充分发展具有非常大的重要性。 234

女权运动发展所需的部分政治能量正是从对妇女日常生活的研究中产生的,这些研究突出了她们相对于男性而言的从属地位。历史学提供了一些最强有力的证据,证明数百年来一直存在着父权制,而对父权制统治的认识程度,是意识培养的中心。政治能量的其他来源是一些妇女的生活,她们采取行动抵抗她们那时所受的政治压迫和社会压迫。明确的女权主义组织,如爱德华七世统治时期英格兰的支持妇女参政和妇女争取选举权的组织,明显成为关注的中心。更令人惊讶的是,人们发现妇女在**欧文主义**(Owenism)和**宪章运动**(Chartism)等运动的组织中发挥了作用,而在历史研究中,人们一直以为它们是男性的专属领域。[1]这些研究的结果证明,妇女拥有自身的历史,它不仅在一条独立的路线上发展,而且是"主流"历史学研究不可或缺的组成部分。

> **欧文主义:** 罗彼特·欧文(Robert Owen,1771—1858年)是威尔士的一位实业家,他在苏格兰新拉纳克(New Lanark)的纺织厂的管理中,沿着人道主义与合作路线进行了试验,这使他创建了代表熟练工人阶级利益的英国全国统一工会(Grand National Consolidated Trades' Union)。该工会在1834年被解散,当时多塞特郡托尔帕德尔(Tolpuddle)的一群农场工人由于宣誓忠诚于它而被流放到澳大利亚。不过,欧文的理想在10年后由一批在兰开夏郡罗奇代尔(Rochdale)的工会主义者实现,他们发起了第一个合作社运动,在合作社中所有成员都入股一个中心基金,基金被用于开办一个合作社商店,该商店将产品以低于其他商店的价格出售给成员。合作社商店今天仍然坐落在罗奇代尔镇的商业大街上。
>
> **宪章运动:** 在19世纪30年代和40年代发生的一场工人阶级政治运动。它的名称来源于1838年制定的人民宪章(People's Charter),该宪章为议会改革提出了一套全面建议。

在收集支持女权运动目标的历史资料的过程中,妇女史学家介入了历史学的几个已经确立的分支领域。最初,他们的影响在政治史领域是最小的,因为直到20世纪,妇女在政治体制中仍然没有地位。妇女史主要是对社会史发挥了影响。这明显是女权运动赋予普通妇女生活以优先地位的结果,而且目前社会史在证明它流行的以男性为中心的视角具有合理性上非常无力。妇女史研究重视社会因素的一个例子是它同劳工史的密切关系。对工业革命以来妇女就业变化做出解释被证明是理解资本主义运作的一个颇具启发性的视角,不管关注的焦点是早期兰开夏郡棉纺织厂的女纺纱工和织布工,还是在第一次世界大战期间替代上前线的男人从事军需品生产的女工。[2]

妇女史在家庭问题研究上的社会影响是最大的。20 世纪 60 年代的历史学家已就家庭规模和生育水平进行了非常小规模的争论,大多数学者利用了统计分析来支持自己的观点。其他学者则通过说教文学的视角来研究家庭,这些说教作品每一代人都会写作,以教导夫妻如何友好相处和如何抚养他们的孩子。对妇女的新的关注已经将注意力转向根据权力、教养和依附来考察家庭演化的内在动力。学者们搜集各种有关人们在特定家庭中实际生活的定性资料——法庭记录、日记、信件——作为证据,而不是按照统计标准来搜集资料。结果就是削弱了一些未经考察的假设的可信性。例如,被美化的维多利亚时期忠于家庭的"**天使母亲**"(angel mother),实际上比流行的刻板印象更具独立性,更愿意将精力投入家庭之外的慈善工作,也更可能同丈夫发生冲突。[3] 由于这种研究和其他研究,整个私人领域——有别于传统研究所涉及的公共领域——被纳入历史研究的范围。

> **天使母亲:** 在维多利亚时期的文学和流行文化中经常出现的母亲形象,她们同时具备美丽、体贴、贤惠、孝顺等品质。

尤其是在妇女史发展的早期阶段,即 20 世纪 70 年代和 80 年代,它更容易对妇女研究,而不是对历史学科产生认同。关键的文章通常都是在美国的《符号》(Signs)或英国的《女权主义评论》(The Feminist Review)等杂志上发表的。由于这种定位,所以读者有时会希望发现一种一贯的政治路线。事实上,像其他意识形态一样,女权运动内部也是存在分歧的,这反映在妇女史研究从一开始就存在争论上。因此,在 20 世纪 70 年代和 80 年代,对"天使母亲"的重新评价是一个充满争议的过程,尤其是在美国。大多数争论取决于"独立地位"在事实上是如何被理解的。一组历史学家强调父权制的控制力,19 世纪早期的妇女相应地成为受害者。另一组历史学家则对妇女局限于家庭的角色给予了更积极的解释:据说,依附于男性并未阻止她们确立一种自主的女性文化(或"妇女团体"),这使后来女权主义意识的增强成为可能。[4]女性在贸易、宗教和现代战争中的角色成为其他历史争论的主题,证明了妇女史是一个非常有活力的学术研究领域。

注:在20世纪60年代晚期和70年代早期,妇女解放运动引发了一种女权主义历史研究方法,它努力揭示妇女在历史中的贡献,以及她们在过去由男性统治的社会中在许多方面受到的压制。

资料来源:ⓒ Bettmann/Getty Images。

图 10.1　支持妇女解放运动的游行

一个近代早期的个案研究

最好地总结了这一时期妇女史研究特征的著作是奥尔文·赫夫顿(Olwen Hufton)的《她的前景》(*The Prospect Before Her*,1995),这是一项对1500—1800年的欧洲妇女进行的广泛而精深的研究。该书围绕女性生命周期的几个典型阶段——从少女时代,经结婚和为人母,到寡居——布局谋篇,对那些不按寻常生活轨迹生活的人——单身妇女、修女、性工作者等——给予了特别关注。赫夫顿的著作是一种宏大叙事的社会史研究,它将大的理论概括同对个人生活中的事件的生动描述有机地结合在一起。如果批判地予以看待的话,《她的前景》作为一部妇女史研究的作品,它最重要的进展就在于对生活在这一时期的女性所处的许多历史背景予以了充分的把握,而且将其同作者的分析巧妙地结合在一起。这尤其适用于宗教内容:宗教改革及其对基督教各分支的深刻影响被作者以某种方式强调,使许多读者清楚地了解他们和他们处于近代早期的先辈之间存在的历史距离。

赫夫顿的著作还提出了读者问题。妇女史研究中首次书写历史所针对的读者群不仅包括女性,而且包括女权主义者,因为它正在寻求为了某种政治目标而解读过去。《她的前景》是面向大多数历史学家而写作的,它不仅将女性过去的经验置于其背景下予以理解,而且使那种经验明显成为那个时期更为人们所熟悉的论题——贫困、家务劳动和宗教职业等——的组成部分。它因而对近代早期欧洲的社会史研究做出了突出的贡献。在这方面,赫夫顿同更年轻一代的妇女史学家保持一致,他们是在 20 世纪 80 年代和 90 年代涌现出来的。与其说他们对培养女权主义意识感兴趣,不如说他们对改变历史研究所使用的表述方式更感兴趣。

在"妇女"史研究已有成果的基础上继续推进

作为一种成熟的历史研究,今天的妇女史研究的特征可以由三种观念来总结,
237 它们共同为将妇女史整合进主流历史研究开辟了道路。第一,"女性"不再被视为一种单一的、无差别的社会范畴。在美国,当非洲裔美国历史学家对此前的妇女史研究主要关注白人中产阶级提出质疑时,妇女史研究经历了一个自我反省的批判时期。除了种族之外,阶级和性取向都会对如何看待女性——也会对她们如何看待自身——产生巨大影响。大多数历史研究目前都是同特定的群体,而不是同一般意义上的女性相联系的,这提高了妇女史对社会史的影响,在社会史研究中,这些区分是至关重要的。第二,正如需要对"女性"范畴进行分解一样,有关男性施加了一贯的和持久的压迫的观念也需要予以辨识。"父权制"一词已经被批判,因为它暗示了性别差异是人类社会的基本分层原则,这种差别是所有历史时期都存在的,因而是不随历史变化而变化的。它宣称能够解释一切,所以它什么也解释不了。不过,这并不是在历史学家中占据主导地位的用法。"父权制"还可以用于意指家庭中的性别等级制度,尤其是当男性控制了某种形式的家庭生产时,就像他们在前工业社会的欧洲所做的那样。但有关过去的档案资料表明,男女关系在压迫、反抗、调节和融合上存在着巨大的多样性,历史学家的任务就是要解释这种多样性,而不是将它归入某种性别压迫的普遍原则。[5]

第三个,也是最重要的挑战在于,妇女史越来越多地将男性史纳入它的研究范围:不是以缺乏性别意识的、自主存在的传统面目出现的男性,而是与人类另一半相关的男性。这意味着,男性在历史上被视为儿子和丈夫,而在公共领域,男性对女性的排斥成为要予以研究的问题,而不是被视为想当然的东西。正如简·刘易斯(Janc Lcwis)所指出的:

在我们有意识地尝试理解男性世界的总体结构和男性气质的建构过程之

前,绝不能指望我们对性/性别制度的认识是全面的。[6]

妇女史研究的这些新进展提出了一套非常广泛的历史研究论题。历史学数个世纪以来可能一直是由男性垄断的,但对男性气质的认知却并不在它的研究计划当中。作为这一领域研究的成果,例如,我们目前想当然地认为,在第一次世界大战期间守卫战壕的士兵不仅受到国王和国家召唤的激励,而且受到学校、青少年文学和青年组织所灌输的男性气质行为规范的激励。[7]

二

性别史与两性关系

妇女史研究的这些新方向必然会带来名称的改变:性别史代表了超越纯粹女 238
性视角以修正所有历史书写的抱负。它绝非仅仅是妇女史研究中的一种思潮,而
是该学科作为整体发展的最大希望所在。在目前的用法中,"性别"意指性别差异
的社会组织。它所体现的假设在于,大多数被视为自然产生的(或上帝赐予的)性
别差异,事实上是一种社会和文化的建构,因此必须被理解为历史过程的结果。
(当然,正是这种对自然和文化的混淆赋予按性别的分层以如此持久的影响力,并
使它在大多数历史记录中不被人们关注。)性别史研究较少关注某种性别所面临的
困境,而更多关注整个两性关系领域。这一研究领域不仅包括诸如婚姻和性等有
明显两性关联的方面,而且包括所有社会关系和全部政治制度,这种观点认为,这
些关系和制度都在不同程度上受到性别的制约,即通过排斥女性,通过将男性和女
性的特征两极化等手段来实现。和女性一样,男性也受到性别建构的影响。男性
的社会权力和他们的"男性气质"特征只有作为性别制度的组成部分才能被理解:
"男性气质"既非自然产生的,也不是永远不变的,而是根据同女性不断变化的关系
予以界定的。这种观点支撑着最近有关近代早期以来"男性气质"一词意义曲折演
化的研究,以及有关家庭史的最杰出研究。[8]因为两性只有用关系术语才能被正确
理解,所以性别史研究就拥有了认识全部社会领域所需的概念工具,可以在任何严
肃的有关社会结构和社会变迁的理论建构中发挥重要作用。

性别史与马克思主义理论

将性别史同马克思主义历史学进行比较是有启示意义的。性别史像阶级史一

样，也经历了作为历史解释的要求和作为解放政治学的要求之间的冲突。性别史拥有成为一种全面社会分析的潜质，至少有望弥补马克思主义理论的一些不足之处。马克思主义历史学家在分析生产方面无人能及，但他们的理论较少重视再生产——不管是作为一种生理活动，还是作为一种社会化过程的再生产。更广泛地看，性别史还使在公共领域和私人领域之间的僵化区分失效，这种区分指导了此前的几乎所有历史书写。这种区分掩盖了过去的经济生活和社会生活的真正复杂性，这点可以由莉奥诺·达维多夫（Leonore Davidoff）和凯瑟琳·霍尔（Catherine Hall）的《家庭的命运》（*Family Fortunes*，1987）予以充分说明。她们的中心论点是认为，在 19 世纪早期的英格兰，正在迅速发展的商业世界的一个关键目标就是支持家庭和家庭生活，反过来，中产阶级男性公认的顾家特征（生活有节制、责任感等）也符合创业和职业生活的要求。在这类研究中，性别和阶级的历史关系的全部复杂特性开始被揭示。

239

三

性别与有关意义的文化史

到目前为止，性别被描述成一种能够深化我们对过去社会结构认知的工具。但性别不仅涉及结构问题，它还与主体性和认同问题深刻相关。这些研究视角最好被视为文化转向的组成部分，它们并不会像传统女权主义所主张的意识觉醒、父权制和反抗等纲领那样产生同样的政治反响。事实上，妇女史的文化研究方法的流行在很多情况下都反映了某种对政治女权主义的失望情绪，因为这种运动要么已经走得够远了，要么在尝试实现更多目标时注定会失败。文化转向也同在性别和性行为方面更广泛的当代变化相一致。性别差异在今天较少被视为一种生物学意义上既定的东西，而越来越多地被视为一种个人选择问题，并受到文化的影响。一旦传统上男性和女性的两分被修正而实际存在的性别多样性被纳入考量，那么，对男性气质和女性气质的系统阐述也就越来越成为一种心理问题和文化问题。最后，文化转向还对原始资料这一棘手问题产生影响，这是致力于发现有关过去隐藏的内容的历史学家一直面对的问题。面对档案资料的缺乏，文化转向不得不将文本解读为"话语"，即并不局限于一种单一的意义，而是可以做多样的，甚至颠覆性的解读。

性别是文化的产物

在实践层面,这种转向包括两方面的内涵。第一,如果性别差异主要不是一种自然产生的或本能的现象,那它必然是被灌输的。父母也许是把这种灌输作为一种个体性的任务来完成的,但它在本质上却是文化使然,因为那些负责养育子女的人是在对性别差异和个性发展的某种文化认知下行为的。简言之,性别是一种知识。直到最近,性别差异还被归入(和简单化为)注定如此的内容,大多数人不会提出质疑。这些知识被以多样的形式表现:有关身体的明确知识,就像在诸如《亚里士多德的杰作》(*Aristotle's Masterpiece*)(这本书在整个 18 世纪和以后的英格兰被反复印刷)等性爱指南中所描述的那样;有关性别特征过分道德化的说教,如在 19 世纪有关淑女的作品中所描述的那样;或有关性别差异的假设,它渗透于针对精英和大众的文学作品中。最近的历史学家对所有这些材料予以了密切关注,对照那些几代人严格遵守的基本假设,追溯了其中的矛盾之处和在侧重点上的微妙变化。[9]

有关性别的文化研究方法的第二个方面涉及差别问题。所有社会认同都是部分地通过某种排斥过程发挥作用的。我们既是由我们不是什么,也是由我们是什么来界定的。通常那些不可接受的负面刻板印象就像成员共同拥有的一致信念一样,会发挥强有力的作用。在性别差异的例子中,相对于"他者"来界定自我之所以表现得尤其明显,是因为大多数幼童的社会意识是以男女之间的根本区分为基础的,所有特征的确定都是对这种二元对立的反映。因此,所有有关性别特征的界定都是对照性的,因为它们源于与另一性别的互动,并表达了有关那种性别的假设:有关"女人气"的长期流行话语作为界定男性行为的一种界限充分证明了这一点。话语之所以对"他者化"过程发挥关键作用,部分是因为二元结构深深地植根于语言当中(好的对坏的、黑的对白的等),部分是因为语言以无限多样的特定文化形式记录了这种在男性和女性之间的对立。

话语方法被证明特别富有成效的一个研究领域是性史。正如在最近的研究中所界定的,这是一个比人们可能想象的要更广泛的论题。它能够通过医学知识的视角来加以研究,或作为一套法律定义和禁令来加以研究,后者反映在当时的社会习俗之中。[10]这种同当代性别政治学产生最大共鸣的方法赋予认同问题以优先地位。例如,在什么时候,男性和女性开始将他(她)们自身——和彼此——分类为"异性恋者"和"同性恋者"? 这些是相互排斥的范畴吗? 自从 20 世纪 70

年代这方面的开拓性研究出现以来,历史学家给出的答案愈益复杂。马特·霍尔
241 布鲁克(Matt Houlbrook)揭示,在 20 世纪上半期,伦敦的酷儿(queer)并不包括某
种单一的同性恋的身份认同。他利用一系列生动的个人证据区分出三种类型的
认同:女人气的男性扮演"女王"角色、谨慎的中产阶级同性恋者,以及同时与女性
和男性发生性关系且自认为"正常"的工人阶级男性。在霍尔布鲁克研究所覆盖
的时期,所有同性恋行为仍然是违法的。他所讲述的故事既关注逃避和诱捕,又
关注同性恋者自我认识的变化,提醒人们注意对同性恋的厌恶有着深刻的历史
根源。[11]

性别与新的权力两极分化

认同的分裂目前能够在同性恋史和性别史的其他分支领域的研究中发现,这
同早期女权主义者对在"妇女团体"中总结的共同经历和共同受压迫的强调相去甚
远。一旦让表述和话语充分发挥作用,在这种宏观层面上的"认同"就不可能一成
不变。剖析个体置身其中的复杂意义网,会产生对这些大的范畴进行解构的后果,
即沿着阶级、民族、种族、地区、年龄、性别等路线来对大的范畴进行解构。女性作
为一个集体存在的观念很难再继续保持。不过,这并不意味着性别不再具有政治
内涵,相反,性别反映了一种不同类型的政治学。琼·斯科特(Joan Scott)强有力地
论证道,一种语言学的方法可以用来揭露所有权力关系中的性别维度。她的论证
依赖于两个紧密关联的命题。第一,性别是所有社会关系的结构性(或"基本")要
素,从最具个人色彩的到最不具个人色彩的现象均是如此,因为,一些假设一直存
在,要么某种性别受到排斥,要么两性关系受到严格管理(通常是不平等的)。第
二,性别是某种权力关系被以文化术语来表述的重要方式。[12]举一个反复被使用
的例子,描述战争用的毫不妥协的"男性气质"用语长期被用于使生命的牺牲合法
化,即那些年轻男性被号召做出牺牲。在维多利亚时期,有关由国家资助福利的思
想被它的反对者谴责为"多愁善感"——一种女性的特征。[13]其他相似的例子还有
许多。进一步而言,这些同性别相关的意义不应被视为静态的和既定的,意在影响
政治的分析的一个明显任务就是追溯它们在不同背景下的重新解释和争论。文化
类型的性别史研究也许会反对旧的牢固的集体认同,但它对认识权力如何在个人
242 和社会关系中被系统阐释做出了更大贡献。

这一点能够参照朱迪思·沃克维茨(Judith Walkowitz)的学术生涯予以说明。
她的第一本书出版于 1980 年,该书通过阶级和性别视角分析了维多利亚时期英国

社会中的卖淫行为：它记录了那个时期的双重性别标准，对妓女进行的物质剥削，以及那些希望废除管理该行业的**严苛的**（draconian）立法的人所采用的政治策略。该书在政治上的同情对象是明显的——事实上，它明确承认了妇女解放运动提供的帮助。[14] 12 年后，沃克维茨在《可怖的欢愉城市》（*City of Dreadful Delight*，1992）中继续从事这方面的研究，她研究了 19 世纪 80 年代伦敦的性丑闻和性话语。从沃克维茨上一本著作来看，儿童卖淫和**开膛手杰克**（Jack the Ripper）——这一本书的主要论题——本应引发对色情交易，以及在皮条客、妓女和嫖客之间的权力关系的唯物主义分析。这些问题在新的著作中并未被忽视，但沃克维茨此时与其说对实际发生的事情感兴趣，不如说对人们如何表述实际发生的事情更感兴趣。该书的副标题"对维多利亚晚期伦敦的性危险的叙事"，准确地反映了她关注的是哪些故事在流传，以及为什么会流传。但正如她所强调的，这是一个深刻的政治问题，因为有关性特征和性道德的流行观念受到由权力控制的话语的制约，而报刊只是这种话语创制和传播的一个媒介。《可怖的欢愉城市》也许缺少上一本著作的政治影响力，但它是对一些文化过程的杰出研究，正是这些过程使得某些性别话语居于霸权地位，而使其他性别话语处于边缘地位。

严苛的： 过分苛刻的。

开膛手杰克： 1888 年在伦敦东部白教堂区一系列极端残忍的妓女谋杀案的作案者的绰号，一直沿用至今。对凶手身份的推测导致了对许多人的指控，其中包括一位著名画家和一名王室成员，继而产生了一种虚构的"开膛学家"行业。历史学家不仅对案件本身感兴趣，也对案件持续引起人们关注感兴趣。

因此，有关"性别史对整个历史学科做出了什么贡献？"的问题，不可能有简单的答案。正如沃克维茨的研究轨迹所表明的，有关性别的书写已经变成社会史和文化史不可或缺的组成部分。对历史学家而言，书写有关"人民"或"工人阶级"的历史而不对女性做出明确的研究，是不再能够被接受的。而且，如果不根据特定历史背景来对"女性"范畴做出严格的限定，那他们不大可能对女性做出研究。正如苏珊·佩德森（Susan Pedersen）所指出的：

> 如果文化史……确实取得了什么成就的话，那就是对有关人们能够根据单一标准来对不同社会中的性别关系做出评估的假设提出质疑。[15]

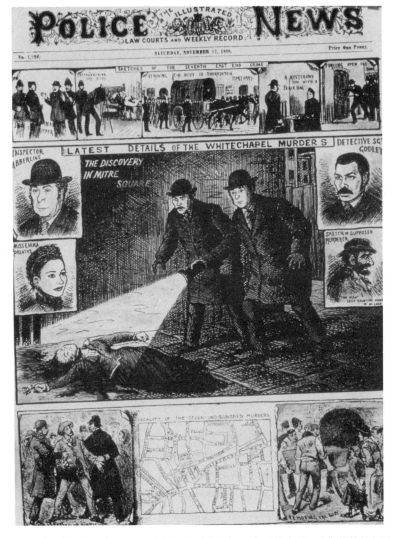

注:1888 年发生的臭名昭著的"开膛手杰克"系列谋杀案,不仅对维多利亚晚期伦敦的犯罪与卖淫,而且对人们如此关注谋杀案的集体文化心态,提供了一种个案研究。
资料来源:ⓒ TopFoto。

图 10.2 《警察新闻》(*Police News*)中有关"开膛手杰克"
在 1888 年所犯的系列谋杀案的报道

文化认同问题同样是复杂的和充满争议的,但性别一直是混乱的研究领域,它不是某种现成的理论,而是一系列开放式问题,即同依照性别分类的生活的经验和表述相关的问题。最后,作为一种隐喻性语言,性别视角也开始为政治史学家所接受,由此丰富了我们对政治文化及其对政治共同体的影响的认知。

四

后殖民主义:一种新的范式

像性别史一样,后殖民史也是将过去一大类被边缘化的和被剥夺地位的人群 243
作为它的研究起点,但它的研究范围更广。尽管全球的或比较的研究已经为性别
史研究者所了解,但它通常是在民族边界内,而且通常是在地方社区层面进行概念
建构。与之相对,后殖民史从本质上看就是全球性的。虽然存在大量有关地方 244
的研究,但它们是以对全球关系特点的认识为前提的:不是在通常由当代全球化的
研究者所传达的给人以慰藉的意义上,而是根据能够解释如此多的第三世界社会
所处危险状况的权力和从属关系来加以研究的。西方长达500年之久的殖民扩张
被视为已经使这些社会变得贫困和丧失尊严。将第三世界社会的历史从西方人傲
慢刻板的印象中拯救出来,是它们获得解放的前提。但后殖民者对西方人所理解
的历史学术话语存有极大的疑问,因为历史学家已经深深地被卷入压制非西方传
统的过程。结果就是一些令人不安的批判,其中表达了对历史学作为一项学术追
求的合法性的重大质疑。

毫无疑问,殖民地社会长期被排除在历史研究的范围之外。追溯到历史专业
产生的19世纪,兰克将他卷帙浩繁的历史著述的研究范围限定在欧洲次大陆。他
的《普世史》(*Universal History*)是他在1886年去世时正在写作的,书写从罗马帝
国最后几百年以来的欧洲历史。他的继承者和模仿者都是在一种民族的框架内从
事研究的,有时将过去一些帝国的统治者也包括在内,但从未将他们掠夺的社会包
括在内。马克思有着更广泛的研究兴趣。他写作了有关在印度发生事件的富有洞
察力的评论,但他认为印度本身是在历史之外的,因为它的生产方式缺乏内在的变
革动力:为了分享西方社会的进步性发展成果,它需要被某个西方社会征服和管
理,这就是为什么马克思认为英国在印度的统治具有广泛的积极意义。至少在理
论层面,不可能否认印度和中国都有历史,因为在它们复杂的国家结构与欧洲的国
家结构之间存在着一些明显的相似特征。但非洲还被否认有成为历史研究对象的
资格,因为它被错误地假设根本不存在国家结构的演变。

正式殖民统治的终结是20世纪世界史最引人注目的一个特征。在20年
(1947—1966年)的时间里,大多数南亚和非洲国家获得独立。(唯一的先例是由英

国、西班牙和葡萄牙在美洲占有的殖民地于1776—1822年间获得解放。)不过，独立只带来了形式上的平等：在许多国家，过去作为殖民地特征的依附和贫困在实行自治的头几十年变得更加严重。与此同时，拥有主权的人民不可能再像过去在殖民统治下那样被以一种非常野蛮的方式对待。在许多国家，领导人都是受过高等教育的，非常熟悉西方的思想。这些国家的一个优先事项是发展现代教育体系，包括全新的高等教育机构。历史研究在第三世界国家的大学开展，以为学校提供一套适合独立国家的历史课程：这是一个非常实际的理由，能够说明为什么重新评估殖民关系和它所留下的持久遗产的时机已经成熟。

但那种重新评估的内涵是复杂的。乍看起来，"后殖民"只是一种方便的按时间顺序排列的标记，把我们的时代标记为殖民主义已经被废除的时代。"后殖民"甚至可能被视为意指如下意思，即殖民时代是过去存在的，且应该留在过去，而我们关注的是未来。但这并不是接受"后殖民"称谓的学者所解释的含义，他们认为，殖民主义运用它对学习资源和文化资源的控制确立了某些类型的知识，这些知识不仅为欧洲人提供某种有关殖民社会的扭曲认识，而且也被殖民者接受，并成为他们思想的组成部分。这些扭曲的认识一直存在，而且直到今天还在阻碍着前殖民地的发展。正是出于这种原因，那种对"后殖民"一词肤浅的按时间顺序的解读应该予以摒弃：殖民主义并未真正终结，而是以一种非正式的和更隐秘的形式继续存在(有时被称为"新殖民主义")。后殖民主义中更激进的一派坚持认为，既然西方学说发挥着使殖民地社会处于依附地位的工具的作用，那么它所具有的学术地位——包括整个启蒙传统——就具有致命的危险。在这一点上，后殖民主义超越了殖民地世界，同后现代主义一道，在对西方思想传统进行否定性批判方面成为新的力量。

来自第三世界和西方的理论家

后殖民主义听起来像是来自第三世界的真实声音，在某种意义上确实如此。它的重要代表人物——爱德华·萨义德、霍米·巴巴(Homi Bhabha)和佳亚特里·查克拉沃蒂·斯皮瓦克(Gayatri Chakravorty Spivak)——来自中东或南亚，但他们的著述却是抽象的和难懂的(尤其是对他们出生国的读者而言)，只有萨义德是一个明显的例外。所有这些人都受雇于(或曾经受雇于)美国的大学。进一步而言，尽管后殖民学者有时宣称要摒弃欧洲的思想，但他们的理论并不是本地内生的，而是源于一些最引人注目的西方学者。真正激励他们的是一些反叛者和激进者，而

不是自由主义者,甚至也不是马克思主义者。对他们产生最重要影响的是福柯。 246
正如我在第七章中所解释的,福柯将所有话语都视为各种形式的权力/知识,用于
将人们限制在对世界和他们在其中的地位的特定认知方式中。福柯认为,语言不
仅是权力的一种变体,它也是最重要的权力。因为语言的使用者并未意识到自己
是受到限制的,所以他们错误地假设语言表达了真实的世界。爱德华·萨义德是
最有影响力的后殖民理论家,他将福柯的思想用于分析西方在 19 世纪和 20 世纪对
阿拉伯世界的书写。萨义德是文学学者,而不是历史学家,但他的开创性著作《东
方学》对有关中东的历史表述进行了深入细致的考察。他的分析基于如下观点,即
当一种文化试图表述另一种文化时,话语的权力功能就会被强化,因为它试图确定
他者,而他者是一种文化建构,被视为自身文化的病态的对立面。在重复了几十年

注:通过将女性表现为性玩物和性奴隶,西方人对东方生活的描述强调了它的他者性。欧仁·德拉
克罗瓦(Eugène Delacroix)创作的《阿尔及利亚女人》(*The Women of Algiers*,1834)对闺房做了相对克
制的描绘。
资料来源:© Louvre,Paris,France/Bridgeman Images。

图 10.3　欧仁·德拉克罗瓦的《阿尔及利亚女人》

后,对作为他者的阿拉伯人的描述已经变成一套僵化的本质主义判断,萨义德称之为"东方学"。它散布"专家"有关阿拉伯世界的观点、派驻中东殖民地的行政人员的见闻,以及许多在西方传统中接受教育、被鼓励抛弃自身文化的许多阿拉伯人的认识,这无疑是最容易让人上当的。东方学赋予帝国主义者进行殖民统治的信心,它破坏了被殖民者的文化资源。萨义德将东方学总结为"帝国主义的科学",他的目标是"减轻帝国主义对思想和人们之间的关系的束缚"。[16]

五

种族与种族主义

这些束缚中的一种是"种族"概念。在殖民时期,种族主义意识形态被建构以解释当地民族被假设具有的劣根性,这既包括他们本土文化的劣根性,也包括他们无力被西方文化所同化。"种族"被视为固定不变的,而且是由生物学因素决定的,这在逻辑上就意味着西方人的统治应该无限期地持续下去。事实上,一些持有种族主义偏见的作家论证,白人和黑人在沿着不同路径进化。对其他种族大肆贬损的刻板认识依次又被用于维系某种对英国人、法国人或德国人所属"种族"进行美化的自我形象。后殖民时代的反应采取了两种截然相反的形式。具有强烈族群认同的少数民族已经建构出一种也许可以被称为"逆向话语"的思想,他们接受"种族"概念,因为该术语将生物学上的血统与文化汇聚成一个强大的混合体,它将族群的凝聚力最大化,并强调同其他族群保持距离。在美国和英国的黑人族群中,非洲中心论得到了巨大支持,非洲中心论是一种有关存在绝对意义的种族差别的信念,也是一种有关真实的文化传统已经从非洲传播到现代黑人移民族群中的信念。这种思维方式已经在非洲裔族群中产生了最强烈的影响,这并非偶然,因为这是对数个世纪受奴役状态的一种可以理解的反应,这种奴役是对他们文化认同的侵害,也是对他们作为人的尊严的侵害。但非洲中心论基于一种非历史的假设,它同白人形式的种族主义一样都是本质主义的独断论,而黑人正是为了反对白人种族主义才被动员的。很少有民族或种族在人种上是同质的。非洲移民族群的社区在五个世纪中一直同白人社区密切接触,有时甚至形成亲密关系,他们的特征受到那种接触的深刻影响(白人社会也受到了影响)。种族认同和民族认同的形成绝不是一劳永逸的,而是一个不断演变的过程。[17]

除了建构一种模仿殖民种族主义的种族主义,更激进的方法是全面驳斥有关种族的假设,后者是主流后殖民思想着手要做的工作。生物学被认为同种族问题 248 不相干,因为种族之间的身体差别要么被认为不存在,要么被认为只是表面的。看起来确实存在的"种族"差别其实是文化适应,包括同其他文化的接触的结果。有关殖民话语的重要观点认为,它抓住某些独特性作为证据,以证明在白人和黑人之间存在着无法跨越的鸿沟。"种族"本身成为殖民话语最重要的内容,增强了殖民者的自信,并将被殖民者置于边缘地位。以某种方式证明种族是社会建构的产物之所以显得愈发重要,是因为殖民式的种族主义并未消失。它仍然在损害西方同第三世界国家之间的关系,以及英国等前殖民地**宗主国**(metropole)的白人对黑人社区的看法。

宗主国: 同另一个指代宗主国的词"metropolis"意义相同。在学术著述中,它指一个帝国主义国家,它处于全球贸易和剥削网的中心(诸如英国和美国)。

后殖民主义被证明是历史学家有待挖掘的一个富矿的原因在于该理论中有不同的侧重点。众所周知,在萨义德的著作中存在一些矛盾。他有关西方对东方的文化支配地位的描述存在一些强硬,甚至僵化的地方。东方学被描述为一种具有强大影响力的虚构,它排除了西方人对其他文化做出反应的可能性。但正如霍米·巴巴所指出的,在某种殖民关系中存在着文化适应的空间,正如每一方都因为欲望或抱负而被另一方的特质所吸引:对他而言,混杂性是理解双方在殖民地遭遇的关键。[18]殖民地和宗主国的边界是可渗透的,形成了一个单一的场域。一个相关的问题是,应该如何规避那些强势的殖民话语。萨义德将有权力者/无权力者的二元区分加诸殖民者和被殖民者,并没有为后者对并不是由压迫者事先安排的事物做出反应留有空间。其他作者则承认,殖民地的民众有可能利用西方的话语范畴,甚至将它们转化为抵抗西方统治的工具,结果就是殖民统治比看起来的更不稳定。[19]这在很大程度上取决于我们如何看待当地的精英。这些精英兼具传统文化和西方文化的特征:他们是殖民话语的产物,还是具有潜在自主性的行为者?与此同时,这场争论往往是在高度抽象的层次上展开的。人们发现,后殖民理论家很少会承认个体,甚至集体的能动性的作用。

六

历史学家与后殖民主义

那么,历史学家如何利用这样一套在某些方面同他们学科的习惯做法格格不入的理论体系?我们可以首先考察历史学家是如何对殖民时代的结束做出更广泛 249 的反应的。非洲是一个主要的例子,因为没有哪个地方的殖民者对当地历史的无知像那里一样彻底。20 世纪 60 年代和 70 年代见证了相关学术历史研究成果令人印象深刻的大量涌现,它们部分是由在西方接受教育的非洲学者写作的,部分是由支持非洲独立抱负的年轻西方学者写作的。他们致力于证明下述两种假设是错误的,即除了外来者的活动外,非洲没有历史,以及没有历史证据可以证明非洲的历史。事实上,档案资料比任何人以为的都要更丰富。欧洲贸易公司和传教团体自 15 世纪以来就一直在同非洲打交道,到 19 世纪已经渗透到非洲内陆,学者们发现他们留下了广泛的历史记录,既包括对当地酋长的细致观察,外来者需要这些酋长的支持,也包括对非洲文化和社会的描述。在萨赫勒的伊斯兰地区、苏丹西部和东非海岸的识字范围已经扩展到撒哈拉以南非洲,在一些地区,当地写作的编年史可以追溯到 16 世纪,在如尼日利亚北部的**索科托哈里发国**(Sokoto caliphate)等国家中,甚至保存着重要的行政档案。

> **索科托哈里发国:**19 世纪西非最强大的伊斯兰国家,以今天的尼日利亚北部为中心。它通过圣战进行扩张。索科托在 20 世纪初被置于英国的统治之下,但在殖民时期,它的统治者保留了相当大的权力。

所有这些进展中,最激动人心的是发展出一套收集和解释口头传述的方法。口头传述是文字产生前社会的普遍特征,但随着文字的产生和识字的普及,它注定会逐渐消亡。因此,独立后的第一代人在利用"口述遗产"上就处于某种优势地位(见第十一章)。殖民之前的一些政治实体,像**加纳**(Ghana)和**津巴布韦**(Zimbabwe)等中世纪国家,现在登上了历史研究的舞台,非洲内陆加入海外商业网络的早期阶段的历史已经被重构。殖民时期已经被历史学家研究,但历史学家是从殖民者的视角进行研究的,而且将该时期书写成了某种有关实现发展和政治家为独立做准备的叙事。当前,它以反抗主题为特色,这种反抗指的是对最初殖民者进行的武装反抗，以及在接近独立的时期进行反抗殖民国家的政治动员。但历史学家也关注一些更具包容性的反应，尤其是农民的一些意在开启某种消费经济的倡议。[20]

> **加纳：** 兴盛于 9—11 世纪的西非国家。它实现繁荣的基础是跨越撒哈拉沙漠的贸易，尤其是黄金贸易。这个中世纪国家就位于今天加纳北部。
>
> **津巴布韦：** 兴盛于 11—14 世纪的中非国家。它以技术成熟的石块建筑，尤其是大津巴布韦遗址而著名。作为现代国家的津巴布韦正是从它的中世纪前身那里得名的。

有关非洲史的这类开拓性研究大体上是缺乏理论的。它的大部分实践者相信，西方历史学那些经实践证明效果良好的方法将很好地帮助他们。殖民时期的档案只需以档案研究者习惯的怀疑态度对待。就连新的口述资料，在这一阶段也很少被用理论加以分析。[21]

庶民研究

正是在 20 世纪 80 年代的印度，后殖民理论首次对历史学家产生了决定性的影响 250 。这是由以拉纳吉特·古哈（Ranajit Guha）为代表的庶民研究小组取得的成就。最初，它的理论依据是马克思主义历史学，尤其是同 E.P.汤普森联系在一起的"自下向上看的历史学"。该小组在理论上的重新定向是由对印度的民族主义精英的严重排斥所界定的，这些精英是像**贾瓦哈拉尔·尼赫鲁**（Jawaharlel Nehru）和印度国大党的领导人那样的人，他们领导了印度民众对英国殖民统治的反抗，接着在 1947 年继承了对国家机构的控制。从意识形态上看，从事庶民研究的历史学家宣称，民族主义政治家和按时间顺序记录他们成就的历史学家之间没有什么区别，两者都属于"资产阶级-民族主义精英"，同普通印度人的利益和看法并没有什么联系。因此，选择"庶民"一词——它来自马克思主义思想家**安东尼·葛兰西**（Antonio Gramsci），意指被剥夺了权力的社会群体。激进历史学家的任务就是将关注对象从专业政治家转向庶民，尤其是揭示庶民在大众民族主义中处于中心地位。这种抱负之所以更令人信服，是因为在英属印度，从 1919 年以来频繁爆发的民众骚乱是无法否认的，我们缺乏的是一种不受精英影响和操纵的历史解释。

> **贾瓦哈拉尔·尼赫鲁**（1889—1964 年）：印度第一任总理，任期是从 1947 年到 1962 年。

> **安东尼·葛兰西**(1891—1937 年):意大利共产党在第一次世界大战后的一位领导人物,他被墨索里尼领导的法西斯政权监禁,并死在监狱中。他的巨大影响力源于他的理论著述,在这些著述中,他发展出了理解大众政治文化和革命前提条件的新方法。

以这种方式予以建构,庶民研究是一种意料之中的"人民史",它反对民族主义历史编撰学(但值得指出的是,在非洲对民族主义的激进拒斥要弱得多)。不过,研究庶民的历史学家很快就受到萨义德和其他后殖民理论家的影响。研究重点已经从物质权力转向文化权力,因为注意力越来越多地转向解构殖民当局书写的丰富历史著述。这样做的部分原因是要证明,(甚至直到今天仍)被视为客观知识的内容在多大程度上是由殖民政权强加的话语:在印度,典型的案例是"种姓"(在非洲是"部落")。但这种细致的文本研究的主要目的是弥补穷人被迫噤声的缺憾,这种被迫噤声贯穿整个殖民时期,而且(据说)这种做法在独立后第一代历史学家的著述中仍被延续。尽管在殖民统治时期印度民众的文盲比率很高,但农民和工人还是被写进了历史:"庶民的声音"将被听到。古哈和他的同事通过另辟蹊径地阅读浩繁的政府资料,努力克服庶民历史书写的缺失。古哈自己对殖民时期印度农民
251 反叛的研究指出,通过对官方窃听或"截获"的话语进行分析,部分复原农民的声音是可能的。正如他所解释的,政府对叛乱的镇压也要被迫记录一些也许同叛乱活动有关的内容,无论是集市上的谣言、街上喊出的口号还是法庭证据中附带的细节信息。[22]

七

后殖民主义对英国史的重新评价

后殖民主义起源于改变指导第三世界文化研究的概念图谱的决心。但殖民主义是一种双边关系,它也会改变宗主国社会的文化和心态。过去,相比海外殖民的影响,历史学家对这个主题的关注甚至更少。在英国,人们传统上长期以为帝国"在外面",海外是英国进取和征服的目标,但不会对宗主国的生活产生显著影响。基于殖民地和宗主国是某种单一体系的组成部分,会产生双向流动影响的观点,后殖民理论对之前流行的观点进行了批判性考察。正如安托瓦妮特·

伯顿（Antoinette Burton）所提出的，帝国"不仅是一种'在外面'的现象，而且是英国国内的文化和民族认同的基本组成部分"。[23] 从这一理论中可以推断出，帝国的终结会使英国成为一个后殖民社会，在这一点上并不亚于它以前的附属国。

因此，帝国远不是"在外面"，而是 300 年间英国人生活不可或缺的组成部分，而且当帝国接近终结之时，这一现象变得更为明显。这不仅是一个在世界地图上记录粉红色比例（这是英国学童的一个普遍经历）的问题。爱德华·萨义德坚持认为，19 世纪和 20 世纪英格兰的文学经典被某种帝国意识所渗透[最具争议性的例子是简·奥斯汀（Jane Austen）的小说《曼斯菲尔德庄园》（*Mansfield Park*）]。争论的核心关涉英国民众作为一个整体所共有的经验。1900 年，大多数家庭有亲戚在殖民地生活；几乎每个人都会消费殖民地生产的产品，它们的产地都会被仔细标出；冒险小说和儿童故事书所讲述的故事都是在殖民背景下发生的。这些都是某种殖民文化的构成要素。事实上，其中的论点是，正是殖民主义使英国民众有可能对身为"英国人"的自我认同做出思考（以区别于他们身为"英格兰人"或"苏格兰人"的自我认同）。[24] 该命题的反命题是，既然帝国已不复存在，那么英国人的特性需要进行根本性的重新界定。因此，围绕这个问题的争论不仅出现在后殖民史研究中，而且出现在针对更广泛听众的辩论中，尤其是在保罗·吉尔罗伊（Paul 252 Gilroy）的著作中占有重要地位，这并不会令人感到奇怪。[25]

> **《曼斯菲尔德庄园》**：由简·奥斯汀创作的小说，出版于 1814 年。该书像奥斯汀的所有小说一样，关注有产阶级年轻女士的婚姻状况。它并不是一部有关帝国的小说。但与此同时，它也清楚地表明，家族财富主要是从在西印度的奴隶制种植园获得的，托马斯·贝特伦爵士（Sir Thomas Bertram）长期不在家中是因为他需要在安提瓜（Antigua）处理事务。

萨义德有关东方学的研究描绘了一幅西方将一套统一的话语强加于东方的情景。甚至在文化层面（是他唯一关注的），这在目前看来也是一种过分简单化的观点。后殖民历史学家并没有淡化帝国的暴力和集权主义，但他们强调双向的影响，而且认为所有这些并不都是直接为权力服务的。正如凯瑟琳·霍尔所解释的，"宗主国"和"边缘区"的历史并不会遵从一种简单的二元模式。[26] 在她的著作《使臣民文明化》（*Civilising Subjects*，2002）中，她将牙买加和伯明翰视为 19 世纪中期帝国的紧密联系的两个地点，而且二者同样重要。霍尔论证道，只有伴随着对这种双向影响的关注,我们才可能理解英国民众对待帝国的态度,以及加勒比地区被解放之前的奴隶的政治文化。她对传教士给予了特别关注,他们是牙买加和伯明翰之间主要的沟通渠道。殖民地的现实有时会以未预料到的方式对宗主国公民的想象产生明显的影响。在 20 世纪 70 年代,玛丽·沃斯通克拉夫特(Mary Wollstonecraft)通过同种植园奴隶制的类比[在她著名的著作《为妇女权利辩护》(*Vindication of the Rights of Woman*)中有 80 多本有关奴隶制的参考书],来为妇女权利辩护。[27]以一种不那么具有建设性的方式,殖民地的种族观念会影响宗主国国内的社会差别,正如在维多利亚中期有关**伦敦贫民的"种族化"观念**("racialization" of the London poor)一样。[28]其中最引人注目的是,所有生活在英国的移民在社区所经历的深刻的文化适应性变化,这表明霍米·巴巴的混杂性概念甚至更适合宗主国社会,而不是殖民地。

伦敦贫民的"种族化"观念: 在 19 世纪后半期,受过教育的人群通常将贫民比作愚昧无知的海外异教徒。其内涵不仅指贫民在文化和道德上是缺乏修养的,而且指他们属于某个单独的种族。

有关在英国人的特性与帝国之间联系的争论由于下述事实而复杂化,即英国人的不同群体对帝国有着完全不同的记忆,即使现在也是如此。部分而言,这是一种成问题的"三国"视角:很多苏格兰人和爱尔兰人在殖民地生活,但权力却掌握在位于伦敦、由英格兰人控制的政府手中。但关键的问题涉及在英国定居的殖民地移民。大规模黑人移民的涌入直到 20 世纪 50 年代才开始,当时正值帝国逐渐走向灭亡,但非裔移民和亚裔移民至少从 16 世纪开始就不断来到英国,他们并不是少量的异族人,而是数量多到足以在城市社会——尤其是在伦敦和重要的港口城市——中占据一席之地。他们中的许多人是奴隶这一事实将殖民关系和殖民地的种族引入宗主国,并在废除奴隶制后存在了很长时间。正如 2007 年废除奴隶贸易 200 周年时的情况所表明的,奴隶制在英国仍然是不可碰触的敏感问题:对许多白人而言,它被归入某种有关自身的民族博爱的叙事,它会提及奴隶制的废除,而不会提及它长期存在的历史;而对许多黑人而言,奴隶制和奴隶贸易应该被视为另一次大屠杀,暗示殖民者有义务做出赔偿。在这场争论中很少能够听到过去的黑人的声音,这依然是因为他们在原始资料中出现得太少了:几乎无人识字,能进入公共领域的就更少了(因此,注意力都集中在 18 世纪少数鼓动反对奴隶制的黑人宣传者身上)。

253

注：1948 年来自西印度的移民登上"帝国疾风"号船(SS Empire Windrush)，它是将大量西印度移民运往英国的第一艘船。新来的人对"母国"有着很好的预期，但很快就被民众对他们的敌意无情地粉碎。

资料来源：ⓒ Daily Herald Archive/SSPL/Getty Images。

图 10.4　1948 年来自西印度的移民登上"帝国疾风"号船

八

问题与障碍

寻找历史上庶民声音的内在困难确实非常大。通过对迄今一直在组织他们研究的学科划分有效性的质疑，后殖民主义的一个重要流派对此做出回应：如果历史研究不可能产生预期的成果，那么"历史学"本身必然是不能令人满意的。从庶民的角度来看，这一指控是令人信服的。显而易见的问题是，在 19 世纪和 20 世纪，许多历史学家都参与了东方学项目，萨义德论证道，在他那个时代，有一些很有影响的历史学家将他们有关东方的专业知识都用于为西方(尤其是美国)帝国主义服务。但还有一个更广泛的问题，即西方历史学同所有其他地区历史学之间的结构不平衡问题，迪佩什·查克拉巴蒂(Dipesh Chakrabarty)称之为"在知识掌握上的不

254

平衡"。[29]第三世界的历史学家被期望了解欧洲历史，而他们在欧洲的大多数同事却不了解亚洲和非洲的历史。这暗示，有关西方经验的宏大叙事——民族主义、民主、资本主义等——成为对其他社会做出评估的基准。但没有人做出反向的评估。

就殖民地档案，还可以提出一些棘手的问题，这些档案既包括在前殖民地涉及广泛的文件资料，也包括宗主国的国家档案。这些档案不仅反映了殖民地官员的偏见与无知，而且正如我在第五章中所指出的，它们是政治工具，意在根据殖民政府的设计对社会现实施加影响：对"言外之意的解读"再多，也不可能将我们带入庶民的世界。在颇具挑战意味的文章《庶民能够言说吗？》（Can the Subaltern Speak?）中，斯皮瓦克利用已有充分研究的印度教的寡妇殉夫行为的例子，即寡妇被强制要求投身于焚烧她们去世丈夫的柴火堆。历史研究详细记录了英国政府内部的争论，这场争论的结果是官方在1833年禁止了寡妇殉夫行为；同时记录了支持父权的传统主义者为保留这种做法而提出的论据，但我们依然无法听到牺牲者的声音。[30]

后殖民批判的兴起源于对作为学术的历史学与民族国家之间关系的考察。因为历史学家一般会观察到国家边界的存在，所以即使他们并不记述国家本身的历史，他们的研究也会产生证明民族国家是最重要的社会组织和政治认同范畴的效应。如果沿着这些线索的批判能够在英国流行的话，那么它就更适用于像印度这样的国家，在那里，专注于"民族"的后果是将一些大的社会范畴排除在历史研究的议程之外。正如查克拉巴蒂所指出的，历史学是"将实现人类团结的所有其他可能性都纳入现代国家方案"的共谋。[31]西方历史编撰学的世俗主义特征也会受到类似的批判，因为作为一种意识形态立场，它明显无力同印度文化的宗教特性相结合。一些后殖民学者更进一步，摒弃有关将启蒙传统作为西方反对所有他者的理由的普遍论断。[32]至少在理论上，不仅书写可靠的第三世界历史，而且形成有关西方的全新观点的条件已经具备，这一观点即查克拉巴蒂所称的"使欧洲地方化"。

承认文化转向

阅读迪佩什·查克拉巴蒂有关后殖民史的著作或琼·斯科特有关性别史的著作，将会对今天大多数学者从事的历史研究的学科未来产生怀疑。这些学者（和其他相似的学者）对学术客观性、再现历史真相和以经验为基础的分析等传统学术理想提出质疑，他们全面地批判了那些服膺这些理想的学者。他们的观点同后现代主义的观点有相似之处，这并非偶然。我已经描述过的有关性别和后殖民性的更激进观点同后现代主义的观点相一致:事实上,琼·斯科特的理论著述一般被置于后现代主义的名目之下。不过,不应认为这些激进批判将在未来成为该专业的流行观点。大多数历史学家都不会接受后殖民主义或性别理论的全部主张。性别理论和后殖民主义对历史研究的影响不应根据理论的精巧程度来加以评估,而应以它们将新的和富有启发性的观点呈现在学术舞台上的方式来加以评估。

与此同时,性别史和后殖民史研究最近的进展表明了接受文化转向所付出的代价。在文化转向的背景下,不可能考察社会分层的物质基础和追求政治目标的社会群体的集体能动性。权力——不管是对殖民地行使的,还是对处于依附地位的性别行使的——具有文化层面内涵的事实并不意味着它仅仅是一种文化现象。学者也许会对文字和图像的权力感兴趣,但对他们研究的群体而言,权力明显是以物质形式被感受到的。这种真相在这些领域的第一代学术研究中表现得比现在更为明显。重新继承那种传统,又不丧失文化分析的洞察力,将是合时宜的做法。

【推荐书目】

1. Laura Lee Downs, *Writing Gender History*, 2nd edn., Bloomsbury, 2010.

2. Joan W. Scott, *Gender and the Politics of History*, Columbia University Press, 1988.

3. Bonni G. Smith, *The Gender of History*: *Men*, *Women and Historical Practice*, Harvard University Press, 1998.

4. John Tosh, *Manliness and Masculinities in Nineteenth-Century Britain*, Longman, 2005.

5. Barbara Bush, *Imperialism and Postcolonialism*, Longman, 2006.

6. Edward Said, *Orientalism*, 3rd edn., Penguin, 2003.

7. Catherine Hall and Sonya O. Rose(eds.), *At Home with the Empire*: *Metropolitan Culture and the Imperial World*, Cambridge University Press, 2006.

8. Catherine Hall(ed.), *Cultures of Empire*, Manchester University Press, 2000.

9. Caroline Neale, *Writing "Independent" History*: *African Historiography*, *1960—1980*, Greenwood Press, 1985.

【注释】

［1］Jutta Schwarzkopf, *Women in the Chartist Movement*, Macmillan, 1991.

［2］例如,参见 Angela Woollacott, *On Her Their Lives Depend*：*Munitions Workers in the Great War*, University of California Press, 1994。

［3］Leonore Davidoff and Catherine Hall, *Family Fortunes*：*Men and Women of the English Middle Class*, *1780—1850*, 2nd edn., Hutchinson, 2002.

［4］Ellen Dubois et al., "Politics and Culture in Women's History：A Symposium", *Feminist Studies*, Ⅵ, 1980, pp.26—64.

［5］关于父权制利弊的经典论述,见 Sheila Rowbotham, Sally Alexander and Barbara Taylor in Raphael Samuel(ed.), *People' History and Socialist Theory*, Routledge & Kegan Paul, 1981, pp. 363—373.

［6］Jane Lewis(ed.), *Labour and Love*：*Women's Experience of Home and Family 1850—1940*, Blackwell, 1986, editor's introduction, p.4; John Tosh, "What Should Historian do with Masculinity? Reflections on Nineteenth-Century Britain", *History Workshop Journal*, ⅩⅩⅩⅧ, 1994, pp. 179—202.

［7］W.J. Reader, *At Duty's Call*：*A Study in Obsolete Patriotism*, Manchester University Press, 1988; Peter Michael Paris, *Warrior Nation*：*Images of War in British Popular Culture*, 1850—2000, Reaktion, 2000.

［8］Alexandra Shepard, *Meanings of Manhood in Early Modern England*, Oxford University Press, 2003; John Tosh, *Manliness and Masculinities in Nineteenth-Century Britain*, Longman, 2005; Davidoff and Hall, *Family Fortunes*.

［9］Roy Porter and Lesley Hall, *The Facts of Life*：*The Creation of Sexual Knowledge in Britain*, *1650—1950*, Yale University Press, 1995, ch.2.

［10］从医学视角出发的经典著作,见 Thomas Laqueur, *Making Sex*：*Body and Gender from the Greeks to Freud*, Harvard University Press, 1990。作为法律定义的研究,见 Harry Cocks, *Nameless Offences*：*Homosexual Desire in the 19th Century*, I.B. Tauris, 2003; Sean Brady, *Masculinity and Male Homosexuality in Britain*, *1861—1913*, Palgrave Macmillan, 2005, ch.4。

［11］Matt Houlbrook, *Queer London*：*Perils and Pleasures in the Sexual Metropolis*, *1918—1957*, Chicago University Press, 2005.

［12］Joan W. Scott, "Gender：A Useful Category of Historical Analysis", *American Historical Review*, ⅩCⅠ, 1986, pp.1053—1075.

［13］Stefan Collini, "The Idea of 'Character' in Victorian Political Thought", *Transactions of the Royal Historical Society*, 5th series, ⅩⅩⅩⅤ, 1985, pp.29—50.

［14］Judith R. Walkowitz, *Prostitution and Victorian Society*, Cambridge University Press, 1980, p.ix.

［15］Susan Pedersen, "Comparative History and Women's History：Explaining Convergence and Divergence", in Deborah Cohen and Maura O'Connor(eds.), *Comparison and History*：*Europe in Cross-National Perspective*, Routledge, 2004, p.95.

［16］Edward Said, *Orientalism*, 2nd edn., Penguin, 1995, p.354. 萨义德的观点备受争议,一位历史学家对此的批评,见 John M. MacKenzie, *Orientalism*：*History*, *Theory and the arts*, Manchester University Press, 1995。

［17］Stephen Howe, *Afrocentrism*：*Mythical Pasts and Imagined Homes*, Verso, 1998.

［18］Homi K.Bhabha, *The Location of Culture*, Routledge, 1994.

［19］Ibid.

［20］这两方面的内容都出现在 20 世纪 70 年代的一部重要作品中,见 John Iliffe, *The Modern History of Tanganyika*, Cambridge University Press, 1979。

［21］本文作者应该算是这些理论上幼稚的田野研究者之一。见 John Tosh，*Clan Leaders and Colonial Chiefs in Lango*，Oxford University Press，1978。

［22］Ranajit Guha，*Elementary Aspects of Peasant Insurgency in Colonial India*，Oxford University Press，1983，pp.14—16.

［23］Antoinette Burton(ed.)，*After the Imperial Turn：Thinking With and Through the Nation*，Duke University Press，2003，editor's introduction，p.3.

［24］Antoinette Burton，"Who Needs the Nation? Interrogating 'British' History"，in Catherine Hall (ed.)，*Cultures of Empire*，Manchester University Press，2000.

［25］Paul Gilroy，*After Empire：Melancholia or Convivial Culture?*，Routledge，2004.

［26］Catherine Hall，"Histories, Empires and the Post-Colonial Moment"，in Iain Chamber and Lidia Curti(eds.)，*The Post-Colonial Question*，Routledge，p.70.

［27］Moira Ferguson，*Colonialism and Gender Relations from Mary Wollstonecraft to James Kincaid*，Columbia University Press，1993，pp.8—33.

［28］John Marriott，*The Other Empire：Metropolis，India and Progress in the Colonial Imagination*，Manchester University Press，2003，pp.8—33.

［29］Dipesh Chakrabarty，"Postcoloniality and the Artifice of History：Who Speaks for 'Indian' Pasts?"，*Representations*，ⅩⅩⅩⅦ，1992，pp.1—3.

［30］G.C. Spivak，"Can the Subaltern Speak?"，in Patrick Williams and Laura Chrisman(eds.)，*Colonial Discourse and Postcolonial Theory：A Reader*，Harvester Wheatsheaf，1993，pp.94—104.

［31］Dipesh Chakrabarty，"Postcoloniality"，p.23.

［32］Ashis Nandy，"History's Forgotten Doubles"，*History and Theory*，theme issue 34，1995.

第十一章　记忆与口述

历史学既是某种形式的记忆，又是一门将记忆作为原始资料的学科。今天，有关历史学性质的最富有成效的讨论是在这个领域中进行的。在更深入地考察口述历史实践——人们就他们的记忆接受采访——之前，本章将考察纪念文化。口述资料已经对社会史研究和殖民之前的非洲史研究产生重大影响。这类资料能够给人以触摸"真实"过去的令人兴奋的感觉，但像任何其他类型的历史资料一样，它也充满陷阱和困难。就口述资料，历史学家应该问什么样的问题？他们自身在口述资料的形成过程中又起到什么样的作用？

〜〜〜〜〜〜

本书开始于对历史同记忆的关系的讨论。在第一章中，我指出，作为学术的历史学能够被视为某种形式的记忆，因为它为社会提供了有关过去经历的所能获得的最好的记录。但这并不意味着不应在历史学和其他形式的记忆之间做出区分。"社会记忆"或"集体记忆"是指有关过去的故事或假设，它们能够说明或解释我们今天所知道的那个社会的主要特征。在有关过去的无限的可复原的知识中，社会记忆优先考虑那些能够证明现存文化价值观或政治忠诚具有合理性的材料，有时甚至忽略一些有关过去的既有证据。而作为学术的历史学坚持两个基本原则：研究过去不应简单地反映我们自身的偏好，而应特别关注同我们的经验有一定距离的内容；所有历史解释都应该对照证据予以严格检验。简言之，这两个原则能否得到遵行和历史学的社会作用能否正确发挥，都取决于它能否远离社会记忆。

不过，这些区分并不意味着其他形式的记忆对历史学家就是不重要的。今天

的历史学家对两种形式的记忆尤其感兴趣。有关过去的集体表述——正如它们在 259
流行文化中传播的那样——是一个兴趣点。另一个兴趣点是个体有关他们自己生
平的记忆,通常是由历史学家收集所得。每种记忆都会在可靠的回忆和在事后重
建的记忆之间达到各自的平衡。每种记忆都以不同方式表明记忆中的过去所具有
的巨大文化意义。

一

集体记忆

一个共同体——不管它是民族共同体,还是地方共同体——如何构想它过去
的状况将会影响它对社会的认知和它的政治意识。所有社会都会利用各种记忆,
而这些记忆可以追溯到比它现有成员的一生更早以前的时期。更遥远的过去不仅
存在于历史著作和档案中,它也存在于大众意识中,它源于各种各样的纪念活动,
并被记录在各种媒体中。这些构成了该社会的社会或集体记忆。在这里,过去和
现在之间的关系采取两种互补的形式。第一,社会记忆通常至少能让人们部分了
解过去所发生的事情,这种历史知识会影响大众对当下的认知。与此同时,集体记
忆也是对现实的一种反映,从时间视角反映了它的各种关注,这意味着随着时间的
推移,这种关注会发生微妙的——有时则是更为明显的——变化。对社会记忆的
历史研究始于如下假设,即它的内容同对过去的专业认识存在很大分歧,但正是这
种分歧提供了解释大众记忆的线索。如果正式书写的历史代表了某种对过去值得
回忆的思想的选择,那么集体记忆则是一种更极端的简单化认识,目的在于强化某
种文化认同或增强在现实中发挥主体能动性的潜力。正如詹姆斯·芬特雷斯
(James Fentress)和克里斯·威克姆所指出的:"社会记忆作为信息并不是稳定的,
但它在共有的意义和被记忆的形象层面却是稳定的。"[1]

集体记忆对社会融合的贡献在那些文字尚未产生的社会中是最大的,这些社
会有关过去的知识完全依赖于代代相传的口传叙事。尽管口述传统在高度工业化
的社会中几乎已经不复存在,但它在那些识字能力尚未完全取代占主导地位的口
述文化的社会中仍然充满活力。口述传说能够营造一种强烈的文化真实感。但仅
当口述资料被视为某种二手资料时,它的历史价值才能被更充分地把握,因为在证
据和它意在重现的事件或经历之间,并不存在直接联系。

260　　在许多非洲社会,种族认同、社会地位、获得政治职务和土地权利仍然需要诉诸口述传说来证明其合法性。在西方社会通过书面文件正式确立权利,在口述传说流行的社会中,其权利却来源于活着人的记忆。在 20 世纪 50 年代的非洲,历史学家开始评估口述传说以获取其中的历史内容,并制定了收集和解释口述传说的程序。他们收集到大量内容详细的口述传说,通过谱系的推算,能够向前追溯四五个世纪,其中包括有姓名的个人及其事迹,这些正是传统历史编撰学的素材。他们对口述传说可靠性的信心又由如下发现而大大增强,即在一些中央集权程度很高的酋长国中,口述内容的传播是由训练有素的专家完成的,他们往往会传诵一些固定的内容;在一些社会中,诸如皇陵或王室徽章等物质遗存会被用作**助记的**(mne-monic)手段,以确保较早期统治者的统治能够按照正确的顺序被回想起来。研究口述传统的学者坚持认为,评估一种正式口述传说所需的方法在本质上不同于研究书面文件所需的方法。[2]口述传说似乎提供了直接认识迄今未知过去的机会,而且这是用未受西方文化影响的习惯用语来表述的过去。

助记的: 帮助记忆的。

口述传说的作用

对口述传说较长期的研究经验和对口述传说社会特征的反思很快就能使人们认识到,讲述者的立场并不是如此明确。尤其是,同书面文本的类比会由于表演成分的存在而失灵,后者是口述内容传播的特征所在。像各地讲故事的人一样,口述传说的讲述者会随时注意听众的反应,意识到对听众而言,哪些是可以接受的内容。对故事的每次重新讲述都有可能不同于之前的讲述,因为其内容会随着社会预期的变化而做巧妙的调整。口述传说并不是由于讲故事的人才保留下来的,这些人由于某种识字的人无法理解的神秘能力而可以毫不费力地记住伟大的史诗和人名。口述传说之所以被流传下来,是因为它们对所涉及的文化具有意义。

总体而言,口述传说在非洲发挥两种社会功能。第一,它们灌输对维系文化不可或缺的价值观和信念,例如如何在人和动物之间建立适当的关系,或由**亲属关系**(kinship)或**姻亲关系**(affinity)而形成的义务。第二,它们被用于证明目前实行的特定社会制度和政治制度——土地分配、一个有权势的家族是否有权利获得首领地位或同相邻民族建立什么样关系的模式——的合理性。等到某种口述传说传了四

五代人后,它的社会功能有可能已经极大地改变了其内容,这是通过忽略那些似乎 261
已不再适用的细节,以及详细阐述传说中的修辞内容或象征内容而实现的。这个
过程可以无限期地持续下去,因为社会背景或政治背景的变化会在口述传说的主
要内容中打下它们的印记。有时,这些调整是有意做出的。在刚果的库巴人中,有
关王朝的传说只有在被一个名人委员会秘密进行仔细审查过内容后才允许讲述。
正如其中一位委员所说的:"过一会,古老传说中的真相就会发生改变,以前是真
的,稍后就会变成假的。"[3]

亲属关系: *血缘关系,正如在父母和子女之间或兄弟和姐妹之间存在的关系。*

姻亲关系: *通过婚姻形成的关系:因此一个人的配偶的父母可以被称作"姻亲"。*

当非洲裔美国作家亚历克斯·哈利(Alex Haley)1966 年到冈比亚寻找他作为
僮奴的祖先昆塔·奈特(Kunta Knite)时,口述传说要求听众具有的敏锐体察和文
字书写被高社会地位的人垄断的事实,都被清晰地证实了。尽管在该地区流行的
口述传说并未包括任何有关 19 世纪以前的真实人物的信息,但哈利却适时地找到
一位老人,后者吟诵了有关男童在 18 世纪中期被"国王的士兵"抓作奴隶的口述传
说。哈利并未隐瞒他所希望了解的内容,因此,似乎无可置疑的是,这个"口述传说"
是为他杜撰的。几年后,由于哈利的畅销书《根》(*Roots*,1976)的宣传,更多研究口述
传说的专家能够吟诵有关昆塔·奈特的故事,而且这些故事更为生动有趣。[4]

对口述传说的解释

运用口述传说来重构历史因此会面临一些重大问题。口述传说大多不仅是意
在教化后人的叙事,因此,它们在历史学家根据资料的可信度进行的等级排序上地
位非常低,而且它们还会不断地被修改,以使其意义更紧密地契合听众不断变化的
预期。结果就是历史学家目前对承认口述传说的真实性持非常谨慎的态度。但结
论也绝非完全否定性的。当研究者面对一套单一的口述传说时,对它的批判最有
说服力,但一组相关的口述传说就为历史学家进行那种他们面对文字资料时习惯
做的比较考证提供了可能性。当让·范西纳(Jan Vansina)着手研究**卢旺达**
(Rwanda)殖民之前的历史时,他发现了一套流传已久的有关王室的口述传说,它们
为王室的成员所记诵,后来作为一种可靠的叙事出版。正是通过对更广泛的跨地
区口述传说的复原,才使他能够对官方版的口述传说进行考证,并重建该王国 19 世

262 纪的历史。[5]但口述传说对历史学家的价值不仅仅限于对历史的回溯性重建。它的价值既有历史学方面的,也有文化方面的。在文字产生之前的共同体中,被记忆的过去是服务于现实的。它就像一块画布,共同体的政治价值观和社会价值观被象征性地和简洁地描绘于其上。

> **卢旺达:** 殖民之前的国家卢旺达构成了德意志在 19 世纪 90 年代建立的殖民体系的中心,在 1919 年被移交给比利时。从卢旺达 1962 年独立以来,该国历史的特点就是胡图族人同图西族人之间的冲突,而这是比利时人实行的"分而治之"政策所造成的恶果。

二

国家的和地方的记忆

非洲的口述文化似乎是一个远离西方历史意识的领域,但口述传说在西方世界也有其地位。差别在于,西方的口述传说必须同书面文字、影像文化(诸如电影和电视)的权威性和流行地位进行竞争。因此,在更广泛的意义上界定"集体记忆",以使它不仅包括在口述叙事中讲述的内容,而且包括有关过去的被普遍接受的说法——不管它们的出处为何,就成为习惯性的做法。例如,考察一下英国有关两次世界大战的主导性记忆。第一次世界大战是作为一场"糟糕的战争"而被人们记忆的:一场无法挽回的悲剧,一代年轻人被引向一场徒劳无益的杀戮,没有某个有价值的目标能够使他们实现救赎。相反,第二次世界大战却被塑造成一首英雄史诗,以英国在 1940 年的"最辉煌的时刻"和丘吉尔鼓舞人心的领导为标志。确实,由老兵讲述的故事会享有特殊的声誉,大众文化的全部资源都被用于保持这些记忆:媒体、故事片、纪录片、博物馆、战争纪念馆、纪念游行(比如在阵亡将士纪念日举行的游行)。这些有关战争记忆的文化意义是非常清楚的,它们不仅表达了一种有关那时作为一个英国人意指什么的观点,而且表达了现在作为一个英国人意指什么的观点。正是由于这种原因,它们是不受历史研究进展的影响的。因此,再多数量的修正研究似乎也无力恢复第一次世界大战的声誉,无法将它描述成一场保护自由民主制度的战争或一场英国军队获得决定性胜利的战争。至于第二次世界大战,英国对同盟国胜利的贡献一直在被夸大,尽管越来越多的证据证明丘吉尔的军事领导能力是不可靠的,有时甚至是灾难性的,但有关他的记忆却并未受到影响。这些观点在年轻人和中年人——他们实际并未经历任何一场战争——中如此流行的事实,证明了集体记忆在道德方面的影响力。集体记忆的真正功能是在维护国家利益和塑造民族性格方面提供经验教训。[6]

　　与此同时,不应假设所有人都会认同这种国家记忆。阶级、地方和宗教都会产生记忆,而且明显不同于占主导地位的公共记忆。在 18 世纪初天主教居统治地位 263 的法国,新教的卡米撒派(Camisards)发动对抗王室军队的叛乱,打了两年游击战。那种经历直到今天仍然主导着该地区的口述文化,在家中和村中不断被讲述。卡米撒派的反抗不仅成为形成集体记忆的关键性事件,而且成为决定随后发生的事件是否值得记忆的标准。当地的口述传说很少或根本不会提及法国大革命或第一次世界大战,但在第二次世界大战期间对纳粹统治的反抗被视为卡米撒派英雄精神的复活。它在晚近的记忆中的地位强化了那种联系。在这个例子中,集体记忆采取了某种对抗国家记忆的形式,表达了一个地方群体保持它自身认同以对抗民族文化的决心。[7]

　　在卡米撒派教徒中,之所以存在这样一种持久而连贯的口述传说,是因为他们生活的塞文地区(Cevennes)多山且闭塞。直到最近,一代人与另一代人之间还存在相对容易传播的口述传说,该地区主要依靠自身的文化资源维系认同。在大部分西方世界,这样的状况早已不复存在。英国等国实现了高水平的空间流动性,同时也体验了商业化媒体的巨大渗透能力。赋予老年人的权威越小,他们对过去的传述就越不会引起年轻人的兴趣。口述传说在集体记忆中的地位在逐渐下降,结果,它作为研究重点的价值越来越小。相反,记忆研究的重点倾向于转向历史意识的其他表现形式。

纪念日与集体记忆

　　这种转向的一个方面是对纪念仪式的研究。大多数国家会在国庆日举行庆祝活动,国庆日是指在国家历史上具有重大影响或象征性事件的周年纪念日。在法国,7 月 14 日(攻占巴士底狱纪念日)的庆祝活动概括了法国大革命在 20 世纪成为塑造国家自我形象的中心的过程。在塞尔维亚,6 月 28 日甚至被赋予了更大的重要性,在 1389 年的这一天,中世纪的塞尔维亚帝国在科索沃平原被奥斯曼土耳其人击败。从象征意义看,该战役体现了塞尔维亚人作为一个勇敢的,但处于被包围状态的民族的自我形象,又因为科索沃位于目前塞尔维亚中心地区的南部,所以该纪念日有着激励塞尔维亚人进行领土扩张的潜在内涵。[8]"科索沃"是一种坚定的信念,表达了有关过去的神圣观点。即使没有如此强烈的民族主义意识形态,纪念日也鲜明地表现了作为集体记忆基础的政治选择的原则。

注:法国的国庆日是 7 月 14 日。法国各地在这一天都会举行游行以纪念攻占巴士底狱,这一事件在 1789 年开启了法国大革命。它已经成为所有法国人都能接受的共同象征,拥护君主制的人除外。

资料来源:ⓒ Gerard Cerles/AFP via Getty Images。

图 11.1   法国国庆日大游行

在这方面,英国是与众不同的。它没有国庆日,英格兰也没有(尽管苏格兰和威尔士有这样的日子)。英国人过去庆祝过的一些纪念日——1688 年的光荣革命或维多利亚女王加冕——都逐渐为人们所忘却。保留下来的最重要的纪念日已经失去了它在历史和意识形态方面的内容。11 月 5 日的"篝火之夜"(Bonfire Night)是为了纪念 1605 年的火药阴谋(Gunpowder Plot),当时天主教反叛者盖伊·福克斯(Guy Fawkes)被捕,使詹姆士一世和他的国会得以在千钧一发之际脱险。反叛者刚被审判和处死,国会就下令在每个教区通过礼拜仪式纪念这个日子。民众参与这个节庆是基于对上帝慈悲的感激,同时充满了对(不管是国内的,还是国外的)天主教徒的仇恨。但到 19 世纪中期,反对天主教的偏见已经大大减少,法定的感恩仪式也在 1859 年被终止。"篝火之夜"在今天已经完全同它的历史渊源脱开联系,没有人再认为它是国庆日。也许除了标志着冬季开始之外,它的象征意义已经消失,尽管人们也许会补充说,它还证明了英国人相对不重视在形式上利用他们国家的历史。[9] 265

纪念碑所承载的记忆

公共纪念活动也会采取纪念碑或雕像等更实物化的形式。大多数作为首都的城市会有许多这类能使人们回忆起过去的实物,它们通常会被选为民族自豪感的象征。在伦敦,最突出的例子是白金汉宫外的维多利亚女王纪念碑,以及用于纪念军队和海军英雄的特拉法尔加广场。与口述传说不同,这些是"冰封的"记忆,相对而言很难做出重新的解释。当雕像和类似的实物举行揭幕仪式时,通常会吸引公众相当大的关注,但它们却很少传达更多的信息。能否获得公众的持续关注取决 266 于**荣誉获得者**(honorand)身后的地位。不过,大多数石质纪念碑仅仅是一些提醒人们记忆的实物,它们的作用与其说是创造记忆,不如说是提醒参观者记起他们已经知道的事件或人物。事实上,名字和形象都不再为公众所记住的时刻也许终究会来临。这正是亨利·哈夫洛克爵士(Sir Henry Havelock)的命运,这位将军由于在镇压 1857 年印度民族大起义中的作用而成为名人,并由特拉法尔加广场的一尊雕像(和英格兰各处的街道名称)予以纪念。在 2001 年关于重新规划广场的辩论中,伦敦市长肯·利文斯通(Ken Livingstone)宣布哈夫洛克将成为一个完全被人们遗忘的人,不配再享有那尊雕像。尽管拆除雕像被视为有点残酷的做法,但毫无疑问,在利文斯通表达他对哈夫洛克的漠视时,他是在代表绝大多数伦敦人讲话的。同样的命运也落在许多其他名人身上,他们在自己的时代都是声名显赫之人。

荣誉获得者: 某种荣誉或声望的(在这个例子中是纪念)获得者。

但纪念碑的广泛存在不仅提出了有关那些被纪念者身后还能否为人们所记忆的问题,而且凸显了凭一时冲动修建纪念碑的问题。如此多的纪念碑的建造和选址向一个社会表明,集体记忆不可能再被视为理所当然。作为文化不可或缺的方面,它的地位已经被削弱或替代。如果想保住地位的话,那现在就必须通过人为方式提高其地位。取代记忆的是历史学本身:对过去进行的批判性的、以证据为基础

273

注:亨利·哈夫洛克爵士最著名的功绩就是在 1857 年印度民族大起义期间援救被围困在勒克瑙(Lucknow)的英国人。他不久之后就死于热病。哈夫洛克被各方都称赞为英雄,由在特拉法尔加广场的一尊雕像予以纪念。
资料来源:ⓒ Hulton Archive/Getty Images。

**图 11.2　亨利·哈夫洛克爵士在 1857 年印度民族
大起义期间援救被围困在勒克瑙的英国人**

的研究,而且不同任何政治目标相联系。这至少是皮埃尔·诺拉(Pierre Nora)所持的颇具影响力的观点:历史学"是现代社会建构的某种对过去认识的方式,它们注定会被忘却,因为它们会由社会变革而改变"。他继续说道,历史学对记忆充满敌意,后者在其传统形式上是"拥有强大和广泛影响力的,是自然而然发挥作用的,而且天生就是着眼于现实的"。[10]诺拉过分表现出对修辞效应的反对。相比他所承认的,记忆文化会更多地在现实社会中保存下来,而且历史学家在选择和从事他们出于政治效应而做的研究上绝不无辜。尽管如此,诺拉还是正确地指出,现代社会的记忆并不是自发的,而是被操纵的:纪念活动集中于那些事件或人物,他们要么是已经被人们完全忘却的,要么只是具有模糊记忆的。诺拉揭示他自己的祖国——法国——在 100 多年来是如何屈从于不停的记忆转换的:他主编的巨著的撰稿人分析了大约 130 个"纪念场所",它们表达了多种多样的政治和文化目标,但都致力于塑造某种有关法国的认识。[11]

在这些社会中,集体记忆不可能被视为普通人真实文化的组成部分。自发传播的口述传说的某些内容肯定会被保存下来,但它们不可避免地会同对过去的解读联系在一起,而这些解读是为一些政治目标而提出的,而且某些过去的残留物被有意识地保存下来。然而,不管是内部生成的,还是借鉴自某种霸权文化,大众历史意识都是政治史和文化史的重要组成部分。需要更多的研究来整理出这些不同内容之间的关系。有迹象表明,这项工作将被热情地推动,因为在赋予对表象和意义的研究以优先地位上,对集体记忆的研究同文化转向完全一致。事实上,集体记忆就是文化转向不可或缺的组成部分。

267

三

直接见证者的记忆

在对集体记忆的研究中,个体的声音通常会被忽略,因为过去的特征并不是个体性的,而是集体性的。直接见证者的回忆的立场是非常不同的。尽管很难不受文化影响,但个人证词是以个体受访者的经历和看法为中心的,而且往往是伴随生动的细节和感情讲述的。

口述史起源于美国。在 20 世纪 30 年代,美国联邦作家计划(Federal Writers' Programme)对数百名以前的奴隶做了采访,为研究非裔美国人的历史提供了宝贵的档案资料。稍晚些时候,研究劳工的历史学家也开始从事口述史研究。到这时,历史学家开始发展一套记录和解释从采访中获得的有关过去的证据的方法。由于历史研究是同档案研究密切相联的,所以这是一种重大的创新。对许多历史学家,尤其是那些左翼历史学家而言,这是一种令人耳目一新的研究,使他们能够用普通人自己的话来重建普通人的生活,而不是依靠官方档案和精英作家的观察。正如美国劳工史家斯托顿·林德(Staughton Lynd)在谈及他自己的采访时所说的:"它就像自下向上看的历史学更进一步,因为它是底层人民在写作他们自己的历史。"[12]这项新技术就是著名的"口述史"。它由于两个原因而受到重视。第一,它能够让过去生动地重现,为五六十年前的大众经历提供可靠的证据,例如,教室的纪律或劳资纠纷对工人阶级共同体的影响。这里,口述证据被视为类似于档案资料的原始资料,享有同等的优先地位。但仔细考察通常会发现,受访者,尤其是上了年纪的受访者的证词往往会偏离已知的记录,这或是由于疏忽,或是由于加入了

268 不相关的因素造成的。他们对几十年前的记忆会受到之后经历的影响和其他人回忆的修正。这是口述资料目前被如此仔细地加以研究的第二个原因。像世代相传的集体记忆那样,它提供了说明过去是如何在活着的人的头脑中逐渐演变的宝贵证据。

口述史的谱系

直到最近,专业历史学家才获得了一些收集口述资料的经验。甚至在今天,历史专业的主流群体仍然对口述资料持怀疑态度,而且通常不准备参与有关口述研究优缺点的讨论。阿瑟·马威克(Arthur Marwick)在《历史学的新特征》(*The New Nature of History*, 2001)中对口述史持漠视态度。然而,目前被尊为最早的历史学家的**希罗多德**(Herodotus)和**修昔底德**(Thucydides)所使用的大部分证据都是口述资料。中世纪的编年史家和历史学家同样多地依靠口述证据。尽管从文艺复兴以降,文字资料的重要性迅速增加,但过去的方法仍然被保存下来,作为对档案研究的一种有价值的补充。直到现代历史学科在 19 世纪的出现,对口述资料的使用才被完全放弃。新的专业历史学家的精力完全用于对文字档案的研究,他们声称拥有的专业技能也是基于对档案的研究,他们的大部分工作时间都是在图书馆和档案馆度过的。法国历史学家儒勒·米什莱将普通人的记忆称赞为"活的档案"[13],这是极不寻常的。

> **希罗多德**(约公元前 485—前 425 年):通常被视为"历史学之父"。他广泛游历整个讲希腊语的地区,他的历史著述在很大程度上依靠对当地人的采访写成。
>
> **修昔底德**(约公元前 460—前 400 年):雅典历史学家,他主要写作了有关雅典和斯巴达之间发生的伯罗奔尼撒战争的历史。他同样依靠受访者提供的信息。他由于写史的不偏不倚而闻名。

颇具讽刺意味的是,为今天历史学家所引用的许多文字资料,从来源看本身就是口述资料。社会调查和官方委托的调查在研究 19 世纪社会史所使用的原始资料中占据如此重要的地位,它们充满了被整理过的口述证词。历史学家通常会引用它们,却很少关注哪些证人被选择提供证词,或他们是在什么样的背景下被采访的。下述想法持续引起不安,即历史学家可以通过亲自进行采访来增加口述证据的数量。部分原因是历史学家并不愿意对下述原则做任何妥协,即同时代性是历史资料的基本要求,而口述资料不可避免地有后见之明的成分。对学者参与创造新证据(不仅是做出解释)的影响,历史学家也许还不愿意去深究。

口述史的必要性

口述方法在专业历史学家中已经取得一些影响力的事实几乎可以完全归于下述原因,即传统的文字资料在许多领域并没有留下记录,而这些领域目前正在引起 ₂₆₉学者们的关注。最近的政治史研究就是这样一个论题。在美国,前总统的早期生活成为真实性值得怀疑的老生常谈的话题,这并不罕见。当罗伯特·卡罗(Robert Caro)计划写作他有关林登·B.约翰逊(Lyndon B. Johnson)的传记时,他面对的正是这种情势。卡罗需要耐心和执着去寻找高素质的受访者,并给他们充分的时间来提供比大家都知道的记述更多的内容。(需要充分的时间也许可以解释他的多卷本传记为什么仍未完成。)[14]最近传记题材作品存在的另一个问题在于,它们对电话(后来是电子邮件)的依赖是同几乎不通过私人通信联系在一起的。在当今时代,有一些重要的公众人物并没有留下值得一提的私人文件,例如**赫伯特·莫里森**(Herbert Morrison),他是英国工党在20世纪30年代和40年代的领导成员。[15]为了收集到写作一部传记所需数量的证据,历史学家必须从这些人物仍然活着的同僚和同事那里收集有关他们的印象和回忆。

> **赫伯特·莫里森**(1885—1965年):工党政治家。他是推动伦敦在两次世界大战期间发展,尤其是首都公共交通网络发展的主要人物。他在丘吉尔的战时联盟中担任内政大臣。他在战后克莱门特·艾德礼工党政府中担任副首相,负责推动国有化方案在下院通过。

第二个领域涉及最近对日常生活的社会史研究,尤其是工人阶级在家庭和工作场所生活的那些方面,它们很少能成为同时代人评论或研究的对象。在英国,口述历史运动是由社会史学家主导的,他们对这些论题的兴趣在许多情况下是由一种积极的社会主义信仰所支撑的,这非常明显地表现在他们的内部刊物《口述史》(*Oral History*)中。研究口述史的历史学家还敏锐地意识到,使他们的口述资料能够为其他学者所获得是他们的义务所在。录音和文字记录通常是由公共机构保存的,例如在英国国家图书馆的声音档案馆中保存。目前的口述研究是如此之多,以至于这些档案涉及的范围非常广泛。根据选择论题的不同,学者有可能不用对直接见证者进行采访,而是依靠由以前的研究者制作的口述档案即可进行研究。[16]

四

来自人民的声音?

当我和父亲来到这个村子时,我也是住在租的房子里,因此在下矿采煤后,无法享受到真正的家的舒适。我记得是在一套这样的租住房内:有六七个其他的矿工也住在这里。一间房子仅有三个小寝室,因此你能够想象,我们是轮流睡觉的。

270 如果我们中的五六个人同上一个班,一旦从矿井中出来,我就会飞奔回家,第一个洗澡。没有浴室,我们拥有的只是一个旧的锌制浴盆,女房东会烧好几桶水。如果有五六个人一起洗的话,那首先,所有人会先洗上半身。每个人轮流洗上半身,然后到浴盆中洗下半身。在那些日子里,通常会令我感到快乐的——呃,不是感到快乐,是使我感到局促不安的——是碰到女性从隔壁或联排房屋另一侧过来。她们来到这里,坐在厨房里,甚至当你正在洗下身时,她们也不回避。作为年轻人,我并不习惯于此,我不仅羞愧,而且困窘。因为,即使在那些日子里,你也知道男女有别。[17]

这段叙述采集自南威尔士的一个退休矿工,它是一个有关矿工社区史研究项目的组成部分,表现了某些可以向历史学家推荐的口述史的优点。它是某个人自传的片段,这些人绝不会想到他们的回忆会以这种方式受到尊重。作为一种普通的,然而也是特殊的个体经历,它提供了对某种生活方式的生动描述,而这些在英国目前仅存在于年龄非常大的人的记忆中。有关爱德华七世时期的同时代书面资料——例如,社会调查者和慈善机构的报告——提供了有关穷人住房的丰富信息,但这些信息都是二手的转述,并根据"专家"的意见进行了加工,因此是一种来自外部的描述,而不是对亲身经历的记述。同在书面记录中被仔细编排的社会事实一道,人们能够通过口述史听到普通人的声音。

能够从这些受访者那里收集的证据,就像大多数老人对他们青年时期的回忆一样,在特定事件和它们发生的顺序方面通常是混乱的。其中最可靠的是那些对反复出现的经历的描述,例如对某种工作技能的反复练习或小孩融入邻居和亲戚网。日常生活习惯和普通社会关系网都是很常见的现象,因此在当时被视为理所当然,但现在它们引起了人们的极大兴趣,而口述调查提供了最便捷的认知途径。

一个很好的例子是凯特·费希尔(Kate Fisher)和西蒙·斯泽莱特(Simon Szreter)的著作《性革命之前的性行为：1918 年到 1963 年英格兰的私生活》(*Sex Before the Sexual Revolution：Intimate Life in England 1918—1963*，2010)。他们研究的论题是英格兰已婚夫妇在一个时期内做爱的频率及其对感情的影响，那时人们有限制家庭规模的强烈愿望，但缺乏达成这种愿望的技巧。年长的受访者要以高超的技巧进行采访，他们揭露了一些令人震惊的真相。口述史还能够揭示日常生活诸 271 方面之间的本质联系，这是它的独特贡献，否则，历史学家往往只是将它们作为孤立的社会事实加以了解。例如，通过了解非常贫穷的人群的生活史，可以生动地描绘出打零工、周期性的饥馑、营养不良、酗酒、旷课和家庭暴力等现象是如何构成第一次世界大战前(或后)成百上千万人生活的整体社会背景的。简言之，口述史赋予社会史以人的一面。

口述史和地方史

那口述史学家应该如何寻找受访者呢？社会学的抽样技术在这里发挥着一定作用。在一项试图将口述史的成果纳入一般社会史研究的经典早期尝试中，保罗·汤普森(Paul Thompson)仔细建构了 500 位爱德华七世时代(1901—1910 年)出生且仍然健在的个人的样本，他们来自英国的所有阶级和地区。由此产生的一些素材呈现在他的著作《爱德华七世时代的人们》(*The Edwardians*，1975)中。[18]但很少有历史学家会以他为榜样。最近的口述史研究主要以地方史为对象，对此有着实践层面的合理理由。在一项严格的地方史研究中，可以对所有那些愿意和能够接受采访的年长者都进行详细的采访；可以不对个体受访者给予过多的信任，因为证据能够对照检验；通常在生活史研究中居于显著地位的纯粹地方性的调查，能够在其他原始资料的帮助下予以说明。但同样重要的是，口述史一开始就是由业余的地方史研究者实践的。英国由业余爱好者进行地方史研究的传统(可以追溯到 16 世纪)强调**地形学**(topography)考察与研究**乡绅**(squire)、教士和(较少见的)商人的社会生活。口述史承诺提供普通人能理解的对地方和社区的认识，同时揭示社会史的更广泛特征。这类非常细致的研究已经在"历史工作坊运动"的支持下展开。拉斐尔·萨缪尔重建了牛津附近的海丁顿采石场(Headington Quarry)在 20 世纪 20 年代被汽车工业扩张兼并之前的经济状况和社会状况。如果没有他收集的丰富的口述证据，萨缪尔会发现很难在当时报纸有关"采石场莽汉"的陈词滥调式的报道之外，去深刻认知那些支撑着村民保持独立精神的各种行当和社会网络。[19]在地方城市史研究领域中,也许最好的口述研究是由杰瑞·怀特(Jerry White)对伦敦进行的两次口述研究,怀特是一位多才多艺的业余史学家:一次是对两次世界大战期间声名狼藉的霍洛韦[Holloway,即坎贝尔路(Campbell Road)]的研究,另一次是对19世纪和20世纪之交,伦敦东部一个单人公寓区的研究。[20]

地形学: 对一个地方自然特征的研究。

乡绅: 描述贵族成员的一般用语,指一个特定村落中的主要地主。该词通常是指那些影响力仅限于一个特定地方的人,同贵族形成对照,后者指更广泛地占有土地的人。

注:在霍洛威收集的有关坎贝尔路的口述证据表明,它同"伦敦最差街道"的名声并不相符。
资料来源:© John Topham/TopFoto。

图11.3 伦敦霍洛威的坎贝尔路

口述史讲述的是真实可信的过去吗?

支撑口述史研究实践的是两种非常有吸引力的假设。第一个,也是最明显的假设是,个人回忆被视为重建过去的一种有效手段,它提供了被实际经历的人类生活的可信证据。保罗·汤普森生动地将他有关口述史的方法和他所取得成就的书命名为"过去的声音"(*The Voice of the Past*, 1978),尽管他在书中提出了保留意见,但有关历史学家同其研究对象直接进行接触的观念是汤普森的中心观点。[21]因此,从某种层面上看,口述史只不过是执行由专业历史学家自 19 世纪早期以来制定的研究纲领的一种新手段,他们的研究纲领是"展示事物实际的样子"和尽可能全面地了解过去人们的经验。但许多口述史学家并不满足于为专业历史学服务。他们将口述史视为一种在历史书写中实现民主的方案,它将挑战学术精英对历史研究的垄断,不仅给普通人在历史中留有位置,而且让普通人在历史知识的生产上发挥作用。在 20 世纪 70 年代的伦敦东区,"哈克尼人民自传组织"(People's Auto- 273 biography of Hackney)就是一个当地居民可以自由参加的团体,其成员记录下彼此的生活史,并将记录内容结集成册出版,这些小册子通过一个当地书店出售。尽管有受过良好教育的人参与其中,但没有专业历史学家参与,因为如果有历史学家参与的话,人们认识他们自己过去的信心也许会受到损害。其中的想法是,社区应该通过口述研究发现自己的历史,形成自己的社会认同,而不是接受传统历史知识的假设。该团体的协调人肯·沃尔伯利(Ken Worpole)回忆了项目在 20 世纪 70 年代早期开始时的情景:"从工人阶级的口头回忆中产生某种能够共同分享的历史似乎是一项积极和重要的事业,它能够同其他各种新形式的'社区'政治相整合。"[22]口述史的一些地方项目服务于许多其他群体的利益,这些群体因为阶级和种族的不同而存在差异。

五

口述史面临的困难

不过,这两个构想——将口述史构想为"重建过去"和"民主的"知识——都存在一些问题。专业历史学家的角色本身就带来了困难。假定口述证据代表了过去经历的纯精华内容是非常天真的,因为在采访中,每一方都会受到另一方的影响。正是历史学家选择了受访者,并暗示他们感兴趣的领域。即使历史学家不问问题,仅是倾听,一个外人的存在也会影响受访者回忆过去的氛围。最终的采访成果既会受到历史学家相对于受访者的社会地位的影响,也会受到历史学家掌握的用来分析过去的,也很可能是用来同受访者交流的措辞的影响。用由美国口述史学者迈克尔·弗里施(Michael Frisch)使用而变得流行的话来表述,即历史学家和受访者"都具有权威地位"。[23]

注:历史学家已经掌握了从证人那里获得有关过去的口述证据所需要的各种技术。但在研究这些不可避免地会受到后见之明影响的第一手记录时,需要多么仔细才行呢?
资料来源:©Andrew Lichtenstein/Corbis via Getty Images。

图 11.4　历史学家收集口述证据

但即使当历史学家从现场消失,困难也远未消除,因为,就连受访者本人也并未直接接触过过去。不管是多么准确和生动,他或她的记忆都渗透着随后的经历。他们也许会受到从其他消息来源(尤其是媒体)获得的信息的影响,也许会由怀旧之情("那时的时代是美好的")所左右,或因为对儿童时期贫困的不满而产生偏见,这种不满会影响他们随后的生活。对任何人而言,倾听感受和看法——例如,对父母的情感或对工会官员的不信任——通常会使他们深信口述证据的可靠性,然而这些感受和看法也许只是对稍后经历,而不是对所涉及的那个时期经历的动情表述。正如汤普森著作的一位批评者所提出的:

> 他的**"爱德华七世时代的人"**(Edwardian)毕竟是那些继续活着而变成**"乔**

274

治王时代的人"(Georgian)和当前的"**伊丽莎白时代的人**"(Elizabethan)。在这么多年间,一些记忆已经消退,或至少会受到随后经历的影响。他们的童年记忆,难道不是有很多是他们的长辈回忆给他们的吗?他们后来读到的哪些自传或小说强化了某些印象而淡化其他印象?哪些电影或电视节目对他们的意识产生了影响?……工党在战后10年间的兴起,会在多大程度上激励他们对阶级地位和阶级冲突进行重新认识呢?[24]

爱德华七世时代的人: 同国王爱德华七世统治时期(1901—1910年)相关的人。

乔治王时代的人: 这里是同乔治五世(George Ⅴ)统治时期(1910—1936年)相关的人。该词通常用于指代前四位乔治国王的统治(1714—1830年),很少用于指代乔治五世,因此通常是同"乔治王时代"的画家和作家联系在一起的。

伊丽莎白时代的人: 尽管"伊丽莎白"通常被用于指伊丽莎白一世,但这里是指伊丽莎白二世。在伊丽莎白二世于1952年开始其统治时,提及"伊丽莎白新时代"成为一种时尚,尽管这种提法早就不流行了。

不管它所依靠的证据是什么样的,同过去直接接触的观念都是一种幻想,但也许最严重的扭曲就是那些源自后见之明的证据。"过去的声音"必然同时也是现在的声音。

口述史的局限性

然而,即使假设口述证据在某种程度上是可信的和不掺杂现实考虑的,它作为一种对过去的表述仍然是不充分的,因为历史实在并不仅仅是个体经历的总和。我们的生活大体是在我们自己不能充分认知的情势下度过的,指出这一点并不是对个体的蔑视。我们如何看待周围的世界,也许为我们的生活提供了一种可行的基础,也许没有提供,但它绝对不是对作为整体的存在的认识。历史学家所发挥的一种作用就是探究在个体生活中发挥作用的更深层次的结构和进程。个人回忆的生动性是口述证据的力量所在,也因而是它的主要局限性所在,历史学家需要谨防陷入受访者的思维模式。用菲利普·艾布拉姆斯的话来表述就是:

> 亲密接触会使我们对受访者的看法有更清晰的了解,但不会使它们究竟意指什么更为明晰。为了实现那种目标,我们必须从"它们"的内涵回到我们的认识上,即回到我们对他们的认识上,而这些是他们自己不知道或没有

说的。[25]

这些局限性特别适用于口述史中的民主或民粹倾向。在"人民传记"类项目背后隐含的思想是,一种明确表述的和真实可信的历史意识将能够使普通工人更好地支配他们自身的生活。但要这样做,他们需要认知实际塑造他们所处世界的各种力量,其中大多数力量并不是他们创造的,也不是直接表现在他们经历之中的。集体口述史的问题就在于,它有可能强化大多数人对社会变迁的肤浅认识,这些变迁是他们所经历的,而不是为他们提供更深刻的洞见,以此作为采取更有效政治行动的基础。

对口述史的解释

那么,口述史在历史学家的实践中占据一个什么样的位置呢?这里提出的问题并未涉及口述史存在的合理性问题。相反,它们只是表明,口述证据像所有文字资料一样需要进行批判性考证,它在运用时必须结合所有其他能够获得的资料。换句话说,第五章描述的历史方法论原则也适用于这里。记录的口述证据并不是"历史"本身,而是书写历史所使用的原始资料,它们并不能替代历史解释的工作。

276 使用口述资料对历史学家的技能要求实际是非常高的。要全面把握某种口述证据的意义,必须结合所有有关该地方的,以及受访人群的资料来对口述证据予以考察,否则,过多的细节是没有价值的。有时,口述研究本身会发掘出一些掌握在私人手中的新档案资料——家庭账目或老照片——它们会增加支持性证据的数量。杰瑞·怀特用下述话语描述他有关伦敦东区公寓住户生活的书《罗思柴尔德大楼》(*Rothschild Buildings*,1980):

> 这也许主要是一本口述史著作,但档案资料在构思过程中起了很大作用。文字资料和口述资料在整个写作过程中不断互动:发现某种新的档案资料会使我问受访者不同的问题,口述证据也有助于对档案资料做出重新认识。印在第一批房客的承租协议上的规定会使我提问,它们是否被遵守,以及是如何遵守的;发现大楼新颖的设计,使我想了解人们会在起居室门后安装的橱柜中存放什么东西;人们有关购物的记忆导致我对道路指南半信半疑;自传的细节描述使我对人口普查的分类、社会学家的假设和权威历史著作中的记录等产生怀疑。[26]

全面掌握相关资料对"民主的"口述史研究同样重要。研究地方史的史学家使用的更传统的资料——商业档案、报纸、人口普查统计表、慈善机构的报告等——提供了了解有关受访者生活的经济与社会背景的基本知识,也许会揭示历史过程的某些内容,这些过程对当地可观察到的变化产生了影响。某种业余集体研究项目所固有的局限性意味着,要发挥政治效用,就要求有某些研究主体的参与,这些研究主体即使不是专业历史学家,至少也应该是那些熟悉主流社会史研究方法和成果的人。

六

作为文化记忆的口述史

不过,在某种重要意义上对口述证据是否准确的担忧是偏离正题的。对直接经历的回忆往往被要求做一种文化分析,就像之前描述的对集体记忆所做的分析那样。与其说口述史的重要性在于对**历史真实**(*histoire vérité*)的表述,不如说口述史是揭示过去是如何被当下意识看待的不可或缺的证据。从这种观点看,受访者提供的与其说是有关日常生活的个人认识,不如说是了解更深层的价值观和情感的线索。就最近发生的一些公共事件而言,口述证据不大可能取代或补充文字档案。它所揭示的是这些事件如何被大众意识所记忆,以及人们对它们影响的认识是如何在一生中被不断修正的。个体对过去的认识包括对他们所选择的一些直接经验的认识,以及对他们生活于其中的社会制度特征的某种认识。历史传记有时能够揭示出这两种因素是如何在领袖和知识分子的思想中彼此影响的,但我们对它们在普通人的历史意识中的地位知之甚少。然而,社会群体理解和解释他们集体经验的方式是一种具有自身合理性的历史因素,处于政治文化的核心。因此,心态从"爱德华七世时代的人"向"乔治王时代的人",再向"伊丽莎白时代的人"的转化是有其自身合理性的研究对象,而不仅仅是在同过去直接接触时的障碍。

> **历史真实:** 源自"戏剧真实"(*cinéma vérité*)一词,戏剧真实是一种由法国导演开创的电影类型,它尝试揭示朴素的和未经加工的"真实",而不是像传统戏剧那样有精心设计的人物形象。

当个体记忆同重大时刻发生的公共事件相联系时,它们更容易被修正。国民道德规定，战争记忆应该是一种特定类型的记忆，平民与士兵的集体经验使人们易于接受某种公认的叙事。澳大利亚20世纪的历史提供了一个经典例证。**澳新军团**（Anzac）参加1915年**加里波利**（Gallipoli）战役对澳大利亚现代民族意识的形成发挥了极为重要的作用，而且自20世纪20年代以来，官方就是这样宣传的。阿利斯泰尔·汤姆森（Alistair Thomson）在20世纪80年代对幸存的澳新军团士兵进行了采访。他的著作《澳新军团记忆：生活在传奇中》（*Anzac Memories：Living with the Legend*，1994）揭示出那些体验过恐惧、创伤和战斗中的无能感的人如何压制他们的个人记忆，以同有关他们在前线忠诚、勇敢和友爱的被普遍接受的叙事相一致，直至今天，大多数澳大利亚人仍然接受这种叙事。换句话说，记忆和在回忆中对它的表述产生了某种标准化的叙事，它在几十年间已经构成澳大利亚人民族意识的基础。

> **澳新军团：**全称"澳大利亚和新西兰军团"（Australian and New Zealand Army Corps，ANZAC）。在第一次世界大战期间，澳新军团参与了盟军在土耳其加里波利进行的灾难性的登陆战，该部队遭受的重大伤亡使士兵对战役的英国策划者充满了怨恨。
>
> **加里波利：**盟军1915年在加里波利进行了两栖登陆作战，该地位于土耳其西部狭窄的达达尼尔海峡边上，这次作战是第一次世界大战期间盟军损失最惨重的一次战役。该作战计划是由英国海军部部长温斯顿·丘吉尔提议的，它在构思上非常大胆，但没有得到细致周密的计划和执行，结果导致非常惨重的伤亡。军队未能从登陆的海滩向内陆推进，最后不得不撤出。

口述史的政治倾向既明显地表现在它所遗忘的内容，又明显地表现在它所记忆的内容上。由于大多数人回忆过去的能力有限，所以这并不会令人感到奇怪，但对某些记忆的压制是对政治需要的回应。路易莎·帕塞里尼（Luisa Passerini）在考察都灵的工人是如何记忆纳粹时期的历史时，对他们如何回忆法西斯分子在1922—1923年掌权和政权在1943年崩溃感到震惊，但对他们有关墨索里尼牢固掌握政权20年间的回忆却没有这种感觉：这是工人们不想让他们在独裁统治时期同统治者共谋的记录为人所知的念头在发挥作用。[27]在另一个有关意大利的例子中，阿里桑德罗·波尔泰利（Alessandro Portelli）证明了关键细节是如何随着政治优先考虑事项的变化而迅速被替换的。路易吉·特拉斯图利（Luigi Trastulli）是一位钢铁工人，他在1949年意大利特尔尼（Terni）的一次示威中被警察杀害。这一事件让工人如此愤怒，以致他们迅速地拼凑出适当的理由和情况说明，使事件能够解释

278

得通。尽管特拉斯图利是在抗议意大利加入**北约**（NATO）的示威中被杀害的,但20世纪70年代的许多记忆却认为该事件发生于稍后的反对大规模解雇工人的示威中,而这次示威对于大多数参与者来说是一个更为重要的问题。特拉斯图利也被描绘成靠着工厂的围墙被警察开枪击倒的,在这样一种形象中强调了他作为烈士的地位。在对这类问题的研究中,关键不在于剥离后人添加的和曲解的成分,直到真相的内核被揭示。正如波尔泰利所解释的：

> 事实和记忆的差异,最终提升了口述资料作为历史证据的价值。它不是由错误的回忆引发的……而是由记忆和想象积极地和创造性地产生的,这些记忆和想象又是为了努力理解重要的事件和历史的普遍性而做出的。[28]

> **北约：**全称"北大西洋公约组织"（North Atlantic Treaty Organization, NATO）。它是创立于1949年的由美国领导的西方国家组成的军事联盟,它的目标是要遏止和对抗来自苏联及其盟国的威胁,后者在接下来的一年里通过组成它们自己的联盟体系——华沙条约组织——做出回应。北约的支持者与那些在冷战期间同情苏联的人或不相信越来越依赖军事联盟和原子武器是否有效的人之间存在着争议。

评论家指出,最近出现了普遍的"记忆热潮"或一种"记忆文化",其中的个体试图通过家谱、军事档案、老照片等事物建立同过去公共事件的联系。[29]建立这样一种联系的要求会在认同政治领域产生最大的政治影响。处于服从地位的群体通常会对最近的过去形成某种同获得认可的官方观点相矛盾的认识,而且这种认识会作为群体意识的标志被尽力保持。居住在布里克斯顿（Brixton）、托克斯泰思（Toxteth）和托特纳姆（Tottenham）的黑人居民并不会用全国普遍接受的"公认意见"去回忆20世纪80年代发生在那里的骚乱。群体的政治意识越强,就越需要以政治上有利的方式去理解过去。当过去尚未真正"结束",当集体记忆所讲述的怨恨和对立在今天仍然存在时,各种记忆之间的矛盾最尖锐。格拉汉姆·道森（Graham Dawson）对北爱尔兰大众记忆的研究揭示,即使在《贝尔法斯特协议》（Good Friday Agreement）实现停战的10多年后,各群体在他们对最近过去的认识上仍然处于分裂状态,几乎就像他们过去那样。[30]

> **《贝尔法斯特协议》：**在"北爱尔兰问题"（the Troubles）持续了近30年后,北爱尔兰各政党、英国和爱尔兰共和国政府在1998年4月达成的协议。结果,北爱尔兰地区不同群体之间的暴力冲突减少,英国军队从街道撤离,而且权力被重新移交给自治政府。

历史学家利用口述证据开始是意在恢复有关人类经验特殊性的研究在历史学
279 的中心地位。这项技能在现代的发展要归因于社会学和人类学,它被用于支持同
这些学科所追求普遍性知识、以理论为导向的特性无关的研究。事实上,口述史的
实践更多地同历史研究的重建方面,而不是解释方面相联系。像其他学术创新者
一样,口述史学家过去倾向于就他们的技能夸大其词,坚持认为他们在恢复人类经
验"已经被遗忘的"领域中有着独特的能力,甚至也许是唯一拥有能力这样做的人。
口述资料在研究这些领域时的贡献很难被否认。不过,下述观念是站不住脚的,
即通过倾听"过去的声音",历史学家能够以可信的直观性重建历史中被忽视的部
分。同档案资料一样,口述资料也需要进行考证性分析,而且需要敏锐地把握它
们的文化背景和社会背景。口述史属于历史学,它所揭示的是有关大众历史意识
形成的独特洞见,而大众意识形成应该是对所有历史学家都具有持久吸引力的
领域。

七

把对回忆内容的记录称为"口述史",并不能最好地说明它在历史研究中的地
位,因为这暗示了它只是一个类似于外交史或经济史的新的专业领域。口述史并
不是历史学的一个新的分支领域,而是一种新的研究技术。但它处于一种新型历
史研究——记忆研究——的中心。记忆之所以能够吸引如此多的关注,并不是因
为它同所有其他论题一样是需要进行历史研究的一个新论题,而是因为它在理解
人们同过去的关系方面具有根本重要性。这种关系并非简单易懂。个体的回忆要
对照集体记忆进行考辨;自发的记忆要对照被引导的记忆进行考辨;在全国范围收
集的口述传说要对照在地方收集的口述传说进行考辨。我们都认识到,口述传说
所发挥的社会功能在文字产生前的社会表现得最为明显。运用印刷技术的文化和
城市化肯定会使情况变得复杂,但并不会改变它的本质特征。在所有社会中,集体
记忆都处于某种矛盾状态,因为一方面,它要恭敬地保存过去的经验;另一方面,它
又要把现实的需要强加于过去。正是这种矛盾可能产生的影响,解释了记忆研究
在历史学中引起广泛关注的原因。

两个最近的观察更深入地解释了历史学家目前对记忆的广泛关注。第一,如
果后现代主义的流行削弱了传统学术研究在揭示事实真相上的权威(见第七章),

那么对记忆的研究之所以能够引起广泛关注,恰恰是因为它研究的是印象和建构,而不是事实问题。如果历史学家的研究不再依靠证据予以证明的话,那么愿意同流行的认识论保持一致的历史学家的研究会显得更有说服力。[31]第二,随着 280 记忆文化在全社会的兴起,有关记忆的学术历史研究也发展起来,它覆盖了诸如家庭史、工业考古学和给予王室历史的细节以关注等多样的论题。拉斐尔·萨缪尔认为,这些记忆大众化的各种表现比学者的研究成果更重要、更有价值。[32]的确,一些历史学家已经感受到他们的权威受到了挑战,因为他们要同非专业的大众记忆文化研究争夺注意力。[33]说生存竞争也许有些夸大其辞,但后现代主义的挑战和所谓的权威受到威胁,都在提醒我们关注记忆所产生的深远影响。如果历史学家不能在记忆研究中发挥作用——既包括说明他们自己研究的价值,也包括对理解究竟什么是文化最基本的方面有所贡献,那的确会让人感到不可思议。

【推荐书目】

1. Geoffrey Cubitt, *History and Memory*, Manchester University Press, 2007.

2. Pierre Nora, "Between Memory and History: Les Lieux de Mémoire", *Representations*, XXVI, 1989.

3. Anna Merker, Simon Sleight and Adam Sutchliffe(eds.), *History, Memory and Public Life: The Past in the Present*, Routledge, 2018.

4. Lynn Abrams, *Oral History Theory*, 2nd edn., Routledge, 2016.

5. Paul Thompson, *The Voice of the Past: Oral History*, 3rd edn., Oxford University Press, 2000.

6. Robert Perks and Alistair Thomson(eds.), *The Oral History Reader*, 2nd edn., Routledge, 2006.

7. Alessandro Portelli, *The Death of Luigi Trastulli and Other Stories: Form and Meaning in Oral History*, SUNY Press, 1991.

8. Jan Vansina, *Oral Tradition as History*, James Currey, 1985.

【注释】

[1] James Fentress and Chris Wickham, *Social Memory*, Blackwell, 1992, p.59.

[2] Jan Vansina, *Oral Traditions as History*, James Currey, 1985.

[3] Jan Vansina, *The Children of Woot*, Wisconsin University Press, 1978, p.19.

[4] Donald R. Wright, "Uprooting Kunta Kinte: On the Perils of Relying on Encyclopaedic Informants", *History in Africa*, Ⅷ, 1981.

[5] Jan Vansina, *Antecedents to Modern Rwanda: The Nyiginya Kingdom*, Wisconsin University Press, 2004.

[6] Dan Todman, *The Great War: Myth and Memory*, Hambledon Continum, 2005; Malcolm Smith, *Britain and 1940: History, Myth and Popular Memory*, Routledge, 2000.

[7] James Fentress and Chris Wickham, *Social Memory*, pp.92—96.

[8] Tim Judah, *The Serbs: A History*, Yale University Press, 1997, pp.29—47, 164.

[9] James Sharpe, *Remember, Remember the Fifth of November: Guy Fawkes and Gunpowder Plot*, Profile, 2005.

[10] Pierre Nora, "Between Memory and History: Les Lieux de Mémoire", *Representations*, ⅩⅩⅥ, 1989, pp.7—9.

[11] Pierre Nora(ed.), *Les Lieux de Mémoire*, 7 vols, Gallimard, 1984—1992.

[12] Staughtong Lynd, interviewed in MARHO, *Visions of History*, Pantheon Press, 1983, p.152, Staughtong Lynd, *Rank and File: Personal Histories by Working-Class Organizers*, Beacon Press, 1973.

[13] Jules Michelet, *Le Peuple*, 1846,引自 Paul Thompson, *The Voice of the Past: Oral History*, Oxford University Press, 1978, p.40。

[14] Robert A. Caro, *The Years of Lyndon Johnson*, vol Ⅰ: *The Path to Power*, Knopf, 1983.

[15] Bernard Donoughue and G.W. Jones, *Herbert Morrison*, Weidenfeld & Nicolson, 1973.

[16] 例如,参见 Laura King, *Family Men: Fatherhood and Masculinity in Britain, 1914—1960*, Oxford University Press, 2015。

[17] Christopher Storm-Clark, "The Miner, 1870—1970: A Test-Case for Oral History", *Victorian Studies*, ⅩⅤ, 1971, pp.65—66.

[18] 汤普森在他关于方法论的著作中更详细地描述了他的抽样程序,见 Paul Thompson, *The Voice of the Past: Oral History*, 2nd edn., Oxford University Press, 1988, pp.124—131。

[19] Raphael Samuel(ed.), *Village Life and Labour*, Routledge & Kegan Paul, 1975.

[20] Jerry White, *The Worst Street in North London: Campbell Bunk, Islington, Between the Wars*, Routledge & Kegan Paul, 1986; Jerry White, *Rothschild Buildings: Life in an East End Tenement Block, 1887—1920*, Routledge & Kegan Paul, 1980.

[21] Thompson, *The Voice of the Past*.

[22] Ken Worpole, "A Ghostly Pavement: The Political Implications of Local Working-Class History", in Raphael Samuel(ed.), *People's History and Socialist Theory*, Routledge & Kegan Paul, 1981, p.28.

[23] Michael Frisch, *A Shared Authority: Essays on the Craft and Meaning of Oral and Public History*, State University of New York Press, 1990.

[24] Stephen Koss, review of Paul Thompson's *The Edwardians in Times Literary Supplements*, 5 December 1975, p.1436.

[25] Philip Abrams, *Historical Sociology*, Open Books, 1982, p.331.

[26] White, *Rothschild Buildings*, p.xiii.

[27] Luisa Passerini, "Work Ideology and Consensus under Italian Fascism", in Robert Perks and

Alistair Thomson(eds.), *The Oral History Reader*, 2nd edn., Routledge, 2006, pp.53—62.

[28] Alessandro Portelli, *The Death of Luigi Trastulli and Other Stories: Form and Meaning in Oral History*, State University of New York Press, 1991, p.26.

[29] Jay Winter, "The Memory Boom in Contemporary Historical Studies", *Raritan*, XXI, 2001, pp. 52—66; Paul Hamilton, "Sale of the Century? Memory and Historical Consciousness in Australia", in Kate Hodgkin and Susannah Radstone(eds.), *Contested Pasts: The Politics of Memory*, Routledge, 2003, pp.136—152.

[30] Graham Dawson, *Making Peace with the Past? Memory, Trauma and the Irish Troubles*, Manchester University Press, 2007.

[31] Hodgkin and Radstone, *Contested Pasts*, editor' introduction, p.2.

[32] Raphael Samuel, *Theatres of Memory*, vol. I : *Past and Present in Contemporary Culture*, Verso, 1994.

[33] Paula Hamilton, "Memory Studies and Cultural History", in HsuMing Teo and Richard White (eds.), *Cultural History in Australia*, University of New South Wales Press, p.96.

第十二章　走出学术圈的历史学

　　历史学在大学之外有其生命力。民众对该学科的兴趣明显表现在电视节目、旅游景点、地方史和阅读偏好上。本章将考察这些通俗形式的历史知识和学术类研究之间的关系,后者是本书到目前为止关注的重点。走出学术圈的历史学目前被称为"公共史学"。它是否削弱了历史学的学术性,还是说所有对过去的认识都应该作为对一种共同历史文化的不同维度的认识而受到欢迎?

〰〰〰〰〰

　　2000 年,当一位重要的"修正主义"历史学家戴维·欧文(David Irving)声称,美国学者德博拉·利普斯塔特(Deborah Lipstadt)及其出版商企鹅出版公司通过将他描述为"犹太人大屠杀的否定者"——通过隐瞒和歪曲档案记录否定这场大屠杀——对他进行诽谤时,犹太人大屠杀的历史真实性受到了考验。为了反驳欧文的指控,辩护既需要证明欧文在运用证据时是不诚实的,又需要证明他否认的历史事件确实发生过。结果,专业历史学家提供的证据和法律顾问的证据一样,都是案件的核心。为此,历史学家理查德·埃文斯(Richard Evans)受聘考察欧文所使用的研究程序是否有效,这又是通过追溯欧文声称他做出判断所依据的史料来验证的。在三个月的时间里,法庭听取了大量相关证据。在一份 350 页的判决书中给出的定论明确裁定欧文败诉:他被认定无视公认的研究方法并操纵证据以服务于他的政治偏见。这个案例不仅降低了犹太人大屠杀否定论的可信度,而且表明专业历史学家所做的研究至关重要——过去发生的一些事件能够被确定无疑地证实,社会能够从遵守学术标准中获益。[1]但这是一个极不寻常的案例。历史证据并不会经常在法庭上被援引,甚至在如此关键的问题上也不会经常被援引。那么,我们应该期望在什么地方发现历史学术研究对公众产生的影响呢?

一

这并不是一个新问题,但今天,它是在一个新的主题——"公共史学"——下被 283 提出的。该术语覆盖了在大学之外对过去进行理解和研究的每一种路径,它们的所有成果都会对最广义的历史文化建设做出贡献。由于这个原因,公共史学的概念必然是不准确的。目前对公共史学的界定有四种截然不同的版本,每种版本都同历史学家所发挥的公众角色相联系。

公共史学的范围

第一,公共史学通常被视为一个无所不包的范畴,意指在所有媒介中所有由公众做出的对历史的表述。因此,它包括历史文物和建筑,以及在印刷品(包括虚构作品)、电影、广播和互联网中呈现的历史。柳德米拉·约尔丹诺娃简洁地将这种版本的公共史学界定为"不是专业历史学家的人获得对过去的认识的各种手段——蓄意的非蓄意的"。[2]凡是进入公众意识的每个历史内容都包括在内,而不管它是否准确,也不管它是由谁提出的。公共史学的第二种用法将普通人置于中心地位。在这种界定中,公众不仅会消费有关过去的内容,而且还会沿着反映他们阶级或群体利益的路线去研究它,他们有时被描述为"掌控着"过去。在这种意义上,公共史学是成功地对精英学术界的响亮的民主式反抗。正如一位美国倡导者所提出的:

> (公共史学)向我们承诺了这样一个社会,其中的广大公众参与了对他们自身历史的建构……它似乎用一份民主宣言回答了"谁的公众?"和"谁的历史?"这样的问题,即相信广大公众将成为他们自身的历史学家,并提供有关他们自身的知识。[3]

第三种界定承认专业人员的作用,即向在公共领域提供历史知识的人提供建议和帮助的作用。博物馆馆长是最明显的例子,但负责维护人文环境的官员是另一个例子。正是在这一点上,可以说从事学术研究的历史学家发挥着明显的作用,事实上，他们充当着历史遗产保护顾问的角色。他们声称一种自觉的"公共史学"研究可以追溯至20世纪70年代的美国。最初，这几乎只是针对能够胜任研究工作却无法在大学中找到教学职位的历史学家所做的就业宣传，但这些遭受挫折的学者中的许多人很快就以公共历史学家的身份，在博物馆、国家公园和地方历史学会284中表现出公认的能力。他们将自身推销为能同任何与历史表述有着利害关系的组织合作的专家。在美国，公共历史学家已经有了一条公认的职业发展道路，还有一份内部刊物[《公共史学家》(*The Public Historian*)]，这说明他们的地位比英国同行高。

最后，公共史学要由专业历史学家来提供内容，由他们凭借公认的专业技能来传递给公众，无需合作伙伴或中间人参与。尽管自从历史被书写以来，历史学家就一直在以这种方式行事，但这是当今公共史学中被考虑得最少的方面，因为大多数有关公共史学的界定都会假设在专家和公众之间存在一种更易变动的关系。事实上，有些人坚持认为，公共史学并没有为专家留出空间。[4]但学术研究成果的传播就像组织展览或口述史项目一样，是"针对公众的"。为消遣而写作的学术著作会有成千上万的读者。有关热点问题的历史评论的读者会相对少些，但这些读者对时事的批判性认识水平会显著提升。这就是作为公众资源的公共史学。

从事学术研究的历史学家在公共史学中的地位之所以如此不明确，一个原因在于，根据所讨论的公共史学类型的不同，历史学家的地位也在不断变化。在一个极端，历史学家作为一项草根阶层事业的闯入者，几乎是不被容忍的。在另一个极端，他们是提供可靠历史内容的最好来源，但会有倒退回过时的精英主义的风险。在我介绍的四种类型的第一种类型中，历史学家在民众偏好和期望的混合体中大体处于隐形状态。在第二种类型中，他们有时会对地方研究项目提出建议，但很少会参与其中。只有在第三和第四种类型中，历史学家才确实会承担公认的重要角色。

二

遗产和历史学

公共史学的大部分话语都是根据术语"遗产"来定调的。这也许是最有利的视角,由此可以评估公共史学目前的范围。相比公共史学,遗产的来源要更为广泛。在 19 世纪,它是欧洲许多有抱负的国家的重要支撑。它为深刻植入民众头脑中的民族意识提供了文化证据,表现在民间传说和音乐的不同民族流派中。在 20 世纪,遗产被更狭隘地界定为文物保护,尤其是对人文环境的保护。今天,遗产在英国的范围再次被扩大。一方面,它被等同于"高级文化",比如豪华古宅和皇家传统(尤 285 其是文化、传媒和体育部的政策与英国遗产协会的重要项目所涉及的内容)。另一方面,伴随着各群体要求其自身独特的遗产获得承认,部分遗产的管理已变得更为民主化。与此同时,遗产也变得更为商业化,这意味着,它能被更多的民众接触,但也有成为旅游业附属品的危险。

尽管存在着社区史研究愈益民主化的倾向,但遗产并未失去同历史学的联系。历史建筑的展示会过多选择那些有权有势的人的住宅。当然,它们也更有可能保存到今天,可这不能解释全部问题。从前工业时代保存下来的中等阶层——农场主、服装制造商等——的房屋并不少见,但它们对民众并不会有同样的吸引力。豪华古宅通常是以强调过去的主人的优雅和品位的方式展示的,没有提供更多有关他们财富的来源和他们在社会中地位的信息(奴隶所有权是一个明显的例外)。传统上将遗产等同于有关国王、王后和手握重权的大臣的国家历史"核心"内容的看法再次被确认。

不过,博物馆构成"遗产"的实质部分。博物馆起源于精英阶层富有成员的私人收藏。1753 年大英博物馆的创建确立了"公共博物馆"的概念,它允许民众参观,接受民间资助,但民众的参与仅限于此。直到 20 世纪晚期,博物馆才承认,民众也许会对博物馆的收购和展览的思路有合理的认识。社会史的兴起(见第三章)使许多博物馆展览的重点开始包括"日常生活",即妇女、工人、少数民族等的历史。作为社区中不容忽视的真实存在,这些群体寻求在设计新展览方案时拥有发言权。咨询社区代表目前已经成为所有历史收藏都必须遵行的规定程序,在一些情况下,社区甚至拥有决定权。例如,在 20 世纪 90 年代的开普敦(Cape Town),第六区博物馆(District Six Museum)是在一个城市社区的遗址上建立的,该社区的黑人被实行种族隔离制度的政府强行迁出,为修建一个仅有白人居住的社区腾出位置。博物馆收集了路标、照片和居民的个人资料。在博物馆开馆很久以后,以前的居民仍然保留着他们的记忆,对同已经消失的过去的连续性有着明确的认识。[5] 在其他地方,尽管权力通常掌握在策展人员手中,但向社区代表咨询已经成为习惯,而且绝不仅仅是形式上的。

由社区成员写作的社区史

286   在由业余史学家写作的社区史中，公共史学与专业技能离得最远。写作社区史的构想的萌芽出现于 20 世纪 70 年代早期的"历史工作坊运动"，那时《历史工作坊》杂志和每年召开的会议都以业余史学家的地方史研究成果为特色（见第 59—60 页）。如今的重点是集体研究，使用的是多种研究方法。档案研究仍然重要，但视觉资料——尤其是照片——通常更重要，因为它们似乎为那些不熟悉历史学话语的人提供了直接接触过去的机会。口述资料甚至更接近社区史研究的理想。一个早期的（和颇具影响的）例子是 20 世纪 70 年代的"哈克尼人民自传组织"（见第272—273 页）。各年龄段的居民就他们的工作生活互相进行采访，某些例子的内容甚至可以追溯到 20 世纪初。这些采访的记录会在一本当地出版物中发表，这又会进一步推动新采访记录的发表和小组讨论的进行。当口述史成为主要的研究方法时，未受过正式训练的业余史学家和专业史学家之间的差别就变小了。促进社会包容的项目获得了一些公共经费支持，在这些情况下，通常会有学术界的参与。[6]从本质上看，这明显是一种民主化的事业。在这里，历史学与其说是一种专业，不如说是一种活动，所有人都能够参与其中。社区的成员不仅从事研究，而且要让他们从个体和社会经历中获取的经验发挥作用。[7]

三

服务于公众的历史学家

    一方面，一直对他们的地位非常自信的历史学家不太容易接受还有其他为大众消费提供历史内容的人存在。酸葡萄心理是可以预见到的一种反应，但也存在一些原则上的重要反对意见。有关过去的大量不准确，甚至错误的信息通过书本和电视传播，历史学家对这些有关过去的缺乏根据的看法充满敌意，但他们有时发现，对那些已经在公众中流行的观点提出质疑是吃力不讨好的。由历史学家所提出的最具说服力的反对意见在于，遗产的重要性导致它过于迎合现实需要。对过去带有倾向性的重建非常容易适应当前的政治氛围。由政府资助的项目表现出认
287 同历史精英（君主、地主阶级等）观点的倾向。社区史研究项目通常由揭露一些事

件真相的愿望所促动,这些研究回应了社区成员当前对他们所发挥的能动性和牺牲精神的关切。在这些项目中,正如戴维·洛温塔尔(David Lowenthal)所说的那样,调查研究太少,赞美太多。[8]

另一方面,从事学术研究的历史学家和公共历史学家之间的隔阂今天已经在减少,这是因为双方进行富有成效合作的可能性已经被更清楚地认识到了。例如,学者有时会对由民众来写作社区史的抱负给予全力的支持。他们之间有可能产生真正的共鸣,尤其是如果他们拥有共同的社会背景的话。在伯明翰,卡尔·钦(Carl Chinn)几十年来一直在收集有关最弱势的群体的口述证据,不仅在他写的书中,而且在当地报刊的专栏和当地的电台中将它们尽量直接地呈现出来。他已经成为当地的一位名人。[9]

遗产研究也可能成为双方合作的领域。遗产研究的专业人员重视学术上的合理建议,与此同时,越来越多的历史学家认识到向民众传播历史知识的必要性。对历史学家的批评有所缓和,这是因为批评者更好地认识到为大学之外的受众提供历史知识所受的诸多限制。这些因素在 2007 年的 1807 年英国废除奴隶贸易 200 周年纪念期间变得引人注目。政府提供经费,确保了这次周年纪念活动获得前所未有的关注。在利物浦和伦敦的博物馆开设了新的永久性展室;在伯明翰、赫尔(Hull)和威斯敏斯特大厅的圣堂区举行了大型展览。但这只是一些最重要的展馆,一共有 200 多家博物馆举行了纪念活动。历史学家密切参与了许多展览的策展工作。他们的策划并非仅限于对议会立法活动的介绍。事实上,他们最有价值的贡献是提供了对同废奴活动直接相关的历史背景的认识,包括废奴之前两个世纪中奴隶贸易的规模及其对英国经济的影响、奴隶和被解放的黑奴自身所发挥的能动性、种植园奴隶制在奴隶贸易被废除后的继续存在。历史学家的专业知识有时也会在博物馆策展人和黑人社区成员的激烈争论中发挥作用。在一些地方,为准备展览而进行的研究发现了奴隶制以前不为人所知的痕迹[尤其是在泰恩赛德(Tyneside)和东安格利亚(East Anglia)]。[10]200 周年纪念活动的一个重要后续活动是伦敦大学学院所做的一个研究项目,意在追溯当奴隶制在 1833 年被废除时,支付给英国奴隶主的 2 000 万补偿金的情况。与 2007 年的 200 周年纪念活动不同,这主要是一项学术研究项目,但当第一批研究成果在 2013 年公布时,还是引起了公众非常大的兴趣,因为成果揭示,公众眼中的显赫家族(包括首相的家族)既是奴隶制的,又是补偿金分配的受益者。[11]

288

四

作为一种公众资源的公共史学

尽管在历史学家与遗产研究人员或社区代表之间的合作关系通常是富有成效的,但学者也在公共领域独立发挥作用。如果公共史学意指公众对过去的表述和消费,那么可以合理地推断出,学术历史学的传播也有资格成为公共史学。但必须承认,历史学家这个群体最著名的著作——例如,有关都铎王朝不断的重新研究——并没有提供什么公众服务。但学者宣称他们在公共史学中发挥的作用,不仅以图书销量为依据,而且是因为他们能够提供某种与众不同且富于教益的内容。他们宣称自己服务公众的基础在于他们研究论题的覆盖范围已经超出了公共史学的核心领域。遗产主要关注建筑、博物馆主要关注实物、社区史主要关注地方层面,这些都是有意义的,但这些远未穷尽历史学的社会作用。一旦公众的政治身份被承认,而不仅仅被视为经济上的消费者,那么许多其他方面的关注就需要予以满足。毕竟,具有政治身份的公众被要求就各种各样的政策和趋势——从福利国家的管理到外交政策的执行——发表意见。对理解媒体报道的时事类内容,历史视角也是重要的,甚至是极其重要的。它可以警告我们不要把早已有的创新据为己有(这是当下政治家的一种职业病),它可以增进我们对决策者所面对的各种选择的理解,它可以提供某种理解那些似乎无法理解的外国或遥远社会的方式。如果(至少)一些历史学家的研究涉及热门话题,那么他们肯定有义务为学术同行和他们的学生之外的读者写作。[12]

要论证历史学家能够发挥影响公众的重要作用,就会涉及沟通问题。历史学家最习惯写作专著、教科书和论文,那么,在没有其他的、更懂媒体的公共史学专业人员介入的情况下,他们如何获得更广泛的读者? 一种渠道是报刊。高质量日报的编辑并不会对历史学家的介入抱有敌意。埃里克·霍布斯鲍姆和约翰·基根(John Keegan)等学者都曾为报刊的固定专栏写作文章,琳达·科利和蒂莫西·加顿·阿什(Timothy Garton Ash)仍在继续这样做。报纸的读者来信栏目是另一个发表专业看法的重要渠道。在 2010 年的英国大选前不久,《卫报》(The Guardian)发表了一封由马丁·唐顿(Martin Daunton)为首的 20 位经济史学家共同撰写的来信。他们提出两点历史教训,与政治家(既有工党的,也有保守党的)对金融危机的反应直接相关。第一,他们指出,要警惕公共债务的规模被严重夸大,因为在英国自18世纪晚期以来,保有大量公共债务已经成为常态,通常比2010年的公共债务的水平更高。第二,自20世纪80年代晚期以来连续发生的金融危机,证明了在全球范围内进行激进的金融监管的绝对必要性。这次干预的影响无法评估,但它是将历史视角直接运用于涉及选举的中心问题(该问题直到今天仍然非常重要)的一次尝试。[13]

不过,在21世纪的英国,印刷品的重要性在不断下降,电视和互联网的重要性在不断增加。在后两种媒体中,信息量大且具有批判性的公共史学记录是零散的。相比20年前,电视节目包含了更多的历史内容,已经成为公众历史知识的主要来源。电视当然是一个内涵非常广泛的传播媒介,既包括严肃的纪录片,也包括古装连续剧。历史学家并不必然是最有资格创作有关过去节目的人。电视上播出的最具吸引力的历史节目,往往是利用影像档案和口述回忆两种资料制作的,因此它往往局限于20世纪,尤其是第二次世界大战的话题。照片、胶片和记忆在重现现场和行动上是非常有效的,但它们不太适合对不同的解释做出评估。电视节目当然有可能克服这些局限性。强烈地认同于某种特定观点的节目——比如尼尔·弗格森(Niall Ferguson)为英国电视四台(Channel 4)创作的备受争议的连续剧《帝国》(*Empire*,2003)——有助于使某个话题成为公众辩论的主题。从理论上看,电视是一种前景光明的媒体,可以通过它展示现在与过去之间的联系,尤其是在外交事务上,因为大部分观众对它们发生的相关背景并不了解。然而,电视节目创作者明显缺乏这样的眼光。偶尔会有某个电视系列节目去探查一个重大事件的起源,像《南斯拉夫之死》(*The Death of Yugoslavia*,BBC,1995)。在电视的世界里,产出这种高质量节目的概率并不高。

广播则展现出更积极的姿态,尽管它的贡献往往被低估。无法呈现视觉形象使创作者更关注语言表述,由此更关注进行分析和论证。时事发生的历史背景知识更可能由广播,而不是电视提供。彼得·拉斯莱特对英国前工业社会的分析和玛格丽·佩勒姆(Margery Perham)对英国在非洲殖民地的档案的评估——此后以著作的形式为人们所熟知——都是公共史学的优秀作品。最近,乔纳森·弗里德兰(Jonathan Freedland)制作的仍在播出的系列节目《远见》(*The Long View*,BBC Radio 4)追溯了一系列广泛论题的历史来源,成为这种节目制作传统的最新发展,令人尊敬。[14]

在网络上同公众交流

290   历史学家"走向公众"的抱负越来越多地同数字化创新联系在一起。在第四章,我们讨论了电子资源在传播原始资料上的无限潜力。"中央刑事法院文献在线"网站是一个很好的例子,不仅做学术研究的人能够利用它,而且希望了解他们祖先生活的个人也能够利用它。但专业技能逐渐为大众掌握的进程在进一步推进。数码相机使人们能够保存和传播档案资料,否则,它们将只能在个人手中保存。数字化还使吸收一些公众成员参与共同研究成为可能。始于2010年的一项有关19世纪哲学家杰里米·边沁的研究项目,开始吸收志愿者誊写他卷帙浩繁的手稿,从那时以来,已经誊写了2万页。[15]在这里,人们不仅能够观察到历史著作有了新的读者,而且能够观察到学术历史学家与公众有了某种新的关系。

    由于这类创新吸引了人们的关注,所以很容易忽视互联网在提升历史学家更传统的角色上所发挥的作用:它能够发挥作为新的传播渠道的功能,将历史研究成果传播给更广泛的读者,尤其是在这些成果会产生实际或政治影响的地方。信息的快速发布意味着,互联网非常适合通过解释历史对时事问题的影响来为理解热点话题做出贡献。在美国,历史新闻网(History News Network)就发挥了这种作用,它的座右铭是"因为过去就是现在,所以也是未来"。该网站主要发表由历史学家在美国各地的媒体上撰写的文章。[16]在英国,历史与政策网(History and Policy)提供了对各项政策更仔细的集中评估。有500位历史学家表示愿意写作有关政策分析的文章。200位历史学家已经为该网站写作了非专业类文章,所有文章都已经存档并可在线阅读。它们涉及的主题有养老金政策、刑事司法制度和国民医疗服务体系,以及经济政策等。例如,2006年,该网站发表了两篇有关备受争议的儿童抚养计划的历史渊源的文章。[17]公众都能够免费下载这些文章。2011年到2012年,有132 234人访问了这个网站,有几篇文章的浏览量已超过1万次。[18]当一个记者在日报的背景文章中引用历史和政策网时,文章浏览量会更大。

    历史与政策网还让公共历史学家发挥了另一种作用。50年前,欧内斯特·梅(Ernest May)从他对美国国务院政策制定的研究中得出如下结论:"如果历史学要
291 更好地满足政府的需要,那么没有什么比专业历史学家找到一种直接、简洁和迅速地满足执政者需要的方式更重要。"[19]历史与政策网就是这样一种方式。它肯定是迅速和简洁的,而且建立了同政府人员进行非正式接触的渠道。联合学术研讨会偶尔会在历史与政策网、政府官员和智库成员之间举行。历史与政策网在2007

年的新版上线以戴维·康纳汀(David Cannadine)的演讲为标志,他在演讲中呼吁历史学家到政府各部门担任职务。他的建议并没有受到重视,但这并不能成为低估历史与政策网以非正式方式影响权力中心的价值的理由。

五.

有学者声称,尽管大多数人能获得历史资料,但他们缺乏将自己获得的知识片段置于历史背景和历史序列中的历史意识,相反,他们满足于将历史作为消遣或对身份认同的支撑。尽管学校历史教学的薄弱使这一说法有一些可信度,但我们无法准确地判断情况是否如此。那些对历史学现状感到绝望的历史学家往往会忽略内在于当前史学发展状况的一些可能性。如果普遍存在着对历史学的漠视,那这种情势将是极其糟糕的。但情况恰恰相反。历史学家的优势在于他们有能力利用当前人们对过去前所未有的兴趣,这又使在学者和民众之间实现更大程度的交流成为可能。写作畅销书的历史学家应该牢记写得"好读"的要求,但这并不意味着他们会降低内容的专业水准:西蒙·沙玛写作的有关英国史的杰作或伊恩·克肖重新书写的希特勒的一生,都不是出于吸引读者的目的而按照某种简单程式写作的。[20]彼得·曼德勒提及"历史学同公众的这种重新接触"是正确的。[21]历史学家的在场似乎得到了保证。但我们不太清楚的是,他们在多大程度上有效地扮演了真正的公众史学家的角色——作为遗产的解释者、作为社区史的顾问,尤其是作为任何负责任的公民试图理解世界时的洞察力来源。

【推荐书目】

1. Ludmilla Jordanova, *History in Practice*, 2nd edn., Hodder Arnold, 2006, chapter 6.

2. John Tosh, *Why History Matters*, 2nd edn., Palgrave Macmillan, 2008.

3. Ian Tyrrell, *Historian in Public: The Practice of American History, 1890—1970*, Chicago University Press, 2005.

4. Jorma Kalela, *Making History: The Historian and Uses of the Past*, Palgrave

Macmillan，2012.

5. Paul Ashton and Hilda Kean(eds.)，*People and Their Pasts：Public History To-day*，Palgrave Macmillan，2009.

6. Tim Hitchcock and Robert Shoemaker，"Making History Online"，*Transactions of the Royal Historical Society 25*（2015），pp.73—93.

7. Peter J. Beck，*Presenting History：Past and Present*，Palgrave Macmillan，2012.

【注释】

［1］Richard J. Evans，*Telling Lies：History，Holocaust，and the David Irving Trial*，Basic Books，2011.

［2］Ludmilla Jordanova，"Public History"，*History Today*，May 2000，p.20.

［3］Ronald J. Grele，"Whose Public? Whose History? What is the Goal of a Public Historian?"，*The Public Historian*，Ⅲ，1981，pp.46—48.

［4］Peter Claus and John Marriott，*History：An Introduction to theory，Method and Practice*，Pearson，2012，p.220；Ann Curthoys and Paula Hamilton，"What Makes History Public?"，*Public History Review* Ⅰ，1992，pp.9—10.

［5］Ingrid De Kok，"Cracked Heirlooms：Memory on Exhibition"，in Sarah Nuttall and Carli Coetzee，*Negotiating the Past：The Making of Memory in South Africa*，Oxford University Press，1998，pp.63—66.

［6］Madge Dresser，"Politics, Populism and Professionalism：Reflections on the Role of the Academic Historian in the Production of Public History"，*The Public Historian*，XXXII，2010，pp.39—63.

［7］Paul Ashton and Hilda Kean(eds.)，*People and Their Pasts：Public History Today*，Palgrave Macmillan，2009.

［8］David Lowenthal，*The Heritage Crusade and the Spirit of History*，Viking，1997，p.x.

［9］Paul Long，"'But it's not All Nostalgia'：Public History and Local Identity in Birmingham"，in Hilda Kean, Paul Martin and Sally J. Morgan(eds.)，*Seeing History：Public History in Britain Now*，Francis Boutle，2000，pp.133—136.

［10］Laurajane Smith et al.(eds.)，*Representing Enslavement and Abolition in Museums：Ambiguous Engagements*，Routledge，2011；Katherine Prior，"Commemorating Slavery 2007：A Personal View from inside the Museums"，*History Workshop Journal*，LXIV，2007，pp.200—210.

［11］*Independent*，24 February 2013；*The Voice*，25 February 2013.

［12］John Tosh，"Public History, Civic Engagement and the Historical Profession in Britain"，*History*，XCIX，2014，pp.191—212.

［13］*The Guardian*，3 March 2010.

［14］www.bbc.co.uk/history.

［15］www.transcribe-bentham.ucl.ac.uk.

［16］www.hnn.us.

［17］Thomas Nut，"The Child Support Agency and the Old Poor Law"，and Tanya Evans，"Is it Futile to Get Non-Resident Fathers to Maintain Their Children?"，in www.historyandpolicy.org/policypapers.

[18] 数据来自谷歌分析(Google Analytics)，accessed by History and Policy，29 July 2013。

[19] Ernest May，*"Lessons of the Past"*：*The Use and Misuse of History in American Foreign Policy*，Oxford University Press，1973，pp.189—190.

[20] Simon Schama，*A History of Britain*，BBC，2003；Ian Kershaw，*Hitler*，Allen Lanc，2008.

[21] Peter Mandler，*History and the National Life*，Profile，2002，p.141.

结论　历史学有关时事问题的研究

293　　在探讨历史学家的争论和抱负时,前面各章也许传达了该学科处于封闭发展状态的印象,它的研究路数只在历史话语中才有意义,很少能在其他领域产生共鸣。接受高等教育有可能会强化这种印象。历史系学生很少被鼓励对他们辛苦学来的知识的现实影响做出评估。给人们留下这种印象会贬损历史学作为一门具有现实价值的学科的重要性。这个"结论"章节提醒我们,历史知识有时会对公民洞察时势做出实质性贡献。当历史学家宣称"历史学从未如此重要"时,他们也许只不过是在重申他们的专业地位,但支撑该判断的严肃依据在于,现实会继续提出一些需要运用历史视角来加以解释的问题。有三个非常不同的论题支持这一判断。

　　第一个问题涉及我们应该对那些目前已经名誉扫地的历史人物的雕像持什么样的看法。2020 年 6 月在布里斯托(Bristol),一群示威者推倒了爱德华·科尔斯顿爵士(Sir Edward Colston)的雕像。他们这样做的理由是,在 18 世纪,科尔斯顿是管理英国跨大西洋奴隶贸易的皇家非洲公司的核心人物。这是一个非常敏感的话题,因为科尔斯顿把他的许多不义之财用于慈善事业和市政工程,他的名字能够在布里斯托的各处发现。[1] 紧随布里斯托的抗议之后,拆除塞西尔·罗兹(Cecil Rhodes)在牛津大学雕像的运动迅速发展起来,罗兹在 19 世纪 80 年代作为学生曾在这里学习过。罗兹的巨额财富是在金伯利(Kimberley)的钻石矿中剥削非洲劳工所得。作为开普殖民地(Cape Colony)的总督,他推动在南非实行种族隔离政策,而且指挥了对罗得西亚(Rhodesia)尤其贪婪的征服。对这两个人物的颂扬是对那些294　民族的极大冒犯,这些民族认为这两个人是使自己在历史上丧失权力的主谋:科尔斯顿明显会提醒布里斯托的黑人他们曾经遭受奴役的历史;罗兹的情况要更复杂些,纪念他是对南部非洲黑人的极端挑衅,但对许多英国人而言,罗兹却为他们国家的帝国历史披上了一件体面的外衣。

那些反对拆除雕像的人的主要理由是,拆除雕像等于是对历史的抹杀。但没有哪种纪念行为代表的是对"历史"的定论。塑造雕像反映的是特殊利益群体在特定历史时刻做出的判断,某人在过去获得赞颂的理由也许会被随后的几代人所改变。而且即使雕像被拆除,那个人物也并不必然会被人们所遗忘,这种拆除行为所要表达的是对后代人不加批判接受的态度提出质疑。历史学家对这场争论的主要贡献就是记录人们对被纪念者功绩的看法的不断变化,并将这些看法置于它们出现的文化和政治背景之下。当帝国的自满情绪在英国达到最高潮时,这些雕像被建造。当科尔斯顿的雕像在 1895 年被竖起时,它由此迎合了科尔斯顿作为布里斯托之父的形象,而忽略了他所从事的奴隶贸易。纪念罗兹的一尊雕像在 1911 年被竖立,但当时民众的看法就已经出现了分歧,因为在某些地区,罗兹已经由于不受欢迎的殖民主义面孔而受到谴责。今天针对这两个人的公开谴责与他们在过去赢得的赞美,都是历史的组成部分。历史学的作用就是阐明这两者之间的关系。[2]

第二个问题是英国脱欧。作为民粹主义言论、经济战略和文化政治的某种结合,英国脱欧提出了许多需要运用历史视角予以研究的问题。历史记录尤其具有启发性的一个方面是有关英国在世界中地位的相互矛盾的观点。英国脱欧使融入欧洲的支持者和面向全球的支持者之间出现了两极分化。但在欧洲和更广泛世界之间的选择不仅仅是一种计算商业利益的问题。在支持脱欧运动的言论中,"面向全球"是对"被欧洲殖民"的替代。他们利用有关国家未来发展方向的政治争论,而这可以追溯到 18 世纪。从历史的视角看,由于靠近欧洲大陆而产生的机遇与风险通常占据上风。除了同欧洲存在文化和王朝方面的联系之外,英国一直密切关注统治大陆的潜在竞争者(例如路易十四和拿破仑)。正如布伦丹·西姆斯(Brendan Simms)在最近的研究中所揭示的,从都铎王朝一直到两次世界大战,欧洲大陆一直是"英国政策和政治的主要考虑对象"。[3] 甚至在维多利亚时代的晚期,即帝国狂热情绪达到高潮的时期,也正是对欧洲问题的关注占去了大多数大臣的最多时间,这是有充分理由的。当英国完全丧失大陆盟友时,它也处于最危险的状态,像在 18 世纪 80 年代美国独立战争和 1940 年国家生存危机时所发生的那样。

支持脱欧的阵营鼓吹,英国人的前殖民地——加拿大、澳大利亚和新西兰——是对欧洲的一种可行的替代。殖民历史暗含在这些国家所偏爱的称谓"盎格鲁圈"(Anglosphere)中。帝国已经消失,但英联邦仍然存在,它们不仅保持友好关系和共用一种语言,而且具有建立更紧密经济联系的潜力,由此可以恢复一个世纪前存在的那种整合程度。英国同英帝国内各国结成经济联盟的高峰期是在 20 世纪 30 年代中期,那时,它们吸纳了英国 44％ 的出口。[4]但这主要是由非常特殊的情况造成的。当时,世界主要经济体纷纷实行经济保护政策,以应对大萧条,英国人控制着殖民地经济政策的制定,同时他们仍然能够对所有重要的自治领产生重大影响——这种影响已经不复存在。在从 20 世纪 50 年代到 80 年代稳步下降后,今天,英联邦国家仅吸纳英国出口的 9％,同欧盟所吸纳的 44％ 的出口形成鲜明对比。[5]帝国的狂热支持者谈论同欧洲的关系时,就好像英国并不是欧洲的组成部分,他们是一些标新立异者。他们是少数派:众所周知,当计划要讨论殖民事务时,下院空无一人。只通过理解英国所建立的海洋联系来阅读英国史,这是一种严重的曲解。历史学家的作用就是要追溯英国努力调和它在欧洲大陆的利益和它在全球的利益的方式,同时认识到两者都会对国家利益产生影响。[6]

我在 2020 年夏写作此书时,新冠疫情已经使公众对未来充满恐慌感。但历史学家能否有所贡献,还非常不清楚。能对流行病学家不得不说的内容有所补充吗?答案在于,全球性流行病的传播和治疗会使我们对经济史和社会史做出考察,因为这两个领域的状况会深刻地影响到疾病所产生的冲击程度和为应对疾病所能采取的措施。像往常一样,历史学家在回应社会关切上反应缓慢。2014 年,当乔·古尔迪和戴维·阿米蒂奇试图确定那些尚未进行深度研究的全球性议题时,他们并未提到全球性流行病。[7]

新冠疫情的流行要求历史学家改变视角。大多数注意力都集中在 1918 年西班牙流感上,它是历史上最严重的流感大流行,而且人们对它也相对熟悉,这既是因为许多家庭回忆录都提到了它,也是因为摄影记录提供了一种令人恐惧的现场感。[8]但流行病大爆发的相关线索能够追溯到比 1918 年更早的时间,尤其是如果将反复爆发的传染性极强的瘟疫考虑在内的话。最明显的历史结论就是,在制定预防措施上,人类在过去几个世纪所取得的进步是多么微乎其微。那时就像现在这样,保持社交距离和设置隔离区是基本的防御手段。例如,在 1630 年的佛罗伦萨,当局通过将全城人口隔离在他们的家中 40 天以努力遏制瘟疫的传播,工厂、学校、旅馆全部关闭,教士都戴着面罩。等到瘟疫结束时,全城 12％ 的人口死亡。[9]因为当时疫苗尚未发明,所以西班牙流感也以惨重代价结束(美国死亡 67.5 万人,英国死亡 20 万人)。前车之鉴不可不察。

长时段的历史视角也能揭示促使这些全球性传染病快速传播的条件。在人口

密集的城市地区,情况往往是最糟糕的,因为那里不可能保持社交距离,公共医疗
设施也不完善。当来自农村地区的移民拥挤在狭窄的住处时,问题会更严重。统
计模型使历史学家能够描绘出不断加剧的社会不平等和全球性流行病暴发之间的
联系,这种联系可以远溯至罗马帝国。[10]其他反复被提及的因素是远距离贸易和
长途旅行在传染病迅速传播中的作用。今天,乘飞机旅行是主要的传播渠道,但丝
绸之路也曾是一条重要的传染途径。在第一次世界大战期间,遍布世界各大海洋
的拥挤的军舰大大加剧了西班牙流感的传播。全球性流行病和全球化之间的联系
在历史上已经确立。

　　这三种对历史视角的运用是非常不同的。有关雕像的争论涉及有关记忆的文
化政治学内容。在考察英国脱欧时,我选择仔细研究英国在其政治发展巅峰时期
所做的选择。应对当前爆发的全球性流行病需要发挥长时段历史分析的作用。相
关的各种历史研究都有可能对理解当前的争论和成见发挥重要作用。对历史研究
的未来保持乐观的最重要理由在于,越来越多的历史学家目前正在研究与时事相
关的论题。如果社会期望历史学家能提供预测准确且具有明确的普适性的"答
案",那它将会失望。相反,历史学家提供的是对过去复杂性的认识,这将为更深刻
地洞察已经成为历史的过去和它对现在的影响提供依据。只要历史学家牢记这种
目标,那他们的学科就会保持活力,同时也有理由得到社会的支持。

【注释】

[1] Madge Dresser, *Slavery Obscured : The Social History of the Slave Trade in an English Provincial Port*, Bloomsbury, 2016.

[2] Richard Drayton, "Rhodes must Fall? Statues, Postcolonial 'Heritage' and Temporality", *Third Text* 33, 2019.

[3] Brendan Simms, *Britain's Europe : A Thousand Years of Conflict and Cooperation*, Allen Lane, 2016, p.xiv.

[4] David Fieldhouse, "The Metropolitan Economics of Empire", in Judith M.Brown and Wm Roger Louis(eds.), *Oxford History of the British Empire*, vol.4, Oxford University Press, 1999, p.104.

[5] Philip Murphy, The Empire's New Clothes : The Myth of the Commonwealth, Oxford University Press, 2018, p.208.

[6] 一项经典研究,见 Michael Howard, *The Continental Commitment : The Dilemma of British Defence Policy in the Era of the Two World Wars*, Ashfield, 1989。

[7] Jo Guldi and David Armitage, *The History Manifesto*, Cambridge University Press, 2014.

〔 8 〕Laura Spinney，*Pale Rider：The Spanish Flu of 1918 and How it Changed the World*，Vintage，2018.

〔 9 〕John Henderson，*Florence under Siege：Surviving the Plague in an Early Modern City*，Yale University Press，2019.

〔10〕Peter Turchin's blog(2020)：http://peterturchin.com/cliodynamica/coronavirus-and-our-age-of-discord/.

索　引

（索引中的页码为英文原著页码，即中文版边码。）

译后记

约翰·托什是英国罗汉普顿大学历史学教授,长期担任英国全国教学指导委员会历史学答辩小组成员(1997—2005年);1998—1999年担任英国历史学学科标准制订小组成员,并于1999—2002年担任英国皇家历史学会副主席。他的主要研究领域是英国社会史,主要研究论题是性别史,尤其是男性史,其中父权和做父亲的体验成为他有关男性历史研究的一条重要线索。他的主要代表作有:《男性的地位:维多利亚时期英格兰的男性和中产阶级家庭》(*A Man's Place:Masculinity and the Middle-Class Home in Victorian England*,Yale University Press,1999)、《19世纪英国的男性气质和男性:有关性别、家庭和帝国的论文集》(*Manliness and Masculinities in Nineteenth-Century Britain:Essays on Gender,Family and Empire*,Longman,2004),以及与迈克尔·罗珀(Michael Roper)合作的《男性的自信:自1800年以来英国的男性》(*Manful Assertions:Masculinities in Britain since 1800*,Routledge,1991)。托什教授在实证研究领域取得丰硕成果的同时,还在史学理论和史学研究方法方面进行了较为深入的思考和研究。这方面的著作有:《历史学的使命》(*Why History Matters*,Palgrave Macmillan,2008,该书第二版的中文版已由格致出版社在2021年出版)、《历史学家论历史》(*Historian on History*,Pearson Longman,2009)。这里翻译出版的是托什教授的另一部史学理论和史学方法论著作。

托什教授的《史学导论:历史研究的目标、方法与新方向(第七版)》(以下简称《史学导论》)是一部史学概论性质的著述。本书是英国大学历史系"史学概论"课程的教材,托什教授在其中讨论了史学理论和方法的广泛论题,从历史意识的内涵、历史学的功用、史料的类型和运用、历史解释的必要性、历史知识的局限性,到社会理论在历史研究中的作用、历史研究中的文化转向、性别史、后殖民史学、记忆史、口述史等。本书的大部分内容是介绍性的,较为详实地介绍了西方史学界在历史学基本理论和方法问题上的认识,当然在字里行间也渗透着作者自己的观点。特别是,托什教授在历史学的科学性、历史学的社会功用、如何看待马克思的历史理论、如何看待各种新史学思潮对历史学构成的挑战等问题上做出了一些独到的分析。比如,托什教授针对叙事史学强调叙事而忽视理论研究的倾向指出,对充满复杂性的历史进行分析"意味着叙事最不可能成为做出历史解释的最好方式"(见原书第133页);针对历史学是否应该服务于现实的问题,托什教授给出了肯定的回答,而且认为这是历史学保持活力和赢得社会尊重的关键所在(见原书第296页);针对西方史学的文化转向,托什教授强调必须考察文化现象的物质基础和社会群体所追求的政治目标(见原书第255页);等等。这些分析将有助于读者了解西方学者在这些问题上的不同看法,并纠正可能存在的某些误解。

总之,本书是一部内容相当丰富的史学概论著作,包括了大量有关西方史学研究,尤其是英国史学研究的信息,对拓展历史系学生的知识面、增进对史学理论和方法等方面知识的了解大有裨益。也正因此,本书已经出到第七版,可见其影响力和受欢迎程度。尤其令人敬佩的是托什教授严谨的治学态度。每一次再版,托什教授都会根据西方史学的新发展对书的内容进行调整,删除已不再流行的内容,增补新近流行的、引起较广泛关注的内容。比如,第七版就增加了文化转向、性别史、记忆史、数字史等方面的内容,完全改写了结论部分,涉及美国种族歧视、英国脱欧和新冠疫情等最新发生的历史,而且考虑到美国读者数量的大幅增加,托什教授增加了一些来自美国历史的实例。

当然,尽管托什教授力图将西方史学理论和方法的最新发展呈现给大家,但由于西方史学理论和方法在当代的发展丰富而多样,全面予以介绍在一本概论性著作中是不可能完成的任务,所以,当代西方史学中的一些重要理论和方法并没有在书中呈现,比如全球史、情感史、大历史等。此外,因为这是一本针对英美大学历史系学生概论课程的教材,所以选取的历史案例都是从英国和美国的历史中拣选的,基本不涉及第三世界国家。而且作者的一些论断也表现出他对非西方社会历史学的不了解。比如,他认为英国历史上战争较少,保存历史资料的意识较强,"说明了有关西方社会的历史的档案资料如此丰富的原因,并将它与中国、印度和伊斯兰世界等其他伟大文明区别开来,在那些文明中,保留下来的文字资料非常不完整"(见原书第 92 页)。对中国历史学发展史稍有了解的人都不会做出这样的谬断。由此可见,本书在研究涉及的范围上带有西方中心论色彩,读者对此应有清醒的认识。

尤其需要指出的是,作者在有关历史学基本理论的某些问题上表现出的折中论倾向,也使该书的理论深度受到一定影响。例如,作者在对马克思的历史理论的评价上提出很多真知灼见。比如,他指出马克思的历史理论是一种不断发展的理论,绝非某种苍白的决定论:"马克思在 30 多年的研究和思考中,不断发展了他的思想,由此产生的理论体系比'庸俗'马克思主义更复杂、更严密。"(见原书第 196 页)马克思绝非单线论者:"简言之,马克思并未设定一种所有人类社会都注定要严格遵从的单线式演进道路。"(见原书第 199 页)马克思所做的历史分期是历史研究,而不是教条式理论建构的产物:"马克思坚持认为,他所提出的历史分期是历史研究,而不是教条式理论建构的结果,这可以由他根据更充分的历史研究做出的改变和限定加以证明。他稍后又增添了一种生产方式,它以日耳曼社会的形式出现,与古代社会是同时代的,也是封建社会的一种来源。"(见原书第 199 页)但与此同时,作者却认为马克思在有关非西方国家和地区如何发展上表现出了西方中心论倾向:"马克思有着更广泛的研究兴趣。他写作了有关在印度发生事件的富有洞察力的评论,但他认为印度本身是在历史之外的,因为它的生产方式缺乏内在的变革动力:为了分享西方社会的进步性发展成果,它需要被某个西方社会征服和管理,这就是为什么马克思认为英国在印度的统治具有广泛的积极意义。"(见原书第 244 页)很显然,这是对马克思有关非西方国家和地区如何发展观点的曲解。首先,这种观点来自马克思的早期著作。作者这里所指的马克思的评论引自马克思早期有关印度社会的两篇文章,即《不列颠在印度的统治》和《不列颠在印度统治的未来结果》(均写于 1853 年)。马克思在这两篇文章中既对英国在印度殖民统治所犯下的罪行进行了严厉谴责,也对英国殖民统治所发挥的"建设"作用予以肯定。马克思在前一篇文章指出:"的确,英国在印度斯坦造成社会革命完全是受极卑鄙的利益所驱使,而且谋取这些利益的方式也很愚蠢。但是问题不在这里。问题在于,如果亚洲的社会状态没有一个根本的革命,人类能不能实现自己的命运? 如果不能,那么,英国不管干了多少罪行,它造成这个革命毕竟是充当了历史的不自觉的工具。"①马克思在后一篇文章中更是指出:"英国在印度要完成双重的使命:一

---

① 《马克思恩格斯文集》第 2 卷,人民出版社 2009 年版,第 683 页。

个是破坏的使命,即消灭旧的亚洲式的社会;另一个是重建的使命,即在亚洲为西方式的社会奠定物质基础。"①而且马克思还专门谈到印度农村公社的落后性,并谈到英国破坏这种自给自足公社的正当性。正是依据马克思的这些论述,国内外都有学者将马克思纳入西方中心论者的行列,托什教授也是如此。其次,马克思在对非西方社会有了更充分的研究后改变了早期所持有的一些观点。正如托什教授所指出的,马克思的思想有一个发展过程,马克思有关人类社会发展多样性的认识也同样有一个逐渐拓展和深化的过程。特别是应该看到,为了论证人类社会,尤其是非西方社会发展道路的多样性,马克思在晚年毅然放弃了对《资本论》剩余手稿的整理,转而集中精力于对非西方社会的研究,写下了篇幅巨大的《人类学笔记》,来弥补他早年研究范围狭窄的不足。在这些文献中,马克思对英国对印度的殖民提出了迥异于早期著作的观点。例如就公社所有制问题,马克思表述了同以前非常不同的观点:"英国'笨蛋们'任意歪曲公社所有制的性质,造成了有害的后果。把公社土地按区分割,削弱了相互帮助和相互支持的原则,这是公社-氏族团体的生命攸关的原则。"②马克思在另一处也表述了同样的观点:"至于比如说东印度,那末,大概除了亨·梅恩爵士及其同流人物之外,谁都知道,那里的土地公有制是由于英国的野蛮行为才消灭的,这种行为不是使当地人民前进,而是使他们后退。"③从以上的引文不难发现,马克思绝对不认为西方殖民者的入侵给非西方国家和地区带来了进步,而是认为这种入侵破坏了非西方国家和地区利用自身特有条件实现发展的可能性,给这些国家和地区造成了巨大的灾难。由此可见,马克思绝非主张西方发展道路具有普适性的西方中心论者。对于托什教授的一些可商榷的观点,读者在阅读过程中需要做出鉴别。当然,瑕不掩瑜,作者在书中为我们提供了大量西方史学理论和方法的信息,对于开阔学生和青年学者的眼界、增进对西方史学研究历史和现状的了解,大有益处。所以说,《史学导论》是值得一读的。

我应该感谢格致出版社社科编辑室的主任顾悦老师,她慧眼识珠,决定将《史学导论》翻译出版,并选定我来做它的译者;还应该感谢负责该书编校的刘茹老师和顾悦老师,她们细致入微的审读工作提升了该译著的质量。此外,我在中国社会科学院历史理论研究所外国史学理论与史学史研究室的同事张旭鹏研究员和张一

---

① 《马克思恩格斯文集》第 2 卷,人民出版社 2009 年版,第 686 页。
② 《马克思恩格斯全集》第 45 卷,人民出版社 1985 年版,第 298 页。
③ 《马克思恩格斯文集》第 3 卷,人民出版社 2009 年版,第 584 页。

译后记

博博士也提供了一些宝贵的意见和建议,天津师范大学历史文化学院的王亚平教
授在西欧中世纪一些专有名词的翻译上提供了指导,在此一并表示感谢。由于我
水平有限,呈现给读者的译本肯定会存在不少疏漏,还请读者给予指正。

吴　英

2024 年 1 月 5 日

图书在版编目(CIP)数据

史学导论：历史研究的目标、方法与新方向 / (英)
约翰·托什著；吴英译. — 7 版. — 上海：格致出版
社：上海人民出版社，2024.4
（格致人文）
ISBN 978 - 7 - 5432 - 3557 - 1

Ⅰ.①史… Ⅱ.①约… ②吴… Ⅲ.①史学-研究
Ⅳ.①K03

中国国家版本馆 CIP 数据核字(2024)第 054826 号

责任编辑 顾　悦　刘　茹
装帧设计 路　静

格致人文

史学导论:历史研究的目标、方法与新方向(第七版)
[英]约翰·托什 著
吴　英 译

出　　版　格致出版社
　　　　　上海人氏出版社
　　　　　(201101　上海市闵行区号景路 159 弄 C 座)
发　　行　上海人民出版社发行中心
印　　刷　上海颛辉印刷厂有限公司
开　　本　720×1000　1/16
印　　张　21.25
插　　页　2
字　　数　362,000
版　　次　2024 年 4 月第 1 版
印　　次　2024 年 4 月第 1 次印刷
ISBN 978 - 7 - 5432 - 3557 - 1/K · 234
定　　价　95.00 元

· 格致人文 ·

《史学导论:历史研究的目标、方法与新方向(第七版)》
［英］约翰·托什/著　吴英/译

《中世纪文明(400—1500年)》
［法］雅克·勒高夫/著　徐家玲/译

《中世纪的儿童》
［英］尼古拉斯·奥姆/著　陶万勇/译

《史学理论手册》
［加拿大］南希·帕特纳　［英］萨拉·富特/主编　余伟　何立民/译

《人文科学宏大理论的回归》
［英］昆廷·斯金纳/主编　张小勇　李贯峰/译

《从记忆到书面记录:1066—1307年的英格兰(第三版)》
［英］迈克尔·托马斯·克兰奇/著　吴莉苇/译

《历史主义》
［意］卡洛·安东尼/著　黄艳红/译

《苏格拉底前后》
［英］弗朗西斯·麦克唐纳·康福德/著　孙艳萍/译

《奢侈品史》
［澳］彼得·麦克尼尔　［意］乔治·列洛/著　李思齐/译

《历史学的使命(第二版)》
［英］约翰·托什/著　刘江/译

《历史上的身体:从旧石器时代到未来的欧洲》
［英］约翰·罗布　奥利弗·J.T.哈里斯/主编　吴莉苇/译